影向寺影向石（川崎市）

大塚・歳勝土遺跡公園（横浜市）

弘明寺十一面観音立像（横浜市）

テーマ立てにあたっては、仏像や建物などの製作時期別ではなく、各時代にもっとも関係の深いものをとりあげた。

大山寺不動明王坐像(伊勢原市)

三浦義明坐像(横須賀市・満昌寺)

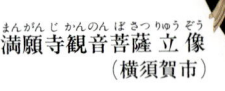

満願寺観音菩薩立像
(横須賀市)

宝生寺大日如来坐像（横浜市）

東漸寺梵鐘（横浜市）

称名寺（横浜市）

近世

飯山観音本堂
（厚木市）

チャッキラコ
（三浦市・海南神社）

三崎港（三浦市）

日本民家園(川崎市)

川崎大師参道(川崎市)

玉楠(横浜市・横浜開港資料館内)

近代・現代

川崎河港水門（川崎市）

三溪園（横浜市）

小栗忠順とヴェルニー像
（横須賀市）

神奈川県庁本庁舎
（横浜市）

中華街関帝廟
（横浜市）

ベーリック邸（横浜市）

外国人墓地とマリンタワー
（横浜市）

もくじ　赤字はコラム
川崎大師から岡本太郎美術館へ

❶ 川崎宿の辺り ･･･ 4
　川崎河港水門／金山神社／明長寺／平間寺／川崎大師名物の久寿餅／石観音堂／製塩をしのぶ狛犬／池上新田／宗三寺／東海道川崎宿／一行寺／稲毛神社／1世紀前, 工業都市川崎の誕生／教安寺

❷ 中原街道とたちばな ････････････････････････････････････ 17
　夢見ヶ崎古墳群／了源寺／白山古墳跡／無量院／秋草文壺／日枝神社／川崎市平和館／泉沢寺／春日神社と常楽寺／中原往還／川崎市市民ミュージアム／子母口貝塚／橘樹神社と富士見台古墳／能満寺／影向寺／馬絹古墳

❸ 長尾と向ヶ丘 ･･ 33
　東高根森林公園／等覚院／五所塚／妙楽寺／大山街道／広福寺／二ケ領用水／枡形山城跡／日本民家園／陸軍登戸研究所跡

❹ 多摩丘陵の辺り ･･ 43
　小沢城跡／菅薬師の獅子舞／菅寺尾台廃堂跡／琴平神社／王禅寺／東光院

みなと横浜

❶ 港北の辺り ……………………………………………………………… 52
　日吉台地下壕跡／大倉山記念館／西方寺／茅ヶ崎城跡／関家住宅／港北ニュータウン／横浜市歴史博物館／大塚・歳勝土遺跡公園／富士信仰と富士塚／真福寺／市ヶ尾横穴墓群／稲荷前古墳群／大林寺／榎下城跡／小机城跡／雲松院／泉谷寺／西谷浄水場と横浜水道記念館／薬王寺

❷ 東海道に沿って ………………………………………………………… 70
　總持寺／生麦事件の碑／熊野神社／臨港地域の開発／洲崎大神／本覚寺／望欣台の碑／神奈川台の関門跡／豊顕寺／橘樹神社／保土ヶ谷宿本陣跡／境木地蔵／品濃一里塚／東海道の宿場／大山前不動／鎌倉ハム発祥と斎藤家／大橋／清源院／澤辺本陣跡

❸ 霧笛の聞こえる港周辺 ………………………………………………… 86
　エドモンド・モレルのレリーフと鉄道発祥の地記念碑／ガス灯／神奈川奉行所跡と井伊直弼像／横浜駅の変遷／野毛山公園と佐久間象山顕彰碑／久保山墓地／みなとみらい21の史跡／横浜開港と居留地／横浜税関と日本郵船歴史博物館／馬車道／神奈川県立歴史博物館(旧横浜正金銀行本店)／横浜公園と日本大通りの史跡／横浜情報文化センターと日本新聞博物館／新聞と横浜／神奈川県庁本庁舎(神奈川運上所跡)／横浜市開港記念会館と岡倉天心生誕之地の碑／伊勢佐木町と吉田橋／横浜開港資料館と日米和親条約調印の地の碑／関東大震災と横浜大空襲／横浜海岸教会とモリソン商会遺構／「象の鼻」と大さん橋ふ頭／ホテルニューグランド／山下公園と氷川丸／中華街／ヘボン博士邸跡の碑／フランス山公園／港の見える丘公園周辺／横浜の接収／横浜山手外国人墓地／元町公園と周辺／モトマチ／山手の洋館群／山手カトリック教会と山手公園／横浜のミッションスクール／地蔵王廟／抑留された横浜の外国人／根岸の外国人墓地／根岸競馬場跡／三溪園／本牧神社お馬流しの神事

もくじ

❹ 港南の辺り　125

宝生寺／三殿台遺跡／弘明寺／神奈川県戦没者慰霊堂／永谷天満宮／七石山横穴古墳群／證菩提寺／第一海軍燃料廠跡／東漸寺／旧横浜海軍航空隊隊門／慶珊寺／横浜初の国際空港／長浜野口記念公園と長浜検疫所／称名寺と金沢文庫／瀬戸神社／龍華寺／金龍院／金沢八景／光伝寺／六浦藩／峰の灸

津久井・相模野の大地

❶ 大和と綾瀬　148
深見神社／常泉寺／報恩寺／早川城跡

❷ 海老名と座間　153
相模国分寺跡／秋葉山古墳群／旧清水寺と龍峰寺／瓢箪塚古墳／義民鈴木三太夫／浜田歴史公園／星谷寺／相模の大凧揚げ／座間の横穴墓群／入谷歌舞伎

❸ 厚木・愛川　161
地頭山古墳／烏山藩陣屋跡・渡辺崋山来遊碑／妙純寺と建徳寺／荻野山中藩陣屋跡／厚木の民権史跡／金剛寺／林・長谷人形座の由来／飯山観音／八菅神社／半原の織物／三増合戦古戦場／豚漬とアユ／勝楽寺

❹ 伊勢原　172
大山寺／阿夫利神社／日向薬師／太田道灌と伝上杉館跡／三之宮比々多神社／高部屋神社／岡崎城跡

❺ 秦野　180
震生湖と今泉地区／弘法山／食べる・飲む／桜土手古墳公園と二子塚古墳／修験者の峰入りと丹沢／蓑毛大日堂／波多野城址／実朝公首塚と金剛寺／蔵林寺と米倉一族の墓

❻ 相模原・津久井　189
長松寺／陣屋小路／一里塚／勝坂遺跡／当麻東原古墳／無量光寺／田名向原遺跡／JAXA相模原キャンパス／相模原市立博物館／龍像寺／清兵衛新田／軍都相模原／金剛山普門寺／武相困民党／峰の薬師／津久井城跡／顕鏡寺／小原宿本陣跡／三太旅館／土平治の墓

ペリー上陸の地，三浦半島

❶ 横須賀 ･･ 212
　夏島貝塚／三浦按針夫妻の墓／横須賀製鉄所／ヴェルニー公園／記念艦三笠／よこすか海軍カレー／龍本寺／猿島／旧永嶋家の赤門／曹源寺／大明寺／笠森稲荷／衣笠城址／満昌寺／衣笠合戦／清雲寺／満願寺／東漸寺／武山不動／浄楽寺

❷ 逗子・葉山の辺り ･･ 231
　法性寺／名越切通／岩殿寺／海宝院／光照寺／神武寺／東昌寺／長柄・桜山第1・2号墳／延命寺／浪子不動／六代御前の墓／三浦胤義遺孤碑／森戸神社／葉山御用邸／森山神社／新善光寺

❸ 久里浜・浦賀の辺り ･･ 247
　内川新田開発記念碑／ペリー上陸記念碑／最宝寺／西叶神社／常福寺／愛宕山公園／浦賀奉行所跡／灯明堂跡／為朝神社の虎踊り／東叶神社／観音埼灯台／走水神社／走水／坂本龍子の墓

❹ 三浦三崎 ･･･ 261
　白山神社／伝三浦義村の墓／剱埼灯台と海蝕洞窟群／来福寺／天養院／油壺／和田合戦／海南神社／見桃寺(桃の御所)／郷土芸能チャッキラコ／本瑞寺(桜の御所)／大椿寺(椿の御所)／三崎のマグロ／城ヶ島／北原白秋と三崎

神奈川県のあゆみ／地域の概観／文化財公開施設／無形民俗文化財／おもな祭り／散歩便利帳／参考文献／年表／索引

［本書の利用にあたって］

1. 散歩モデルコースで使われているおもな記号は，つぎのとおりです。
   ・・・・・・・・・・・・・ 電車　　　　　・・・・・・・・・・・ 地下鉄
   ─────── バス　　　　　─・─・─・─ 車
   ・・・・・・・・・・・・・ 徒歩　　　　　〜〜〜〜〜〜 船

2. 本文で使われているおもな記号は，つぎのとおりです。
   🚶 　徒歩　　　　🚌 　バス　　　　🅿 　駐車場あり
   🚗 　車　　　　　🚢 　船
   〈M▶P.○○〉は，地図の該当ページを示します。

3. 各項目の後ろにある丸数字は，章の地図上の丸数字に対応します。

4. 本文中のおもな文化財の区別は，つぎのとおりです。
   国指定重要文化財＝(国重文)，国指定史跡＝(国史跡)，国指定天然記念物＝(国天然)，国指定名勝＝(国名勝)，国指定重要有形民俗文化財・国指定重要無形民俗文化財＝(国民俗)，国登録有形文化財＝(国登録)
   都道府県もこれに準じています。

5. コラムのマークは，つぎのとおりです。
   泊　歴史的な宿　　憩　名湯　　　　食　飲む・食べる
   み　土産　　　　　作　作る・体験する　伝　伝説
   祭　祭り　　　　　行　民俗行事　　　芸　民俗芸能
   人　人物　　　　　産　伝統産業　　　!!　そのほか

6. 本書掲載のデータは，2011年9月現在のものです。今後変更になる場合もありますので，事前にお確かめください。

川崎大師から岡本太郎美術館へ

Kawasaki

歌川広重「東海道五拾三次之内　川崎」

岡本太郎美術館

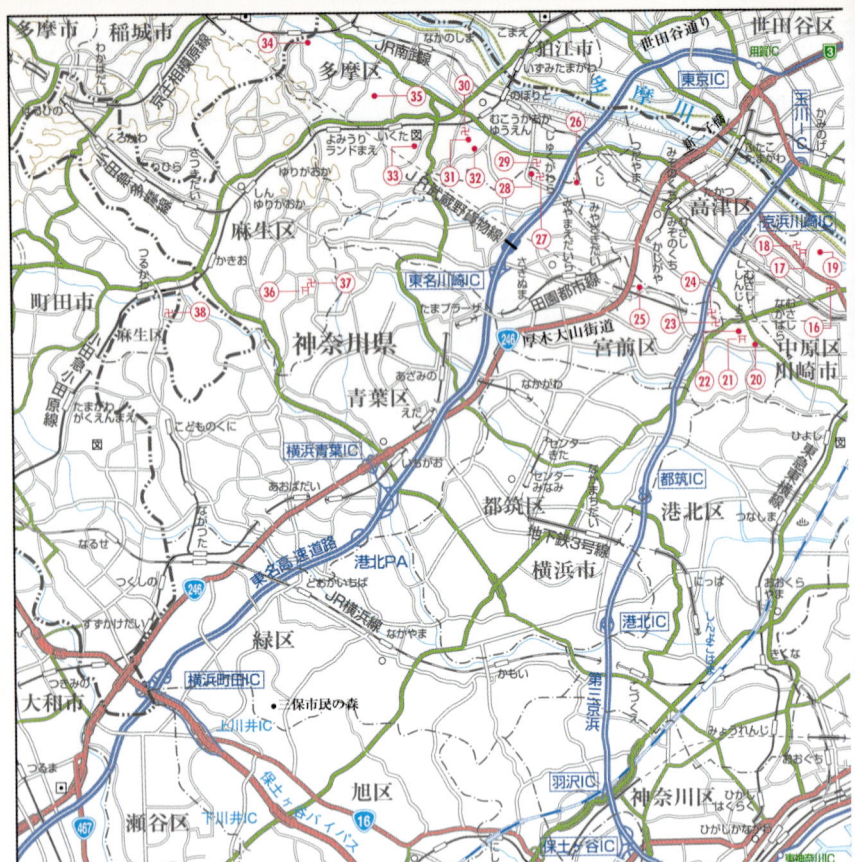

◎川崎散歩モデルコース

1. 京急線港町駅 5 川崎河港水門 5 港町駅 5 京急線川崎大師駅 2 金山神社 10 明長寺 5 平間寺 15 石観音堂 5 汐留稲荷(池上幸豊顕彰碑) 5 塩釜神社 15 京急線京川崎駅 3 宗三寺 3 一行寺 10 稲毛神社 5 JR川崎駅 10 教安寺 10 川崎駅

2. JR川崎駅 25 夢見ヶ崎動物公園・了源寺・白山古墳跡 10 無量院 25 JR南武線鹿島田駅 6 JR南武線武蔵小杉駅 20 日枝神社 20 武蔵小杉駅 10 春日神社・常楽寺・川崎市市民ミュージアム 10 武蔵小杉駅 15 川崎市平和館 15 武蔵小杉駅

3. JR南武線武蔵溝ノ口駅 10 子母口貝塚 5 橘樹神社 10 能満寺 15 影向寺 5 馬絹古墳 20 西福寺古墳 15 武蔵溝ノ口駅

①川崎河港水門
②金山神社
③明長寺
④平間寺(川崎大師)
⑤石観音堂
⑥池上新田
⑦宗三寺
⑧一行寺
⑨稲毛神社
⑩教安寺
⑪夢見ヶ崎古墳群
⑫了源寺
⑬白山古墳跡
⑭無量院
⑮日枝神社
⑯泉沢寺
⑰春日神社
⑱常楽寺
⑲川崎市市民ミュージアム
⑳子母口貝塚
㉑橘樹神社
㉒富士見台古墳
㉓能満寺
㉔影向寺
㉕馬絹古墳
㉖東高根森林公園
㉗等覚院
㉘五所塚
㉙妙楽寺
㉚広福寺
㉛枡形山城跡
㉜日本民家園
㉝陸軍登戸研究所跡
㉞小沢城跡
㉟菅寺尾台廃堂跡
㊱琴平神社
㊲王禅寺
㊳東光院

4.JR南武線武蔵溝ノ口駅_10_東高根森林公園_15_等覚院_10_五所塚_2_長尾神社_5_妙楽寺_15_二ケ領用水_5_JR南武線宿河原駅

5.小田急線向ケ丘遊園駅_30_枡形山城跡_5_日本民家園・岡本太郎美術館_15_向ケ丘遊園駅

6.京王線京王稲田堤駅_10_菅の薬師堂_10_小沢城跡_20_JR稲田堤駅

7.小田急線柿生駅_10_王禅寺_20_琴平神社_10_柿生駅_5_小田急線鶴川駅_15_東光院_15_小田急線鶴川駅

① 川崎宿の辺り

東海道の宿場町・川崎大師の門前町として繁栄。

川崎河港水門 ❶
〈M▶P.3,5〉川崎市川崎区港町66
京急線港町駅 🚶 5分

わが国最初の河港水門 国登録有形文化財

港町駅前の道を左側に進み2つ目の信号を左折すると、右手に川崎河港水門があらわれる。この水門はわが国最初の河港水門で、タワーの頭頂部には、かつて川崎の名産品であったナシ・ブドウ・モモをあしらった装飾がほどこされ、その側面上部には川崎市の市章が描かれている。河港水門は内務技師の金森誠之により設計され、1926(大正15)年11月に着工、約50万円の工事費をかけて1928(昭和3)年3月に完成した。

当初は市の中央部を縦貫する運河・港湾計画の一環として建設され、のちには現在の川崎区を縦横に横切る大運河計画に発展した。その計画運河は幅員が33～40m、総工費600万円という大規模なもので、1935年1月に国の許可を得たが、その後の社会情勢の変化により1943年3月に計画は廃止され、「幻の大運河計画」と評された。河港水門は、川崎市はもとより、神奈川県を代表する近代化遺産として認められ、1998(平成10)年9月に国の登録有形文化財に指定された。

金山神社 ❷
044-222-3206(若宮八幡宮郷土資料室)
〈M▶P.3,5〉川崎市川崎区大師駅前2-13 🅿
京急線川崎大師駅 🚶 2分

4月第2日曜日「かなまら祭り」 11月1日「ふいご祭り」

川崎大師駅から宮川病院脇の道をいくとすぐ右手に、大師河原村の鎮守である若宮八幡宮があり、その境内奥に金山神社がある。古くは「金山権現社」、俗に「かなまら様」とよばれ、性と鍛治屋の神として信仰を集めていた。現社殿は、1962(昭和37)年に再建されたものである。4月の第2日曜日には例祭のかなまら祭りが行われる。祭りには大きな「かなまら」と、仮装をした男たちの面掛け行列が町を練り歩く。また11月1日にはふいご祭りが行われ、各種の刃物が奉納され、工場経営者や金物商を営む人びとで賑わう。

神社にはさまざまな絵馬や子宝石が奉納され、それらは、若宮八幡宮の郷土資料館に展示されている。資料館には、明治時代から昭

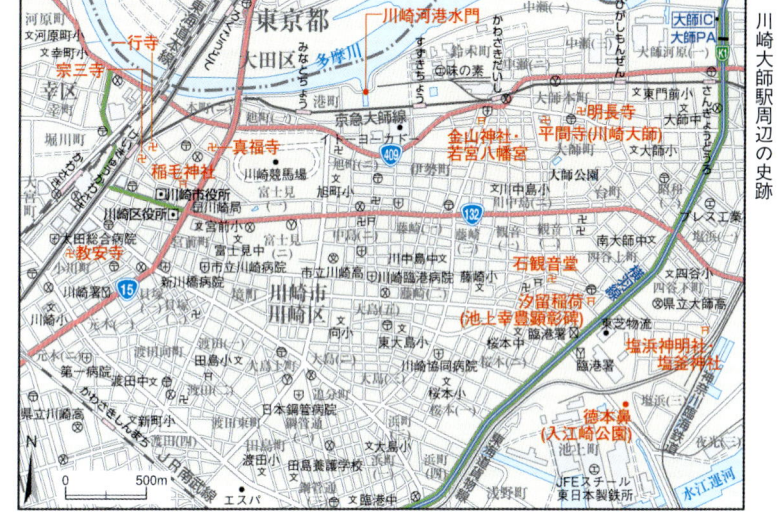

川崎大師駅周辺の史跡

川崎河港水門

金山神社のふいご祭り

和初期にかけて、海苔の養殖に使われていた船や漁具なども展示され、ここがかつて漁村だったころの様子を再現している。

明長寺 ❸
044-266-6222

〈M▶P.3,5〉 川崎市川崎区大師本町10-22 P
京急線川崎大師駅 🚶 5分

　川崎大師駅をおりて、「大師表参道厄除門」と書かれた鳥居のさきに続く参道を5分ほど歩くと、左手に朱色の山門がみえてくる。門前に「東海三十三所第二十四番観世音明長寺」の石碑がたつ明長寺(天台宗)がある。恵日山普門院と号し、江戸東叡山寛永寺の末寺

葵梶葉文染分辻ケ花染小袖　　　　平間寺境内にある大師道道標

である。本尊の十一面観音立像は慈覚大師(円仁)の作と伝えられる。寺の創建は文明年間(1469〜87)と伝えられているが，1669(寛文9)年の落雷により堂宇・記録が焼失し，詳細な縁起は不明である。1782(天明2)年，7世住職良逢によって現在の本堂が再建されてから発展した。

　明長寺には，辻ケ花染という，室町末期から江戸初期にかけて流行した絞り染めの特色をよくあらわす，葵梶葉文染分辻ケ花染小袖(国重文)が所蔵されている。この小袖は平絹で裾・肩を紫，腰の部分を白に染め分け，葵の五つ紋が刺繍されている。さらに紫地には葵を，白地には梶の葉散らしを絞りだし，梶の葉柄は筆で墨描してある。伝承によれば，荻田主馬が大坂夏の陣(1615年)の功により拝領したのち，子孫が1748(延享5)年に明長寺にあずけたとされる(非公開)。

平間寺 ④
044-266-3420
〈M▶P.3,5〉川崎市川崎区大師町4-48　P
京急線川崎大師駅 10分

　明長寺から右へ折れ，さらにすぐ右手の参道をはいると，平間寺(真言宗)に至る。この寺は金剛山金乗院と号し，一般には川崎大師(厄除大師)として知られている。1128(大治3)年，漁夫の平間兼乗が，夢のお告げにより，海中から弘法大師像(本尊)を拾いあげ，これを安置する堂を建立したのが始まりであると縁起は伝えるが，

葵梶葉文染分辻ケ花染小袖
国重文だが非公開

川崎大師として知られる
初詣客，全国上位

川崎大師名物の久寿餅

 コラム

　淡泊なデンプンの味と黒砂糖の蜜、香ばしい黄粉がほどよくからみあった、独特の風味の「久寿餅」。この久寿餅が川崎大師の門前に登場したのは、170年ほど前の天保年間(1830～44)。大師河原村に住んでいた久兵衛が、久寿餅の「生みの親」とされる。久兵衛の家の納屋の樽のなかで1年間発酵した小麦粉が、良質のデンプンにかわり、それを加工してむしたところ美味な餅が完成した。隆盛上人に試食を願いでたところ、大変気にいり「久寿餅」と名づけられた。以来、川崎大師の名物として知られるようになり、現在では14の店舗が、大師門前や参道に軒を並べている。

第二次世界大戦による戦災で記録類を失い、実際の創建年代は不明である。

　また、鳥羽天皇の皇后で、保元の乱(1156年)の原因ともなった美福門院の祈願所となり、鳥羽上皇より勅願寺の列に加えられたという。川崎大師が隆盛をきわめたのは江戸時代からで、

川崎大師

将軍や御三卿などの支配階級の間にも帰依するものが多かった。このため御成門の造営をはじめ堂宇の整備がはかられ、古刹としての偉容を誇るようになった。

　境内におかれた大師道の道標は、1663(寛文3)年に川崎宿の万年屋前におかれたもので、大師参詣者は六郷川を渡り川崎宿にはいると、この道標によって大師道に導かれたのである。江戸市井の人びとが川崎宿を経由して川崎大師へ詣でるかたちが、かなり浸透していたことが想像される。幕末期には、日本を訪れた外国人たちもこの庶民信仰の霊場を一目みようと立ち寄るものも多く、数多くの紀行文が残されている。

　現在の本堂は鉄筋コンクリート造り、平安期の建築様式に近代的な感覚を盛り込んだ大伽藍で、1964(昭和39)年に落成した。不動

堂・中書院・大山門なども昭和にはいってからの建立である。寺宝として、弘法大師をはじめとする密教絵画を多数所蔵している。境内には「寛政七(1795)年」銘の銅鐘、1756(宝暦6)年に田安家奉納の宝篋印塔、松尾芭蕉や高浜虚子の句碑、無筆の紀伊国屋作内が大師の霊夢から「南無阿弥陀仏」の名号を書き、きざんだという六字名号塔、長十郎梨をうんだ当麻辰次郎の功績をたたえた種梨遺功碑などが保存されている。

また三途の川にいて、亡者を閻魔大王のもとへ送るかどうか決めるという葬頭河の婆像がある。この像は「寛文十一(1671)年三月」ときざまれており、足・目・鼻・口などの病に悩む人びとの信仰を集めている。

石観音堂 ❺

〈M▶P.3,5〉川崎市川崎区観音2-16-3 P
京急線川崎大師駅🚶15分

平間寺から大師公園の脇の道を南に進み、バス通りをこえて観音通り商店街を5分ほど歩くと、左手に町名の由来となった石観音堂がある。1665(寛文5)年に明長寺の弁融によって開かれた寺で、本尊は石でつくった如意輪観音である。石観音堂は『江戸名所図会』にも紹介されており、平間寺とともに篤い信仰を得て、各地から参詣人が集まった。せまい境内にひしめく石造物の群れが往時の賑わいをしのばせてくれる。

「潮音殿」の額がかかった山門をはいると、右手に霊亀石といわれる手洗石があり、つぎのような伝説が伝えられている。

石観音堂の霊亀石

石の如意輪観音、霊亀石などの石造物、石観音六人一句碑

1733(享保18)年漁師たちが海底からこの石を引きあげようとした際に、2、3匹のカメがあらわれ、そのカメの助けを得て引きあげ、堂前にすえおいたところ、豊漁になりその石は霊亀石として地

製塩をしのぶ狛犬

コラム

池上新田の南東に塩浜という町(川崎市川崎区塩浜2-7-12, JR川崎駅🚏塩浜営業所行終点🚶3分)がある。その名のとおり, 江戸時代には製塩がさかんに行われていた大師河原村では, 寛文年間(1661〜73)に江戸幕府の奨励で塩の生産がはじまった。汐留稲荷から産業道路にでて, 県立大師高校前の道を操車場のほうへ5分歩いたところに, この地の鎮守神明社があり, その境内にならんで塩釜神社がたっている。石製狛犬の台座銘には, 新橋・内神田・芝の塩店の名が列記され, 製塩が盛んであったことをしのばせる。

塩釜神社

元の信仰を集めたという。霊亀石の後ろには2つの石碑がたつ。右は梅動独吟万句詠草塚といい, 郷土の俳人花鳥庵梅動が1758(宝暦8)年春に, 柿本人麻呂像奉納のため, 矢数独吟(一定時間内にできるだけ多くの俳句を読む)を興行し, 卯の上刻(午前5時ごろ)から申の下刻(午後5時ごろ)の間に1万句を詠んだ記念碑である。左は石観音六人一句碑といい, 1747(延享4)年, 俳人茗荷坊の門人6人が, 1句ずつ観音にちなんだ句を詠んで献じたものである。この2つの石碑は, 江戸中期のこの地方の文芸史上からも貴重な遺物である。

参道の左手, 宝篋印塔のすぐ下に, 力石がいくつもおかれている。その多くは磨滅して, きざまれた文字を読みとることはできないが, もっとも大きいものには「五拾八貫　長五郎」と, 重量ともちあげたものの名がきざまれている。力石をもちあげることは, 一人前の男として認められることであり, 力石は川崎市内にも数多く残っている。中原区新城神社で今も行われている囃子曲持は, この名残りの行事である。

境内にはほかにも, 1785(天明5)年, 船が難破して溺死した三浦郡城ヶ島村(現, 三浦市)など3カ村の27人をとむらった海中溺死者男女塚, 1761(宝暦11)年に明長寺の良逢がたてた十万人講供養

塔・庚申塔などがあり、さまざまな出来事を伝えている。

池上新田 ❻

〈M▶P.3,5〉川崎市川崎区池上新町2-24-21
京急線川崎大師駅🚶20分

新田開発・砂糖製造・製塩などに尽力した池上幸豊

池上幸豊顕彰碑

石観音堂より産業道路に向かって数分歩くと、右手に冥加公園がある。その脇の小道をはいったところに汐留稲荷がある。1761(宝暦11)年に池上新田の守護神として勧請され、境内に「川崎生産文化先覚者　池上幸豊翁之碑」ときざんだ顕彰碑がたつ。池上幸豊は、祭神の1柱となっている。

江戸時代に市域の発展に寄与した代表的人物として、前期に小泉次太夫吉次、中期に田中丘隅喜古がおり、後期に新田開発と殖産興業に大きな功績を残した池上幸豊(1718〜98)がいる。

幸豊は1737(元文2)年、江戸の儒学者・成島道筑に師事して和漢の書を学び、開墾・農作の法を修めて、国益にたった殖産興業に関心をいだくようになり、まず、稲荷新田(現在の殿町から田町一帯)を開発した。1746(延享3)年にその南西の地の開発を計画したが、幕府の許可がおりず、1752(宝暦2)年に着手し、難工事の末1759年、14町5反余りの新田を完成させた。1762年代官の検地をうけ、村高23石2斗6升4合の池上新田が誕生した。幸豊はまた、和製砂糖や氷砂糖の製造、製塩、芒硝(硫酸ナトリウム)製造、養魚、ニンジン栽培、果樹栽培、絹織りなども手がけ、まさに「生産文化の先覚者」であった。

宗三寺 ❼
044-222-5051

〈M▶P.3,5〉川崎市川崎区砂子1-4-2　Ⓟ
京急線京急川崎駅🚶3分

後北条氏家臣・遊女供養塔がある川崎宿の中心

京急川崎駅の道路をはさんで向かいに、大きなイチョウが目につく墓地がある。この寺は瑞龍山宗三寺(曹洞宗)といい、付近はかつて本陣や問屋場が集まる川崎宿の中心地であった。

寺伝によれば、宗三寺は源頼朝の時代に僧玄統が開き、建長

東海道川崎宿

コラム

歌川(安藤)広重の「東海道五十三次」で、川崎宿は六郷渡舟の情景が描かれている(扉写真参照)。

川崎宿は東海道ではもっとも遅く1623(元和9)年に設置されたが、財政が苦しく、江戸幕府からたびたび援助をうけなければならなかった。宿の廃止を願いでたこともあったが、1709(宝永6)年田中丘隅の働きで幕府から六郷川渡船権を得、その収入でようやく安定した。

田中丘隅は1662(寛文2)年武州多摩郡平沢村(現、東京都あきるの市)の農家に生まれたが、川崎宿本陣をつとめる田中家に認められ養子になり、問屋・名主として川崎宿の復興に腕をふるった。

正徳年間(1711～16)に荻生徂徠・成島道筑らの儒者に経世済民の学を学び、詩歌・俳諧の世界にも遊んだ。1720(享保5)年に上方を旅して見聞を広め、翌年『民間省要』をあらわして民政を論じた。これが8代将軍徳川吉宗の目にとまって抜擢され、荒川・酒匂川の治水などの業績を残した。墓は小向の妙光寺にある。

「川崎宿書上帳」によると、1863(文久3)年の家数は641軒。うち本陣2、飯売旅籠33、平旅籠39だった。江戸時代後期には川崎大師が広く信仰を集め、川崎宿は参詣者でおおいに賑わった。

なかでも蜀山人大田南畝が「万年や　いく万年も　万年や　奥の座敷の　奥々でのむ」と詠んだ万年屋は六郷川のほとりにあり、一膳飯屋からはじまって、宿内一といわれるほど大繁盛した。茶飯に大豆・小豆・クリなどをいれて炊き込んだ奈良茶飯が名物で、『東海道中膝栗毛』の弥次さん・喜多さんも、床の間の「鯉の滝のぼり」の掛け物をみて「鮒がそうめんを食うのかと思った」などといいながらこれを食べている。また1857(安政4)年下田から江戸に向かうアメリカ総領事ハリスも万年屋に宿泊した。

しかし、幕末期、14代将軍家茂の上洛や2度にわたる長州征討などによって交通量が激増し、その負担にたえかねて打ちこわしが発生するなど、川崎宿も激動の渦にまきこまれた。そして1872(明治5)年の鉄道開通と宿駅制の廃止により、川崎宿の歴史も幕をおろした。

寺の末につらなる臨済宗の寺だった。玄統が若いころこの付近をとおりかかると、カメがあらわれ池に導いてくれたので、玄統はのどのかわきをうるおすことができた。長い年月ののち、玄統が再びここを訪れ、かつてをしのび池のほとりにたたずんでいると大ガメが

川崎宿の辺り

宗三寺間宮信盛供養塔

姿をあらわした。カメの恩にこたえるため玄統が小さな堂をたてたのが宗三寺の始まりという。

ある年多摩川が氾濫した。すると池から大ガメがあらわれ、濁流を押し返していった。おかげで堂は流されずに残ったが、それまでどんな日照りでも水の涸れることのなかった池が、それからというものは水のない池になってしまった、という。

寺伝ではさらに、宇治川の先陣で名高い佐々木高綱がこの辺りを領したとき菩提寺として栄えたが、400年を経るうちにしだいにさびれ、天正(1573〜92)のころ、後北条氏につかえる間宮豊前守信盛が近郷を領したとき、高綱の子孫であるゆかりで土地を寄進したうえ、宝泉寺(横浜市鶴見区末吉)の僧自山を中興開山として迎えたとされる。このときに曹洞宗になった。しかし、間宮信盛は高綱の子孫ではなく、高綱の父秀義の兄成頼の庶流で、北条早雲・氏綱につかえた永正・大永のころ(1504〜28)の人だったらしい。佐々木氏の同族ということでこの地にあってすたれてしまっていた寺を再興したのであろう。間宮信盛は旭町にある医王寺を祈願所としていたこともある。

墓地にある宗三寺歴代住職塔の右隣には、間宮信盛供養塔が並んでたっている。江戸幕府の大御番衆であった間宮盛重・盛正父子が、1683(天和3)年に建立したもので、供養塔の正面には「当寺開基雲谷宗三居士　佐々木間宮豊前守入道源康信」ときざまれている。康信は信盛の誤りである。宗三寺の寺号は信盛の法号からつけられた。

信盛供養塔の右手前には、間宮氏の家臣松山包啓の供養塔が死後もつかえるようにたっている。少し墓地の内側にはいったところには、大坂の陣で豊臣方に加わり、その後牢人となって、関東に下向し土着した波多野氏の、頭部中央に「烏八臼」ときざまれた珍しい板碑形の墓石がある。また墓地のいちばん奥のすみには、川崎貸

座敷組合によってたてられた遊女供養塔が，薄幸な遊女たちの嘆きそのままにさびしげにたたずんでいる。

一行寺 ❽
044-222-3635
〈M▶P.3,5〉川崎市川崎区本町1-1　P
京急線京急川崎駅🚶6分

宗三寺の50mほど東に，専修山念仏院一行寺という浄土宗の寺がある。1631(寛永8)年，宿場町として活気をおびてきた川崎宿の新宿町に，念仏弘通の道場として矢向良忠寺の18代円超大和尚が開いた。本陣火災の際の宿泊避難場所でもあった。

一行寺仮山碑

一行寺は「おえんまさま」の名で親しまれ，第二次世界大戦前，閻魔堂の開帳の日には境内に屋台がたち並び，お参りの人びとで賑わったが，戦災にあい長らくとだえていた。1983(昭和58)年，本堂・客殿の再建に伴い縁日も復活し，地獄の釜の開くといわれる1月16日と7月16日に，1784(天明4)年江戸の絵師宋庵が描いた「地獄極楽図十六幅」を掲げ，参拝する人に甘酒をふるまう。また，客殿正面にかかる額は，徳富蘇峰の書である。

本堂の右手前には仮山碑がたっている。仮山とは庭園の築山をさす。黒船来航で日本中がわきたつ1853(嘉永6)年，紀伊国屋という旅籠の隠居が名主の稲葉参右衛門を庭に招き，酒をくみかわしながら漢詩文をつくってもらったという風雅のあとである。境内の墓地には，天明年間(1781～89)川崎宿で，最初の寺子屋玉淵堂(のちの川崎小学校)を開き，大田南畝(蜀山人)とも親しかった能書家浅井忠良の墓や，富士講の大先達として幕末期に著しい宗教活動を展開した西川伊織の墓がある。

「おえんまさま」で親しまれ，「仮山碑」に川崎宿の江戸文化の一端がうかがえる

稲毛神社 ❾
044-222-4554
〈M▶P.3,5〉川崎市川崎区宮本町7-7　P
JR川崎駅🚶10分

川崎駅東口正面にのびる市役所通りを10分ほど歩くと，第一京浜

山王祭りの「山王さん」で親しまれる川崎宿を代表する神社

国道と交差する左手に稲毛神社がある。祭神は武甕槌神。「山王さん」と通称されている。創建については、社伝には欽明天皇期(6世紀ごろ)とある。『新編武蔵風土記稿』では、古来武甕槌神社とよばれ、その後山王権現社と称し、源頼朝の命により佐々木高綱が社殿を造営し、社領を寄進したと伝える。江戸期には、幕府から20石の朱印地を下賜され、川崎宿・堀ノ内・大島・渡田・川中島・稲荷新田6カ村の総鎮守府とされた。明治維新に際して稲毛神社と改称し、郷社に列せられた。

神官の鈴木氏は紀州熊野の御師で、戦国期に土着したと伝えられている。川崎宿の名主で農政家として活躍した田中丘隅らが世話人となり、1718(享保3)年、拝殿を修復し大鳥居を建立したが、1855(安政2)年10月の地震でこの大鳥居は倒壊してしまった。社殿前にある、1707(宝永4)年建立の鳥居台石や、1729(享保14)年6月造立の手水石には、その当時の川崎宿の人びとの名がきざまれている。

天保飢饉のさなかの1836(天保7)年7月、川崎宿の窮民は境内へ参集し、打ちこわしを行う勢いを示して騒ぎたてた。また、1858(安政5)年夏にはコレラが蔓延し、宿の人びとは昼夜裸参りをして病気平癒・病退散を祈願した。さらに、1866(慶応2)年5月、貧窮民が境内に参集し、宿内の富農の家を打ちこわす勢いをみせた。このように、当社と川崎宿の人びととのつながりは深く、今日に至る。

稲毛神社

境内には、佐々木高綱ゆかりの佐々木神社をはじめ、浅間神社・大鷲神社・和嶋弁財天などの小祠が数多くある。浅間神社前には、幕末の富士講の指導者西川伊織の石碑、和嶋弁財天脇の池のほと

1世紀前，工業都市川崎の誕生

コラム

日露戦争後、日本経済の工業化もようやく本格化し、横浜港に近くて水運や鉄道の便がよく、比較的安価で広大な土地をかかえていた川崎地域は、工場適地として注目されるようになった。1912(明治45)年、当時の川崎町長石井泰助は富士瓦斯紡績(現、富士紡)工場誘致にからめて、工場誘致促進を「町是」と決議した。これをさかいに、前代の宿場町・門前町そして農村・漁村の川崎から、工都川崎への変貌がはじまる。

川崎への大工場進出の先駆は、1906(明治39)年横浜精糖(現、大日本明治製糖)が、東海道線鉄橋付近の御幸村南河原に工場を設立し、翌年創業を開始したことにはじまる。東京電気(現、東芝)も、現在の幸区堀川町に工場用地を購入、1908年に工場を、1913(大正2)年に本社屋を建設した。さらに、日米蓄音機製造(現、コロムビアミュージックエンタテインメント)は、1909(明治42)年に川崎町久根崎にレコード製造工場を建設し、日本電線(現、三菱電線)は、1911年に電線製造工場を川崎駅東南部に設立するなど、川崎駅を中心として工場群が形成された。

1912年には、資本金200万円で設立された日本鋼管(現、JFEエンジニアリング)が、渡田地先海岸若尾新田約15万坪(約49万5000m²)の埋立地を確保、1913年末に第1号炉が操業を開始した。1915(大正4)年には富士瓦斯紡績が、職工2500人を擁する川崎工場を現在の川崎競馬場の地に建設し、操業をはじめた。

また鈴木製薬(現、味の素)は、1913年久根崎に工場を建設、翌年操業を開始した。このように、多摩川下流域と臨海部につぎつぎに大工場が進出し、工都川崎は急発展をとげた。

しかし、工場建設をめぐる地元民の反対運動、昭和初期の労働運動(武装メーデー事件や、富士瓦斯紡績の煙突男事件など)の展開にみられるように、新時代の波が川崎にもおこってくる。

東芝の創業当時のようす(1908年)

りには，江戸期の曲水の宴の歌碑2基などがある。

8月の例祭として行われる川崎山王祭りの宮座式は，伝統的な祭礼組織や神事を伝えており，県無形民俗文化財に指定されている。

稲毛神社から第一京浜国道を5分ほど東京方面に歩くと，真福寺(真言宗)がある。寺にある伝行基作の薬師如来は，江戸期に広く信仰され，1766(明和3)年7月には，江戸本所の回向院で出開帳が行われたとの記録がある。境内の庚申塔は，1665(寛文5)年にたてられたもので，阿弥陀如来を主尊として台座部分に三猿が丸彫りされ，そのうえには「武州橘郡河崎新宿」の銘と12人の建立者の名が記されている。

教安寺 ⑩
044-222-4946
〈M▶P.3,5〉川崎市川崎区小川町6 Ｐ
京急線京急川崎駅 10分

江戸時代の庶民信仰富士講や徳本上人ゆかりの寺

駅前の京浜急行線の高架に沿った道を横浜方面に200mほど進み，東京ガスの角を左折して少しいくと，右手に一乗山究竟院教安寺がある。ここは川崎宿のはずれに近いところだった。開山は一蓮社乗誉上人で，1553(天文22)年とされる。

江戸中期ごろから江戸を中心に爆発的に広まった富士講としてはかなり大きな組織であったタテカワ講を設立し，幕末に活発な活動を展開した。教安寺山門の左手にたつ3mほどの大きな灯籠は「宿内安全」「天下泰平」を祈願して，1840(天保11)年に川崎宿内の富士講中が建立したものである。

また山門の左手から境内にはいると，「南無阿弥陀仏」ときざんだ徳本上人の石碑が目にはいる。徳本上人は1758(宝暦8)年に生まれ，1818(文政元)年に没

教安寺灯籠

徳本鼻

した浄土宗の高僧で、諸国をめぐり、庶民から生き仏とあがめられた。人びとは上人の徳を慕ってみずから念仏集団をつくり、その信仰の象徴として六字名号碑を建立した。石碑には正面に独特の書体で「南無阿弥陀仏」ときざまれ、その下に、丸に十文字を描いたやはり特有の花押がある。この花押について上人は、「鬼殺す　心は丸く田の内に　南無阿弥陀仏と　浮ぶ月影」と詠んでいる。川崎市内では6基が確認されているが、塩浜の入江崎公園の徳本鼻とよばれる石碑は、もっとも規模が大きい。

中原街道とたちばな

武蔵最古の古墳から市民ミュージアムまで、さまざまな歴史空間が展開。

夢見ヶ崎古墳群 ⓫　〈M▶P.3,18〉川崎市 幸 区北加瀬・南加瀬
JR川崎駅🚌井田営業所行夢見ヶ崎動物公園前🚶7分、JR横須賀線新川崎駅🚶10分

「古墳と動物園、市民憩いの「夢見ヶ崎」

バス停夢見ヶ崎動物公園前の五差路のうち交番の右の道をとり、ゆるやかな上り坂をしばらく歩く。道が左にカーブし勾配が少し強くなる辺り、道の右手に庚申塔がある。青面金剛をあしらった1737(元文2)年のもの。さらに数分坂道をあがると、大きなソテツの植えてあるロータリーに至り、このさき50m左手に、川崎市教育委員会がたてた加瀬山3号墳の案内板がある。標識にしたがい斜面を少しくだると、左右に柱石をたてて楣石をのせた、幅1.4m・高さ1.3mほどの横穴が口を開いている。

この加瀬山3号墳は、主体部に半地下式の横穴式石室をもつ高さ4m・墳径15mの円墳で、7世紀後半に築造されたものと考えられている。石室は玄室と前室に分かれる。玄室は奥行・

加瀬山3号墳の横穴式石室

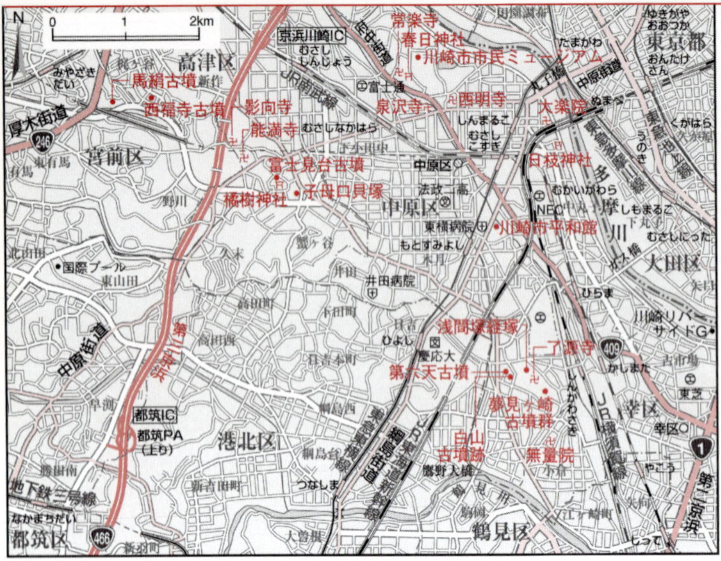

中原街道周辺の史跡

幅ともに2.6mくらいのなかほどがかなり丸く膨らんだ方形，前室は奥行2.1m・幅1.6mほど，壁はともに切石を持ち送りしたアーチ状，高さは最奥部で1.85mある。1951（昭和26）年に発掘調査が行われたが，盗掘にあっていて副葬品類はほとんど発見できなかった。

JR横須賀線の新川崎駅方面から南の方向を見返すと，標高30mほどの細長く突出した台地がある。この台地が加瀬山とよばれているが，現在は夢見ヶ崎動物公園として整備され，年間数十万の人びとが訪れる。

「夢見ヶ崎」という地名は，太田道灌が夢により築城をあきらめたという伝説にちなむもので，3号墳を含め，高塚古墳11基，横穴墓3基が確認される市内屈指の遺跡の宝庫で，夢見ヶ崎古墳群とよばれている。公園東端のひときわ目につく高い塔は，明治以来の戦争

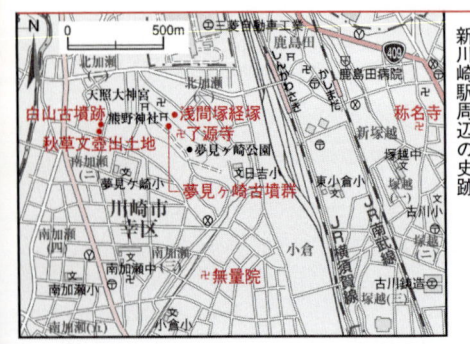

新川崎駅周辺の史跡

18　川崎大師から岡本太郎美術館へ

了源寺軽部五兵衛の墓

で亡くなった人びとの慰霊塔(いれいとう)で、この塔の北東50mほどのところに、高さ2.7m・墳径23mほどの墳丘がある。これが9号墳で、墳頂には八幡宮(はちまんぐう)小祠(しょうし)と夢見ヶ崎の由来を伝える石碑がたっている。了源寺(りょうげんじ)裏手の、動物園に隣接した熊野(くまの)神社脇の円墳は浅間塚経塚(せんげんづかきょうづか)とよばれ、常滑焼壺(とこなめやきつぼ)(鎌倉期)、湖州鏡(こしゅう)(中国宋(そう)時代)、和鏡(草花飛雀鏡(くさばなひじゃくきょう)、平安後期)が出土した。公園西端の天照大神宮(あまてらすだいじんぐう)の社殿も、墳径22mの円墳上にたてられている。台地の東南側中腹には、縄文(じょうもん)・弥生(やよい)時代の遺物が出土した南加瀬貝塚があったが、現在は大半が破壊されてしまった。

了源寺(りょうげんじ) ⑫
044-599-3454
〈M▶P.3,18〉川崎市幸区北加瀬1-13(夢見ヶ崎公園) P
JR横須賀線新川崎駅(にっかわさき) 🚶10分

赤穂浪士ゆかりの寺

夢見ヶ崎公園内に了源寺(日蓮宗)がある。寛永(かんえい)年間(1624〜44)の創立で、一部改修されているが、本堂・庫裏(くり)は当時のものだといわれる。ここに軽部五兵衛(かるべごへえ)の墓がある。五兵衛は当寺の文書に「武州橘樹郡下平間村年寄五兵衛(ぶしゅうたちばなぐんしもひらまむらとしよりごへえ)」とあり、幸区下平間の称名寺(しょうみょうじ)(浄土真宗(じょうどしん))の近くに大きな家を構え、田畑あわせて約2.5haをもっていたという。五兵衛は、赤穂藩浅野家(あこうはんあさの)の江戸屋敷に出入りして、秣(まぐさ)をおさめたり下掃除をしていた関係で、忠臣蔵(ちゅうしんぐら)で有名な大石良雄(おおいしよしお)ら浪士が討入り前に五兵衛宅で身をひそめ、仇討ち(あだう)の一拠点になったという。

称名寺はJR鹿島田(かしまだ)駅から徒歩10分ほどにあり、門前に「赤穂義士旧跡(ぎし)」ときざまれている。五兵衛の家に住んでいた浪士のひとり富森助右衛門(とみのもりすけえもん)の縁で、大石良雄・大高源吾(おおたかげんご)・堀部弥兵衛(ほりべやへえ)らの遺品や、1744(延享(えんきょう)元)年の紙本著色四十七士像(しほんちゃくしょくしじゅうしちしぞう)もある。

白山古墳跡(はくさんこふんあと) ⑬
〈M▶P.3,18〉川崎市幸区北加瀬1-13-1
JR横須賀線新川崎駅 🚶10分、JR川崎駅・京急線京急川崎駅 🚌新城駅前行夢見ヶ崎動物公園前 🚶7分

夢見ヶ崎の台地の西に連なるところに、今はほとんど消滅してし

まったが、白山古墳という武蔵国でもっとも古く有数の大型の前方後円墳があった。全長87m。1937(昭和12)年の発掘調査で、三角縁神獣鏡・内行花文鏡・珠文鏡・乳文鏡・櫛歯文鏡・刀身・剣身・鉄器片・管玉・勾玉などの副葬品が多数出土した。とりわけ中央槨から発見された三角縁神獣鏡は、中国の魏の時代(3世紀)につくられた神仙霊獣が浮彫りに鋳出されたもので、京都椿井大塚山古墳・山口県竹島古墳出土の三角縁神獣鏡と同じ鋳型を使用してつくられた同笵鏡であり、白山古墳の築造者と大和政権とのつながりをうかがわせる。

関東地方に古墳が出現するのは、4世紀末から5世紀初頭である。白山古墳の築造もこの時期で、周辺には、矢上川をはさんで相対するように観音松古墳、多摩川流域に宝莱山古墳・亀甲山古墳が築かれており、いずれも大型の前方後円墳である。台地中央部の了源寺境内にある加瀬山4号墳(了源寺古墳)は、5世紀後半築造の円墳で、明治末期に獣身鏡2面と鉄斧が出土したといわれている。『日本書紀』安閑天皇元(534)年の条に、武蔵国造笠原直使主と小杵の争いで、多摩川・鶴見川の沖積地に勢力をもつ小杵が敗れたと記されているが、この地域の大型古墳の存在と関連があると思われる。白山古墳の西20mにある第六天古墳は、7世紀後半の墳径19mの円墳で、1937(昭和12)年の発掘調査のとき横穴式石室から金銅製鈴や勾玉などの副葬品とともに11体もの遺骨が発見されている。

無量院 ⑭
044-588-0660

〈M▶P.3,18〉 川崎市幸区小倉957 P
JR横須賀線新川崎駅🚶15分、JR川崎駅・京急線京急川崎駅🚌
元住吉駅行小倉神社裏🚶3分

　JR川崎駅をでて、鹿島田陸橋を夢見ヶ崎方向に渡って信号を左にまがり、8分ほど歩き杉山神社入口を右におれ、杉山神社をすぎ小倉の交差点を渡ってしばらくいくと右手に無量院(天台宗)がある。『新編武蔵風土記稿』には、無量院の中興開基の没年が1562(永禄5)年3月と記されており、戦国時代に開かれたと推定される。無量院には「竜灯観音」の伝説がある。昔、小倉池のほとりに老夫婦が住んでおり、老爺が正月のまゆ玉を飾る木を伐りにでかけ、あやまって池におちてしまい、気がつくと立派な御殿にいた。そこの

秋草文壺

コラム

　幸区南加瀬の加瀬山の西麓から1942(昭和17)年，蔵骨器(骨壺)が発見された。高さ42cm・口径16cm・胴径29cmの力感あふれたもので，素地は灰色の荒土，表面は赤黒くこげている。肩の辺りからは，オリーブ色の自然釉が厚くかかり，胴に流れている。表面に，ススキなどの秋の草花が描かれているところから，秋草文壺とよばれている。平安時代後期，藤原様式のもので，12世紀ごろの作といわれている。

　1951年国宝に指定された。現在は，慶応義塾大学の所蔵で，東京国立博物館が保管・展示している。

秋草文壺

姫のもてなしをうけ7日間をすごし，玉手箱のみやげをもらって帰ってみると，家では七回忌法要をしていた。そこで法事が祝宴となり，玉手箱を開けると老爺は死んでしまい，観音と竜のうろこが残った。悲しんだ老婆は観音を無量院本尊の胎内におさめ，うろこは堂の前の常明灯におさめた。以来，本堂の前にあるマツの木に毎晩明かりがともるようになったという。

　本堂脇にある石灯籠(庚申塔)は1661(寛文元)年建立で，川崎市内に残る庚申塔のなかでもっとも古いものである。灯籠の火袋部分が八角形で，2つの窓をのぞく6面に地蔵菩薩像が浮彫りにされ，また，竿の部分には「見ざる　言はざる　聞かざる」の三猿が浮彫りにされている。六地蔵信仰と庚申信仰をかねた大変珍しいものである。

無量院の石灯籠

中原街道とたちばな

武蔵小杉駅周辺の史跡

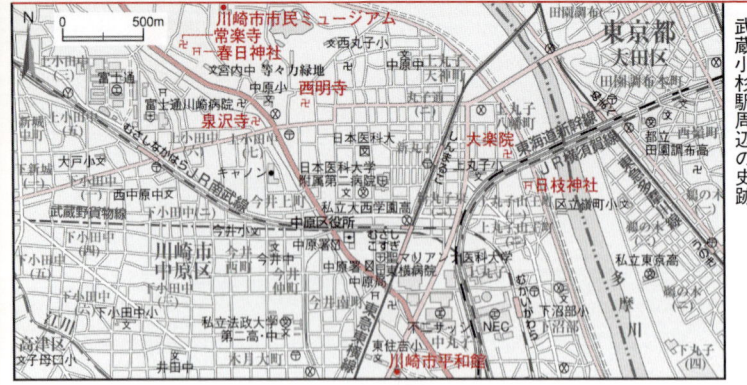

日枝神社 ⑮　〈M▶P.3,18,22〉川崎市中原区上丸子山王町1-1455
044-422-3271　JR南武線・東急線武蔵小杉駅🚌川崎駅行山王町1丁目🚶10分

近江日吉神社由来　平安時代から続く神社

　山王町1丁目バス停からバスの進行方向へ進んで2つ目の信号を左折すると、さきの信号の右手に日枝神社がある。中原街道の多摩川渡船場付近に位置し、祭神は大己貴神。この付近上丸子の鎮守であり、中世前期には丸子荘の荘園鎮守社であった。神社縁起には、丸子山王権現とあり山王の地名が今に残っている。平安時代には近江国(滋賀県)の日吉神社(現在坂本にある日吉大社)を勧請し、平重盛により再興されたと伝えられている。

　当社には、戦国大名後北条氏の虎の印判状2点など多くの古文書が残されている。境内には、近江日吉大社から移された1586(天正14)年豊臣秀吉造営の大神橋の破損橋脚の一部や、「延宝八(1680)年」銘の庚申塔がある。正月の7日に行われるびしゃ祭り(歩射祭・オビシャ)は、男児2人が手づくりのまとに矢を射て、矢のあたった位置によってその年の豊凶を占い、無事息災を祈願する行事として知られている。

　神社の北方、200mほどのところに日

日枝神社

川崎市平和館

コラム

東急東横線の武蔵小杉駅あるいは元住吉駅でおり、綱島街道にでて、中原平和公園をめざすと、公園の北角近く二ケ領用水新川のそばに、綱島街道に面して川崎市平和館がある。この建物は、1992(平成4)年4月15日に開館した。

川崎は1945(昭和20)年4月15日深夜から翌日未明にかけて、米空軍B29爆撃機229機の空襲をうけ、罹災戸数3万7431戸(全戸数の45.6%)、罹災人口15万4426人(全人口の44.5%)、死者768人、重軽傷者1万4927人という大被害をうけた。戦後、戦争の悲惨さを身をもって経験した川崎市民の平和を願う気持ちは強く、1982年、全国にさきがけて「核兵器廃絶平和都市宣言」を発表し、積極的に平和事業に取り組んできた。その1つが、宣言と同年に開設された中原平和公園で、この公園は、戦時中の東京航空計器工場、戦後の米陸軍印刷局の跡地につくられた。そして10年後に公園の一角にこの平和館がつくられ、戦争の悲惨さ、飢餓や貧困・差別を根絶し、人間が人間らしく生きることへの努力を、多角的視点から展示・映像などをとおして紹介している。

川崎市平和館

枝神社の別当寺であった大楽院(眞言宗)がある。寺に伝わる約2mの木造釈迦如来坐像は、像内の銘文によると、16世紀末ごろ現在の中原区辺りに進出していた吉良氏一族が施入したものであるという。

泉沢寺 ⑯

〈M▶P.2,18,22〉川崎市中原区小田中7-20-5
JR南武線・東急線武蔵小杉駅🚌溝ノ口駅・第三京浜入口・市民ミュージアム行小杉十字路🚶2分

高家筆頭吉良家ゆかりの寺

バス停小杉十字路から中原街道を西へ歩き、二ケ領用水にかかる神地橋を渡るとすぐ泉沢寺(浄土宗)がある。この寺は吉良氏の菩提寺としてたてられた。吉良氏は足利氏の血を引く名門で、15世紀ごろから武蔵国多摩郡世田谷(現、東京都世田谷区)や久良岐郡蒔田(現、横浜市)に領地をもち、川崎市中原区の辺りにも勢力のあった一族である。寺所蔵の古文書などによると、本寺は1491(延徳3)年多摩郡烏山に創建されたが、5世心参上人の代に焼失し、1550(天文19)年吉良頼康が小田中の地に再興、その際上丸子山王社(現、

中原街道とたちばな 23

泉沢寺本堂　　　　　　文政七年の石碑

日枝神社)へ釈迦如来像(現，大楽院蔵)を奉納し武運長久を祈ったとある。

　本堂は1778(安永7)年に再建されたもので，入母屋造銅板葺き，内陣部分には小壁・頭貫より上部に彩画・彩色がほどこされ，荘厳な趣を感じさせる。須弥壇上に安置されている多聞天・広目天・梵天・帝釈天の4体の木造立像は，台座の銘文によると，江戸幕府5代将軍徳川綱吉供養のため造立されたものである。

　寺のある小田中は市内では農業生産力の高い地域であった。中世には稲毛荘の中核をなしていた。門前をとおる中原往還は，近世には江戸と相模方面を結ぶ幹線であり，近くに多摩川の渡河点をひかえて，寺域は交通上の要地として市がたち，栄えていたという。この門前市は大正時代まで続いていた。

春日神社と常楽寺 ⑰⑱

平安から鎌倉稲毛荘に由来する神社とまんが寺で有名

〈M▶P.2,18,22〉川崎市中原区宮内4-12-2
P
JR南武線・東急線武蔵小杉駅🚌武蔵溝ノ口・第三京浜入口・市民ミュージアム行薬師前🚶2分

　薬師前バス停そばの「行基菩薩御製　薬師如来　春日山　文政七(1824)年」銘の石碑のたつ小路をはいると，突き当りに薬師堂，隣に春日神社，左に常楽寺(真言宗)がある。

　常楽寺は，春日山医王院と称する真言宗智山派の寺院で，縁起には奈良時代聖武天皇の御願所として行基の開基とされている。境内裏からは古墳時代の土師器が出土しており，古くから人が居住していたことがうかがえる。12世紀ごろには稲毛荘といい，摂関家藤

中原往還

コラム

　中原往還は、江戸二本榎猿町から三田・馬込をとおり、丸子の渡しで多摩川をこえて、小杉・佐江戸・瀬谷・用田、田村の渡しで相模川を渡って、平塚の中原上宿・下宿に至り東海道とつながる街道で、中世から人びとの行き来が盛んな道筋であった。

　1596(慶長元)年平塚の中原に御殿(将軍の休泊施設)が設置され、徳川家康もたびたび往来した。さらに、1608年、現川崎市中原区の小杉に徳川秀忠が御殿を設け、鷹狩りの際将軍や諸大名も往来に利用し、東海道の整備がなされる以前は、幹線として活用されていた。現在の丸子橋のそばの渡し場跡から、綱島街道・東急東横線を経てまっすぐ進み、道が鉤形にカーブする辺りに西明寺がある。寺の入口に石碑があり、かつてこの辺りに小杉御殿があった。御殿の敷地は多摩川辺りにまでおよんだ。東海道の整備後も、脇往還として相州と江戸を結ぶ物資輸送には欠かせない道であった。

　現在、川崎市内の中原往還筋には、旧名主安藤家・二ケ領用水・泉沢寺などの遺跡や遺物が多くみられる。

原氏を本所としていた。1171(承安元)年の「稲毛荘検注目録」に記す春日新宮と新御願寺は、春日神社と常楽寺と考えられている。

　春日神社は藤原五摂家の1つ九条家の氏神である奈良春日大社を分祀したと考えられ、宮内の地名はここに由来するといわれる。鎌倉時代初期の御家人で荘官とみられる稲毛三郎重成の館が、ここから近い下小田中にあったとする伝えや、春日大社・常楽寺に残る多くの文化財などから、この付近が稲毛荘の中心であったと思わ

春日神社

常楽寺

中原街道とたちばな

常楽寺岡本一平自画像碑　　　　　　　　　　　　　川崎市市民ミュージアム

れる。

　春日神社には15世紀初めの「応永十(1403)年」銘の青銅製鰐口(県重文)がある。公開はされていないが，常楽寺の本尊の木造聖観世音菩薩像は，丸くやわらかな面立ちや衣文の様相から9世紀末から12世紀ころのものと考えられている。ほかにも，14世紀ころの寄木造の釈迦如来像，15世紀ころの十二神将像，14世紀ころの両界曼荼羅図，17世紀初めころの阿弥陀浄土二河白道及十王図などがある。

　また常楽寺は，「まんが寺」としても知られている。本堂には明治以降の世相を風刺した襖絵や色紙がかざられており，境内にも徳川夢声筆のまんが筆塚や岡本一平自画像碑などがある。また，境内はスダジイやシラカシなど常緑樹が生い茂り，沖積地の樹叢として大変貴重な緑であり，県の天然記念物となっている。

川崎市市民ミュージアム ⑲
044-754-4500

〈M▶P.2,18,22〉川崎市中原区宮内4-12-2　Ｐ
JR南武線・東急線武蔵小杉駅🚌武蔵溝ノ口・第三京浜入口・市民ミュージアム行　薬師前🚶2分

文化と歴史にふれる市民の憩いのスポット

　1988(昭和63)年11月に開館した川崎市市民ミュージアムは，多摩川のほとり等々力緑地内にある。このミュージアムは，「都市と人間」を基本テーマとして，市内に関する歴史・民俗資料や郷土美術をはじめ，ポスター・写真・漫画，映画・ビデオなどの映像資料を収集・展示し，川崎市民の文化的拠点としての役割をになっている。

川崎大師から岡本太郎美術館へ

基本テーマの「都市と人間」について，考古・歴史・民俗・グラフィック・写真・漫画の6つのジャンルにわたる常設展示，川崎ゆかりの文学者や美術品を展示した特別展示，さまざまな分野の映像を記録・表現するビデオや，第二次世界大戦後日本映画に独自の足跡を残した独立プロダクション作品，あるいは世界各国の未公開作品を収集・紹介する映画の上映など，多面的・視覚的な表現を展開している。

　展示室入口からエントランスをとおりぬけると，吹き抜けとなっている逍遙展示空間にでる。ここは，都市の広場をイメージした空間で，ここから直接自分の興味ある展示分野をみにいくことができる。そのいくつかを紹介すると，漫画の展示ではビデオやスライドパネルなどを使い，漫画の歴史や作品をわかりやすく紹介している。歴史の展示は，「水と共同体」というテーマで，人間生活の営みを，東京湾や多摩川など市域の自然環境との結びつきのなかからとらえ，用水・道・宿場・村・都市などをさまざまな角度から紹介している。3階のビデオライブラリーでは，「世界のドキュメンタリー」「コマーシャル」「映画」「テレビドラマ」など多方面にわたる映像をみることができる。

子母口貝塚 ❷⓪

〈M▶P.2,18〉川崎市高津区子母口54-148　🅿

JR南武線武蔵新城駅🚌綱島駅行子母口下車，JR南武線武蔵溝ノ口駅・東急線溝の口駅🚌千年経由蟹ヶ谷行子母口🚶5分

南関東ではもっとも古い貝塚

　子母口バス停でおり，千年の方向に歩き交差点で丘陵に向かう坂道をのぼりはじめると，「たちばなの散歩道」の案内板があり，これにしたがって丘陵のうえにでると，住宅地の一隅に小さな公園がある。この公園が子母口貝塚(県史跡)のあるところで，多摩丘陵の北東端に位置し，標高25mほどの台地の近江東西約100m・南北約150mに4地点にわたって点在していた貝塚を総称して子母口貝塚といっていた。現在はこのうち2地点を公園として地下に保存したもので，川崎では唯一の現存する貝塚である。

　この貝塚は，縄文時代，今から9000年ほど前のもので，多摩丘陵ではもっとも古い貝塚の1つである。この貝塚の存在は，明治時代

の中ごろから多くの研究者に知られていたが，1927(昭和2)年，大山史前学研究所により正式な調査がなされ，1932年にも2度にわたり調査された。このときの資料をもとに，子母口貝塚は，関東の縄文土器編年約50型式の1つ子母口式の標式遺跡となった。

　子母口式土器は約7000年前の縄文時代早期後半のもので，その特徴は，土器表面の貝殻などで引いた線や，竹などに紐をまき，ころがさずに押しつけた文様などにある。

　第二次世界大戦後，1967年川崎市教育委員会，1986年川崎市市民ミュージアムにより発掘調査され，出土遺物は川崎市市民ミュージアムに保存・展示されている。

　この貝塚の貝層からは，下層の黒土層から縄文早期初頭の井草式土器，中層から子母口式土器と貝類が出土している。貝類の半分近くはマガキで，そのほか20種類以上あり，多くは浅海の砂泥に生息する貝類である。また，スズキやタイ類の骨もみつかっており，かつてこの地域が河口の内湾的地形にあったことをうかがわせる。

橘樹神社と富士見台古墳 ㉑㉒

〈M▶P.2,18〉川崎市高津区子母口122ほか　P
JR南武線武蔵新城駅🚌綱島駅行子母口下車，JR南武線武蔵溝ノ口駅・東急線溝の口駅🚌千年経由蟹ヶ谷行子母口🚶9分

弟橘媛伝説に由来する神社

　子母口貝塚から「たちばなの散歩道」の案内にしたがって約4分，250mほど歩くと，橘樹神社に至る。現在の川崎市の市域を，古くは武蔵国橘樹郡といった。この郡名の由来が当社の名にあるという。影向寺周辺とともにこの周辺は，古代律令体制の地方行政組織で橘樹郡の郡役所である郡衙がおかれたところ，と推定されている。

　古くは橘樹郡の総社

橘樹神社

28　川崎大師から岡本太郎美術館へ

とされ，子母口村の鎮守として地域の人びとの尊崇をうけ，明治時代には村社とされた。現在の社殿は1990(平成2)年に修復されたものである。社名は，江戸時代には「立花社」「橘明神社」ともよばれていた。祭神は倭建命(日本武尊)とその妃である弟橘比売命(弟橘媛)で，『古事記』『日本書紀』によれば，日本武尊が東征で関東にきた際，当地から上総国(千葉県)に渡る海が荒れたため，弟橘媛が海中に身を投げ海神をしずめ，日本武尊は無事航海できたという。社伝はこの話をうけて，後日，当地に弟橘媛の装身具の一部が漂着し，これをまつって神社としたと伝えている。同様の伝説は，中郡二宮町の吾妻神社などにもある。

境内にある石造遺物には，江戸時代の近在の人びとの名や，「渋口」という文字がきざまれたものがある。かつてこの近辺を「しぶぐち」と称し，それが「しぼぐち」と転じて現在の子母口となったといわれる。「しぶ」とは丘の間のせばまった地形を意味する言葉である。

橘樹神社から西へ歩き，途中の坂道をのぼると公園があり，ここが富士見台古墳である。標高35mの台地上にあり，高さ3.7m・墳径17.5mの円墳状を示しているが，道路に面した古墳の麓が大きく削られ，墳丘もやや変形している。この古墳には，弟橘媛の御陵とする伝説があるが，これは橘樹神社の社伝と『古事記』の弟橘比売命の櫛が流れ着き，これをもって御陵をつくったとする記述が結びついてうまれた伝説であろう。

能満寺 ㉓
044-766-0009
〈M▶P.2,18〉 川崎市高津区千年354　P
JR南武線武蔵新城駅🚌宮前区役所行能満寺🚶5分，JR南武線武蔵溝ノ口駅・東急線蔦の口駅🚌千年経由蟹ヶ谷行子母口🚶20分

平安・鎌倉時代の仏像が由緒を物語る寺

バスをおりて「たちばなの散歩道」の案内板にしたがって脇道にはいり，しばらく歩くと能満寺(天台宗)に至る。行基により創建されたと伝えられており，もとは影向寺の塔頭であったが，16世紀なかば現在地に移り，快賢によって開創されたという。現本堂は1739(元文4)年に建立された。公開されていないが，本尊の虚空蔵菩薩像(県重文)は寄木造で胎内墨書銘から，1390(明徳元)年5月13日，鎌倉の仏師ともいわれる朝祐の作であることがわかる。一木

中原街道とたちばな

能満寺本堂

造の聖観音立像は、もと隣村岩川村の長命寺に伝わったもので、首・腰・足などを少しひねった姿や、豊かな肉づき、翻波式(大きなひだと小さなひだを交互に繰り返す)がわずかに用いられていることから、平安時代の作と考えられている。しかし、面部は江戸時代の補造である。

影向寺 ❷
044-766-7932

〈M▶P.2,18〉川崎市高津区千年354 P
JR南武線武蔵新城駅🚌宮前区役所行能満寺🚶5分、JR南武線武蔵溝ノ口駅・東急線溝の口駅🚌千年経由蟹ヶ谷行子母口🚶28分

白鳳時代からの歴史と国重文を有する由緒寺

バスをおり、坂道を5分ほどのぼると医徳山影向寺がある。寺にある『影向寺仮名縁起』(1710〈宝永7〉年撰述)によれば、天平時代に聖武天皇が光明皇后の病気平癒のため、夢にあらわれたこの地の霊石に薬師仏を安置し、行基に命じて寺院を建立させたとある。近年の発掘調査で、奈良時代と推定される大型掘立柱建物跡や、7世紀末白鳳時代末期にまでさかのぼる古瓦が出土している。

縁起にある霊石が山門の右手にある大石で、影向石とよばれている。影向とは神仏の出現する場所という意味で、石の上面にあいた小穴にたまる水が眼病にきくとされ、江戸時代には庶民の信仰を集めた。この石の小穴は、奈良時代前後の様式の影響をうけた舎利孔で、石全体は三重塔をささえる礎石であったと考えられている。

本寺の薬師堂(県重文)は、白鳳時代以来の歴史を伝える

影向寺山門

影向寺薬師堂　　　　　　　　　　　　　　　　　　　　　影向寺太子堂

影向寺本堂である。薬師堂の解体修理に伴う基壇部の発掘調査で、創建当時の堂宇が現在とほぼ同じ位置にたてられていたことが判明した。また、室町時代後期にたてられた薬師堂の古材が発見され、中世期の薬師堂は、密教本堂の形式に禅宗様の技法を取り入れていることがわかった。

現在の薬師堂は1694（元禄7）年に建立され、大工頭領は清沢村（現、高津区千年）の木嶋長右衛門で、ほかにも江戸の工匠が加わっていたことが、銅板銘からわかっている。薬師堂の脇には2つの石碑があり、1つは芭蕉の句碑で「春の夜は　さくらに明て　しまいけり」と読める。もう1つは西脇順三郎の詩碑である。

収蔵庫にある薬師如来坐像と両脇侍像（ともに国重文）は一木造で、中尊の薬師如来坐像の材質はケヤキ、左手に薬壺をもち、わずかに微笑みをたたえた表情や衣文の浅く流れるような形象から、平安時代の作で、素朴でおおらかな作風から地方の仏師が心をこめてつくりあげたことがうかがえ、数少ない古代仏として貴重なものである。両脇侍像はサクラ材で、薬師如来坐像よりいっそう柔和な様相で、それぞれ作風が異なるが、薬師如来坐像よりあとの作と推定されている。収蔵庫には、ほかにも木造二天立像が2体、薬師如来の眷属である木造十二神将立像が安置されている。

太子堂にまつられている木造聖徳太子立像は室町時代初期の作と考えられている。境内にある大イチョウは樹齢600年以上とされ、母乳のでない母親が祈ると乳がさずかるという言い伝えがある。

中原街道とたちばな　31

馬絹古墳　　　　　　　　　　　　　　　　　　　　　西福寺古墳

馬絹古墳(まぎぬこふん) ㉕　〈M▶P.2,18〉川崎市宮前区馬絹994-8　P
東急線宮前平(みやまえだいら)駅🚌新城(しんじょう)駅前行・野川台行金山(かなやま)🚶5分

金山バス停から貨物ターミナルガードに向かって、ガード手前で右にはいる道を200mほどいくと馬絹神社があり、神社をぬけて裏にまわると、高台の住宅地内に馬絹古墳(県史跡)がある。この古墳は、矢上川(やがみかわ)の沖積地を望む標高43mほどの台地の南側の縁に位置している。

1971(昭和46)年の発掘調査で、墳径約33m・墳高約6mの円墳で、墳丘のまわりには幅3.5m・深さ1.5mほどの周溝がめぐらされ、墳丘表面に葺石(ふきいし)がしきつめられていたことがわかった。内部は、玄室・前室・前々室からなる複室構造で、全長9.6mにおよぶ大型の横穴式石室がある。この石室は泥岩(でいがん)の切石(きりいし)を組み合わせ、天井に向かってせばめて積んでいく手法で築かれており、切石の接合面には白色粘土が塗り込められている。玄室側壁や奥壁・玄門などにも白色粘土で、円文や形が判然としない装飾文様が描かれている。

副葬品などは盗掘されてしまったが、玄室・前室から79本の鉄釘(くぎ)が発見されており、複数の木棺(もっかん)が安置されていたと考えられる。この古墳の築造された時期は明確ではないが、石室設計に唐尺(からじゃく)が使用されていることや切組積みで構築されているところから、7世紀後半の築造と思われ、その技術や装飾方法は古代朝鮮半島の影響をうけている。おそらく、この古墳の埋葬者は、この地域の有力豪族であったと考えられる。馬絹古墳は1971年に県の指定史跡となり、現在は史跡公園となっている。

金山バス停に戻り、西福寺(さいふくじ)バス停方向に歩き、太い道路との交差

6、7世紀の昔を物語る2つの古墳

川崎大師から岡本太郎美術館へ

点をこえ1つさきの道を左におれて、赤白の煙突(橘リサイクルコミュニティセンター)を目標に、坂道を400mほどのぼると、梶が谷第3児童公園があり、そのなかに西福寺古墳(県史跡)がある。この古墳はかつて西福寺の寺地内にあった。1982(昭和57)年に発掘調査が行われ、墳丘周囲に幅約6〜7.5m、深さ約70〜80cmの溝がめぐっていたことが判明した。また、筒状の円筒埴輪や水鳥の頭部の形象埴輪などが出土している。この古墳は出土品から6世紀後半の築造と考えられる。

3 長尾と向ヶ丘

鎌倉武士稲毛氏ゆかりの城跡や寺院、古民家の博物館、旧陸軍戦争遺跡など、中世から近代の遺跡が残る。

東 高根森林公園 ㉖
044-865-0801

〈M▶P.2,33〉川崎市宮前区神木本町2 P
JR南武線武蔵溝ノ口駅・東急線溝の口駅🚌菅生車庫行森林公園前🚶すぐ

芝生の下に集落遺構
シラカシの自然林

1970(昭和45)年、神奈川県住宅供給公社が集合住宅用地として買収した土地の調査をしたところ、標高55mの舌状台地上に集落跡が確認された。発掘予備調査でこの遺跡は弥生時代後期の3世紀から古墳時代後期の8世紀に至る複合遺跡であることが判明した。確認された住居跡は62軒であるが、台地全体では100〜150軒の竪穴住居があったと推測され、当時の単位集落の規模・構造を解明するうえ

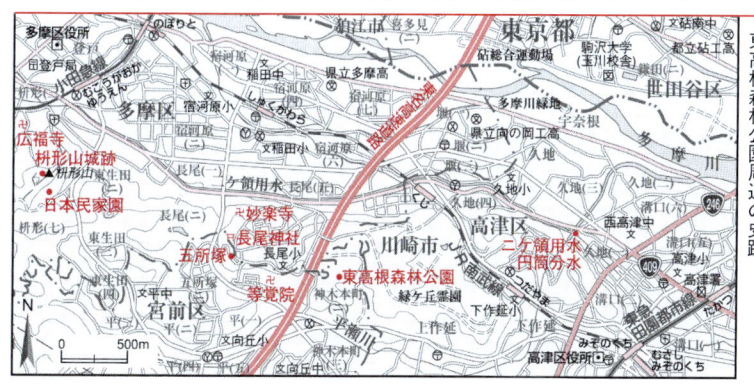

東高根森林公園周辺の史跡

東高根森林公園

で絶好の条件をそなえているとして県史跡に指定された。

また遺跡周辺のシラカシ林は自然林に近く、関東内陸部の開発以前の景観を知ることができる貴重なものとして、県の天然記念物に指定され、遺跡とともに県立東高根森林公園として整備された。

園内には遺跡上の芝生広場をはじめ、古代植物園・湿生植物園・自然観察広場などがあり、湧き水を利用した谷戸田も復元されており、散策をしながら往時をしのぶことができる。

また、弥生時代には、方形周溝墓とよばれる家族墓を集落から離して営むようになるが、この遺跡の西側には長尾鯉坂遺跡があり、そこからは一辺が20mに達する大形方形周溝墓が発見されている。

なお、この遺跡から約200m北西には、縄文時代後期・晩期の集落跡である下原遺跡があり、土器からは関東最古といわれるイネのプラント・オパールが発見されている。

等覚院 ㉗
044-866-4573

〈M▶P.2,33〉川崎市宮前区神木本町1-8-1 P
小田急線 向ケ丘遊園駅 🚌 梶ヶ谷駅行神木不動 🚶 5分

新緑に映えるツツジ
神木のお不動様

森林公園を西側にぬけ、東名高速道路にかかる橋を渡って左手に進む。長尾小学校前の尾根道は、北側の川崎市多摩区と南側の宮前区の境となっているが、江戸時代長尾村であったこの一帯は、この尾根を境に北側を河内長尾、南側を神木長尾とよんでいた。河内は多摩川の内というほどの意味であるが、神木については諸説がある。

産業医学研究所前の住宅の間を左にくだっていくと、神木山等覚院(天台宗)の境内にでる。「神木のお不動様」とよばれて、とくにぜんそく治癒のご利益で多くの参詣者を集めている。この寺の縁起には、日本武尊の東征の際、のどのかわきをいやす泉をツルが舞いおりて知らせ、日本武尊はそこに1本の木を植えた。その木が神

等覚院本堂

木とあがめられて、この地は神木とよばれるようになったとある。本尊の不動明王は智証大師円珍がその神木をきざんだという話も伝わっている。明治時代にたてられた山門と幕末の1856(安政3)年にたてられた本堂の間、石段の両脇にはツツジが植えられている。なかには樹齢300年を数えるという古木もあり、つつじ寺として親しまれ、花の季節には多くの人が訪れる。神木の地名については、これ以外に「石川の牧」「馬絹の牧」に対して新しくつくられた牧すなわち新牧によるという説、また中世にこの一帯が太田渋子郷とよばれていたところから「渋子」が神木に転訛したという説がとなえられている。

五所塚 ㉘

〈M▶P.2,33〉川崎市宮前区五所塚1-1
小田急線向ケ丘遊園駅🚃梶ヶ谷駅行切通し上🚶10分

豊作を占う「マトー」境界をまもる5つの塚

等覚院の境内から、再び河内長尾と神木長尾を分ける尾根道に戻る。西に向かうと前方に川崎市水道局の長尾配水塔がみえてくる。その配水塔の隣に五所塚第一公園がある。公園内に直径約4m・高さ2mほどの塚が5つ南北にならんでいる。地元では古くから五所塚とよばれ、江戸時代の地誌『新編武蔵風土記稿』には長尾景虎とその従者の墳墓と記されている。しかし、実際には村境などにつくられた「境」信仰の塚と考えられている。他地域から疫病や災禍が村内へ侵入することを防ぐための祭祀が行われた跡であり、5つの塚がそのまま残っているのは全国的にみても珍しい例という。

五所塚の北側に隣接して長尾神社がある。長尾権現台とよばれる台地の最高部に位置し、もとは河内長尾の鎮守で五所権現社とよばれていたが、1909

五所塚

長尾と向ヶ丘　35

(明治42)年に神木長尾の鎮守赤城社を合祀して長尾神社となった。古くは流鏑馬が行われており、五所塚のかたわらに1965(昭和40)年まであった巨木稚児の松は、落馬して命を落とした射手の稚児の供養に植えられたと伝えられていた。現在では1月7日(またはそれに近い日曜日)に、的を射て1年の無病息災、農事無事を祈願するマトーとよばれる行事が行われている。射手は7歳未満の男児2人がつとめ、烏帽子・直垂姿で、アシをつぶしてむしろ状に編んだものに和紙を張ったまとに、モモの木でつくった弓で篠竹の矢を射る。まとの裏には「鬼」の字が書かれ、矢が鬼の文字をつらぬけば豊作といわれている。

この付近の台地は権現台遺跡という縄文時代中期から後期の集落跡で、五角形の竪穴住居跡や配石遺構が発掘されている。

妙楽寺 ㉙
044-922-3653

〈M▶P.2,33〉川崎市多摩区長尾3-9-3　P
小田急線向ヶ丘遊園駅　梶ヶ谷駅行切通し上　15分

頼朝ゆかりの幻の寺
長尾のあじさい寺

長尾神社からさらに150mほど北へ進むと、左手に長尾山妙楽寺(天台宗)がある。境内には約1000株のアジサイが植えられ、別名あじさい寺とよばれている。

鎌倉時代の初め、長尾付近には長尾寺もしくは威光寺とよばれる寺院があった。縁起によれば慈覚大師円仁の創建であるという。鎌倉時代初期には源氏代々の祈禱寺として栄え、『吾妻鏡』にもその名が登場する。1180(治承4)年には源頼朝が弟の阿野全成(今若丸)を院主にすえ、寺領の保護をはかっている。多摩丘陵の軍事的重要性ゆえの措置であったと考えられる。しかし、寺勢はやがて衰え、室町時代にはいるともとの威勢はまったく失われ、くわしい所在地などは不明となって、久しく「幻の寺」とされていた。

ところが、1977(昭和52)年、妙楽寺の薬師三

妙楽寺山門

大山街道　　　　　　　　　　コラム

大山街道は矢倉沢往還, 大山道, 青山道などともよばれ, 江戸の赤坂御門を起点に, 二子の渡し・厚木・伊勢原・松田惣領・関本・矢倉沢から駿河に至る街道で, 現在の国道246号線とほぼ重なっている。1590(天正18)年, 徳川家康は関東入国に際して矢倉沢に関所を設けた。その後, 寛文年間(1661～73)にはいり街道筋に19の継立村がおかれ, 東海道の脇往還の1つとしての役割をになうことになった。

大山街道の往来が盛んになったのは江戸時代中期以降で, 江戸庶民の娯楽として大山詣が人気を集めるようになってからである。人の往来だけでなく, 現在の県央や駿河・甲斐から種々の物産が江戸へ運ばれた。

二子新地から溝口にかけての大山街道沿いには, 往時をしのぶことができる建物もいくつか残っており, 田園都市線高津駅から徒歩5分のところにある大山街道ふるさと館は, 文化活動の場となるとともに, 地域の歴史・民俗資料, ゆかりの作家の作品などの展示を行っている。

尊像の解体修理が行われた際, 脇侍の日光菩薩の胎内から墨書銘が発見された。そこには「武州立花郡大田郷　長尾山威光寺」「天文十四(1545)稔(年)」という文字がみられ, 少なくとも天文年間(1532～55)までは威光寺が存続していたこと, そして妙楽寺が威光寺の由緒をついだらしいことが史料的にも確認されたのである。

なお, 境内西側の急な崖の斜面には「大師穴」とよばれる横穴があり, 『江戸名所図会』にもとりあげられた物見遊山の対象であった。墳墓というより修験者の修行場であったらしいが, 現在は危険で立ち入ることはできない。

広福寺 ㉚
044-911-3782　〈M▶P.2,33,38〉川崎市多摩区枡形6-7-1
小田急線向ケ丘遊園駅 🚶20分

鎮守はマラソンの神様稲毛重成の居館跡か

駅前の通りを多摩区役所方面にむかうと, 信号のある交差点にでる。交差する道路が津久井道で, 右へいくと登戸から多摩川を渡り三軒茶屋, 左は橋本, 津久井地方へ続く。現在の世田谷通りはほぼこの津久井道と重なる。この道は江戸時代後期の文化年間(1804～18)以降, 津久井・愛甲地方で生産された絹を江戸へ直送するルートとして, 横浜開港までは往来も頻繁であったという。

長尾と向ヶ丘

向ケ丘遊園駅周辺の史跡

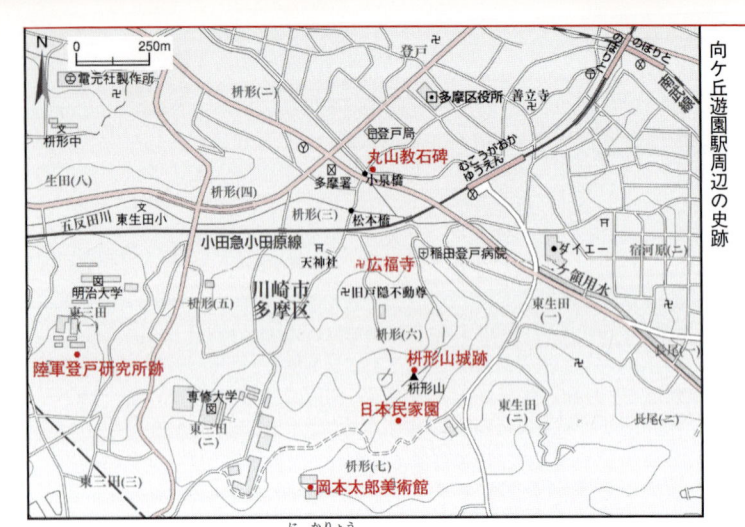

　津久井道を左へ進むと二ケ領用水にかかる小泉橋を渡る。この橋は、土地の豪農小泉利左衛門が1844(天保15)年にかけた石橋の1つを、子孫の小泉弥左衛門が1900(明治33)年に改修したものである。橋をこえてまじわる道路が府中街道。この辺りは榎戸とよばれ、かつては旅館・居酒屋などがたち並び賑わったという。近年までその名残りをとどめる紀伊国屋が営業していたが、現在はマンションに姿をかえてしまった。この地の祝い歌「これさま」の替え歌で、

　　これほどの旅のつかれを　五反田の酒屋で忘れたか

　　忘れてもわすれがたなや　五反田のさかやの小娘子

とうたった「五反田節」のこれさまの歌碑も、五反田川にかかる松本橋の近くに移されている。

　府中街道を渡り、津久井道から左に分かれる道が枡形道である。この道を進み、松本橋をすぎて小田急線の踏切を渡ると急な坂道がみえてくる。この坂のさきが枡形山城跡であるが、以前この坂は両側からしげる木々のために昼なお暗く、土地の人びとは「くらやみ坂」とよんできた。坂を少しのぼった右手にあるのが広福寺(真言宗)。門の右手前に「左ますがた道　右王禅寺道」と彫られた道標がおかれているが、1906(明治39)年につくられたこの道標は、もともと松本橋近くにあったものを道路拡張工事の際に移したものである。

　この寺は、平安初期に慈覚大師によって開かれ、鎌倉時代に稲毛

二ヶ領用水

コラム

二ヶ領用水は全長32km、60カ村の水田2007町歩をうるおした、県内でもっとも古い人工用水である。徳川家康に登用された代官小泉次太夫が、1597(慶長2)年から1611年までの年月をかけて完成させた。その後伊奈忠治、田中丘隅によって整備・改修が行われ、流域でとれる米は「稲毛米」とよばれ、江戸の寿司の飯米として需要を高めた。

黒田清隆の筆になる小泉・田中をたたえる「泉田二君功徳の碑」が宮前区の妙遠寺、次太夫の墓のかたわらにたっている。

田中丘隅によって久地につくられた分量樋は、1941(昭和16)年にコンクリート製の円筒分水(国登録)にかえられた。現在、農業用水としての役目はほとんどなくなった用水だが、地域にいかすさまざまな取り組みがなされている。

円筒分水

三郎重成が長弁阿闍梨を招いて中興したと伝える。重成は秩父党の一派小山田有重の子で、小山田荘(現、町田市)を拠点としていたが、東進し稲毛荘を本拠とした。広福寺の門には「稲毛領主菩提寺稲毛館跡」とあり、この寺は重成の居館跡と伝えられる。北条政子の妹を妻とするなど鎌倉幕府の有力御家人であった重成は、鎌倉幕府北方の守りを固めていたのである。しかし、その重成も1205(元久2)年6月従兄弟にあたる畠山重忠謀殺事件に際して一族とともに滅亡している。頼朝以来の有力御家人があいついで討たれたこの事件の背後には、幕府の実権を掌握しようとする北条氏の動きがあった。広福寺の墓地には、稲毛重成の墓と伝えられる石塔があり、本堂には本尊の木造五智如来像などとともに、木造稲毛三郎重成坐像と一族の位牌がまつられている。また、

伝稲毛重成の墓

収蔵庫には，平安末期の木造地蔵菩薩立像と鎌倉末期の木造聖観音立像(ともに県文化)がおさめられている。境内ではそのほかにも多くの石仏をみることができる。

広福寺境内から西へ階段をくだると，正面に鳥居と石段がみえる。額には「天神社」と書かれているが，『江戸名所図会』には「韋駄天社」とあり，広福寺の鎮守であるとともに付近一円の氏神でもあった。近年では韋駄天走りにあやかってマラソン選手なども参詣に訪れるという。広福寺と天神社の間を進めば，1993(平成5)年に焼失した旧戸隠不動尊の参道に至り，さらに山道をのぼれば枡形山城跡である。

枡形山城跡 ㉛

〈M▶P.2,33,38〉 川崎市多摩区枡形 P(生田緑地)
小田急線向ケ丘遊園駅🚶30分

標高83mの枡形山は，鎌倉時代初めには山麓に鎌倉街道がとおり，眼下に多摩川の渡しを見下ろす鎌倉幕府北方の守りの重要な地であった。北条政子の妹を妻とした御家人稲毛三郎重成は，麓の広福寺の辺りに居館をおき，枡形山には城を築いたといわれている。

その後も枡形山は多摩丘陵の要害の地として推移したと考えられるが，記録に姿をあらわすのは戦国時代の1504(永正元)年，山内・扇谷両上杉家の抗争に際してである。8月，山内顕定は河越城に扇谷朝良を攻め，さらに江戸城を攻めた。このため朝良は伊豆韮山の北条早雲に援軍を求めた。早雲は扇谷朝良，駿河の今川氏親とともに益形(枡形)に陣をとり，立川(現，東京都立川市)に陣を張った山内顕定の軍勢と対峙し，9月27日昼すぎ立川原で戦いをまじえ勝利を得た。府中立川原の合戦である。

早雲側の陣中にいた連歌師宗長は「朝霧のうち，武蔵野も深山のように敵味方軍兵みえけるとなり，凡雷電のごとし。午刻ばかり馬をいれあい，数刻の合戦，敵討負

枡形の広場はサクラの名所
多摩川を見おろす山城

枡形山城跡

けて，本陣立川に退く。二千余討死」と，『宗長手記』に書き残している。合戦後，北条・今川軍は29日から順次，枡形の陣を去っている。

第二次世界大戦中には，府中街道方面を監視するための探照灯（たんしょうとう）が設置されたこともあるというが，現在では展望台があり，周囲の眺望がすばらしい。山頂の広場には「枡形山城跡の碑」などとともに，登戸に本庁をおく丸山教の3世で，文学者でもあった伊藤葦天の句「馬場あとも　やかたのあとも　秋の風」をきざんだ碑もたてられている。

日本民家園 ㉜
044-922-2181
〈M▶P.2,33,38〉川崎市多摩区枡形7-1-1　**P**（生田緑地）
小田急線向ヶ丘遊園駅 🚶12分

7棟は季節ごとに年中行事　重要文化財

枡形山山頂の広場を南西の方角にぬけると，やや広い道にでる。左手に進み坂をしばらくくだっていくと，古民家がみえてくる。川崎市立日本民家園である。

日本民家園は1967（昭和42）年に開園した古民家を集めた野外博物館で，園内には農村舞台や船頭小屋，穀物をおさめた高倉（たかくら）も含めて24の民家が復元・保存されている。そのうち下表の7棟は国指定の重要文化財である。

旧佐々木家住宅	長野県南佐久郡佐久穂町	18世紀前期
旧江向家住宅	富山県南砺市（なんと）	17世紀後期から18世紀初期
旧作田家住宅	千葉県山武郡九十九里町（さんぶ）（くじゅうくり）	17世紀後期
旧太田家住宅	茨城県笠間市片庭（かさま）（かたにわ）	17世紀後期
旧北村家住宅	神奈川県秦野市堀山下（はだの）	17世紀後期
旧伊藤家住宅	神奈川県川崎市麻生区（あさお）	18世紀前期
旧工藤家住宅	岩手県紫波郡紫波町（しわ）	18世紀中期

園内は宿場・信越（しんえつ）の村・関東の村・神奈川の村・東北の村などのブロックに分けられ，地域の特徴ある民家が集められている。たとえば，信越の村の旧江向家住宅（えむかい）は合掌（がっしょう）造の住宅であり，東北の村の旧工藤家住宅は南部領（なんぶ）に分布する曲屋（まがりや）である。

この博物館の特色は，たんに民家の収集にとどまらないところにある。家屋内には農具，機織り（はたお），藁細工（わらざいく）などの生活用具が展示され，

日本民家園見取図

信越の村
⑥水車小屋
⑦旧佐々木家住宅
⑧旧江向家住宅
⑨旧山田家住宅
⑩旧野原家住宅
⑪旧山下家住宅
関東の村
⑫旧作田家住宅
⑬高倉

⑭旧広瀬家住宅
⑮旧太田家住宅
神奈川の村
⑯旧北村家住宅
⑰旧清宮家住宅
⑱蚕影山祠堂
⑲旧伊藤家住宅
⑳旧岩澤家住宅
㉑船頭小屋
東北の村
㉒旧工藤家住宅
㉓旧菅原家住宅
芸能の村
㉔船越の舞台

①旧原家
宿場
②旧鈴木家住宅
③旧井岡家住宅
④旧佐地家の門・塀・供待
⑤旧三澤家住宅

赤字は国指定重要文化財

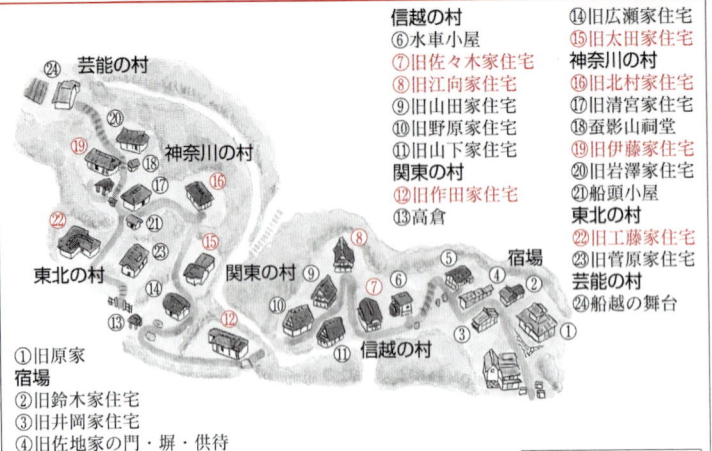

旧佐々木家住宅

園内の通路には道祖神,庚申塔,馬頭観音などの信仰にかかわる石造物や,石橋・道標などの交通関連の遺物が配置されており,人びとの生活の諸相にふれることができる。また,民具に関する体験学習会や,季節ごとの年中行事を再現する催しも用意され,古民家で暮らした人びとの生活を追体験できるような工夫もなされている。

なお,日本民家園がある生田緑地内には,このほかに藍染めの体験ができる川崎市伝統工芸館や岡本太郎美術館などもあり,1日楽しむことができる。

陸軍登戸研究所跡 ㉝

〈M▶P.2,38〉川崎市多摩区東三田1 P
小田急線向ケ丘遊園駅🚌明治大学正門前行終点
🚶すぐ

現在の明治大学生田キャンパスの地に,1937(昭和12)年東京から陸軍科学研究所を移転してつくられたのが陸軍登戸研究所である。研究所では,陸軍中野学校出身者や特務機関員らによる風船爆弾の

開発，中国の法幣(紙幣)の偽造が行われていたと伝えられる。正門の守衛室の裏手には「動物慰霊碑」ときざまれた石碑が残っており，細菌兵器や毒物の開発のために動物実験が行われていたこともうかがわせる。現在では，陸軍の印がはいった消火栓などが残っているほか，当時の建物が倉庫などに使われているが，順次建て替えられているため，中原区の川崎市平和館ではそれらをビデオで記録保存している。

風船爆弾も研究開発　明大生田キャンパスは戦争遺跡

❹ 多摩丘陵の辺り

丘陵にひろがる，城跡・寺・神社に，東国武士の足跡をさぐる。

小沢城跡 ㉞　〈M▶P.2, 43, 44〉川崎市多摩区菅仙谷1 🅿
JR南武線稲田堤駅 🚶20分

北条氏康も初陣　室町時代の縄張

　稲田堤駅前を左に進み，踏切を渡って商店街をぬけると府中街道にでる。通りを横断して三沢川沿いの菅小学校の前の道をいく。3つ目の橋が新指月橋である。ここで川を渡り，少しいくと指月橋のたもとに案内板があるので，表示にしたがい川の手前を右手に進む。しばらくいくと小沢城跡への上り口に着く。

　小沢城は鎌倉幕府の御家人で枡形山城によった稲毛三郎重成の子，小沢小太郎重政の居城といわれるが，重成・重政父子はともに北条氏によって滅ぼされている。その後1351(観応2)年，南北朝時代の観応の擾乱の際には足利尊氏側についた，武蔵国高麗郡の武士高麗経澄が小沢城を焼き払ったことが知られる(「高麗経澄軍忠状」)。また，時代はくだって大永・享禄年間(1521～32)には，関東に進出した北条氏綱と関東管領上杉憲寛，相模守護上杉朝興らとの間で小沢

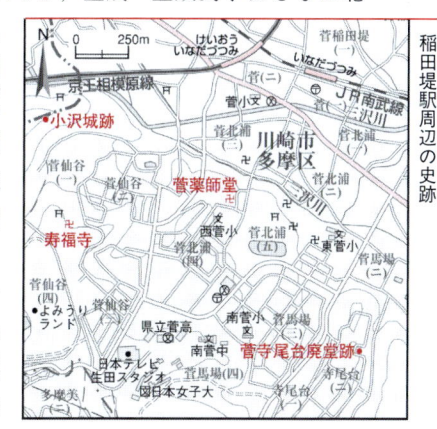

稲田堤駅周辺の史跡

小沢城跡　　　　　　　　　　　　　　　　　　　　　富士講碑

の攻防戦が展開された。1530(享禄3)年には小沢原の合戦が行われ、氏綱の子氏康が16歳で初陣(ういじん)に勝利している。

　この城は、多摩丘陵から多摩川にのびる尾根の先端部に位置し、浅間山(あさまやま)・小沢峰・富士塚の三峰が細い尾根でつながった山城である。現在、小沢城跡は緑地公園として保存され、そのなかには空堀(からぼり)や物見櫓(ものみやぐら)、土塁(どるい)などと思われる遺構が残っており、室町時代に築かれたものであろうと考えられている。

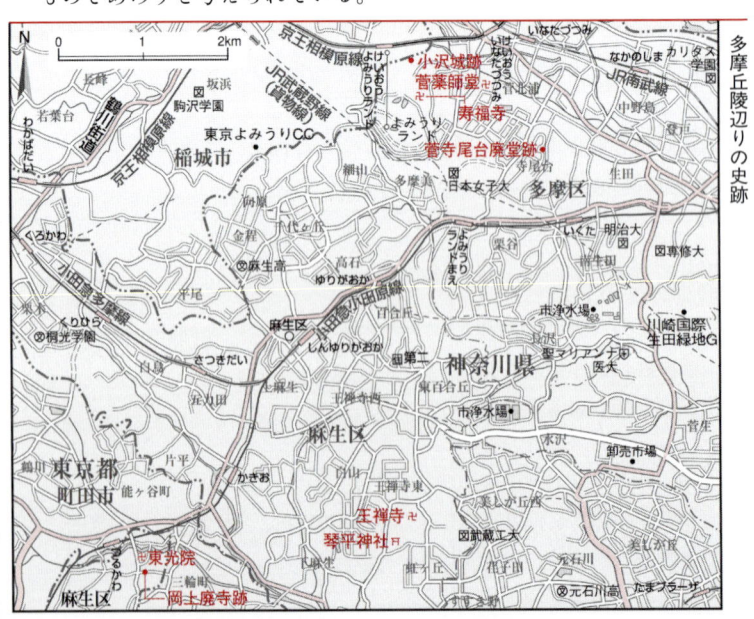

多摩丘陵辺りの史跡

菅薬師の獅子舞

コラム 芸

9月12日前後の日曜日に、薬師堂(多摩区菅北浦4丁目)境内の土俵で獅子舞が舞われる。獅子には霊力があると信じられ、五穀豊穣・無病息災を願う獅子舞は全国に分布しているが、菅獅子舞は「一人立ち三頭獅子舞」とよばれるもので、神奈川県以北にのみみられるものである。

川崎には菅のほかに菅生神社(宮前区)の初山獅子舞と八幡神社(幸区)の小向獅子舞が残っている。いずれも2頭の雄獅子が、1頭の雌獅子をめぐって争う場面があるなど共通点もあるが、それぞれに特徴がある。3獅子舞とも県の無形民俗文化財に指定されている。

菅薬師の獅子舞

また、富士塚には江戸時代末期に民間信仰として盛んだった富士講の信者によってたてられた石碑があり、その1つには「富士登山三十三度大願成就　黒川村　万延元(1860)庚申六月」ときざまれ、御師(先達)であろう鏡山照行の名もみえる。

城跡のふもとには仙谷山寿福寺(臨済宗)がある。縁起によれば、598年の開基とされる古刹で、川崎市の重要歴史記念物に指定の木造国一禅師坐像が所蔵されている。さらに進めば川崎市フルーツパークである。

菅寺尾台廃堂跡 ㉟

〈M▶P.2,43,44〉川崎市多摩区寺尾台2-8
小田急線読売ランド駅🚌寺尾台団地行終点🚶5分

団地のなかの八角基壇 故人の供養堂か

団地7号棟わきに寺尾第2公園がある。そのなかに菅寺尾台廃堂跡で発見された、八角形の堂の基壇(基礎部)が復元されている。本来の遺跡は寺尾台1丁目、標高77mの舌状台地上にあり、1950(昭和25)年にその存在が知られた。1951・52年に川崎市教育委員会の調査が、1968年に団地造成にさきがけてさらに詳細な調査が行われ、その結果八角形の基壇が確認された。八角形の基壇をもつ例としては、法隆寺の夢殿が有名であるが、実際に発掘によって確認されたのは寺尾台が最初であった。

多摩丘陵の辺り

菅寺尾台廃堂跡

基壇は関東ローム層を約30cm掘りくぼめ、そのなかをローム土と黒色土で交互につき固める版築とよばれる工法で、基壇の周囲は河原石を積み上げた乱石積みであった。この堂宇の創建時期は平安初期と考えられるが異説もある。また、その性格についても故人の供養堂説、公的な施設説など見解が分かれる。

琴平神社 ㊱ 〈M▶P.2,44,46〉川崎市麻生区王禅寺東5-46-15 P
044-988-0045
小田急線柿生駅🚌溝口駅南口行・たまプラーザ行など琴平下🚶3分

「茅の輪くぐり」も徳川秀忠由縁の地

バスをおり横断歩道を渡ると、鴉天狗と僧上坊の載った鳥居と急な石段がみえる。石段をのぼれば琴平神社の本殿である。江戸時代、この一帯は都筑郡王禅寺村とよばれた。江戸幕府2代将軍徳川秀忠との縁が深く、近くに残る「化粧面谷戸」の地名も、秀忠夫人の化粧料をまかなったところからきているという。1632(寛永9)年秀忠が死去すると、夫妻の仏殿料として芝増上寺御霊屋料に編入された。供米のほか正月の御霊屋の門松は毎年王禅寺村から上納され、この村の名主は増上寺御霊屋料25カ村の総名主もつとめた。

1826(文政9)年、名主志村文之丞が再興したのがこの神社である。神社の創建は元亀年間(1570～73)で、当初は神明社であったものを

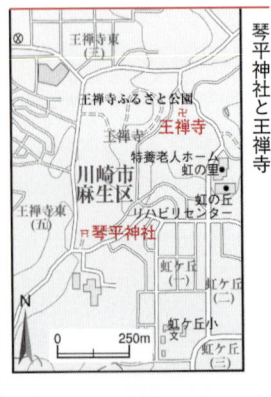

琴平神社と王禅寺

琴平神社

46　川崎大師から岡本太郎美術館へ

文之丞は天照大神と金比羅大神(大物主命)を合祀して，琴平神社とした。現在でも交通安全・家内安全・商売繁盛などの神として，茅の輪くぐり，10月の例大祭，七五三など多くの人びとが訪れる。なお，本来の神社は本殿のある通称「伊勢山」の部分で，バス停横の参集殿・社務所・儀式殿などの施設は近年建築されたものである。

王禅寺 37

044-966-5135

〈M►P.2,44,46〉川崎市麻生区王禅寺940 P(市政60周年記念公園)

小田急線柿生駅🚌溝口駅南口行・たまプラーザ行など日立研究所下🚶5分

「関東の高野山」甘柿＝禅寺丸の原木

琴平神社の本殿右手奥の小道を進むと，石段横からの坂道と合流する。前方にみえる石の鳥居が金子稲荷である。そこをすぎて川崎市制60周年記念公園の一部である芝生を左にみて，住宅地の間の道をくだっていく。住宅がとぎれた辺り，左手に寺の門がみえてくる。星宿山王禅寺(真言宗)である。

王禅寺は寺伝によれば757(天平宝字元)年，孝謙天皇の夢のお告げから聖観音像が発見され，堂舎が建立されたことにはじまるという。その後，平安時代の921(延喜21)年，高野山の無空上人によって開山され東国鎮護の勅願寺となった。鎌倉幕府が滅んだ1333(正慶2)年には新田義貞軍によって焼きつくされたが，1370(応安3)年金沢称名寺塔頭延命院の等海上人によって再興された。室町時代には京都醍醐寺三宝院の末寺となり，戦国時代には高名な学僧印融法印も止住して「関東の高野山」と称されるほどであった。また，戦国大名北条氏からは朱印状をうけ，守護不入・諸役免除などの特権をあたえられている。江戸時代には3代将軍徳川家光から，寺領として朱印地30石があたえられた。

王禅寺

中興の祖等海上人が材木をさがすために分けいった山中で発見し，寺の庭に移植されて育てられた小粒の甘柿が王禅寺丸柿，略して禅

寺丸である。江戸時代には周辺の村々で栽培され，江戸に出荷された。1845(弘化2)年の『王禅寺村明細帳』によれば，禅寺丸で年間200両以上の現金収入があったという。境内には原木とされるカキの木があり，北原白秋の，「柿生ふる　柿生の里　名のみかは　禅寺丸柿　山柿の赤きを　見れば　まつぶさに　秋は瀾けたり」の詩碑がたてられている。

東光院 ㊳
044-988-0139
〈M▶P.2,44〉川崎市麻生区岡上217 P
小田急線鶴川駅🚶10分

周辺では多数の瓦発掘 行基創建を伝える古刹

鶴川駅前の世田谷町田線を少し東京方面に戻り，岡上跨線橋を渡ると鬱蒼とした森に囲まれて東光院(単立寺院)がある。縁起によれば奈良時代行基の創建と伝えるが，定かではない。『新編武蔵風土記稿』には，天正年間(1573〜92)にすでに11代におよぶと記されている。鎌倉後期ないしは室町期にたてられたと伝えられる位牌堂，江戸時代にたてられた本堂・仁王門などのほか，平安後期の作である木造兜跋毘沙門天立像が伝えられている(非公開)。関東では東光院と南足柄の朝日観音堂だけに伝わる珍しいものである。97cmと小ぶりで全体に素朴な印象をあたえる像である。

寺の南に阿部原とよばれる標高約54mの丘がある。この丘からは「荏」(荏原郡)の郡名瓦，四葉蓮華文の鐙瓦などの各種瓦と，「岡」と墨書された土師器の坏が発掘され，岡上廃寺跡とよばれている。かつて部分的な発掘が行われたことがあるが，多量の瓦を伴う竪穴住居跡が1軒掘りだされた以外には建物跡は発掘されなかった。そのためこの遺跡は，寺院跡ではなく台地斜面部に築かれた瓦窯の跡ではないかという予測もなされている。

また，第二次世界大戦前この付近で工事中に，近在の人が，「文永四(1267)年」の銘をもつ板碑を発見している。高さ135cm・幅40cmの完形の板碑で，現在は付近の民家の庭内に安置されている。

東光院木造兜跋毘沙門天立像

みなと横浜
Yokohama

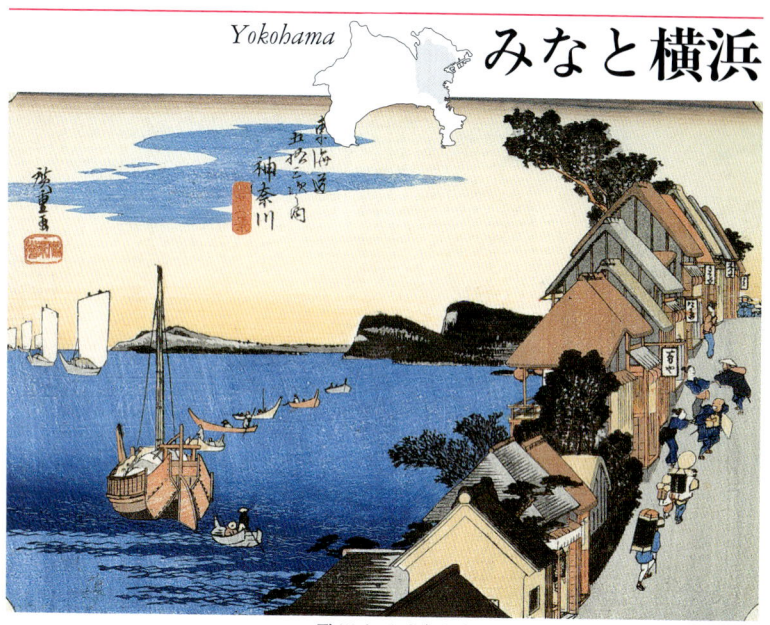

歌川広重「東海道五拾三次之内　神奈川」

山下公園先に係留されている氷川丸

◎横浜散歩モデルコース

1. JR根岸線桜木町駅(鉄道発祥の地記念碑) 5 みなとみらい21の史跡 5 赤レンガ倉庫 5 横浜港大さん橋 5 山下公園・氷川丸 5 中華街 5 旧横浜商工奨励館 3 横浜開港資料館 3 横浜市開港記念会館 5 横浜公園 2 JR根岸線関内駅

2. JR根岸線石川町駅 1 元町商店街 10 ヘボン邸跡 7 港の見える丘公園 3 山手111番館 3 山手外国人墓地 3 元町公園 5 山手カトリック教会 6 イタリア山庭園 25 根岸競馬場跡 15 地蔵王廟 20 根岸外国人墓地 3 JR根岸線山手駅 5 JR根岸線根岸駅 10 三溪園 20 JR桜木町駅

3. 市営地下鉄センター北駅 10 大塚・歳勝土遺跡 3 横浜市歴史博物館 5 センター北駅 1 センター南駅 10 茅ヶ崎城跡 10 関家住宅 20 センター南駅 5 市営

①日吉台地下壕跡	㉖橘樹神社	㊻日本大通り	㊾山手カトリック教会
②大倉山記念館	㉗保土ケ谷宿本陣跡	㊼横浜情報文化センター・日本新聞博物館(ニュースパーク)	㉖山手公園
③西方寺	㉘境木地蔵		⑥地蔵王廟
④茅ヶ崎城跡	㉙品濃一里塚		⑥根岸の外国人墓地
⑤関家住宅	㉚大山前不動		⑥根岸競馬場跡
⑥横浜市歴史博物館	㉛大橋	㊽神奈川県庁本庁舎(神奈川運上所跡)	⑥三溪園
⑦大塚・歳勝土遺跡公園	㉜清源院		⑦宝生寺
	㉝澤辺本陣跡	㊾横浜市開港記念会館・岡倉天心生誕之地の碑	㊆三殿台遺跡
⑧真福寺	㉞エドモンド・モレルのレリーフ		㊆弘明寺
⑨市ヶ尾横穴墓群			㊆神奈川県戦没者慰霊堂
⑩稲荷前古墳群	㉟鉄道発祥の地記念碑	㊿横浜開港資料館	
⑪大林寺		㊀日米和親条約調印の地の碑	㊆永谷天満宮
⑫榎下城跡	㊱ガス灯		㊆七石山横穴古墳群
⑬小机城跡	㊲神奈川奉行所跡	㊁横浜海岸教会	㊆證菩提寺
⑭雲松院	㊳井伊直弼像	㊂モリソン商会遺構	㊆東漸寺
⑮泉谷寺	㊴野毛山公園・佐久間象山題彰碑	㊃象の鼻	㊆旧横浜海軍航空隊隊門
⑯西谷浄水場・横浜水道記念館		㊄大さん橋ふ頭	
	㊵久保山墓地	㊅山下公園	㊆慶珊寺
⑰薬王寺	㊶みなとみらい21の史跡	㊆氷川丸	⑧長浜野口記念公園
⑱總持寺		㊇ヘボン博士邸跡の碑	⑧長浜検疫所
⑲生麦事件の碑	㊷横浜税関		⑧称名寺
⑳熊野神社	㊸日本郵船歴史博物館	㊈フランス山公園	⑧金沢文庫
㉑洲崎大神		㊉港の見える丘公園	⑧瀬戸神社
㉒本覚寺	㊹神奈川県立歴史博物館(旧横浜正金銀行本店)	㊊横浜山手外国人墓地	⑧龍華寺
㉓望欣台の碑		㊋元町公園	⑧金龍院
㉔神奈川台の関門跡		㊌山手の洋館群	⑧光伝寺
㉕豊顕寺	㊺横浜公園		

地下鉄新羽駅　3　西方寺　3　新羽駅

4. 京急線弘明寺駅　5　弘明寺　1　三殿台遺跡　15　弘明寺駅　15　京急線杉田駅　5　東漸寺　5　杉田駅　10　京急線金沢文庫駅　10　称名寺・金沢文庫　15　龍華寺　5　瀬戸神社　5　米倉陣屋跡　3　金龍院　15　光伝寺・宝樹院　20　京急線金沢八景駅

5. JR京浜東北線鶴見駅　10　總持寺　5　東福寺　5　花月園駅　3　京急線生麦駅　10　生麦事件の碑　10　生麦駅　5　京急線神奈川新町駅　10　成仏寺　5　浄滝寺　5　宗興寺　5　洲崎神社　10　本覚寺　10　神奈川台の関門跡　10　JR横浜駅　5　相鉄線天王町駅　5　橘樹神社　5　神明社　20　JR横須賀線保土ケ谷駅　5　JR横須賀線東戸塚駅　12　品濃一里塚　12　JR東戸塚駅　5　JR横須賀線戸塚駅　3　清源院　3　澤辺本陣跡　3　海蔵院　10　JR戸塚駅

1 港北の辺り

多摩丘陵と下末吉台地にまたがる横浜北部一帯は，大塚・歳勝土遺跡をはじめ，全国でも屈指の遺跡の宝庫である。

日吉台地下壕跡（ひよしだいちかごうあと） ❶　〈M ▶ P.50,52〉横浜市港北区日吉4－1－2付近
東急 東横線日吉駅 🚶11分

旧海軍の作戦用地下壕　国の戦争遺跡指定候補

　日吉駅東口をでて，慶応義塾（けいおうぎじゅく）大学日吉キャンパス内をまっすぐ進み，右手の慶応義塾高校校舎前をとおって左折し，食堂棟横の細い石段の坂道をおりると，バレーコート横に日吉台地下壕跡の入口がある。平常は鉄扉が閉まりなかにはいれない。

　太平洋戦争の戦局が悪化した1944(昭和19)年2月に，前年からの学徒出陣で人気のない日吉キャンパスに，海軍情報部が移ってきて，第1校舎(現，慶応高校校舎)にはいり，世界中の軍事情報を収集・分析した。アメリカ軍の空襲を予測した情報部は，44年7月からキャンパスの台地に幅2.5m・高さ3mのかまぼこ形の地下壕を掘り

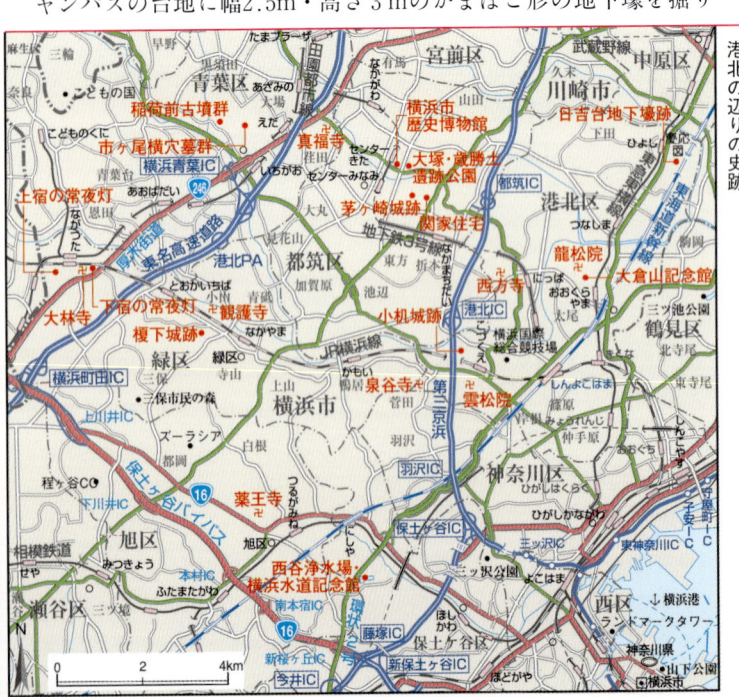

港北の辺りの史跡

52　みなと横浜

日吉台地下壕跡入口

はじめ、同年8月なかばからは連合艦隊司令部も地下壕の掘削をはじめた。コンクリートで固められた地下壕が一部完成した9月末には、司令部が移ってきた。長官や幕僚ら将校はキャンパスの寄宿舎を使い、暗号隊と通信隊は地下壕にはいり、ここからレイテ沖海戦、神風特攻隊(通称かみかぜ)、沖縄作戦、戦艦大和の出撃など末期の作戦指令が発せられた。地下壕は敗戦の日まで掘り続けられ、その間、海軍人事局・経理局・航空本部なども移転し、本土決戦にそなえた作戦が練られた。

地下壕は東急東横線をはさんで、慶応大学日吉キャンパスと反対側も含め4ブロックに網目状やクモの巣状に掘り広げられ、日吉キャンパス内だけで延べ約2600m、日吉周辺全体では川崎市側も含め、延べ5km以上といわれる。最初は海軍の設営隊が掘削にあたったが、途中から民間の労働者が2000人ほど投入され、そのうち700人は朝鮮人だった。朝鮮人労働者は、もっとも危険な場所で作業をさせられたといわれる。戦後、60年ほどたったが、日吉台地下壕跡は戦争を伝える貴重な遺跡として、地域住民によって保存運動が進められてきた。

日吉の台地上に、大規模な弥生時代後期の集落跡の日吉台遺跡があった。慶応高校グラウンドの南端に、その一部の竪穴住居跡5軒がコンクリートで固められ保存されている。また、保福寺開基で矢上周辺の領主中田加賀守(後北条氏の小机衆の1人)の碑もある。

大倉山記念館 ❷
045-544-1881

〈M▶P.50,52〉横浜市港北区太尾町406
東急東横線大倉山駅 徒歩5分

東洋・西洋融合の殿堂 市民の文化活動に公開

大倉山駅西口をでて線路に沿った坂道を綱島方面にのぼると、道は左にまがり石段がみえてくる。石段をのぼって進むと、正面に白亜の大倉山記念館がたっている。この建物は大正時代に洋紙業で財をなした大倉邦彦が、細分化した当時の学問を批判し、儒・仏・道教の東洋文化を中心に西洋文化も融合させる総合的な研究機関と、

港北の辺り

大倉山記念館

人間修養の道場をかねた大倉精神文化研究所として，1932（昭和7）年にたてたものである。建物は日本では珍しいエーゲ海に栄えたクレタ文明をイメージし，地下1階・地上3階建てで，延べ約2700m²の広さを有する。中央・東・西館，殿堂，道場の5棟連結で，書庫，研究室もある。設計は銀行を多く手がけた長野宇平治で，大倉の意を体してクレタ様式を基調としながら，随所に神社・仏閣の建築様式と日本の古代文様をとりいれて，世界にも類例のない建物をつくりあげた。研究所の開設にちなんで，研究所一帯の丘陵が大倉山とよばれるようになり，当初太尾駅とよばれていた駅名も大倉山駅と改められた。

第二次世界大戦前は，30人近い研究員や指導員らが研究活動をしていたが，戦局が進むにつれて「精神」の意味もしだいにかわった。修養会は戦意高揚のための練成会となり，大倉自身も大政翼賛会神奈川県事務局長などをつとめた。敗戦後，大倉はA級戦犯容疑者となったが，のちに釈放された。戦後の一時期，国立国会図書館の支部になったこともあるが，資金難に苦しみ，研究機能もしだいに衰退していった。

1981年，横浜市が敷地を公園予定地として買収した際に建物が市に寄贈され，全面的に改装されて外装も真新しい白亜に戻り，大倉山記念館と改称された。1984年秋に開館され，市民の音楽会や各種集会・展示会などに利用されている。なお精神文化研究所は館内に存続し，年数回の講演会などをもよおしている。

記念館裏手の大倉山梅林の西隣に，小机の雲松院の末寺である龍松院（曹洞宗）がある。寺伝によると2代小机城代笠原康勝が出陣で胸にかけた不動尊像と，北条早雲より拝領した文殊菩薩像とをまつって天文年間（1532〜55）に文殊堂をたてたのがおこりという。江戸時代は幕府より9石余をあたえられ，近郷の人びとから出世文

西方寺の阿弥陀如来坐像

北側から望む茅ヶ崎城の遠景

殊, 怪我除け不動として信仰を集めた。現在の文殊堂は1831(天保2)年再建の宝形造で, 2体の仏像は年に1度, 4月25日に開帳される。文殊堂の前に開基康勝の子, 3代小机城代昭重の妻子の墓といわれる宝篋印塔と五輪塔がある。

西方寺 ❸
045-531-2370
〈M▶P.50,52〉 横浜市港北区新羽町2586
市営地下鉄新羽駅 🚶 3分

多くの文化財を所蔵
本尊は拝観可能

新羽駅前の港北産業道路を左手に進み, 十字路を渡るとまもなく, 右手の参道の奥に西方寺(真言宗)がある。初め建久年間(1190～99)鎌倉の佐々目ガ谷(笹目)に創建されたが, 正応年間(1288～93)極楽寺の一塔頭として極楽寺坂の辺りに移り, さらに室町時代に新羽の地に移建されたと伝えられる。本堂の本尊阿弥陀如来坐像(県重文)は高さ85.5cmの寄木造で, 蓮弁は失われているが, 蓮華座の台座とともに平安後期の作。定朝様の丸くおだやかさをもった地方作で, 顔の表情にいくぶん東国の強さがみられる。寺宝の注大般涅槃経巻第十九(国重文)は, 奈良時代に書写された一切経全30巻の第19番目の, いわゆる天平写経で, 全国に5巻現存するうちの1巻という貴重なものである(非公開)。このほか板碑, 狩野探幽筆と伝える花鳥図や天女図など多数の文化財がある。

茅ヶ崎城跡 ❹
〈M▶P.50,52〉 横浜市都筑区茅ヶ崎東2-24
市営地下鉄センター南駅 🚶 10分

センター南駅の5番出口をでて, 駐輪場No.1の角を右折すると, 正面にみえる林におおわれた丘陵が茅ヶ崎城跡である。港北ニュー

タウンに囲まれ，北に早淵川が流れ，東と南に谷が連なる標高35mの西から東へ張りだした約250m×150mの丘陵に，竹・雑木林が生いしげり，中世山城の遺構をよくとどめている。城跡は空堀と土塁によって6つの郭（土塁や堀で囲まれた区画）に区切られ，南から北へ3段に構成されている。1段目は南西部の高所に西・中・東郭が横にならび，城の中枢部を形成。2段目は中郭の北側に北郭が，東郭の北側に東下郭が付属し，その北側に3段目の東北郭がある。

室町時代築造の山城
保存整備中で非公開

　近年，保存整備事業として数次の発掘調査の結果，本丸と考えられる中郭から掘立柱建物跡や土蔵と思われる建物跡がみつかり，出土した陶器などから，後北条氏が小机城の支城として築いたとする従来の説よりも古く，関東管領上杉氏が内部争いをしていた15世紀後半に築城されたことが確実となった。城跡の西側にある観音堂は，平安末期の武将多田行綱が供養したものと伝える。

関家住宅 ❺　〈M▶P.50,52〉横浜市都筑区勝田町1220
市営地下鉄センター南駅🚶20分

江戸時代初期の豪農住宅
今も居住のため非公開

　茅ヶ崎城跡の脇をとおりぬけ，左前方の「せきれいのみち」を進むと茅ヶ崎貝塚橋にでる。橋を渡り港北ニュータウン団地イオ前の信号茅ヶ崎中学入口で左折し，300mほど歩くと関家住宅(国重文)に着く。関家は『新編武蔵風土記稿』にも記された旧家である。後北条氏につかえた地侍で，江戸時代には代々名主をつとめた。

　小高い丘陵の中腹に屋敷を構え，母屋を中心として南に長屋門，東西に土蔵，書院を配置し，後ろの高みに先祖代々の墓地と鎮守の祠がある。寄棟造の母屋は現在も住宅として使用されているので後世の改造部分が多く，外見からはそれほど古い民家とは思えないが，もとのままよく残った柱組みからみて，江戸時代初期にたてられたものと考えられる。もとの構造は11間×5間

関家住宅の長屋門

みなと横浜

港北ニュータウン

コラム

都筑区の港北ニュータウンの辺りは、かつて、なだらかな丘陵や谷戸に開墾された畑と水田が広がる横浜有数の農業地帯だった。その農村も1960年代にはいると、急速に宅地化が進み、乱開発がはじまった。

横浜市は、無計画な住宅開発を未然に防止するために、乱開発の防止・都市農業の確立・市民参加の町づくりを基本理念としたニュータウンを計画し、日本住宅公団(現、都市基盤整備公団)と提携して、施工面積1317ha、計画人口22万人のニュータウン造成工事を1974(昭和49)年に着手した。

その後、経済・社会状況が変化すると、住宅都市から多機能複合的な町づくりを基本理念に加えて、建設事業が進められ、1984年からは集合住宅への入居がはじまった。港北ニュータウンでは、戸建住宅の一般住宅地区とマンションなどの共同住宅地区など、地区別に建物用途や形態制限が定められている。交通の面では、東には東京と横浜を結ぶ第三京浜、西には東急田園都市線と国道246号線・東名高速、南にはJR横浜線が走り、横浜市中心部から東海道新幹線新横浜駅を経て、ニュータウン内の4つの駅を結ぶ横浜市営地下鉄がとおっている。

港北ニュータウンは、緑の環境を最大限保存し、ふるさとをしのばせる、安全で高いサービスが得られる町として、商業、業務、文化、スポーツ・レクリエーション、医療・福祉などの施設が集積する町づくりが進められてきた。公園をはじめ、運動広場・校庭・緑地などのオープンスペース、保存緑地・文化財・神社仏閣・屋敷林・樹木林など、地域の歴史や貴重な緑の資源を体系的に連続させた、緑道・歩行者専用道路のネットワーク全長14.5kmにおよぶ緑道歩行者専用道路がつくられた。またニュータウンに接して230haの農業専用地区が設けられ、都市農業が営まれている。

地下鉄センター南駅とセンター北駅の周辺には、デパート、ショッピングセンター、映画館や区役所などがたちならぶタウンセンターがあり、「横浜の副都心」として発展し続けている。またニュータウンには、外資系企業を中心に多くの企業も進出している。そのほとんどは住環境と調和した研究所や研修所である点も、特色の1つといえる。

と名主の住宅としては格段の大きさをもつ。屋根は入母屋造。内部は右半分が広い土間で、左半分が田の字型の四間取りであった。江戸時代初期の民家に田の字型があらわれるのは、先進地域の畿内で

港北の辺り

横浜市歴史博物館　　　　　　　　　　　　　復元された大塚遺跡の環濠集落

あったが，関家はいち早く導入したものと思われる。東日本最古の民家の1つとして，きわめて貴重な建物である。屋敷内は非公開。

横浜市歴史博物館 ❻
045-912-7777
〈M▶P.50,52〉横浜市都筑区中川中央1-18-1　P
市営地下鉄センター北駅 🚶 5分

1995年に開館　横浜の歴史学習の場

センター北駅の南口をでると，左手に横浜市歴史博物館がある。港北ニュータウン建設に伴う発掘調査の出土品をはじめ，開港期までを中心とする横浜にかかわる歴史資料を収集・保管して調査研究を進め，その成果を展示・公開し，市民の教育・学術・文化の発展に寄与する目的で，1995(平成7)年に開館した。建物は地上6階・地下1階建てで，常設展示室・企画展示室・体験学習室・図書閲覧室・講堂・研修室などをそなえる。

常設展示室のなかには，原始から近現代まで6室の通史展示室，横浜の歴史を映像でみる歴史劇場などがある。企画展示室では，テーマごとの特別展・企画展がもよおされる。また隣接する大塚・歳勝土遺跡公園では，土器や勾玉づくり，古代米試食など，さまざまの体験学習や講習会が行われる。

大塚・歳勝土遺跡公園 ❼
〈M▶P.50,52〉横浜市都筑区大棚西1　P
市営地下鉄センター北駅 🚶 10分

弥生時代の環濠集落と墓地　住居・倉庫・墓など復元

横浜市歴史博物館の建物の左側階段をのぼり，歩道橋を渡ると，大塚・歳勝土遺跡公園の入口である。公園の西側が大塚遺跡，東側が歳勝土遺跡(ともに国史跡)である。大塚遺跡は1973(昭和48)～76年の発掘調査により，新旧2本の環濠で約90軒の竪穴住居跡や10棟の高床倉庫跡などを取り囲んだ弥生時代の農耕集落跡であり，土器の型式から3時期に細分され，各時期約30軒でムラを構成していたことが判明した。収穫した稲穂をおさめた高床倉庫が竪穴住居の9

58　みなと横浜

富士信仰と富士塚

コラム

　富士山への信仰は、修験道の発達に伴って霊場として発展した。戦国時代ごろからは、行者の先達をリーダーに信者の団体である富士講がつくられた。講のメンバーは白衣を着け鈴を振り、「六根清浄」を連呼しながら6月から7月に富士山にのぼり参拝したが、江戸時代の享保(1716～36)ごろからは、年中行事として民衆の生活に定着していった。

　江戸後期になると、富士山に実際にのぼって参拝できない講員のために、富士山を模した富士塚を地元に築き、浅間神社(駿河国の一宮)の分霊をまつり、6月の山開きなど期日を定めてのぼり、富士山の遙拝式を行うようになった。それは江戸(東京)を中心に、埼玉・神奈川・千葉など近郊各地に広がっていった。かつては横浜にも多くの富士塚が残っていたが、開発のためにつぎつぎに姿を消していった。そうしたなかで都筑区には、3つの富士塚が残っている。

　北山田町にある富士塚は山田富士とよばれ、富士山そっくりにできている。2本の登山道と頂上には噴火口があり、お鉢回りまでつくられて、現在は山田富士公園として整備されている。

　池辺町星谷の農業専用地区にある富士塚は、池辺富士とよばれ、遠く横浜港と本物の富士山が眺められる頂上には、1796(寛政8)年の石碑がある。今も毎年6月1日には山開きが行われ、池辺町の人びとが囃子の音とともに礼拝する。

　川和富士とよばれた川和町(現、富士見が丘)にあった富士塚は、幕末から維新期にかけて、地元村民が築造したもので、富士山を眺望できる標高70mの丘陵上に、直径40m・高さ10mの規模で、コニーデ式のミニ富士といった整ったものだった。1977(昭和52)年に、地元の保存運動にもかかわらず、港北ニュータウン事業の開発で破壊され、現在、川和中学校前の川和富士公園に、2代目が復元されている。頂上にあった浅間大神の碑は、近くの川和八幡神社境内に移されている。

畑のなかにある池辺富士

分の1と少ないことは、グループの家々が倉庫を共同利用したことを物語る。

　1972～73年に調査された歳勝土遺跡は、大塚遺跡から南東に100mほど離れた墓地で、25基の方形周溝墓が発見された。東側が未

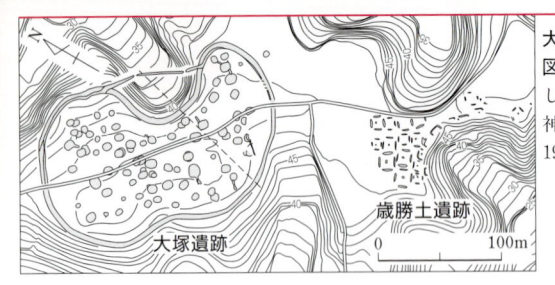

大塚・歳勝土遺跡全体図(点線の左側は現存しない。『史料が語る神奈川の歴史60話』1987年に加筆)

調査なので、総数30基ほどと推定される。両遺跡の重要性は、鶴見川の支流早淵川筋で、本格的な稲作を開始した弥生時代中期のムラと墓地の姿を、はじめて構造的にあきらかにできたことである。

大塚遺跡は港北ニュータウンの建設のため、西側約3分の2が失われた。残った東側と歳勝土遺跡では、竪穴住居7棟、高床倉庫1棟、環濠、木柵、方形周溝墓などが復元され、大塚・歳勝土遺跡公園として整備された。1996(平成8)年に公開され、隣接する横浜市歴史博物館とあわせて、歴史学習の場となっている。なお公園内に江戸時代の民家が移築復元され、都筑民家園となっている。

真福寺 ❽
045-911-4315
〈M▶P.50,52,60〉横浜市青葉区荏田町432
東急田園都市線江田駅 🚶12分

県重文の千手観音立像
国重文の釈迦如来立像

江田駅前の国道246号線をあざみ野方面に歩き、バス停江田ドエル前さきの酒店若松屋の角を右折すると、前方に真福寺(真言宗)がみえる。創建は不明であるが、江戸時代後期にはこの場所に観音堂があり、真福寺は北へ500mほどの、かつての荏田宿の一角、現在の宿自治会館付近にあった。1921(大正10)年ころ、建物の老朽化により現在地に本尊薬師如来と釈迦堂の釈迦如来立像を客仏として移した。さらに団地造成で墓地のみ残して廃寺になった近くの無量寺の本尊阿弥陀如来立像も、ここに安置されている。

真福寺から稲荷前古墳へ

現在の本尊は中央の本堂に安置されている千手観音立像(県重文)で、12年に1回、子歳に春の彼岸から1カ月ほど開帳される秘仏である。かつて荏田の宿

真福寺釈迦如来立像

場の守り本尊として篤く信仰され、今は旧小机領三十三観音霊場の第20番札所として巡拝されている。像高129cm、ヒノキの一木造で、背面から大きく内刳りされている。腕は8本しかないが、もとは42本だったと思われる。一部に彩色の痕跡が残り、8本の腕とくびれた腰、左右対称の衣文など調和がすばらしい。肉づきのよい頬、少しでた唇、伏し目がちな点は、平安末期の特色を示している。

　本堂左手前の収蔵庫には、釈迦如来立像(国重文)が安置されている。像高162cmの寄木造で、縄状の頭髪、首から衲衣(僧の着る衣服)をすっぽりかぶった独特のスタイルは、京都清涼寺の中国伝来の本尊を模刻した清涼寺式である。県内には鎌倉の極楽寺、金沢区の称名寺、小田原の東学寺と4体を数えるが、真福寺像はそのなかでもやや古く、和風化された優しい容姿で、まぶたが厚く彫られ、全体に素朴な感じをもつ。鎌倉後期の作と推定される。4月8日の花祭りに公開され、拝観できる。

　江田駅の南450mの東名高速道路の両側は、1979(昭和54)年から2年間にわたる宅地造成工事の事前調査で、奈良・平安時代の律令制下の都筑郡衙(郡役所)跡と考えられる長者原遺跡が発見されたが、調査後すべて宅地に開発されてしまった。

市ヶ尾横穴墓群 ❾　　〈M▶P.50,52,60〉横浜市青葉区市ヶ尾町1639-1
東急田園都市線市が尾駅 🚶 7分

　市が尾駅前の国道246号線の歩道橋を渡り、地蔵堂の信号さきで右折すると右側に市ヶ尾小学校がある。小学校の正門前に、市ヶ尾横穴墓群(県史跡)の標識がある。1933(昭和8)年の発見以来4回調査され、北から順にA群12基、B群7基、

市ヶ尾横穴墓群

C群1基の20基からなっていたが、C群は現存しない。1956年の2回目の調査のとき、A群の横穴墓の前に岩盤を掘り広げて、土師器・須恵器と刀などをおいた祭祀を行う広場が全国ではじめて発見された。6世紀後半ごろから約100年間、有力農民層がつくったものと考えられる。

1983年には横浜市が遺跡公園として整備し、横穴墓に化学的処理をほどこして、一部は危険防止のため開口部をふさぎ、一部は埋葬の状態が復元され、ガラス越しにのぞけるようにした。

> 古墳時代の有力農民墓墓前祭がはじめて判明

稲荷前古墳群 ❿

〈M▶P.50,52,60〉横浜市青葉区大場町156付近
東急田園都市線市が尾駅 🚌 青葉台駅行水道局青葉営業所前 🚶 3分

> 開発途中に発見調査保存運動で3基が残る

バス停右前方の小高い丘陵に、史跡公園として整備された稲荷前古墳群(県史跡)がある。1967(昭和42)年の宅地造成中に発見され、69年にかけて調査された。南北にのびる尾根400mの範囲に、前方後円墳2基、前方後方墳1基、円墳4基、方墳3基、横穴墓9基が築かれていて、「古墳の博物館」とよばれた。大部分は開発で破壊されたが、学生・市民らによる保存運動により、南端の15・16・17号墳のみが保存された。

16号墳は神奈川県では類例の少ない約38mの前方後方墳で、古墳にそなえられた祭祀用の壺形土器から、4世紀の前期古墳と判明した。埋葬主体部は未発掘である。17号墳は方墳でまわりの溝から16号墳の壺より古い土器が出土した。現存しないおもな古墳では、北端にあった6号墳は畿内の初期前方後円墳に似た墳形をもち、5世紀前半の1号墳は46mの前方後円墳で、舟形粘土槨のなかから若干の管玉とガラス小玉が副葬品として出土し、横浜市歴史博物館に展示されている。円墳の13号墳は横穴式石室をも

稲荷前16号墳(手前)と17号墳(奥)

62　みなと横浜

ち，調査の結果，6世紀後半のものと判明した。稲荷前古墳群は4世紀から6世紀までの，谷本川流域を支配した代々の首長墓と考えられる。

大林寺 ⓫
045-226-0027
〈M▶P.50,52〉横浜市緑区長津田6-6-24
JR横浜線・東急田園都市線長津田駅🚶6分

長津田駅南口広場前の八千代銀行の角を進み，大山街道の十字路を渡ると，左手に大林寺(曹洞宗)がある。山号を慈雲山といい，幕末まで長津田村を領していた旗本岡野家の菩提寺で，開基は後北条氏の重臣だった岡野融成の嫡子で，小田原攻略のあと徳川家康につかえ旗本となった房恒と伝える。開山は厚木市三田の清源院5世英顔麟哲で，江戸幕府より1649(慶安2)年，15石の朱印地をうけた。この寺は少し離れた東側山麓にあったが，岡野家3代成明のとき現在地に移した。数回の火災にあって現在の本堂，庫裏などすべて鉄筋コンクリート造りである。現在末寺7カ寺を数える。

本堂裏手の墓地には岡野家11代の大きな墓石がならんでいて，殿様墓とよばれている。境内左手の地蔵堂内には，「嘉元元(1303)年」銘の高さ185cmの，横浜市内一大きい板碑が安置されている。二条線・荘厳体キリーク(阿弥陀の梵字)がしっかりした彫りできざまれ，前期板碑の優品で，もと長津田村龍昌寺境内にあったものを，1901(明治34)年に移したものである。

大山街道に戻り，右折して350mほどさきに，江戸時代の長津田宿をしのばせる下宿の常夜灯が保存されている。1817(文化14)年に大山講中がたてた。上宿の常夜灯は西へ500mほどいった大石神社の境内にあり，1843(天保14)年に秋葉講中がたてたものである。

大林寺の嘉元元年銘板碑

旗本岡野家代々の墓地　横浜市内最大の板碑

榎下城跡 ⓬
〈M▶P.50,52〉横浜市緑区三保町2023付近
JR横浜線中山駅🚶16分

中山駅南口より8分ほど十日市場方面に歩く。信号三保より杉山神社前をとおり，バス停宮根で右側のだらだら坂をのぼり，道なりに5分ほど歩くと「古義真言宗舊城寺」の石碑があり，旧城寺前

榎下城跡の喰い違いの虎口部分

室町・戦国時代の山城
二の丸跡にたつ旧城寺

にでる。この旧城寺境内と付近一帯が榎下城跡である。城跡は北に張りだした標高30mの舌状台地の先端に立地していて、東側に谷を利用した幅15m、西側に幅10m、深さはともに3mの空堀が残っていたが、現在東側は、公園と住宅になっている。郭(土塁や堀で囲まれた区画)の構成は横に広い長方形で、一段高い本丸を中心に、南側に60mの正方形の二の丸にあたる旧城寺境内の郭が、北側に一段低く三の丸にあたる的場とよばれる郭がある。城の大手口(表門口)には敵の侵入を防ぐために喰い違いの虎口という中世独特の土塁を築き、その形が一部残っている。城跡は3回にわたって発掘調査され、櫓台跡や柱跡が確認された。

榎下城は室町時代前半に、関東管領上杉重房から3代目の重兼の次男、上杉憲清によって築かれた。憲清の子憲直が城主のとき、永享の乱(1438〜39年)で鎌倉公方足利持氏に加担して敗れ、持氏が出家した金沢称名寺をまもるところを攻められて自決した。このあと関東管領上杉氏は、榎下城よりも堅固な小机城を鶴見川流域の防衛の中心として経営に力をいれたようだ。やがて戦国時代になると、後北条氏は榎下城をあらたに小机防備の支城として本格的に築城し、山田右京進をおいてまもらせたといわれる。旧城寺が城跡にたてられたのは慶長年間(1596〜1615)である。

なお、境内の林が典型的な内陸台地の郷土林として残っているため、県指定天然記念物となっている。

三保に戻り、JR横浜線の踏切を渡ってすぐ左折し200m歩くと、右側の田んぼのなかに観護寺(真言宗)がみえる。寺の墓地に都筑の自由民権家佐藤貞幹の墓がある。貞幹は久保村(現、三保町)出身で、神奈川県会議員から自由党に入党し中央幹事となった。1884(明治17)年10月、いきづまった自由党が大阪の第5回大会で解党決議をしたとき、決議文を読みあげたのが貞幹である。1908年56歳で没し

た。苔むした墓石には、「松雲貞幹居士」「梅窓静影大姉」と貞幹と妻の法名がきざまれている。

小机城跡 ⓭

〈M▶P.50,52,65〉 横浜市港北区小机町737付近
JR横浜線小机駅 🚶12分

室町・戦国時代の山城　太田道灌の攻撃で落城

　小机駅北口の階段をおりると、左前方に森林におおわれた小机城跡がみえる。線路沿いの道を進み、案内板「小机城址市民の森」で右折してだらだら坂をのぼると、竹林や雑木林がおおいかぶさるように、いまは「市民の森」として憩いの場所になっている小机城跡に着く。城跡は鶴見川に面した標高42mの城山とよばれる丘陵にあって、約320m×280mの広さをもつ。

　小机城は永享の乱(1438～39年)後に、関東管領上杉氏によって築かれたと考えられるが、その年代は不明。歴史の舞台に登場するのは15世紀後半である。1473(文明5)年、山内上杉氏の執事長尾景信が死ぬと、関東管領上杉顕定は景信の嫡子景春をきらい、景信の弟忠景に執事職をつがせた。景春は不満をいだき、1476年、古河公方足利成氏とつうじて上杉氏に反旗を翻し、鉢形城(埼玉県寄居町)により関東一円をまき込む戦乱へと発展した。小机城は景春側の拠点となり、武蔵の雄族豊島氏らが籠城した。

　これに対し関東管領側は、扇谷上杉氏の家宰太田道灌が小机城の北東1.5kmの亀甲山(港北区新羽町)に陣をしいて、1478年2月から攻撃し、2カ月後に道灌方は、小机城を落城させた。その後、廃城となったが、戦国時代にはいると、小机城は北条早雲の領有するところとなり、北条氏綱の代には武蔵南部の拠点として大改修をし、

小机駅周辺の史跡

東側からの小机城遠景

港北の辺り

雲松院の笠原氏一族の墓

五家老のひとり伊豆の土豪笠原信為を城代に任命した。鶴見川流域の在地武士を小机衆として組織し，笠原氏の支配下においた。

城跡の谷間をJR横浜線が走り，第三京浜道路により西側部分が破壊されてしまったが，本丸と考えられる正方形の西郭，二の丸と考えられる楕円形の東郭のほか，土塁・空堀・櫓台跡・井楼跡などがほぼ完全に残り，中世山城の特色をよくとどめている。

雲松院 ⑭　　〈M▶P.50,52,65〉横浜市港北区小机町451
045-473-3515　　JR横浜線小机駅🚶3分

小机城代笠原信為建立 笠原氏代々の墓地

小机駅南口前に「曹洞宗雲松院」の石碑がある。ここが参道入口で，道路の突き当りに雲松院(曹洞宗)がある。初代の小机城代笠原信為が亡父信隆の追善供養のため天文年間(1532〜55)に建立した寺である。山門横の通用門に，名僧の誉れ高い月舟宗胡筆の「臥龍山」の山号額を掲げているが，山号は事実上の開山天叟和尚が池の竜を封じ込めて埋め立て，寺をたてたという伝説による。

三方を丘陵に囲まれた広々とした境内の墓地には，苔むした笠原氏一族の墓がならんでいる。信為の曾孫重政は，後北条氏滅亡後に徳川家康につかえ，都筑郡台村(現，緑区台村町)に200石の知行地をあたえられ，以後代々旗本としてこの地を支配した。笠原氏の墓地の左隣には，都筑郡池辺村(現，都筑区池辺町)1050石を知行した旗本門奈氏の墓もならんでいる。

泉谷寺 ⑮　　〈M▶P.50,52,65〉横浜市港北区小机町256
045-472-9665　　JR横浜線小机駅🚌市が尾駅行泉谷寺前🚶10分

広重描く杉戸の花鳥画 現在非公開

バス停城郷中学校の手前が旧参道入口で，「松亀山泉谷寺」の門柱がたっている。今は住宅がたちならぶ道を150mほど歩いて左折すると，杉林の長い参道の奥に，三方を丘陵に囲まれた泉谷寺(浄土宗)がたっている。東京の芝増上寺の末寺で，元亨年間(1321〜

24)に創建された本覚院を，1523(大永3)年に北条氏綱の家臣二宮織部正が父の菩提のため現在地に移し，地名をとって泉谷寺と改めたもので，開山は見誉上人と伝える。後北条氏から保護をうけ，江戸時代には幕府から15石の寺領と葵の紋を許されてきた。堂宇は1781(天明元)年再建された観音堂をのぞいて，近年すべて鉄筋コンクリートで改築された。

この寺の本堂の建具だった杉戸に，有名な浮世絵師初代歌川(安藤)広重の「山桜図」(県重文)が描かれている。広重は26代住職了信の義弟で，了信の娘を養女にしている。彼は評判をとった「東海道五十三次」を発表したあと，この絵を1838(天保9)年ごろに制作したと推定されていて，「一立斎広重画」の落款と「東海堂」の朱印がある。高さ1.9mの大形の杉戸8枚の右4枚に六分咲きの枝垂桜と2羽のスズメを，左4枚に満開近い山桜と2羽のツバメを，相対する構図で描いている。はなやかな彩色ながら哀愁味をもつ大作の肉筆花鳥画で，広重芸術の極致を示す傑作とされている。杉戸の裏にはマツなどの下絵が消された跡がある。この杉戸は現在非公開で，秋の文化財保護週間に公開されることがある。なお，代々泉谷寺の檀家総代家の座敷の天袋戸4枚に，了信の賛がそえられた広重の花鳥画があった(現，神奈川県立歴史博物館所蔵)。

西谷浄水場と横浜水道記念館 ⓰
045-847-6262

〈M▶P.50,52〉横浜市保土ケ谷区川島町552
相鉄線和田町駅🚌西原住宅・鶴ヶ峰駅行浄水場前🚶1分

バス停の右手に横浜市水道局西谷浄水場がある。市内4カ所の浄水場の1つで，道志川と相模湖を水源とし，延長42kmの導水管で運ばれ，沈殿・浄化・滅菌され，西・中・南・保土ケ谷・神奈川区へ市民の使用量の3分の1を供給する。1日の給水能力35万6000ｔ。

英国陸軍工兵中佐パーマーによる近代水道が横浜に完成したのが，1887(明治20)年だった。着工から2年半，相模川の水が野毛山浄水場を経て待望の居留外国人と横浜市民に給水された。それから20年，横浜の人口増加が給水量をはるかに上まわり，大規模な水道拡張工事が急務となり，都筑郡西谷村の標高70mの高台が浄水場候補

創業時の赤レンガ建物
横浜水道記念館の噴水塔

西谷浄水場に保存された6棟の整水室

地にあげられた。総工費700万円の資金調達は国庫補助をうけ、市債、さらにポンド債も発行された。
1910年に着工され、日本で初めてコンクリートミキサーが使用された。工事が落成し、給水が開始されたのは1915(大正4)年であった。このとき完成した配水池1基と浄水池8基のうち、配水池だけは地表からはみえないが、今も満々と水をたたえ役目をはたしている。浄水池は老朽化のためにすべて埋め立てられ、水量調節用の赤レンガの整水室など6棟(国登録)のみが記念に保存されている。

構内の正面に、横浜水道創設100周年を記念して、1987(昭和62)年に開館した横浜水道記念館がある。1階は横浜の水道の歴史、2階は現在の浄水場についてのコーナーで、3階が図書・ビデオコーナーになっている。4階は展望室で、横浜の風景を一望できる。

記念館のまわりは「いこいの広場」で、記念館の右手のガラスボックスにパーマー水道記念の青銅の噴水塔がたっている。当時の横浜駅(現、桜木町駅)前の広場におかれていたもので、日本の近代洋風建築の功労者である英国人ジョサイア・コンドルがイギリスから取りよせ、日本の噴水第1号といわれる。長い間、横浜の名物として駅前にあった。第二次世界大戦中に金属回収で撤去されたが、奇跡的に鋳つぶされず、戦後、二転、三転の末に西谷浄水場に安住の地をみつけた。

薬王寺 ⓱　〈M▶P.50,52,69〉 横浜市旭区鶴ヶ峰本町1071
045-951-1390　　相鉄線鶴ヶ峰駅🚶14分

畠山重忠主従を葬る六ツ塚 6月22日に慰霊祭

鶴ヶ峰駅をでて国道16号をめざす。16号線のバス停鶴ヶ峰の四差路からいちばん右側の道を進むと、突き当りに「史跡六ツ塚 重忠公霊堂」の標識がある。左折して3分ほどで再び標識にしたがって右折すると、すぐ右手に薬王寺(曹洞宗)がある。『吾妻鏡』によると、源頼朝の重臣だった畠山重忠が北条時政の後妻牧の方と稲毛重成の謀略で鎌倉へよび戻され、秩父の館を主従134騎で出発し

畠山重忠主従を葬った六ツ塚の1つ

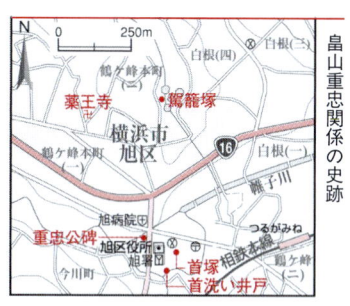

畠山重忠関係の史跡

たのが1205(元久2)年6月19日だった。鶴ヶ峰に着いたのは22日だったが、そのときすでに、北条義時は数万の兵で二俣河(現、旭区二俣川・万騎が原)に待ち伏せしていた。だまされたと知った重忠は覚悟を決めてたたかったが、夕闇迫ったとき、愛甲季隆の射た矢が命中して首級をとられた。42歳であった。残った一族郎党もすべて自殺したという。薬王寺の境内にある芝におおわれた直径3m前後の六ツ塚とよばれる6つの塚は、重忠と一族郎党134人を葬ったものと伝える。毎年命日の6月22日に地元の観光協会主催で盛大に慰霊祭が行われている。

最初の標識まで戻り、そのさきの標識「史跡駕籠塚」を左折し、坂をのぼると、鶴ヶ峰浄水場に接した駕籠塚に着く。重忠が北条軍におそわれたとの知らせをうけた妻の菊の前は急ぎ鎌倉に向かったが、この場所にきたとき戦死と聞いて重忠のあとを追い自害した。その場所に駕籠ごと葬られたといわれ、周囲が竹で囲まれた大きな塚であった。1955(昭和30)年に浄水場建設工事で場外へ移され、地元の有志が供養の五輪塔をたて、現在のように整備された。また、緑区鴨居には「ごはん塚」という敗れた畠山軍を葬ったと伝える塚が残る。

鶴ヶ峰から万騎が原にかけては、このほか重忠にまつわる伝承的史跡が多い。旭区総合庁舎の斜め向かいには1955年、重忠750年忌に地元の有志がたてた重忠公碑がある。庁舎の裏の七重の多層塔と重忠地蔵のある首塚は、愛甲季隆が重忠の首をはねたところと伝え、すぐ奥の帷子川が埋め立てられた場所に、首洗い井戸、鎧の渡しなどの標識と説明板がある。

港北の辺り　69

東海道に沿って

2

産業の大動脈国道1号線(東海道)は、かつては江戸と京都を結ぶ幹線であり、周辺には宿場をはじめ、多くの史跡が残る。

總持寺 ⑱
045-581-6021

〈M▶P.50,70,71〉 横浜市鶴見区鶴見2-1-1 P
JR京浜東北線鶴見駅 大 10分

多くの僧が修行する總持寺 静寂のなかで修行僧が学ぶ

鶴見駅西口へおり、横浜方面に歩いていくと壮大な伽藍がみえる。そこが福井県の永平寺とならぶ曹洞宗大本山の諸嶽山總持寺である。境内は約10万坪(約33万m²)におよび、三門、勅願道場の象徴である勅使門、仏殿(別名、大雄宝殿)、日本一の大きさを誇る本堂の大祖堂、後醍醐天皇をまつる御霊殿、能登から移転して最初に移築された放光堂や、僧堂など大小50余棟の伽藍をもち、大本山としての偉容を誇っている。

總持寺が鶴見に移転したのは1911(明治44)年で、能登国櫛比庄

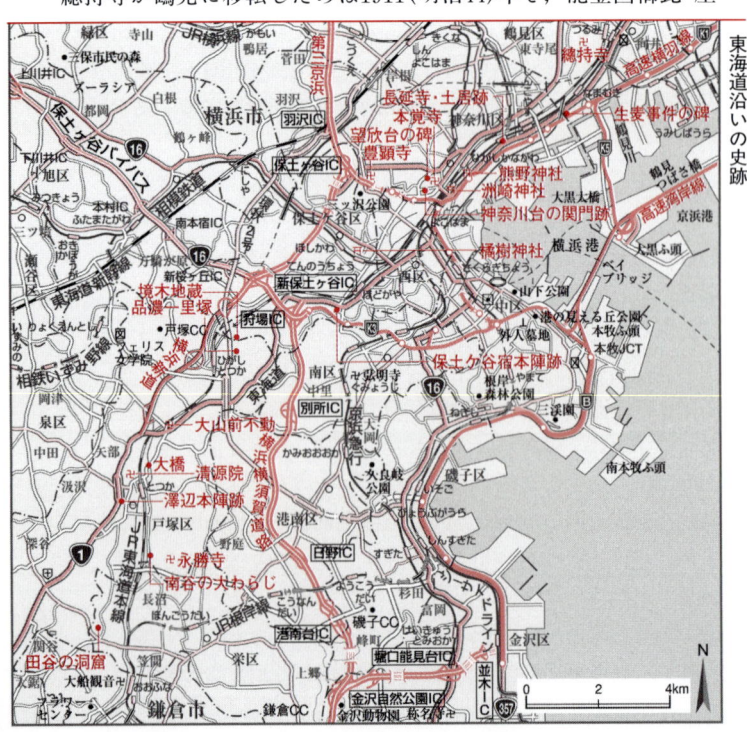

東海道沿いの史跡

總持寺本堂

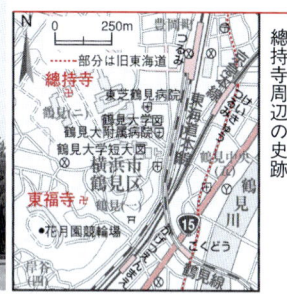

總持寺周辺の史跡

(現,石川県鳳至郡門前町)にあった總持寺が,1898(明治31)年4月13日の大火で焼失したことによる。

　縁起によると,行基がたてた諸嶽寺を,1321(元亨元)年にその寺主定賢から譲られた瑩山紹瑾が,寺号を總持寺に改めた。瑩山は後醍醐天皇の意にかない,翌年に「日域無双の禅苑,曹洞出世の道場」という綸旨をうけ,勅願大寺とした。2世の峨山韶碩も寺門の興隆につとめた。1615(元和元)年に徳川家康により永平寺と同格の本山に列せられ,加賀藩主前田家から寺領をうけ,大いに発展した。現在,石川県にも總持寺祖院が再興されている。

　文化財としては,宗内文書(中世末期から近世)のほか,絵画の提婆達多像・瑩山禅師像・前田利家夫人像・紹埋和尚像,刺繡の獅子吼文大法被,書蹟の観音堂縁起(いずれも国重文)などが有名で,宝物殿にときおり展示される。

　總持寺の南に,1087(寛治元)年に創建されたという東福寺(真言宗)がある。この寺は,子育て観音として信仰を集め,稲毛重成も男子をさずかったという。江戸時代の道中案内にも記されていた。

生麦事件の碑 ⓳

幕末攘夷の跡

〈M▶P.50,70〉横浜市鶴見区生麦1-16-2
京急線生麦駅🚶10分

　生麦駅から第一京浜国道を横浜方面に進むと,横浜市営バス生麦営業所の斜め前に生麦事件の碑がある。4m四方ほどの敷地を石垣で小高くし,そこに高さ1.5mほどの根府川石の石碑がたつ。1883(明治16)年12月に,リチャードソン落命場所の土地所有者であった黒川荘三が,自由民権思想の啓蒙に貢献した中村正直に撰文を依頼して建立した。近くに生麦事件参考館がある。

東海道に沿って　71

生麦事件の碑

　生麦事件は，井伊直弼の日米修好通商条約違勅調印によって攘夷運動が高まるなかで発生した。1862(文久2)年8月，薩摩藩主島津忠義の父久光一行は，幕政改革の勅命を幕府に伝えるための勅使大原重徳を警護して江戸にいき，帰途の8月21日午後2時ごろこの地をとおりかかった。その際，イギリス人のリチャードソン，クラーク，マーシャル，ボロデール夫人の4人が乗馬のまま行列を横切ろうとした。言葉がつうじず指示に従わなかったため，斬りつけられ，リチャードソンはまもなく絶命し，ほかのものは負傷しアメリカ領事館となっていた神奈川の本覚寺に逃げ込み，負傷者はヘボンの治療をうけた。リチャードソンの墓は山手の外国人墓地にある。

　この事件に対しイギリスは幕府に10万ポンド，薩摩藩に2万5000ポンドの賠償金と犯人逮捕を要求した。幕府は要求に応じたが薩摩藩は応ぜず，翌年7月に薩英戦争へと発展した。

熊野神社 ⑳
045-441-2768
〈M▶P.50,70,72〉横浜市神奈川区東神奈川1-1-2
京急線仲木戸駅・JR京浜東北線東神奈川駅 🚶 5分

神奈川宿西半分の中心

　東海道神奈川宿は，長延寺・土居跡(京急神奈川新町駅下車神奈川通東公園)として残る見附からはじまり，滝の川までが宿の東半分にあたる。

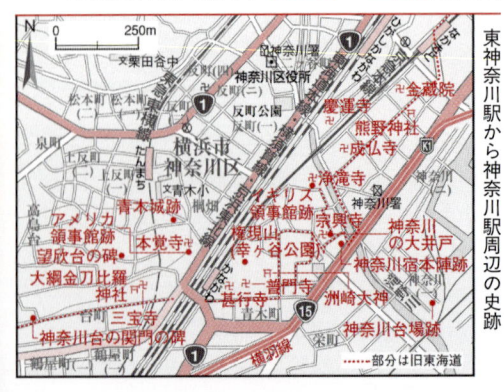

　仲木戸または東神奈川駅から国道方面へ進み右折すると，神奈川郷の鎮守の熊野神社がある。もと権現山にあったが江

臨港地域の開発

コラム

　一代で浅野財閥を築いた浅野総一郎は、欧米の視察から帰国すると、京浜間の海を埋め立て大規模な臨海工業地帯の造成を計画し、1908(明治41)年、鶴見川河口一帯500万km²の埋立てを神奈川県に申請した。

　漁民の反対、横浜市の難色に対し、浅野は財界の実力者、渋沢栄一や安田善次郎らの協力を得て、1913(大正2)年に埋立ての免許を取得し、1928(昭和3)年、埋立てが完了した。その途中からぞくぞくと工場が進出してくると、つぎは工場街への労働者の輸送手段が問題となった。

　1925(大正14)年、海岸電気軌道が設立され、總持寺前から現在の産業道路に沿って川崎大師まで、路面電車が走りだした。その前年、進出工場の貨物輸送を目的に、工場側と埋立て会社が出資して、鶴見臨港鉄道会社(現、JR鶴見線の前身)が設立され開業した。

　臨海工業地帯の貨物輸送の独占で、営業成績は高く、1930(昭和5)年には旅客輸送にも着手、海岸電気軌道を買収した。1937年に産業道路を拡幅するために路面電車は廃止されたが、臨海鉄道は国鉄鶴見駅へ乗り入れ、旅客・貨物とも業績は年々あがった。戦局厳しい1943年に国鉄鶴見線に、現在はJR鶴見線となっている。

　鶴見線には支線を含み14の駅があるが、大半の駅名の由来は、臨海工業地帯と密接な関係をもっている。

　鶴見駅から順にあげると、「鶴見小野」は埋立て工事に協力した地元の実力者小野重行、「浅野」は浅野総一郎、「安善」「浜安善」は安田善次郎、「武蔵白石」は日本鋼管初代社長白石元次郎、「大川」は2代目社長大川平三郎の名前からそれぞれつけた。「新芝浦」「海芝浦」「昭和」は、東京芝浦(現、東芝)、昭和電工の社名からで、終点の「扇町」は浅野家の家紋の扇にちなんでいる。

　工場には、多くの朝鮮人が働いていた。東漸寺(潮田町)には、関東大震災のおりの流言で、被害をうけそうになった300余人の命を救った大川常吉(当時の鶴見警察署長)の顕彰碑がある。1920年代以降は、沖縄県から働きにきている人たちも多い。また、あらたに大黒埠頭も整備・活用され、付近には、東京ガスの環境エネルギー館など企業博物館を併設している会社も多い。

戸中期に金蔵院境内に移った。金蔵院は徳川将軍から朱印高10石があたえられ、祈禱の札を献上していた。高札場(現在の神奈川警察署辺り)が地区センターに再現されている。さらに進み、ヘボン夫

東海道に沿って　73

妻が本堂に3年間, S・R・ブラウンとバラ宣教師が庫裏に居住した成仏寺をすぎ, 滝の川の手前を右折すると, 浦島太郎伝説碑が門前にたつ慶運寺(フランス領事館跡)に着く。

洲崎大神 ㉑
045-441-5081
〈M▶P.50,70,72〉 横浜市神奈川区青木町5-29
京急線神奈川駅🚶5分

神奈川宿の面影残す

神奈川駅東側の宮前商店街の通りから, 滝の川までが東海道神奈川宿の西半分にあたる。商店街にはいり左奥に甚行寺(フランス公使館跡), 普門寺(イギリス人士官宿舎跡)をみて洲崎大神の碑が鳥居前にたつ洲崎神社に着く。1191(建久2)年源頼朝が安房国の一宮である安房神社の霊を分祀したことにはじまり, 境内の大アオキから青木町となったという。今は埋立てが進み面影はないが, 宮前はかつて船着場があり, 横浜開港後は開港場と神奈川宿との渡船が行き交い河岸に警備陣屋がおかれていた。

神社の背後の権現山(幸ヶ谷公園)は, 北条早雲が上杉氏家臣の上田蔵人に砦を築かせ, 1510(永正7)年上杉朝良ら2万の大軍とたたかった古戦場である。この権現山は, 1857(安政4)年の黒船来航で, 国内警備のため勝海舟設計により大砲14門をそなえた砲台として, 1859年につくられた神奈川台場の工事用土として削られ低くなり, 神奈川1丁目のJR貨物線引込み線用地内に石垣の一部が史跡として残っている。

洲崎神社前を東に少しいった滝の橋の手前に神奈川本陣(東の本陣)石井家の跡, 国道を渡った神奈川公園向かい側に青木本陣(西の本陣)鈴木家の跡がある。幸ヶ谷小学校の裏に, 医師シモンズが住み, のちにヘボン施療所となった宗興寺があり, その脇に神奈川御殿に宿泊する将軍のお茶水として利用された神奈川の大井戸が残る。浄瀧寺(イギリス領事館跡)をすぎると滝の川にでる。各国は開港にそなえて神奈川宿内の寺院を借り外交事務を行ったが, 渡船により横浜の港にいく不便さがあり, のち, 開港場へ移転した。

本覚寺 ㉒
045-322-0191
〈M▶P.50,70,72〉 横浜市神奈川区高島台1-2
京急線神奈川駅🚶5分

神奈川駅をおりて青木橋を渡った丘の上に, 本覚寺(曹洞宗)がある。山門脇に樹齢200年のスダジイがあり, その下にアメリカ領事

本覚寺

館跡の石碑と，横浜開港に尽力した外国奉行岩瀬忠震の顕彰碑がある。本覚寺は開港直前の1859（安政6）年5月以降，アメリカ領事館として使用された。開港の6月2日，ハリス公使やドーア領事らは，境内にあった松の大木を旗竿として，星条旗を掲げ国歌を合唱して祝ったという。本覚寺は戦災によって山門を除いて焼失した。山門は明治末に修理されたが，飾り唐獅子の部分をよくみると領事館時代に白く塗られたペンキの跡が残っている。境内に全国塗装業者合同慰霊碑がある。

本覚寺の裏手は，後北条氏の家臣多米氏が城主であった青木城跡で，線路の向こう側の権現山と続いていたが，線路敷設のため分断された。

アメリカ領事館の跡

望欣台の碑 ㉓ 〈M▶P.50,70,72〉横浜市神奈川区高島台20
京急線神奈川駅 🚶10分

本覚寺の山門への階段前の坂道をのぼり，三宝寺裏をさらにのぼると高島山公園にでる。そこに鉄道工事に功績のあった高島嘉右衛門をたたえる望欣台の碑がある。ここに嘉右衛門は晩年屋敷を構えていた。現在の横浜駅から桜木町駅方面の一帯は当時海であった。鉄道工事は神奈川青木町から野毛海岸石崎までの海に築堤し，そこに線路を敷設するというものである。築堤は長さ1.4km・幅76m，うち幅10mを鉄道用地，12mを道路用地，残りを請負人の土地にするというものである。工事条件は140日で完成させ，もし工事が遅れた場合には1日につき長さ300坪の土地を没収するというものであった。政府は入札を行ったが，参加したのは横浜入船町の商人高島嘉右衛門のみであった。当時の土木技術では難工事で，戸部の伊勢山や大綱山を切りくずして土砂を海に投入し，最新鋭の蒸気泥揚機も用いた。大綱山に見張所を設置し，嘉右衛門自身そこにのぼり望遠鏡をのぞいて工事を督励し，各種の妨害にもかかわらず，期間内に工事を完成させた。埋立地の一部は高島町と命名されている。

今も鉄道と埋立地が望める

東海道に沿って

この偉業をたたえて，彼の友人荒木政樹が撰文し，芝増上寺からきた三宝寺21世住職で歌人大熊弁玉の筆で，1877(明治10)年望欣台の碑が建立された。公園の奥には弁玉師倭歌碑がたっている。

神奈川台の関門跡 ㉔

〈M▶P.50,70,72〉横浜市神奈川区台町10-27
JR横浜駅🚶10分

幕末攘夷の警備をしのばせる

横浜駅西口から県民センター前をとおり，国道を渡って長い階段をのぼると，青木橋から本覚寺・大綱金刀比羅神社前をとおる東海道にでる。さらに私学会館方面にのぼる坂の角に神奈川台の関門の碑がたつ。本覚寺から，門前に7つ目の一里塚碑がある鉄筋コンクリート造りの三宝寺前をとおり，大綱金刀比羅神社をすぎる辺りからの上り坂には，かつて台町の茶屋があり，旅人が左手に海をみながらとったところにあたる。関門は神奈川宿の西はずれにあたり，外国人とのトラブル警備のため川崎宿・神奈川宿・保土ケ谷宿の間に20カ所の関門や見張り番所を設けたなかの1つである。生麦事件のとき，薩摩藩がこの関門を大急ぎで通過したのち，関門は閉じられイギリスの追撃を防いだといわれる。1871(明治4)年廃止された。

豊顕寺 ㉕
045-311-5940

〈M▶P.50,70,76〉横浜市神奈川区三ッ沢西町16-1
市営地下鉄三ッ沢上町駅🚶3分

市民憩いの地緑につつまれる寺域

地下鉄の三ッ沢上町駅から約80m反町よりの信号を右折すると，豊顕寺(法華宗)がある。寺域の大部分は市民の森として開放され，春はサクラ，初夏はアジサイ，そのほか多くの木々が茂り，市民の憩いの場となっている。

豊顕寺はもと本顕寺と称し三河国多米村(現，豊橋市多米町)にあった。北条早雲に重んぜられ，後北条六人衆や七家老のひとりともいわれる多米権兵衛元益が，1515(永正12)年本顕寺を創建したと考えられている。元益の子元興は，三ッ沢の地に城塞を構え，のちこの地に隠棲し，1536(天文5)年本顕寺を法照山豊顕寺と改称して三ッ沢に移建した。元興の子大膳長宗は元興没後，豊顕寺に元興隠棲の地を寄進した。境内に多米氏の墓所がある。

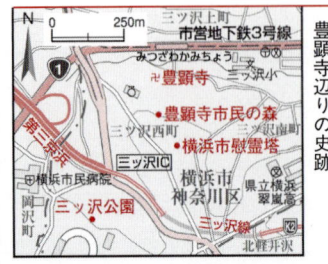

豊顕寺辺りの史跡

豊顕寺13世日理は，1720(享保5)年江戸幕府から僧侶の学校「三沢檀林」の設置を許可され，法華宗の学舎・学寮がつくられ，学僧はつねに300人以上いた。しかし，明治に2度の火災，大正の関東大震災，そして第二次世界大戦で往時の建物はすべて失われ，1968(昭和43)年本堂が鉄筋コンクリートで再建された。本堂左手に，文政期(1818～30)の歌人，山平礼助(藤原伴鹿)の追善歌碑がある。

　豊顕寺市民の森のさきに三ツ沢公園があり，約24mと18mの横浜市慰霊塔(1953年建立)がたつ。三沢丘陵上には縄文期の三ツ沢貝塚があった。帷子川河口の横浜駅一帯は平沼新田・岡野新田として江戸末期(天保)ころまでに埋め立てられた。

橘樹神社 ㉖
045-331-0027
〈M▶P.50,70〉横浜市保土ケ谷区天王町
相鉄線天王町駅 🚶 5分

保土ケ谷宿の古名を残す入江

　天王町駅前公園に帷子橋跡の碑がたっている。第二次世界大戦後，帷子川の流路がかえられ橋跡が公園になった。駅の西側にある現在の帷子橋を渡ると，旧名を午頭天王社といった橘樹神社がある。神社の少しさきに，保土ケ谷宿の江戸方見附があった。保土ケ谷宿は保土ケ谷・岩間・神戸・帷子の4つの町からなる宿場町で，江戸日本橋から約32kmのところにある。江戸時代の旅は「1日10里」(約39km)歩くのがふつうで，「七つ」(午前4時ごろ)に日本橋を出発した人の多くは，つぎの戸塚宿まで足をのばすので，そんな客を「留女」が保土ケ谷宿に泊めようとした様子が『東海道中膝栗毛』に「おとまりはよい程谷ととめ女，戸塚までは放さざりけり」と記されている。

　東海道は，神奈川台関門から浅間町・松原商店街・橘樹神社・横浜ビジネスパーク前をとおり，保土ケ谷の総鎮守である神明社横に続く。「旧東海道歴史の道」の標識に沿って右に進み，天徳院(曹洞宗)・大蓮寺(日蓮宗)・遍照寺(真言宗)前を直進する。左手にカーブする道側を進むとJR保土ケ谷駅に着く。

保土ケ谷宿 本陣跡 ㉗
〈M▶P.50,70,78〉横浜市保土ケ谷区保土ケ谷町168
JR横須賀線保土ケ谷駅 🚶 5分

　保土ケ谷駅の西口から線路沿いの商店街を戸塚方面に約4分歩き，

東海道に沿って　77

金沢横町道標4基　　　　　　　　　　　　　　　保土ケ谷宿本陣跡

踏切手前を右折した左手に、金沢横町道標4基がある。向かって右の道標は「峰の炎」で知られる円海山への道しるべ、隣は線路と国道を渡り丘の頂上にある北向地蔵前をとおる金沢往還を示す「かなさわ　かまくら道」ときざまれている。そのつぎは「程ケ谷の枝道曲れ梅の花」と、文化・文政期(1804〜30)の俳人其爪の句がきざまれた杉田の梅林への道標である。もう1つは富岡の長昌寺方面の道を示す「富岡山芋大明神への道」ときざまれている。

保土ケ谷宿は東海道から三崎・浦賀方面への分岐点であり、弘明寺・杉田・金沢、そして鎌倉・江の島へもつうじている。道標の角を左折し、踏切を渡ると国道1号線にぶつかる。道の向こうに、当時の門が残る保土ケ谷宿本陣の軽部家があり、万代塀に記念碑がはめ込まれている。本陣は代々苅部家がつとめ、問屋・名主もかねていた。苅部家は家伝によると後北条氏の家臣、苅部豊前守康則の子孫という。本陣の大名宿泊代は決まった額はなく心づけであった。藩の財政が苦しくなると心づけも少なく、一般客を泊めることができなかったので、格式は高くても経済的には苦しく、つぶれた本陣もあった。1870(明治3)年本陣が廃止され苅部家は軽部の姓に改めた。東海道線脇の大仙寺に軽部家代々の墓がある。

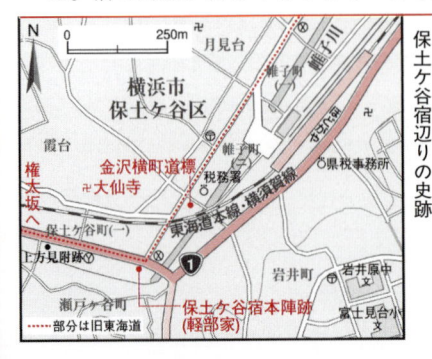

本陣跡の少しさきの茶屋町橋付近に、一里塚があっ

保土ケ谷宿の中心

保土ケ谷宿辺りの史跡

78　みなと横浜

英連邦戦死者墓地

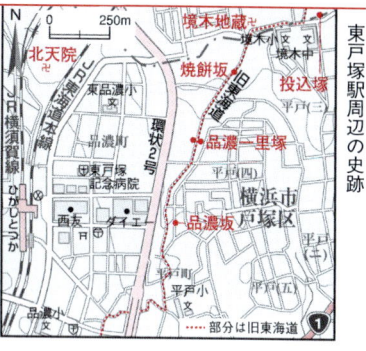

東戸塚駅周辺の史跡

たとされるが、今は跡形もない。さらにさきの保土ケ谷2丁目信号で、左にカーブする国道と分かれて直進し樹源寺前を進み、つきあたったら左折すると、すぐ右の急坂が権太坂である。一番坂、二番坂をのぼりきった左手に投込塚がある。境木中学校前を右に進むと右手に、江戸時代、人足や駕籠・馬を休息させ、餅も売っていた境木立場の若林家がある。庭内に明治天皇の「御東幸御小休所跡」碑(明治元年10月11日行幸)がある。隣接地が境木地蔵である。

　国道の権太坂をすぎ、市児童公園入口の信号(バス停児童遊園地入口)を左折して進むと、左手に英連邦戦死者墓地がある。13haの敷地に葬られた1838人のほとんどは、イギリス・オーストラリア・カナダ・インドなど英連邦諸国の兵士で、アメリカ合衆国、オランダ王国の太平洋戦争で捕虜になり日本で亡くなった人たちも埋葬されている。児童公園一帯の起伏のある住宅地に大丸遺跡(縄文早期〜中期)があった。高圧線のたつ丘に縄文の里の碑がたつ。遺物は六ツ川台小学校コミュニティーハウスに展示されている。

境木地蔵 ㉘　〈M▶P.50,70,79〉横浜市保土ケ谷区本町16
JR横須賀線東戸塚駅🚌境木中学校行境木地蔵尊 🚶1分

武蔵と相模の境にある

　武相国境沿いの東海道の、権太坂(武蔵国)と焼餅坂・品濃坂(相模国)の頂点に良応院境木地蔵がある。武蔵と相模の境にあたるこの場所は、はるか鎌倉のほうまで見渡せる風光絶佳の地であったと『江戸名所図会』にも記されている。地蔵堂は1659(万治2)年に創建されたが、地蔵はいつごろのものか不明である。

　地蔵にはつぎのような伝説がある。昔地蔵は鎌倉の由比ヶ浜に流れ着き浜にまつられていたが、ある年の大水で再び海中に没した。

東海道に沿って

境木地蔵

それから永い年月ののち,海が荒れて不漁続きの年に腰越の浜に打ちあげられた。漁師が家に安置すると,夢に地蔵があらわれ「江戸へいきたいので,牛車で運んでほしい。もし途中で動かなくなったら,そこへおいてくれればよい。そうすれば腰越の海は凪ぐであろう」と告げた。漁師たちは江戸へ向かったが,境木までくると牛車が動かなくなったので地蔵をおいて帰った。そこで境木の人びとはどうしようかと思っていたところ,村人の夢に「堂をつくってくれ。その礼としてこの地を繁盛させよう」と告げたという。そこでこの堂がつくられた。地蔵堂付近には,武相国境の坂をのぼってきた疲れをいやす茶店が軒をならべ,境木は賑わいをみせたという。

地蔵堂へのぼる石段左手の石灯籠の竿石に,1930(昭和5)年この地を訪れた荻原井泉水筆の「明々」の文字がきざまれている。

東戸塚駅や環状2号線への交通路整備で地蔵堂前の道が広がり,焼餅坂(別名牡丹餅坂)が明るくなった。

境木小学校脇を左折し道なりに進み,階段をおりると右手に武家門の萩原家がみえる。萩原家は,代々旗本杉浦氏の代官職であった。萩原家の右手前の木立のなかに,剣道師範萩原君碑がたっている。幕末から明治初年の当主萩原行篤は,江戸で直心影流の免許皆伝を得て道場を開き入門者総数225人を数え,多くの剣客も訪れた。1858(安政5)年の「剣客名」に近藤勇の名前もみられる。

品濃一里塚 ㉙　〈M▶P.50,70,79〉横浜市戸塚区品濃町587・平戸4-42
JR横須賀線東戸塚駅 🚶12分

日本橋から9里目　面影残す一里塚

東戸塚駅前の横浜銀行前の坂を東にのぼり,品濃谷宿 公園隣の共同墓地に江戸時代品濃村の領主であった新見正勝(1642〈寛永19〉年没)と正路(1848〈嘉永元〉年没)の墓がある。駅前の白旗神社の左隣にあったが,開発によって移転した。正路の子,新見正興は1859(安政6)年外国奉行に任じられ,1860(万延元)年日米修好通商

東海道の宿場

コラム

横浜市内には五街道の1つである東海道がとおっていた。その宿場として横浜市内には神奈川町・青木町からなる神奈川宿，保土ケ谷町・神戸町・帷子町・岩間町からなる保土ケ谷宿，戸塚町・吉田町・矢部町からなる戸塚宿があった。

江戸幕府が本格的に宿駅の整備を行ったのは1601(慶長6)年以降で，このとき宿駅として成立していたのは神奈川宿と保土ケ谷宿で，戸塚が宿として成立するのはその3年後のことである。当時，戸塚の人びとは駄賃稼ぎや旅人を宿泊させて暮らしをたてていたので，1603年藤沢宿は幕府に対してそれらの行為の禁止を要求して認められた。これに対し戸塚は宿駅開設・人馬継立免許を願いでている。保土ケ谷宿はこの願いに賛成したが，藤沢宿は宿駅がすたれてしまうということを理由に強く反対した。しかし，翌1604年戸塚宿の開設が認められた。この背景には，宿駅開設運動の中心であった澤辺宗三の妹が，戸塚の地域を支配していた彦坂元正の側室であったことや，藤沢宿までは大坂と遊行寺坂が，保土ケ谷宿までは品濃と権太坂があり，道のりも約17kmと長かったことなどによる。

	本陣	脇本陣	旅籠
神奈川宿	2	0	58
保土ケ谷宿	1	3	67
戸塚宿	2	3	75

(天保年間)

条約批准書交換の正使として米軍艦ポーハタン号で渡米している。新見家代々の位牌は，菩提寺の北天院(臨済宗，東戸塚駅西口から北へ10分)の御霊屋に安置されている。北天院は，鎌倉幕府8代執権北条時宗のとき来日した無学祖元を開祖としている。

環状線の「環2境木」信号の1つ駅よりの細い道をはいると，焼餅坂からくる東海道にでる。そこに日本橋から9里目(約36km)の品濃一里塚(県史跡)が残る。品濃側は，直径約11m・高さ約3mの塚で，昔は大きなエノキがあったが，今は中心にそのエノキの根元が残るのみでクスノキや雑木がしげっている。現在，一里塚として神奈川県内でほぼ完全な形で残る唯一の遺跡である。平戸側は，住宅開発のときくずされ，上方が一里塚公園のなかに残っている。一里塚付近のせまい道幅は，当時の面影を残している。

1604(慶長9)年徳川家康は，交通路の整備を大久保長安に命じ，1里ごとに道の両側に土を盛りエノキやマツを植えた。旅人には日

品濃一里塚(西側)

陰が休み場所になり、距離の目安や、駕籠賃などを計算する基準にもなった。

一里塚から南に600mほど進み、右におれる坂道が品濃坂である。

大山前不動 ㉚

〈M▶P.50,70,82〉 横浜市戸塚区柏尾町486
JR東海道本線・横須賀線戸塚駅 東戸塚駅行不動坂 3分

バス停海道橋から国道とわかれ、赤関橋を渡る川に沿った道が東海道で、秋葉跨線橋の下でまた国道と合流している。不動坂交差点の少し東戸塚よりの左手に、モチの大木が茂る益田家がある。その反対側の右斜めにはいる道が、大山詣の人が多く利用した柏尾通り大山道の入口である。昔は東海道との分岐に鳥居がたてられていた。道の右側の不動堂内に、中央には大山前不動がまつられ、台座には「是より大山道」ときざまれ、鳥居にかけられた「阿夫利神社」の扁額が残る。大山道道標をはじめ、多くの古碑がある。

不動坂交差点の手前を左にはいる小道がある。これが、東海道にあたる。斎藤家の前をとおり、ブリヂストン工場前の舞岡川にかかる五太夫橋に続き、これが東海道の旧道である。五太夫橋は、後北条氏の家臣であった石巻五太夫が、後北条氏滅亡後、小田原から江戸へ帰る徳川家康を、この橋の辺りで出迎えたことから橋の名

大山前不動堂と大山道標

柏尾道から大山詣

大山前不動から大橋へ

82 みなと横浜

鎌倉ハム発祥と斎藤家

コラム

　五太夫橋から舞岡方面にはいり1つ目の信号を左折する不動坂までの東海道の左側(柏尾町184)に、立派な門構えでレンガ造りの倉庫がある斎藤家がある。

　明治10年代にイギリス人ウィリアム・カーチスは、柏尾村に外国人用のシェイクスピアホテルをたて、ハムづくりもはじめた。斎藤家の祖の斎藤角次たちは、牧場の牛豚飼育係としてやとわれた。彼らは、カーチス夫人のカネから信頼を得、作業場への出入りを許され、ひそかにハム製造法をつきとめた。そこで、斎藤萬平、益田直蔵、岡部福蔵たちと1887(明治20)年ごろ、柏尾村1009番地にハム製造所をつくった。当時、柏尾村は鎌倉郡だったので、ここでつくられたハムを鎌倉ハムとよんだ。斎藤家の一角に冷蔵庫として使ったレンガ倉庫が残っている。

　斎藤角次は、水田の裏作にムギ・ナタネ・キャベツ・トマト・ナスの栽培もはじめている。斎藤家の万三(1825〜1912)は、江戸時代は名主として、明治になってからは自由民権運動に参加し、政友会鎌倉倶楽部に属して県会議員として活躍している。

斎藤家とレンガ倉庫(右端)　　　**レンガ倉庫**

前になった。その後、五太夫は許されて中田村の領主になった。

大橋 ㉛

〈M▶P.50,70,82〉 横浜市戸塚区吉田町・矢部町
JR戸塚駅 🚶 5分

　戸塚大踏切の右角に、戸塚宿に2つあるうちの1つの問屋場があった。そこを右折してしばらく歩くと、街灯に大名行列でもつバレンを模した大橋がある。橋の両側に2枚ずつ戸塚周辺の浮世絵が模写されている。柏尾川にかかる橋を渡ったところが、歌川広重が戸塚の絵で茶店のこめやと、かまくら道分岐の道標を描いたところだ。

　大橋から少し不動坂方面に歩くと、右手に一里塚跡の案内板がある。日本橋から10里目にあたる。そこからしばらく進み、戸塚ダイエー前の信号のすぐ下に戸塚宿の江戸方見附跡の碑がある。戸塚宿

浮世絵にも描かれた大橋
東海道・鎌倉道・星谷道の分岐

東海道に沿って

戸塚宿上方見附の碑(左)と広重筆「東海道五十三次」戸塚

は，今の矢部町・吉田町・戸塚町で構成され，ここから戸塚大踏切の辺りまでが，戸塚宿の半分ほどにあたる。

　また，戸塚駅から大船行きのバスに乗り下倉田で下車，バス停脇の道にはいると，永勝寺への道しるべがたっている。さらにいくと，永勝寺(下倉田町1021)に着く。本尊の阿弥陀如来は面懸如来ともよばれ，その阿弥陀堂に，笠乞太子といわれる聖徳太子像(県重文)が安置されている。バスのとおる鎌倉道に戻り少し進むと，南谷の大わらじ(下倉田町711)がある。往来する人たちがここで一休みしたとか，農業の無事を祈って毎年わらじを奉納したなどと伝える。さらに，貝殻坂，飯島を経由して笠間の折立橋に着く。

清源院 ㉜
045-862-9336
〈M▶P.50,70,85〉横浜市戸塚区戸塚町4907　P
JR戸塚駅 🚶 3分

お万の方ゆかりの清源院

　戸塚駅西口から東海道を西に歩き，右手の階段をのぼった丘に清源院(浄土宗)がある。徳川家康の側室お万の方(戸塚区岡津出身)が，家康の死後尼となって清源院と名乗り，この寺にはいった。本尊は歯吹阿弥陀如来像で，お万の方が駿府に家康の病気見舞いにいったときもらったと伝える。戸塚宿の中心を構成する6宿(上宿・中宿・台宿・天王宿・田宿・八幡宿)の上宿が，この辺りからはじまる。

澤辺本陣跡 ㉝
〈M▶P.50,70,85〉横浜市戸塚区戸塚町4142
JR戸塚駅 🚶 6分

戸塚宿から藤沢へ　戸塚宿の中心

　東海道を進むと戸塚郵便局の辺りが，内田本陣跡で戸塚宿に2軒あった本陣の1つである。問屋場跡を経て戸塚消防署手前に，明治天皇行在所の碑がたっている。この辺りが戸塚宿開設に尽力した，澤辺宗三を祖とする澤辺本陣跡である。消防署のさきにある海蔵院

清源院から上方見附跡へ

(臨済宗)に，澤辺家代々の墓や，旅の途中この宿で没した藩士の墓や文人の墓がある。

　八坂神社の信号手前に，お天王様と親しまれる八坂神社がある。神社前は高札場跡である。あまり広くない境内には古碑がたちならぶ。祭日の7月14日には，お札まきが行われ，たくさんの夜店がたち並び大変な賑わいをみせる。お札まきは，女装してタスキをかけた男子10人位が島田髷をかぶり，着物の裾を短く着て右手にうちわをもち，音頭にあわせて唄をうたい，各所で五色の札をウチワで天に舞わせる。昔は町内にあらたにきた婿が女装したという。

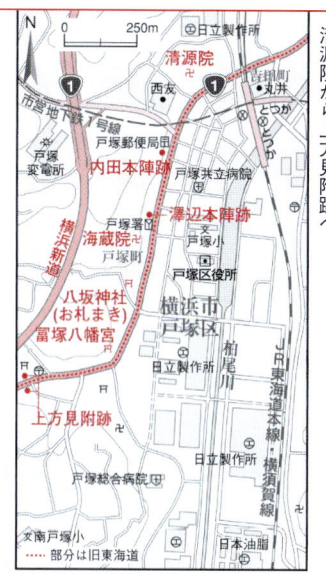

　さらに進むと戸塚の総鎮守である冨塚八幡宮がある。山頂に冨塚といわれる古墳があり，これが戸塚の地名の起こりの1つにあげられている。このさきに上方見附が道の両側にある。東側は最近つくり直された。この辺りからの上り坂が大坂で，今はかなりゆるやかになったが一番坂・二番坂が続く。途中の大坂台に庚申塔群がある。坂をのぼりきると，かつては松並木が続き富士山もみえたが，今は，マツもほとんど枯れてしまった。吹上辺りに11里目の一里塚跡がある。浅間神社，大運寺(浄土宗)をとおり，原宿の交差点に着く。

　原宿交差点を左折し，さらに田谷の交差点を左折すると田谷の洞窟がある。定泉寺(真言宗)の裏に接した丘に，全長1kmにおよぶと思われる地底の人工伽藍で観音霊場や，両界曼荼羅諸尊・十八羅漢など多くの仏がきざまれている。いつごろつくられたかは不明である。

澤辺本陣跡

東海道に沿って　85

3 霧笛の聞こえる港周辺

幕末の開港から現在に至るまで"外国の風"が吹く町並みがある。それがみなと横浜だ。

エドモンド・モレルのレリーフと鉄道発祥の地記念碑 34 35
〈M▶P.50,87,88,95〉横浜市中区桜木町1
JR根岸線桜木町駅構内

双頭レールの記念碑

　桜木町駅構内の改札口近くの壁に，1870(明治3)年に来日し，初代鉄道建築師長として活動したエドモンド・モレルのレリーフがある。彼は，日本最初の鉄道である新橋・横浜間の路線敷設にあたり，基本設計などを行い，陣頭にたって測量・建設を指揮した人物である。建設に際しては，日本で木製枕木を製作させるなど予算や技術移転にも心をくだき，高潔の人として伊藤博文にも激賞されたが，滞在わずか1年余で病死した。彼は，建築副役のJ・ダイアックやイングランドらと同様に山手の外国人墓地に葬られており，日本人の妻とともに鉄道切符を模した墓で眠っている。

　駅の改札をでて野毛側に進み，関内方面に100m進んだ横浜桜木郵便局前の広場には，1967(昭和42)年にたてられた鉄道発祥の地記念碑がある。碑は鉄道開業のころに使用された双頭レール(裏返しても使えるレール)を柱に鉄板を張ったもので，そこに開業当初の横浜駅の風景や列車時刻表・乗車心得などがきざまれている。

　鉄道はモレル来日の1870年から建設工事がはじめられ，1872年5月7日，横浜—品川間に最初の汽車が走った。横浜ステンショは現在の桜木町駅に相当する。開通時の運賃は上等1円50銭，中等1円，下等50銭であった(当時，米10kgで36銭)。また新橋・横浜間を53分で運行した。

鉄道発祥の地記念碑

みなと横浜の史跡

地図中の地名(赤字):
- 鉄道発祥の地記念碑・エドモンド・モレルのレリーフ
- 旧横浜船渠第二号ドック
- 旧横浜船渠第一号ドック
- 神奈川県立歴史博物館
- 横浜第二合同庁舎
- 日本郵船歴史博物館
- 横浜公園
- 横浜市開港記念会館
- 岡倉天心生誕之地の碑
- 横浜税関
- 神奈川県庁本庁舎
- 赤レンガ倉庫
- 横浜開港資料館と日米和親条約調印の地の碑
- 横浜海岸教会
- 井伊直弼像
- 神奈川奉行所跡
- ガス灯
- 佐久間象山顕彰碑(野毛山公園)
- かねの橋
- 久保山墓地
- 象の鼻
- 大さん橋ふ頭
- モリソン商会遺構
- 山下公園
- ホテルニューグランド
- 氷川丸
- ヘボン博士邸跡の碑
- フランス山公園
- 横浜山手外国人墓地
- 港の見える丘公園
- ゲーテ座跡
- 元町公園
- 山手の洋館群
- 山手公園
- 山手カトリック教会
- 根岸の外国人墓地
- 本牧神社
- 地蔵王廟
- 根岸競馬場跡
- 三溪園

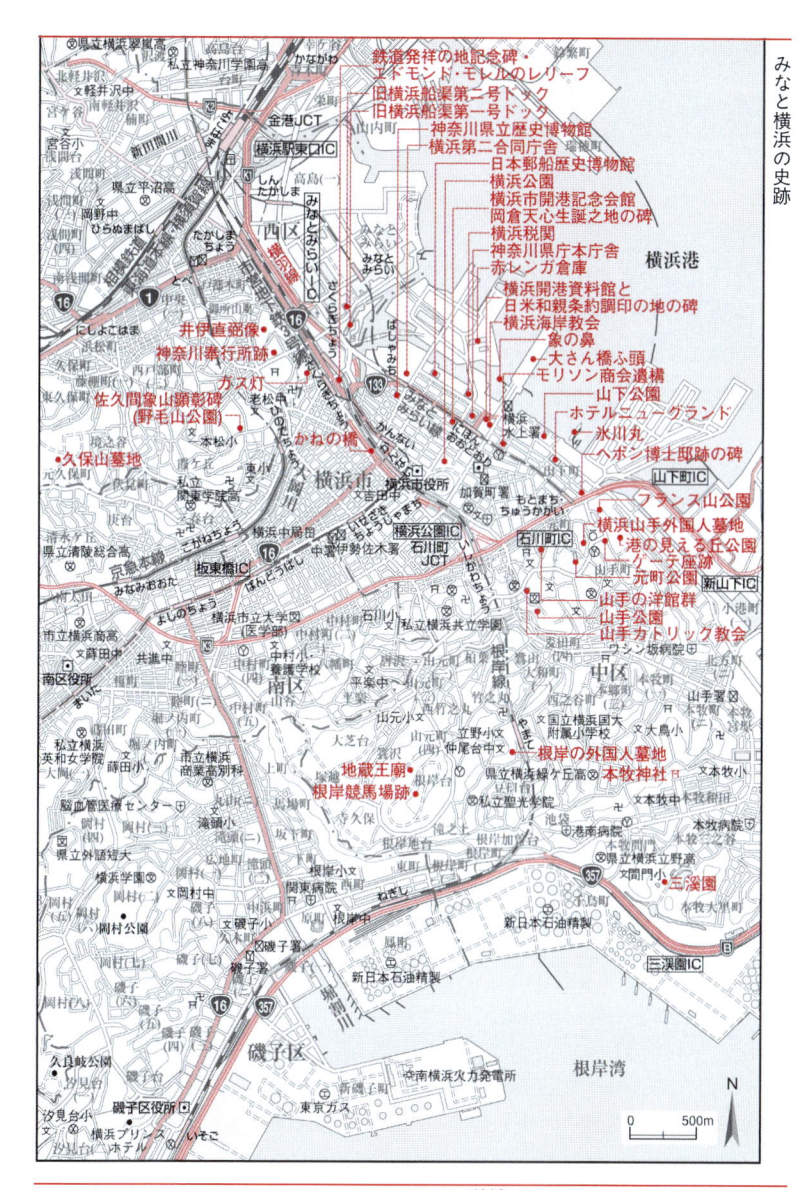

横浜港
根岸湾

N 0 500m

ガス灯 ㊱

〈M▶P.50,87,88,95〉横浜市中区花咲町3-86
JR根岸線桜木町駅🚶5分

桜木町駅をでて野毛方面へ向かい,右手の丘をめざした音楽通り

霧笛の聞こえる港周辺

ガス灯

桜木町駅周辺の史跡

のなかほどに本町小学校がある。その正門脇にはガス灯と記念碑がある。伊勢山下のこの付近一帯は、高島嘉右衛門が設立したわが国最初のガス工場の跡である。

ガス事業については、1870（明治3）年にドイツのシュルツ・ライツ商会が許可を申請していたが、高島はガス事業とその利益を外国人に独占されることは日本のためにならないと考え、有志9人とともに組織をつくり、シュルツ・ライツ商会に対抗し、計画書をそえて県に事業申請を行った。

日独両社の半年にわたる激しい免許争いの末、高島らが勝利し、横浜町会所や大蔵省などからも資金援助をうけ、1871年にこの地にガス工場の建設をはじめた。こうして翌年の9月にガス灯がともされ、その年のうちにガス灯の数は300基に達したという。東京銀座にガス灯がともる2年前のことである。

日本初のガス灯

神奈川奉行所跡と井伊直弼像 ③⑦③⑧

〈M▶P.50,87,88〉 横浜市西区紅葉ヶ丘9 Ｐ
JR根岸線桜木町駅🚶10分

ガス灯のある本町小学校の前の道を、さらに横浜方面に150mほど進むと急な坂にぶつかる。紅葉坂である。この坂をのぼりきった辺りにある神奈川文化センターの地は、神奈川奉行所（戸部役所）がおかれ、行政の中心地であった。1858（安政5）年7月、外国奉行に任じられた水野筑後守忠徳らの5人が、翌年6月に神奈川奉行の兼務を命じられ、この戸部村宮ヶ崎で開港事務などを行った。入江

開港50周年を記念

横浜駅の変遷

コラム

　1872(明治5)年9月12日(新暦10月14日)、新橋・横浜(桜木町)間が開通した。当時の横浜駅は現在の桜木町駅付近にあった。駅舎はアメリカ人建築家ブリジェンスが設計し、1年前に完成している。当初、横浜駅は、桜木町駅前の大江橋をこえて関内方面に設けられる予定であったが、蒸気機関車による火事を恐れて強い反対がおき、結局、現在の桜木町駅までしか鉄道がつくられなかった。

　1889年に東海道線が全通したが、下り列車は神奈川駅から横浜駅にはいり、そこで機関車をつけかえて同じ線路を戻って保土ケ谷方に向かわねばならず、非効率であった。そこで1894年に、現在の高島町付近から平沼橋付近に線路を敷設して、神奈川と保土ケ谷を結ぶ短絡線が設けられた。1901年にはその間に平沼駅が開設された。

　その後、「港都横浜にふさわしい駅舎を」という要望が高まり、1915(大正4)年8月、高島町にレンガ造りの建物をつくり、それを横浜駅とし、従来の横浜駅は桜木町駅と改称した。

　しかし、この横浜駅も低湿地という立地条件から、現在の横浜駅北方に移転したのち、再度移転を余儀なくされ、1928(昭和3)年9月に、現在の横浜駅の位置に駅舎が完成した。ドイツ風の重厚な鉄筋コンクリート造りであったが、1981年にたてかえられ、近代的なターミナルビルへとうまれかわった。

を隔てて横浜村を見渡すことのできるこの丘のうえに奉行所を設けたのは、要塞とすることも考えたためのようである。

　神奈川文化センターの一角にあり、第二次世界大戦後の公共建築史上で名高い神奈川県立音楽堂(前川国男設計)と神奈川婦人会館との間の道を進むと、掃部山公園にはいる。公園には彦根藩主井伊直弼像がある。井伊直弼は、米国領事ハリスの強硬な通商条約調印の要求に対し、孝明天皇の許可を得ないまま調印を行い、将軍の後継問題では、14代将軍に慶福(家茂)を擁立した江戸幕府の大老である。彼はこれらの政策に反対する人びとを安政の大獄で弾圧し、長州萩の松下村塾で多くの人材を教育した吉田松陰らを処刑したが、1860(万延元)年、桜田門外で水戸浪士たちの襲撃をうけて斬殺された(桜田門外の変)。

　1882(明治15)年ごろから旧彦根藩の士族らは、井伊直弼の像を自力でつくることを計画し、横浜開港50年にあたる1909年に銅像の除

幕式を行った。ところが除幕式は、政府の元老らによる井伊に対する反感があり、当時の神奈川県知事周布公平（長州藩士周布政之助の息子）によって中止が命ぜられたが、旧彦根藩士らが除幕式を強行し、大隈重信らが来賓として出席した。1914(大正3)年、銅像は庭園とともに横浜市に寄付されたが、第二次世界大戦中の1943(昭和18)年には、金属回収により取り払われた。

現在公園にたつ銅像は、開港100年の記念行事の1つとして、1954年に再建されたものである。台座は設置当初のものであり、明治期建築界の三大巨頭の1人妻木頼黄らの設計である。また、公園内の横浜能楽堂の能舞台は、1875(明治8)年東京根岸の旧加賀藩主前田斉泰邸にたてられ、のち東京染井の松平頼寿邸に移築された旧染井能楽堂を移築・復元したものである。

野毛山公園と佐久間象山顕彰碑 ㊴

〈M▶P.50,87,88〉 横浜市西区老松町63 P
JR根岸線桜木町駅 🚶 10分

音楽通り入口のところですぐ左におれ、動物園通りを進むと野毛坂にぶつかる。坂をのぼり左に横浜市立中央図書館をみて左へまがると、右手一帯が野毛山公園である。この一帯はかつて横浜の代表的生糸商人である原善三郎や茂木惣兵衛らが邸宅を構えたところである。1923(大正12)年の関東大震災で大きな被害をだしたあと、隣接する野毛山貯水池・市公舎・病院跡などをあわせて整備され、1926年、和洋折衷の三様の庭園をもつ公園として開園した。

公園内の丘には、横浜開港の先覚者佐久間象山顕彰碑が開国100年を記念して、1954(昭和29)年にたてられた。松代藩士佐久間象山は、アヘン戦争により、ヨーロッパ列強の恐るべきことを知り、早くから開国・通商交易の必要性を献策し、吉田松陰・勝麟太郎（海舟）らに西洋兵学を教えた。

ペリーが来航したときにも老中阿部正弘に「急務十事」を建言し、開国を論じた。1854(安政元)年、ペリーが再来したとき、吉田松陰が密航を企てたが、このことに象山も関係していたため、とらえられた。象山は開港場として横浜が最適の地であることを強く主張しており、横浜とゆかりが深い。

佐久間象山顕彰碑

水道管のモニュメント

さらに坂をのぼると動物園と遊園地がある。遊園地内の水道配水池前には、イギリス人パーマーの像がある。パーマーは、お雇い外国人として日本最初の近代水道である横浜水道の設計・設置を行うとともに、横浜港の第1次築港計画を立案した人物で、「横浜の水と港の恩人」といわれている。なお、野毛坂をおりきった「ちぇる野毛」前には、当時の水道管を利用したモニュメントがある。

久保山墓地 ❹ 〈M▶P.50,87〉横浜市西区元久保
JR根岸線桜木町駅🚌保土ケ谷車庫行久保山霊堂前🚶すぐ

多くの著名人の墓がある

バスをおりて右へ200mほどの公園のなかに、管理事務所がある。およそ3万基の墓が並ぶこの久保山墓地の大部分は共葬墓地(公営墓地)で、つくられたのは1874(明治7)年のことである。

横浜は開港以来発展を続け、市内中心部の墓地の衛生や美観が問題視されだした。そこで郊外の丘のうえに久保山共葬墓地が設けられ、野毛にあった林光寺・大聖院や長者町にあった常清寺などの墓地がここに改葬された。

共葬墓地の一角には官修墓地がある。ここには戊辰戦争で負傷し、横浜軍陣病院で亡くなった官軍(長州・土佐の藩士)十余人(5区)や、1877年の西南戦争で戦死した巡査兵士5人(3区・9区)らが埋葬されている。また、1923(大正12)年の関東大震災で亡くなった2万5000人余りの人びとのうち、引きとり手のない3300人を埋葬したが、適当な合葬施設の必要を考え、1926年に久保山合祀霊場が建設された。管理事務所近くには、関東大震災での死者の合葬墓やそのときに殺害された朝鮮人をまつる慰霊碑がある。

霧笛の聞こえる港周辺　91

旧横浜船渠会社第二号ドック　　　日本丸　　　　　　旧税関跡

　このほか，伊勢佐木町の埋立てに活躍した吉田勘兵衛良信，生糸の輸出で横浜一の豪商になった原善三郎など，横浜で活躍した多くの人たちが葬られている。なお太平洋戦争のA級戦犯として処刑された東条英機らの火葬がここでひそかに行われた。

みなとみらい21の史跡 ❹

〈M▶P.50,87,95〉横浜市西区みなとみらい2-2-1　P
JR根岸線桜木町駅，みなとみらい線みなとみらい駅🚶5分

造船と航海の歴史

　桜木町駅改札をでて左手の「動く歩道」でみなとみらい地区にはいると，横浜ランドマークタワーの背後に旧横浜船渠会社第二号ドック(国重文)がある。このドックは，日本初の近代水道を横浜に建設した英国陸軍技師パーマーが基本設計した石造ドライドックである。彼の死後，海軍技師恒川柳作らの日本人技術者たちによって実施設計と施工がなされ，1896(明治29)年に完成した。
　安山岩約3万5000個によって築かれたこのドックでは，昭和50年代まで多くの艦船の修理などが行われ，近代的国際港としての横浜港をささえてきた。現在はドックヤードガーデンとよばれ，市民が憩う広場として活用されており，階段状の石積みや起工・竣工を記したプレートを間近にみることができる。また，ドックの開口部にはバラストタンク内の海水量を調整することで扉の開閉を行った扉船が復元されている。
　近くの日本丸メモリアルパーク内の日本丸が係留されている横浜船渠第一号ドックも明治期に竣工した石造のドックで，『宮本武蔵』などで著名な小説家吉川英治が，作業員として働いていたときに転

92　みなと横浜

横浜開港と居留地

コラム

　1858(安政5)年に結ばれた日米修好通商条約では、開港場は神奈川と決められた。しかし、攘夷熱が高まるなかで宿場町・港町として重要な神奈川を開港することは江戸幕府にとって不都合が多かった。そのような情勢のなか、勝海舟の門人佐藤政養の提言があり、幕府は横浜開港を決定した。横浜は東海道からはずれた漁村であるとともに、土木工事によって長崎出島のように周囲からの隔離がしやすい土地であった。

　幕府は外国側の反対を押しきり、日本人商人を横浜に集め開港にふみきった。外国商人も横浜での取引をはじめたので、在外公館も既成事実をしぶしぶ認めて神奈川から横浜へ移転した。

　開港にあたって整備された開港場は、大岡川の河口、砂州のうえにある横浜村の内海(中村川の河口部分)、そしてあらたに山手側の砂州の根元を開削した堀川によって1860(万延元)年に市街地から分離され、開港場内に横浜居留地が設定され外国人の生活の場が制限された。しかし、居留地はすぐに手ぜまとなり、豚屋火事とよばれる火災ののち、1866(慶応2)年に「横浜居留地改造及競馬場墓地等約書」が結ばれ、開港場では防火帯をかねた日本大通を中心とする新しい町づくりが行われ、山手もあらたに居留地となり外国人が居住するようになった。

　なお、現在でも元浜町通から弁天通にかけての、海と並行する通りの土地のわずかな隆起から横浜村があった砂州の様子がわかり、山下町や山手町の番地と旧居留地の地番とがほぼ一致しているなど、町づくりの名残りをあちらこちらにみいだすことができる。

落したところである。公園内には、やはり若き日に横浜船渠で働いた作家長谷川伸の文学碑があり、造船所で使用されたエアーコンプレッサなども展示されている。

　公園内の日本丸は1930(昭和5)年に神戸の川崎造船で建造され、文部省(のちに運輸省)に所属した練習船である。多くの船舶関係者の育成に大きな役割をはたした帆船で、4本のマストをもち、総トン数は約2200tである。1984年に引退したが、現在も船籍をもち、年に十数回すべての帆を開く総帆展帆が行われている。日本丸隣の横浜みなと博物館は、横浜港と船の歴史・役割について知ることができる海事博物館で、横浜港の巨大な模型や横浜船渠に関する展示もある。

霧笛の聞こえる港周辺

汽車道　　　　　　　　　　　　　　　　　　　　　赤レンガ倉庫

　日本丸メモリアルパークから、鉄道路であった汽車道(遊歩道)をとおって、新港ふ頭地区へ向かう。汽車道には1907(明治40)年アメリカ製トラス橋が2つ残され、大岡橋梁に使われていたイギリス製トラス橋も移築されている。なお、遊歩道から河口をはさんだ右手にみえる小さな船着場付近は、東海鎮守府や英国人リチャード・H・ブラントンが全国に灯台を設置した際の灯台寮などの跡地である。

　新港ふ頭は、1914(大正3)年に完成した日本初の、本格的な繋船岸壁をもつ巨大なふ頭であった。岸壁には同時に13隻の船舶が接岸し、はしけによらない荷役ができ、ふ頭内に鉄道が引かれ陸上輸送との連携もはかられた。現在はみなとみらい21計画により再開発中。

　新港地区には2棟の3階建てレンガ造りの倉庫があり、「赤レンガ倉庫」とよばれ市民に親しまれている。みなとみらい地区側の大きな倉庫は1911(明治44)年完成の二号倉庫で、海側のほうが大正期完成の一号倉庫である。なお、一号倉庫は関東大震災で被害をうけ、竣工当初より規模を縮小して修復されている。これらの倉庫は妻木頼黄が大蔵省臨時建築部長としてかかわり、耐震性を考慮し、一部に鉄筋やコンクリートを用いるなど、構造的にも興味深い。

　現在、倉庫を取り囲む赤レンガパーク内には、関東大震災で倒壊したレンガ造りの税関事務所遺構や、外国航路への乗り継ぎ駅である横浜港駅のプラットホームが整備されている。なお、太平洋戦争中には、ドイツ海軍の仮装巡洋艦などが爆発する事件も新港ふ頭でおこっている。また、岸壁に面してララ物資に関する記念碑があり、香淳皇后(昭和天皇皇后)の歌などが記されている。ララ物資

横浜市主要部の史跡

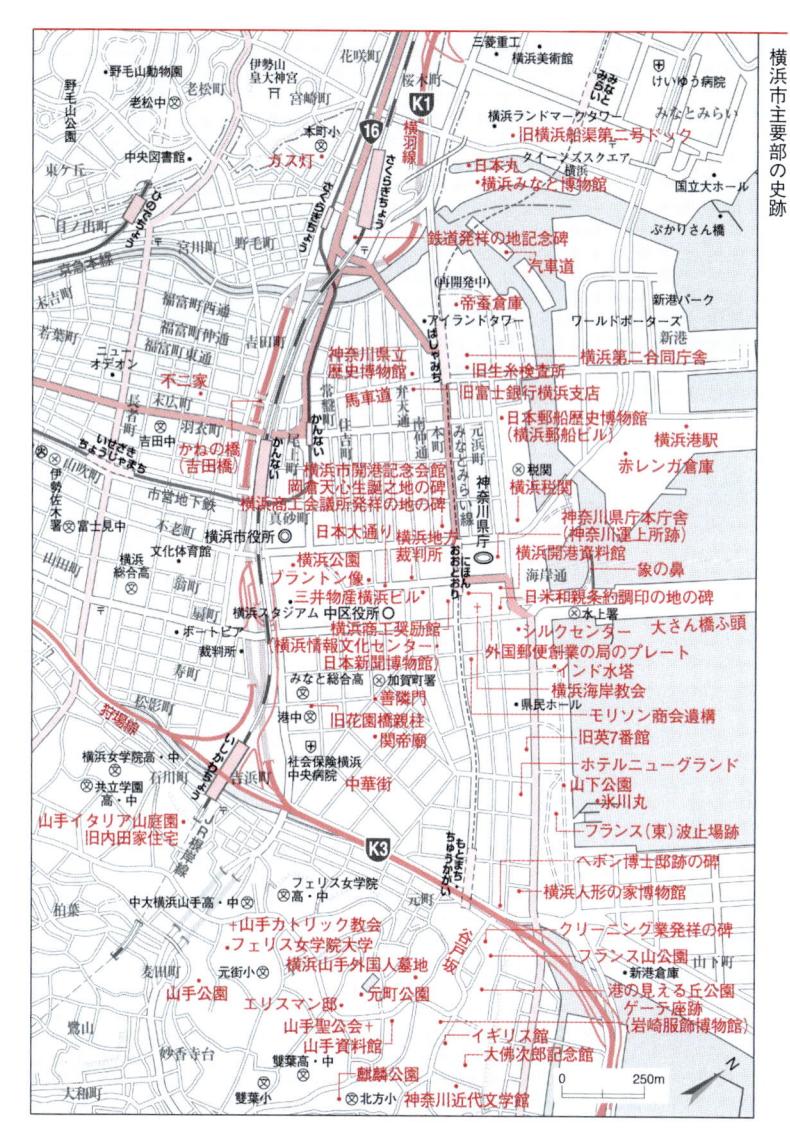

とは，第二次世界大戦直後，生活物資が窮乏していた日本に対して，援助物資を送りだすために1946(昭和21)年に組織されたRALA（公認アジア救済連盟）が窓口となった救援物資のことである。救援物資は合衆国を中心にアメリカ大陸全土から寄せられ，ケア物資と

横浜税関クイーンの塔　　　　　横浜郵船ビル

よばれる救援物資とともに小中学生をはじめとした多くの日本人の手に渡った。

横浜税関と日本郵船歴史博物館 ㊷㊸
045-211-1923・045-211-1923
〈M▶P.50,87,95〉横浜市中区海岸通1-1
JR根岸線・市営地下鉄関内駅🚶10分，地下鉄馬車道駅🚶2分，みなとみらい線日本大通り駅🚶2分

　赤レンガ倉庫から新港橋に平行して架橋されている，トラス橋（浦賀船渠製の旧鉄道路線）を渡って進むと，クイーンの塔（高さ51m）と横浜税関の建物がある。

　幕末期，幕府は神奈川奉行所を開設し，その一機関として神奈川運上所を現在の神奈川県庁本庁舎があるところに設置した。運上所は，外国に関する事務，港湾行政，刑事，船舶修理の監督などをあつかう総合的な役所で，現在の税関や県庁の前身である。1871(明治4)年，明治政府によって運上所は横浜税関に改組された。庁舎は多様な文化が流れ込む貿易港を意識して，世界各地の様式を取り入れ1931(昭和6)年に竣工したもので，第二次世界大戦後，マッカーサーがはじめて連合国軍最高司令官総司令部(GHQ)を設置した建物でもある。

　税関の正面玄関に面した海岸通りを桜木町方面に戻ると，日本郵船歴史博物館がある。館内には，海運の歴史と進歩を物語る多数の実物資料や船の模型が展示されている。博物館のある横浜郵船ビルは，列柱が印象的な建物で，貿易港横浜を象徴する建造物の1つで

海からもみえるクイーンの塔

馬車道

コラム

　吉田橋から神奈川県立歴史博物館に向かう通りを馬車道という。現在はガス灯が設置され、街路樹やアイスクリーム・写真など「日本最初」に関係する碑も設置されている。

　この通りは文字どおり馬車のとおる道として、居留地の外国人の要求により、1867(慶応3)年3月につくられた。馬車は開港直後にわが国にはいり、外国人専用の乗物であったが、1867年秋には茶や絹などの貿易を行っていたコブ商会によって乗合馬車として企業化された。

　乗合馬車が日本人によって営業されたのは、1869(明治2)年5月で、わが国写真業の祖の1人といわれる下岡蓮杖(久之助)らのつくった成駒屋によってである。成駒屋は吉田橋脇の官有地を発着所とし、都橋を渡り、野毛山をとおり戸部・平沼を経由して東京日本橋・四日市三河岸に向かった。2頭だての馬車を使い、定員6人で所要時間は4時間であった。その後、これらの乗合馬車はたがいにスピードアップや増便を行って競争したが、1872年の鉄道開通、さらに人力車の普及によって経営不振になっていった。

　馬車道では、1868(慶応4)年に太田町角駒形橋の東詰め(現、太田町4丁目)に下岡久之助によってわが国初の写真屋のうちの1つが開業され、翌年には町田房造が常盤町5丁目に氷水屋(アイスクリン屋)を開業、さらに1872(明治5)年10月にガス灯がともるなど、文明開化を象徴する通りであった。

ある。

神奈川県立歴史博物館(旧横浜正金銀行本店) ㊹
045-201-0926
〈M▶P.50,87,95〉横浜市中区南仲通5
JR根岸線・市営地下鉄関内駅🚶5分、みなとみらい線馬車道駅🚶3分

　関内駅北口をでて、馬車道を進むと左手に半円ドームが印象的な神奈川県立歴史博物館がみえてくる。館内では中世の鎌倉市街地の模型など、多彩な展示をつうじて神奈川の歴史を学ぶことができ、1階には立入り自由な展示スペースも設けられている。建物は、横浜正金銀行本店として明治建築界の三巨頭の1人である妻木頼黄の設計により、1899(明治32)年から1904年にかけて建設された横浜で唯一の石造のビルで、国の重要文化財・史跡に指定されている。

　横浜正金銀行は、1880(明治13)年、本町4丁目に開業し、まもな

博物館は旧横浜正金銀行の建物

霧笛の聞こえる港周辺

神奈川県立歴史博物館

くこの場所に移転した。開業当時の貿易は居留地の外国商館に握られ，輸出入はすべて彼らの手をとおさなければならなかった。外国為替の取り扱いも外国の銀行に独占されていた。横浜正金銀行設立の目的は，正貨の円滑な供給によって日本の商人の貿易の便をはかり，外国為替業務を行い，貿易・金融の実権を日本人の手に移そうとするものであった。1887年に横浜正金銀行条例が制定され，特殊銀行として外国為替銀行となり，貿易・金融業務を行った。その後，日露戦争に際しては外債募集につとめ，日露戦争後は満州（現，中国東北部）における中心的な金融機関として支店網を広げた。このころには，財政家・政治家として著名な高橋是清や井上準之助が，支配人や頭取として活躍した。昭和にはいって外国為替統制の機関となったが，太平洋戦争後はGHQの政策により普通銀行の東京銀行となり，本店は東京に移った。

馬車道をはさんで，博物館の斜め向かいにある石張りの建物は旧富士銀行横浜支店であり，横浜の銀行建築史上重要なものである。現在は横浜市の所有となり，東京藝大によって活用されている。また，本町通り向こう側には，横浜第二合同庁舎がある。建物の低層部分はかつてこの地にあった生糸検査所の外観を復元したもので，各所に養蚕に関係するレリーフなどがみられる。また，背後に一部残る帝蚕倉庫は，生糸輸出が盛んだった戦前期に生糸を保管した倉庫である。

横浜第二合同庁舎

横浜公園と日本大通りの史跡 ㊺㊻

〈M▶P.50,87,95〉 横浜市中区常盤町
JR根岸線・市営地下鉄関内駅🚶2分

　JR関内駅南口をでると横浜スタジアムがある。この一帯が横浜公園である。日本大通り寄りの樹木に囲まれた一角に、公園の由来をきざんだ石碑がある。それには1876（明治9）年の開園で、わが国最初の西洋式公園であると記されている。しかし、わが国における西洋式公園の始まりは山手町にある山手公園で、1871（明治4）年の開園である。

　横浜公園一帯は、内海であった現在の関内や山下町を埋め立てた太田屋新田の一部で湿地帯であった。開園以前には、1859（安政6）年11月より港崎遊郭があった。なかでも異人揚屋であった岩亀楼は有名で、その建物は蜃気楼か竜宮城かといわれて見物人がたえなかったという。現在、岩亀楼にあった石灯籠が公園内の日本式庭園の一角にある。港崎遊郭は、1866（慶応2）年11月26日、関内一帯を焼きつくした豚屋火事によって焼失した。その後、幕府と外国公使団との間で居留地改造計画が協議され、その結果、おおやけの遊園をつくることになり、1874（明治7）年に起工し1876年に完成した。公園は単に「公園」とか、外国人と日本人の共同公園という意味で「彼我公園」とかよばれたが、利用するのは外国人ばかりであったという。公園設置とともに日本大通りをはじめとする開港場の基盤整備が行われた。現在、工事を担当し「日本の灯台と横浜の街づくりの父」とよばれる英国人ブラントンの胸像が、公園内の日本大通りに面した出入口のところにある。なお、この公園では日本で最初に行われたものも多い。西洋花火大会・国際親善野球試合・メーデーの集会、占領期にゲーリック球場とよばれた野球場があったときにはプロ野球のナイトゲームも行われ、日本最初と記録されている。

　公園から港方向へのびる日本大通りには、第二次世界大戦前の貿易港を物語る史跡が数多く残されている。大通り入口右側にある軒まわりの装飾が美しいビルは、戦前は日本綿業横浜支店（現、ニチメン）であった。さらに進んだ三井物産横浜ビルの正面左半分は、1911年竣工の日本最初にたてられた鉄筋コンクリートビルのうちの

三井物産横浜ビル(右)と旧横浜商工奨励館

1つであり，現存する最古のものである。設計はモダンな様式を得意とした横浜生れの建築家で，横浜正金銀行の施工にかかわった遠藤於菟で，白いタイルや曲線で処理した四隅など現在の建築につうじるモダンなデザインをもつ。また，建物後ろの日東倉庫は三井ビルの習作となるもので，かつては生糸が保管された建物である。三井ビル前の横浜地方裁判所は，第二次世界大戦後のＢＣ級戦犯の裁判(横浜裁判)が行われた場として著名であり，昭和初期の建物の外観が復元されている。

横浜情報文化センターと日本新聞博物館 ㊼
045-664-3788
⟨M▶P.50,95⟩ 横浜市中区日本大通11 P
JR根岸線・市営地下鉄関内駅🚶5分，みなとみらい線日本大通り駅🚶3分

日本大通りなかほどに，1929(昭和4)年に竣工した横浜商工奨励館の建物を利用し増築した横浜情報文化センターや横浜市外電話局の建物を利用した展示施設がある。横浜商工奨励館は，関東大震災後に沈滞していた横浜経済の活性化の拠点として，輸出品のサンプルの展示施設として開設された。玄関をはいると地震への備えのための太い柱や外国人の利用を意識した日本風のデザインをもつ階段がみられ，3階へあがると復元された貴賓室も見学できる。

2階には，日本新聞協会によって設立された日本新聞博物館(ニュースパーク)がある。館内は，新聞の歴史，取材・編集，製作から広告，販売，事業に至るまでの新聞・通信社の日常の全活動について，実物展示と映像・パネルを活用した多角的な展示がみられる。隣の旧横浜外信電話局の建物内には横浜の都市発展に関する横浜都市発展記念館や横浜ユーラシア文化館がある。横浜情報文化センターをでて，交差点を渡った横浜港郵便局には外国郵便創業の局のプレートが掲げられている。

新聞と横浜

コラム

　横浜は日本における新聞の発祥の地である。開港当初は、ニュージーランド人のハンサードにより居留地の人びとを対象とした『ジャパンヘラルド』が1861(文久元)年に発行され、1863年には日刊化された。これが日本最初の日刊新聞である。日本語による新聞のはじめとしては1864(元治元)年より、ジョセフ・ヒコ(浜田彦蔵)が海外の新聞記事をやさしく翻訳した『海外新聞』が、岸田吟香の協力を得て定期的に発行された。

　また、日本最初の日本語の日刊新聞も横浜が発祥の地である。明治初め、新聞の必要性を考えていた神奈川県知事井関盛艮は、長崎のオランダ通訳本木昌造が鉛活字の製造に成功したということを聞き、これを用いて新聞の発行を実現しようとした。本木は門人の陽其二らに活字および印刷機一式をもたせて横浜に派遣し、井関知事は、かつて外国図書の検閲官をしていた子安峻を編集人に招いて新聞の発行を進めた。そして、1870(明治3)年に『横浜毎日新聞』が発刊された。紙面の内容は、外国船の出入りや貿易品などに関する情報、両替相場から天候に至るまで多様であった。その後、『安愚楽鍋』の仮名垣魯文らが文章方(記者)となり、さらに、中村正直に学んだ民権家の肥塚龍らも入社して、自由民権など世の中のことを論じ政府から発売禁止の憂き目にあうなど活発な活動をした。その後、さらなる拡大をめざし、1879年11月18日、2690号をもって発行所を東京に移し、嚶鳴社の創始者沼間守一を社長に迎え、紙名を『東京横浜毎日新聞』と改めた。

　現在、『海外新聞』を記念する碑が中華街の関帝廟近くにある。また、かつて日刊新聞発祥の地碑が横浜第二合同庁舎敷地にあったが、庁舎建て替え時に碑は取り払われて、発祥の場所についての異説もだされるなどの動きもあり、現在は倉庫で保管されている。

神奈川県庁本庁舎(神奈川運上所跡) ㊽

045-210-1111

〈M▶P.50,87,95〉横浜市中区日本大通1-1
JR根岸線・市営地下鉄関内駅🚶10分、みなとみらい線日本大通り駅🚶3分

キングの塔とよばれる県庁本庁舎

　神奈川県庁本庁舎(国登録)は、震災復興建築として1928(昭和3)年に竣工した。設計競技によって基本設計が行われ、海からみえる塔があることなどが要件とされていた。堂々とした「キングの塔」(高さ49m)をもつなど、昭和前期の時代の雰囲気を伝える帝冠様式の走りとされ、他県の公共建物にあたえた影響は大きい。その敷地

霧笛の聞こえる港周辺

の南角には神奈川運上所跡の石碑がある(運上所については横浜税関の項参照)。

横浜市開港記念会館と岡倉天心生誕之地の碑 ㊾
045-201-0708
〈M▶P.50,87,95〉横浜市中区本町1-6
JR根岸線・市営地下鉄関内駅🚶5分,みなとみらい線日本大通り駅🚶3分

　関内駅から横浜市庁舎前をすぎ,大さん橋方向に5分ほど歩くと県庁の手前に,時計塔をもち赤いレンガと白い石積みの外壁が美しい調和をみせる横浜市開港記念会館(国重文)がある。1909(明治42)年,横浜開港50周年を記念して市民から寄付を集め,それを基に1917(大正6)年に完成した。「ジャックの塔」と愛称される高さ36mの塔をもち,建築当時は公会堂のほかに貴賓室・商工会議所役員室・撞球室(ビリヤード室)などがあり,横浜の政財界のサロンや文化施設として使用された。公会堂では演奏会や演劇などが東京公演にさきがけて行われた。時計台の愛称で親しまれていた建物は関東大震災で一部が崩壊したが,1927(昭和2)年に再建された。現在は,会議室やホールが市民に貸しだされ,建物内部にはペリー来航時の黒船ポーハタン号や,駕籠に乗る外国人と和船の渡しの風景のステンドグラスがある。

　正面入口の左側に横浜商工会議所発祥の地の碑がある。この場所には1871(明治4)年まで生糸貿易商石川屋があったが,1874年4月に町会所がたてられた。町会所の建物は横浜絵にも描かれ,スイス製の電飾時計がはめ込まれた時計塔のある建物で,横浜名所であった。横浜商工会議所は外国商を相手とする横浜商人の結束と自立をはかるために,1880年にこの町会所で発足した。発足当時は横浜商法会議所といったが,1928(昭和3)年に横浜商工会議所と変更した。開港場は日本大通りをはさんで東側が旧居留地にあたり外国人

横浜市開港記念会館

赤レンガのジャックの塔

伊勢佐木町と吉田橋

コラム

「ザキ」と横浜市民から親しまれている伊勢佐木町は、元町・横浜駅周辺とともに横浜を代表する繁華街である。この一帯は1667(寛文7)年に吉田勘兵衛が開発した吉田新田の一部であった。この地域が市街化されるのは、1866(慶応2)年11月の豚屋火事によって全焼した港崎遊郭が移ってきて以降で、明治になって開発は進み、興行場や商店があいついでたてられた。

伊勢佐木町やその周辺には、新派演劇の創始者で「オッペケペー節」で自由民権思想をうたいあげた川上音二郎が旗揚げ公演を行った蔦座や羽衣座・港座などの演劇場、1908(明治41)年開館で常設映画館第1号の喜音満館やオデヲン座などの映画館が多数あった。

オデヲン座は港へ到着したフィルムの封を切る文字どおりの洋画封切り館で、東京からも多数の洋画ファンが押しかけたという。現在、戦前の繁栄を物語るものとしては、百貨店松屋の建物や商店街入口のイセビルが残っており、「イセブラ」を楽しむことができる。また、これらの向かいにある不二家は、1938(昭和13)年に竣工したもので「日本の現代建築の父」といわれるアントニン・レーモンドの設計によるものである。

イセザキモール関内側入口前に吉田橋がある。吉田橋は吉田新田(のちの市街地)と開港場を結ぶ橋で、1859(安政6)年にかけられた。川や掘割によって長崎出島のように隔離された開港場を管理するため、1861(文久元)年ここに関門が設けられた。橋の港側のよび名を関内というのもこのとき以来である。のちに、交通量の増加によりじょうぶな架橋が要求され、イギリス人技師リチャード・H・ブラントン設計で、1869(明治2)年に新橋が完成した。わが国最初の橋脚のない鉄橋で、当時、横浜の人びとは「かねの橋」とよび名所の1つになった。橋がかかっている派大岡川(中村川の河口となる内海の一部を掘割とした川)の川床は、現在高速道路となっているが、初代の橋のデザインが復元され、付近には碑や説明板がたっている。

商館が多く立地し、通りの西側は日本人商人の町であった。この地は明治期より日本人商人の結束のための組織がおかれ、横浜商人の力を外国商人に示す建物がたてられ、日本大通り西側の日本人の町の精神的な中心地であった。

横浜商工会議所発祥の地の碑の隣に、明治期に美術界の基礎を築いた岡倉天心の生誕地を示す岡倉天心生誕之地の碑がある。開港当時、この地にはもと福井藩士であった岡倉勘右衛門が藩命によって

霧笛の聞こえる港周辺

横浜開港資料館　　　　　　　　　　　　　日米和親条約調印の地の碑

生糸貿易を営んでいた石川屋があった。天心は勘右衛門の次男としてここで生まれ，7歳のころよりアメリカ人宣教師ジョン・バラから英語を学び，9歳のときに高島嘉右衛門が開設した高島学校にかよった。東京で成人した天心は，お雇い外国人教師フェノロサの研究を手伝って全国の神社仏閣の文化財を調査し，文化財の保護にあたった。1889(明治22)年，東京美術学校の設立に尽力し，翌年には校長に任ぜられたが，1898年，いわゆる美術学校事件で職を辞し，橋本雅邦・横山大観らを率いて日本美術院(同人による美術展を院展という)を設立して美術運動を推進した。

横浜開港資料館と日米和親条約調印の地の碑 ❺⓿❺❶
045-201-0021
〈M▶P.50,87,95〉 横浜市中区日本大通3
JR根岸線・市営地下鉄関内駅🚶10分，みなとみらい線日本大通り駅🚶5分

日本大通りを大さん橋方向にいくと，突き当り右側に横浜開港資料館がある。館内は日本の開国・開港関係資料を展示している。資料館の旧館は，関東大震災で崩壊した後，1931(昭和6)年にたてられた旧イギリス領事館である。

資料館の隣には開港広場があり，その一角に地球をデザインした日米和親条約調印の地の碑がある。1853(嘉永6)年6月，ペリーの率いるアメリカ東インド艦隊の4隻の軍艦が三浦半島沖に姿をあらわし，久里浜海岸で開国要求の国書が幕府に手交された。翌1854年1月，ペリーは再び来航し，開国に関する会談が久良岐郡横浜村字駒形(現，神奈川県庁付近一帯)に設置された応接所で行われ，3月，日米和親条約12カ条が調印された。ドイツ人の画家で，ペリーに同

開港資料館に幕末の玉楠が残る

関東大震災と横浜大空襲

コラム

　1923(大正12)年の関東大震災で、横浜市内10万世帯の95%が被害をうけた。関内地区ではレンガ造りの建物のほとんどが崩壊、山手の洋館も全滅して、港もその機能を停止した。震災後は、数多くの外国人が本国や神戸などに引き揚げ、会社の倒産による失業者も発生して、横浜経済は長い期間にわたって沈滞した。大震災の恐怖は市内各所に残る震災後のビルの柱が異様に太いことからも感じとることができ、みなとみらいや山手の公園内にはレンガ建築の基礎部分も保存されている。また、横浜地方裁判所などには慰霊碑も残る。

　1945(昭和20)年5月29日、横浜は米軍の戦略爆撃機B29約500機の空襲をうけた。油脂焼夷弾により市街地は焼け野原となり7000人以上の死者がでた。とくに京浜急行黄金町駅付近に追いつめられた人びとと大岡川へとび込んだ人びとの多くは死亡し、付近は惨状をきわめた。現在、黄金町駅近くの普門院には防空頭巾をかぶった黄金地蔵がまつられており、京浜急行戸部駅と横浜駅の間に、空襲で廃墟となった旧平沼駅のプラットホームが残されている。

行してきたウィルヘルム・ハイネの石版画などに、応接所の脇に大きな樹木が描かれているが、それは横浜村の漁師たちが帰帆の目印とした玉楠の木(タブノキ)である。玉楠は関東大震災のおりに焼けたが、その根元から再び芽吹き、現在も開港資料館中庭にある。また、開港広場にはレンガ造りのマンホールと卵形の断面をした下水道管(国登録)が保存されているが、それは1881(明治14)年から1887年にかけて居留地一帯に下水道が整備されたときのものである。

横浜海岸教会とモリソン商会遺構 52・53

045-201-3740
〈M▶P.50,87,95〉 横浜市中区日本大通8
JR根岸線・市営地下鉄関内駅🚶10分、みなとみらい線日本大通り駅🚶5分

教会 日本最初のプロテスタント

　開港広場に隣接して、日本最初のプロテスタント教会といわれている横浜海岸教会がある。日本における新教の流れには、横浜・熊本・札幌バンドの3つの流れがあるが、横浜バンドがもっとも古い。アメリカ人宣教師ジョン・バラとS・R・ブラウンは1871(明治4)年に石造りの小教会をたてた。翌年にはバラとブラウンのもとに集まった11人の青年によって、わが国最初のプロテスタント教会であ

霧笛の聞こえる港周辺

モリソン商会遺構　　　　　　　　　　　　　　　　大さん橋ふ頭

る日本基督公会が組織された。1875年には大会堂を建設して横浜海岸教会と称した。1879年には、この教会で日本人による最初のクリスマス・ミサが行われた。関東大震災で大小両会堂とも崩壊したが、1933(昭和8)年、現在の建物がつくられた。今もその鐘塔には1875(明治8)年にアメリカでつくられた鐘がつるされている。

　教会前で大栈橋通りを渡り、教会正面前の路地を直進すると右手にコンクリートで一部補強された小屋がある。横浜居留地時代の建造物で唯一現存するモリソン商会の遺構である。1883年にたてられた当初は2階建ての商館であったが、平屋建ての倉庫として改築され長く使用されていた。所有者がモリソン商会からヘルム兄弟商会、神奈川県へと移るなかで改装を重ね、建物の原形は失われていったが、2000(平成12)年、隣接する外国人アパートの建物であった旧ヘルムハウスとともに解体工事中に市民によって再発見され、商館遺構であることが確認された。

　開港広場に面して、英一番館とよばれたジャーディン・マセソン商会の跡地にシルクセンターがある。設計は現代建築の巨匠でフランス人のル・コルビュジェのもとで修業し、神奈川県立美術館を設計した坂倉準三である。館内は生糸の輸出で栄えた横浜にふさわしく、絹の生産・利用から貿易に関する展示があるシルク博物館があり、生糸・乾繭の先物取引が行われた時代の名残りを伝える。

「象の鼻」と大さん橋ふ頭 54 55

戦前期の港の面影を伝える

〈M▶P.50,87,95〉横浜市中区海岸通1-1　P
みなとみらい線日本大通り駅 5分、JR根岸線・市営地下鉄関内駅 15分

　開港広場から海岸通りを渡ると大さん橋ふ頭があり、その西側付

ホテルニューグランド

コラム　宿

　山下公園をはさんで氷川丸と対峙して、ホテルニューグランドがある。丸くカーブするマリンタワー側の本館壁面には、「AD1927」と竣工年がきざまれている。

　横浜では、関東大震災前には外国人向けのホテルは14館575室あったが、震災でそれらはすべて倒壊・焼失した。ホテル復興を要求する声が高まった1925(大正14)年11月、横浜市はホテル建設計画を決定し、東京銀座和光ビルなどの設計で知られる渡辺仁の設計により、鉄筋4階建て(のちに米国人建築家モーガンにより5階建てに増築)のホテルが開業した。ホテル名は、震災から不死鳥のように復興することを祈念し、フェニックスホテルと命名される予定であったが、当時、フェニックスの名をもついくつかの会社が倒産したことから、かつて堀川近くにあったグランドホテルの名をとってホテルニューグランドと命名された。

　本館内は、外国人宿泊客を意識した日本風のデザインがほどこされ、随所にフェニックスをかたどったホテルのマークをみることができる。また、ロビーにおかれている家具も、市内で製作された横浜家具とよばれるものである。このホテルには大佛次郎が1931年から10年間にわたって滞在し、『鞍馬天狗』『霧笛』などの作品を執筆した。また、1945(昭和20)年8月30日、厚木飛行場におりたったマッカーサーが最初の宿舎としたのもこのホテルである。

け根には象の鼻パークとよばれる公園が整備された。ここは開港当初の横浜港の延長線上に位置する。1859(安政6)年、開港と同時に2カ所の突堤がつくられた。輸出入貨物をあつかう東波止場と国内の物資を扱う西波止場で、イギリス波止場・メリケン波止場などとよばれた。東波止場(山下公園側)は、のちに「象の鼻」のように延長され、防波堤の役割ももった。また、さらに東側の現在の山下公園内にフランス波止場(東波止場ともよばれた)ができると、旧来からの東西の波止場は一括して西波止場とよばれた。

　その後、2つの突堤は改築・延長されており、開港時の船だまりは埋め立てられ倉庫となっているが、岸壁間の距離は当初とほぼかわらず、幕末期の港の面影を現在に伝えている。桟橋土台には初代の大桟橋スクリューパイル(巨大なねじ状の金属製杭)の転用がみられるなど、港の近代化遺産として重要である。

　2002(平成14)年に改築された大さん橋ふ頭は、1896(明治29)年に

完成した初代ふ頭以来、大型船が接岸できるふ頭として、日本の表玄関の役割をはたし、横浜港のシンボル的な存在である。

山下公園と氷川丸 56 57
045-641-4361

〈M▶P.50,87,95〉横浜市中区山下公園 P
JR根岸線・市営地下鉄関内駅⧖15分、みなとみらい線元町中華街駅⧖5分

日本最初の臨海公園

大さん橋に隣接して、日本で最初の近代的な海辺の公園といわれる山下公園がある。この公園は関東大震災で崩壊した建物の瓦礫の処分場となった岸壁前面を整備して、1930(昭和5)年に開園した。公園内の大さん橋側には、インド水塔とよばれる水飲み場がある。この水飲み場は関東大震災のおりに死亡した仲間をしのび、援助をうけた日本人に感謝するために、インド商組合が1937年に設置したものである。第二次世界大戦前のインド商人はアジア全域に商圏をもち、絹織物の輸出に大きな役割をはたしていた。また、氷川丸前の沈床花壇は、幕末期につくられたフランス(東)波止場の姿をほぼとどめており、この波止場から幕末には井上馨・伊藤博文らがイギリスへ密航している。花壇の東(山手)側にはフィリピンの革命家で横浜に亡命していたリカルテの碑がある。

山下公園前には、黒い煙突に赤い2本のラインを描いた日本郵船のファンネル(煙突)マークをもつ氷川丸が係留されている。この船は桜木町駅近くにあった横浜船渠で1930年に建造された1万2000総t、全長約163mの貨客船で、内装の一部はアールデコ様式のフランス製である。戦前の横浜港はサンフランシスコ・シアトルへのアメリカ航路の基点として賑わった。氷川丸は、平安・日枝丸とともにシアトル航路へ就航し、チャップリンを乗船させるなどはなやかな時代をすごした。しかし、1941年に、病院船として徴用され、米潜

氷川丸

中華街

コラム

　中区山下町約500m四方の東西南北の門(牌楼門)に囲まれた地域に横浜中華街は存在する。居住者6000人のうち約半数が中国人である。店舗数は約500,そのうち190店ほどが中国料理店で,内訳は広東料理100,上海22,北京19,四川8などとなっている。

　中華街の歴史は,江戸時代末期1859(安政6)年の横浜開港までさかのぼる。欧米人が貿易や海運関係の商館を開いたとき,彼らは買弁(貿易の仲介・通訳)や,使用人として清国人を伴ってきた。あるいはそれらをよそおって入国してきた清国商人(華僑)も多かったようである。当時日清間には条約が未締結であったため,清国人が居住を認められる場合は,欧米人に雇用され,その使用人が各領事館に登録することが条件だったからである。このときの清国人の大半が広東出身者だったのは,広東にはイギリスのジャーディン・マセソン商会はじめ欧米商館が早くから進出して,おたがいの関係が深かったということもあろう。

　1871(明治4)年に日清修好条規が締結され,清国人の正式な入国が許可されるようになると,彼らは港に面した山下町に多く居住するようになり,みずから雑貨店などを営むものもふえてきた。すでに1870(明治3)年には劇場兼料亭の曾芳楼,1873年根岸(現在の中区大芝台)に共同墓地中華義荘,同年に『三国志』の武将関羽をまつった関帝廟などがつくられていたが,現在のような中華街の輪郭はできつつあり,人口も1000人を数えていたようである。また中華街の向きが斜めになっているのは,かつてあった横浜新田の畦道をそのまま利用したという説が有力だが,風水学的にみてよい土地でもあったようである。しかし1894年日清戦争が勃発すると,居留地全体の外国人人口5000人のうち3000人をこえていた横浜華僑も,その3分の1が帰国してしまった。

　1899年居留地が廃止され内地雑居がはじまると,技術をもたない外国人の労働が規制され,結果的に華僑は理髪・洋裁・飲食業(いわゆる三把刀)など一定の職業にかぎられるようになった。だが,この背景には当時の内務省が,労働者の大量流入を防ごうとした政策があった。その三把刀のなかでも明治末から大正・昭和にかけて増加がめだったのが飲食業で,19世紀末の開店以来現在まで続く店も複数ある。

　20世紀初頭にはシウマイ・チャーシュー・南京蕎麦などの料理もある程度普及していたようである。ただ三把刀以外にもアワビ・ナマコ・コンブなどの海産物輸出や台湾からの砂糖輸入などの貿易商,洋館の建築・塗装や西洋家具やピ

霧笛の聞こえる港周辺

アノ製造，欧文印刷などの技術者も多く活躍したことも忘れてはならないだろう。

1892(明治25)年には共同墓地中華義荘のなかに中国南方様式の霊廟 地蔵王廟(れいびょう)が，また1897年には亡命してきた孫文の提唱によって華僑の子弟のための「中西学校」がつくられ，華僑の人口は20世紀初頭には5000人余りに達していた。

その後の関東大震災では，レンガ造りの旧式建物がたてこんでいたため倒壊・焼失した家屋も多く，2000人近い尊い犠牲者をだすことになった。このため神戸や中国本国にのがれた人びとも少なくなかったようである。さらに日中戦争がはじまると，街の人びとは苦しい立場にたつことになり，1945(昭和20)年5月29日の横浜大空襲では焼夷弾による火の海，再度の一面焼け野原を経験するという悲惨な時代をすごしたのである。

1955年には復興の願いをこめて，中華街大通りの入口に「牌楼門(今の善隣門(ぜんりんもん))」がたてられた。それまで「南京町(ナンキンまち)」とよばれることが多かったこの街も，牌楼のうえに掲げられた「中華街」という正式名称が定着するようになり，その後，風水に基づいた9個の牌楼がつぎつぎと誕生していった。

さらに1990(平成2)年に商売繁盛・家内安全を祈願する関帝廟も改築され，2000年には山下町公園内に，かつてここにあった劇場會芳楼にちなんだ中国風の東屋會芳亭(あずまやかいほうてい)が設けられて，いずれも毎日地元の人びとや観光客などで賑わっている。

なお石川町駅北口から中華街に至る途中に市立港中学校がある。ここの門柱(国登録)は，旧花園橋親柱(おやばしら)を移築したもので，旧花園橋は，関東大震災復興の一環として1928(昭和3)年につくられた。

水艦との遭遇や機雷(きらい)との接触などの危機にであいながら，7000総t以上の大型船のなかで，太平洋戦争をいきぬいた2隻の優秀民間船のうちの1隻として終戦を迎えた。戦後は，引揚げ船や客船として活躍し，外交官・フルブライトの留学生など数多くの人を運び，1960年に引退した。その翌年より，山下公園地先に係留され，博物施設として現在に至っている。

山下公園に面した創価学会文化会館前には，1922(大正11)年にたてられたバターフィルド＆スワイヤ商会(英7番館)の一部が保存され，戸

旧英7番館

ヘボン邸跡の碑

田平和記念館として活用されている。

ヘボン博士邸跡の碑 ㊽

〈M▶P.50,87,95〉横浜市中区山下町39 JR根岸線石川町駅🚶10分、みなとみらい線元町中華街駅🚶5分

医療と教育に活躍 ヘボン式ローマ字

　関内居留地から山手の丘へのぼるには堀川を渡るが、その谷戸橋の手前、横浜地方合同庁舎の敷地内にヘボン博士邸跡の碑がたっている。J・C・ヘボン(ヘップバーン)はアメリカ人医師で、プロテスタント長老派の宣教師として東洋伝道を志し、1841年からシンガポールやアモイで医療伝道を行った。1846年帰国してニューヨークで開業医として成功するが、日本の開国と日米修好通商条約締結を知るや、病院を売却して夫人とともに1859(安政6)年10月来日した。当時は江戸幕府によってキリスト教の布教は厳禁されており、ヘボンはアメリカ人宣教師のS・R・ブラウンとともに神奈川宿の成仏寺で、日本語の研究と医療活動を行った。

　1862(文久2)年生麦事件がおこり、負傷して神奈川宿へ逃げ込んだイギリス人らを治療したのがヘボンだった。この事件ののち、ヘボンはより安全な横浜の居留地39番に、約2000m²の敷地を買い入れ住宅と診療所を構え、眼科や外科治療などを行った。1863年、夫人クララと日本最初の英学塾を開き多くの青年を教えた。のち首相になった高橋是清や、外相になった林董もこのヘボン塾に学んだ。

　ヘボンはまた、わが国最初の和英辞典である『和英語林集成』を編纂し、1867(慶応3)年に出版した。およそ700頁、収録した日本語は2万語におよぶ大辞典だった。この辞書の日本語表記に使われたのが、「ヘボン式ローマ字」である。1875(明治8)年ヘボンは山手245番に移り、S・R・ブラウンらとともに『新約聖書』の翻訳事業に参加、1880年これを完成させた。「新約聖書和譯の地」の銅板が、ブラウン旧宅跡にある横浜共立学園に保存されている。居留地39番のヘボン塾はジョン・バラに引きつがれてバラ学校とよばれ、その後東京に移って1886年明治学院に発展した。また関内駅北側の横浜指路教会は、ヘボンらが1874(明治7)年に創建したプロテスタ

ント長老派の教会で，現在の教会堂は関東大震災後の1926(大正15)年再建のものである。

フランス山公園(やまこうえん) (59)

〈M►P.50,87,95〉 横浜市中区山手町115
JR根岸線石川町駅🚶20分

山手の丘へ続く道
駐屯した外国軍隊

ヘボン邸の裏にあたる海岸通りの谷戸橋ぎわに，横浜人形の家博物館がある。ここからゆるいカーブをつけた歩道橋のフランス橋が，フランス山へと導いている。

関内居留地に続く低い丘を外国人たちはブラフ(bluff)＝山手とよんだ。1866(慶応2)年の豚屋火事後に結ばれた「横浜居留地改造及(および)競馬場墓地等約書」によって山手は正式に外国人のために開放され，遊歩道・墓地・公園などが整備され，住宅がたち並ぶようになった。また1862(文久2)年の生麦事件のあとイギリス・フランス両国は幕府と交渉して軍隊の駐屯を認めさせ，多いときには2000人ほどの外国軍隊が山手に常駐した。当時日本人は軍服の色からイギリス軍を「赤隊」，フランス軍を「青隊」とよんだという。フランス軍の駐屯地がフランス山とよばれ，フランス軍撤収後もフランス領事館がおかれて，現在は緑の鬱蒼(うっそう)としたフランス山公園となっている。イギリス軍は現在の港の見える丘公園付近から，外国人墓地の向かい側に駐屯した。トワンテ山とよばれたが，これはイギリス第20連隊の「twenty」からきている。山手の外国軍隊が明治政府の交渉の結果撤収したのは，1875(明治8)年のことである。

港(みなと)の見(み)える丘公園周辺(おかこうえんしゅうへん) (60)

〈M►P.50,87,95〉 横浜市中区山手町114ほか
JR根岸線石川町駅🚶20分

港をみおろす西洋館
ハムレットを初演した劇場

フランス山をのぼった左奥が港の見える丘公園である。ここはかつてイギリス海軍病院があった場所だが，関東大震災で倒壊し，その後さびれた原っぱとなっていたが，1962(昭和37)年横浜市の公園として整備・開園された。名称は第二次世界大戦後はやった歌謡曲「港が見える丘」にちなんでいる。丘は標高35mほどで，港やベイブリッジを眺望する絶好の場所となっている。

この公園に隣接した山手115番には旧イギリス総領事公邸がある。1937(昭和12)年建造の風格ある西洋館で，領事館が東京へ移ったあとの1969年，横浜市が取得しイギリス館として保存整備した。現在

横浜の接収

> コラム
>
> 横浜大空襲で全市の6割にあたる11万9000軒もの建物を焼かれた横浜に,戦後は追討ちをかけるように占領軍による接収が行われた。ホテルニューグランド・日本郵船ビル・毎日新聞社・野沢屋・松屋・東京海上ビルなど,市中心部に残った主要なビルはほとんどすべて接収された。クィーンの塔として親しまれていた横浜税関は,アメリカ第8軍司令部となった。開港記念会館は婦人将校宿舎となり,現在横浜スタジアムのある横浜公園には米軍のチャペルセンターがおかれ,野球場は米軍専用となって「ゲーリック球場」とよばれた。山下公園はフェンスで囲まれ,なかにはかまぼこ形の米軍宿舎がたてられ,日本人は立入り禁止だった。
>
> 接収面積は46万2000m²,これは沖縄をのぞく日本全土の接収面積のじつに62%におよぶ。横浜の心臓部ともいうべき港湾施設も接収され,進駐軍兵士が幅をきかせた町で人びとは打ちひしがれていた。
>
> 1951(昭和26)年,市長平沼亮三を中心に,横浜市復興建設会議がおかれ,接収解除への働きかけが開始された。その年の9月にサンフランシスコ平和条約が締結され,接収解除が進みはじめた。関内は1950年代末になって接収が解除されたが,戦後の焼け跡のような状態で放りだされ,雑草が生い茂り「関内牧場」とすらよばれた。
>
> さらに接収解除が遅れたのは米軍住宅がおかれた本牧地区である。終戦直後,本牧の住民は24時間以内の立退きを命じられ,立ち退くそばからブルドーザーが家をつぶしていったという。こうしてできた88haもある広い土地に,米軍住宅が配置された。1970年代にはいってからようやく解除後の具体的計画がはじまり,80年代になってマイカル本牧などの商業施設や住宅地となった。

は小規模なコンサート会場などとして市民に活用されている。イギリスの国花にちなむ庭のバラ園はみごとである。

公園の東側に続いて赤レンガ造りの大仏次郎記念館が開設されている。『鞍馬天狗』などで有名な作家大仏次郎は横浜を愛し,没後所蔵の資料や自筆原稿を遺族が横浜市に寄付したものを展示している。さらに東には中島敦,有島武郎,吉川英治など神奈川ゆかりの作家の資料を展示する神奈川近代文学館が開設されている。

また港の見える丘公園隣接地の山手111番館はアメリカ人実業家T・M・ラフィンの邸宅として,関東大震災後の1926(大正15)年に

山手111番館

たてられたものである。設計者は東京丸ビル建築のために来日したアメリカ人建築家J・H・モーガンで、スペイン風の瀟洒な家である。1階の玄関をぬけるとパーティーのできそうな吹抜けホールとなっており、山手の外国人の生活を髣髴とさせる。

　港の見える丘公園からでると、山手本通りに面して赤レンガ風の岩崎服飾博物館がある。ここはかつて山手の外国人が集った劇場ゲーテ座のあった場所である。ドイツの文豪ゲーテとは無関係で、「陽気」を意味する英語のgaietyに由来する。はじめ1870(明治3)年に丘の下の居留地68番に、オランダ人ノールトフーク・ヘフトにより建設され、アマチュア演劇が行われた。その後パブリックホールと改称され、1885年丘のうえのここ山手町257番地に移転し、地下1階・地上2階建て350席の本格的ホールとなり、1908年から再びゲーテ座とよばれるようになった。演劇やオペラ・音楽会が開かれ、外国人にまじって坪内逍遥、北村透谷、小山内薫らも観劇した。1891(明治24)年シェークスピアの「ハムレット」が日本ではじめて上演された。しかしこの劇場も関東大震災で倒壊してしまった。

横浜山手外国人墓地 ❻

〈M▶P.50,87,95〉　横浜市中区山手町96ほか
JR根岸線石川町駅🚶20分

静かに眠る外国人　横浜の発展に貢献

　山手本通りから港をみおろす斜面一帯が、横浜山手外国人墓地になっている。約2万3000m²の敷地に4200人余りの外国人が眠っている。その国籍はイギリス人約1500人を筆頭に40数カ国におよぶ。ここが外国人の墓地になったのは、ペリーが2度目に来航した1854(安政元)年、戦艦ミシシッピー号のマストからおちて死んだ水兵ウィリアムズの埋葬を幕府に求めたことにはじまる。老中阿部正弘はこれを認めて山手の丘の麓にあった増徳院(関東大震災後、南区平楽へ移転)の墓地に水兵を埋葬させた。その後、日米和親条約の締結に基づき水兵の墓は下田の玉泉寺に移されたが、外国人に対

横浜山手外国人墓地

する墓地の使用許可は継続し，1866(慶応 2)年の「横浜居留地改造及競馬場墓地等約書」によって規模を拡大し現在に至っている。

この墓地には，最初の鉄道建設の技師長エドモンド・モレル，生麦事件で犠牲になったリチャードソン，ビール工場をつくったコープランド，新聞『日新真事誌』を発行したジョン・ブラック，ポンチ絵で有名な英字新聞『ジャパン・パンチ』を発行したチャールズ・ワーグマン，フェリス女学院の創始者メアリー・キダーなど，日本社会に貢献した多彩な人びとが眠っている。1870(明治 3)年以来横浜外国人墓地管理委員会によって管理運営されて，1900年に財団法人化された。1994(平成 6)年墓地の管理棟の一部に，横浜外国人墓地資料館が開設され，墓地に埋葬された人びとについての資料が展示されている。

元町公園と周辺 ❻ 〈M▶P.50,87,95〉横浜市中区元町 1 -77- 4 ほか
JR根岸線石川町駅 🚶15分

山手本通りを隔てて外国人墓地の向かい側にあるのが，山手聖公会である。この教会は1863(文久 3)年横浜に居留していた英米人によって，居留地105番(現在の前田橋ぎわ)にたてられた日本最初のプロテスタント教会，クライストチャーチをそのルーツとする。その後1901(明治34)年山手の現在の地に移され，鹿鳴館の設計で知られるジョサイア・コンドル設計の，赤レンガ造りで尖塔がそびえる教会堂がたてられた。しかしこの建物は関東大震災で倒壊し，1931(昭和 6)年Ｊ・Ｈ・モーガン設計で現在の教会堂が再建された。城砦風の鐘塔をもついかめしい石貼りである。この教会堂も太平洋戦争末期の1945年，空襲により屋根を破壊され内部は焼失した。戦後は占領軍兵士と日本人

山手聖公会

霧笛の聞こえる港周辺　115

山手資料館　　　　　　　　　エリスマン邸

の信者がともに屋根のぬけたこの教会で礼拝を行った。1947年，米軍とアメリカ聖公会の援助をうけて修復され，現在に至っている。

　外国人墓地に続く山手の丘には，多くの外国人住宅がたち並んでいたが関東大震災で倒壊し，その跡地に1930(昭和5)年開園したのが元町公園である。公園内には震災で倒壊した外国人住宅の土台部分がそのまま保存され，ブラフ80番メモリアルテラスと名づけられている。厚さ50cmもあるレンガの外壁や，台所の絵タイルに当時の外国人の生活をしのぶことができる。また山手の丘の水は水質がよかった。フランス人ジェラールは，この辺りの山手77番で，谷戸にわく水を集めて横浜港に停泊する外国船に供給する給水業を営み，水屋敷とよばれた。またレンガや西洋瓦の製造も手がけて，1873(明治6)年ここに大規模な工場を建設した。元町公園のなかには近年ジェラールレンガでつくった170m²ほどの貯水槽が発見され，現在保存・公開されている。また1930年に国民体育向上のために建造されたプールや弓道場などもあり，プールから貯水槽までは，水の流れをイメージした造園がほどこされている。プールから一段下がった一角に「大正活映の碑」がある。このあたりに1920(大正9)年創立された大正活動写真のスタジオがあった。

　外国人墓地と元町公園の間を元町商店街方面にくだる階段周辺に，縄文時代の山手貝塚の名残りを示す貝殻の破片が残っている。

　山手本通り南側の北方小学校にビール井戸の遺構が残り，隣接して麒麟公園がある。この周辺がビール発祥の地で，碑がたっている。

爪跡残す関東大震災
再建された石の教会

モトマチ

コラム

横浜開港によって101戸あった横浜村の住民は，全戸立退きを命ぜられた。移住したさきの山手の丘の下に1860(万延元)年形成したのが元村，すなわち今の元町である。現在でも旧横浜村の名主だった石川家が，代官坂に残っている。その後住民は山手の外国人から習い覚えた技術をいかし，外国人相手にパン屋や家具屋・洋服店などの商売をはじめ，商店街として発展した。元町のパン屋ウチキパンは，居留地135番で1864(元治元)年から「横浜ベーカリー」を開業したイギリス人クラークのもとで修業した打木彦太郎が，1887(明治20)年独立，クラーク夫人の死後「横浜ベーカリー」を継承した元町でもっとも古いパン屋である。

元町は関東大震災後一時衰退したが，第二次世界大戦後はアメリカ軍の横浜駐留で活気を取り戻した。現在は異国情緒ただようファッションの町となり，バッグやレース・宝飾品などモトマチブランドになっているものも多い。

山手の洋館群 (63)

〈M►P.50,87,95〉 横浜市中区山手町236ほか
JR根岸線石川町駅🚶15分

さまざまなスタイルの洋館
無料で一般公開

外国人墓地と山手本通りを隔てた向かい側に，山手資料館という小さな洋館がたっている。もとは本牧にあった和洋折衷住宅中澤邸の，木造2階建て洋館部分を移築したものである。1909(明治42)年の建築であり，関東大震災で壊滅してしまった山手の外国人住宅の雰囲気をただよわせる貴重な建築である。山手本通りをそのまま進むと，山手聖公会のさきに，昭和初期外国人用の集合住宅として建築された山手234番館がある。その向かいが元町公園だが，この公園内の薄緑色の洋館がエリスマン邸である。日本における「現代建築の父」とよばれるチェコ人建築家アントニン・レーモンドの設計で，スイス人貿易商エリスマン邸として1926(大正15)年山手127番にたてられたものだが，1994(平成6)年ここに移築された。

元町公園と代官坂で隔てられたさきが，山手最大の西洋館ベーリック邸である。木造モルタルの2階建てで，イ

ベーリック邸

ブラフ18番館　　　　　　　　　　　　　　　　　　　　　　外交官の家

ギリス人貿易商バートラム・R・ベーリックの邸宅として，1930(昭和5)年にモーガンの設計でたてられた。その後セントジョセフ・インターナショナルスクールに寄贈，同校の廃校に伴い現在は横浜市の所有となった。玄関の三連アーチのデザインなどスペイン風で，同じモーガンの設計である山手111番館と共通している。

　ここから山手カトリック教会の前をとおって10分ほど西に進んだところ(石川町駅からは大丸谷坂をのぼって5分)は，かつてイタリア領事館がおかれていたことにちなんでイタリア山庭園として整備されている。ここにブラフ18番館と，外交官の家の2棟の西洋館が移築されている。ブラフ18番館は大正末期の建造で，山手カトリック教会の司祭館として長く親しまれたモルタル壁スペイン風の建築である。外交官の家は1910(明治43)年，東京の渋谷区南平台にたてられた外交官内田定槌の邸宅で，1997(平成9)年移築された。平面八角形の塔屋をもつ美しい建築で，国の重要文化財に指定されている。設計者は立教学校(立教大学の前身)校長もつとめたJ・M・ガーディナーである。山手の洋館群はこれら5館に，港の見える丘公園隣接のイギリス館と山手111番館を加えた計7館が横浜市によって保存・管理され，すべて無料で一般公開されている。

山手カトリック教会と山手公園 ⑥④⑥⑤

045-231-0862
〈M▶P.50,87,95〉横浜市中区山手町44
JR根岸線石川町駅🚶12分

最古のカトリック教会
日本初のテニスコート

　山手本通りに面して尖塔のそびえる教会が山手カトリック教会である。1862(文久2)年居留地80番にたてられた横浜天主堂を引きつ

みなと横浜

横浜のミッションスクール

コラム

横浜山手には外国人宣教師によってたてられた、伝統あるミッションスクールが集中している。

もっとも古いのはフェリス女学院で、1869(明治2)年来日したアメリカ人宣教師メアリー・キダーが、翌1870年ヘボンの英学塾から女生徒を引きついて創立した日本で最初の私立女学校である。1872年には神奈川県権令大江卓の援助で中区紅葉ヶ丘の県庁宿舎に移り、1875年山手178番に移転して現在に至っている。創立期から英語教育を重視しており、1892年バーネットの『小公子』を翻訳した若松賤子は第1回卒業生である。

フェリスに後れること1年の1871(明治4)年、アメリカの婦人一致外国伝道協会から派遣されたM・プライン、ルイス・H・ピアソン、J・N・クロスビーの3人の女性宣教師が山手48番の宣教師バラ邸を借りて、アメリカン・ミッション・ホームを創立した。翌年山手212番の現在地に移転し、1875年には校名を共立女学校(現、横浜共立学園)と改めた。関東大震災後の1931(昭和6)年再建された木造校舎は、アメリカ人建築家ウィリアム・M・ヴォーリズ設計による風格ある西洋建築で、現在もそのまま使われている。

3番目に、1880(明治13)年来日したアメリカ人女性宣教師ブリテンによって、横浜英和女学校が創立された(当時は男女共学)。はじめ山手48番におかれた校舎は、1883年山手120番に移るが、このころ作家有島武郎が7歳で入学している。有島の横浜英和での体験は、のちに童話『一房の葡萄』に描かれている。この学校は1916(大正5)年南区蒔田町に移転したが、1908(明治41)年山手にたてた礼拝堂は移築しており、当時のステンドグラスが今も使用されている。

以上3校はプロテスタント系だが、カトリック系としては、1872(明治5)年来日したサン・モール会の修道女メール・マチルドが、1900年山手88番に横浜紅蘭女学校を設立した。1951(昭和26)年校名を横浜雙葉学園と改称し、現在に至っている。

ぎ、横浜でももっとも古い起源をもつ。1906(明治39)年現在地に移されたが、当時は双塔がそびえるゴシック様式レンガ造りの教会堂で、「トンガリ耶蘇」とよばれて親しまれた。しかし関東大震災で倒壊し、1933(昭和8)年にチェコ人建築家J・J・スワガーの設計で、鉄筋コンクリート造りの現在の教会堂が完成した。現存する鐘は創建当初から伝えられ、半世紀以上山手の丘に音を響かせてきた。庭のマリア像は1868(明治元)年にフランスから贈られたもので、か

霧笛の聞こえる港周辺

地蔵菩薩　　　　　　　　　　　地蔵王廟

つては横浜天主堂の入口上部に掲げられていた貴重な文化財である。教会の創立者ジラール神父の遺骸は祭壇左の壁におさめられている。

　山手カトリック教会の裏手に1870年設立の日本最初の西洋式公園、山手公園がある。公園に心地よい日陰をつくるヒマラヤスギは、イギリス人ジョン・ブルック（ジャパン・ヘラルド社主）によってはじめてインドから輸入された。ここには５面のテニスコートがつくられ、1876年にはじめてローンテニスが行われた。1878年にはテニスクラブが結成されたので「日本庭球発祥の地」の石碑がたてられている。現在も12面あるコートのうち６面は、居留地時代から続く会員制テニスクラブのコートとして使われている。またクラブ事務所の建物は山手68番から移築した、1934（昭和９）年建造の西洋館である。

地蔵王廟 ㊻
〈M▶P.50,87〉横浜市中区大芝台7
JR根岸線桜木町駅🚌市バス21系統山元町２丁目🚶3分

伝統に沿った中国人墓地　横浜最古の近代建築

　横浜には山手以外にも外国人墓地がある。中国人の墓地中華義荘は、俗に「南京墓」ともよばれ、1866（慶応２）年山手の外国人墓地の一角に設置された。その後1873（明治６）年根岸に移転して現在まで続いている。墓地の広さは約3140m²、その中心にある地蔵王廟は、中庭を中心に木骨レンガ造りの建物を並べて取り囲む、中国南方に多い廟建築である。1892年華僑の寄付によってたてられ、関東大震災にもたえた横浜でもっとも古い近代建築である。本尊は広東から運ばれた清朝末の地蔵菩薩。全身を金色に塗った脱活乾漆像で、清朝官人風の帽子をかぶって趺坐している。

　中国の伝統では遺体は故郷へ送って埋葬するのが基本で、生前か

抑留された横浜の外国人

コラム

　横浜の中区山下町から山手一帯は、幕末の開港期から英米系の貿易商を中心にした独特の外国人社会が形成されていた。太平洋戦争が迫る1941(昭和16)年12月の時点でも、ここを中心に神奈川県内には300人ほどの英米系外国人が在住していたが、開戦とともに彼らはいきなり「敵国人」となってしまった。

　12月8日特別高等警察(特高)によってまず外国人男性がいっせいに連行され、敵国人抑留所に抑留された。横浜市中区の根岸競馬場の来賓宿舎が神奈川第1抑留所、中区新山下町の横浜ヨットのクラブハウスが神奈川第2抑留所とされた。抑留されたのは計93人で、フォード自動車など外資系企業の社員、実業家や貿易商、そしてミッションスクールの教師や、牧師も含まれていた。

　1942年6月に日米交換船浅間丸、7月に日英交換船竜田丸が横浜港を出航し、この交換船で神奈川県内の抑留所から計32人のアメリカ人とイギリス人が帰国した。山手111番館のT・M・ラフィンの息子も抑留されたが、この交換船で帰国した。

　戦局の悪化に伴い1942年9月から、教師・宣教師・修道女など女性を含むあらたな外国人の抑留がはじまった。ミッションスクール横浜英和女学校のアメリカ人校長ハジスや、横浜雙葉学園のアイルランド人修道女デニスもこのときに神奈川第2抑留所へ抑留された。

　1943年6月神奈川第1抑留所は根岸競馬場から、辺鄙な足柄上郡北足柄村(現、南足柄市)内山へと移転した。同年9月、最後の日米交換船として帝亜丸が横浜港を出航し、ハジスら抑留外国人の一部を帰国させた。しかし、その後交換船は送られず、抑留所の待遇は悪化していく。食料不足は深刻になり、内山の神奈川第1抑留所では終戦までに、収容者49人中5人が栄養失調や持病の悪化から死亡した。

　終戦とともに外国人は解放されたが、内山に抑留されていたチャールズ・モスは、戦後横浜の接収建物の早期返還に尽力し、1962年横浜文化賞を受賞した。またウィリアム・フェーゲンは東京裁判の通訳をつとめ、翻訳家としても活躍した。現在はともに山手の外国人墓地に眠っている。

ら用意したクスノキの棺におさめられ、中国からやってくる柩船に乗せられて故郷へ帰るのである。しかし関東大震災以後、柩船の往来はとだえ、クスノキの棺にはいった多数の遺体は正門左手の安霊堂に放置されていた。近年墓地の環境整備とともに、これらの棺

霧笛の聞こえる港周辺

は順次火葬にされ、中華公墓に納骨された。

根岸の外国人墓地 ❻₇

〈M▶P.50,87〉横浜市中区仲尾台7
JR根岸線山手駅 徒歩3分

もう一つの外国人墓地エンジェルの墓標

山手駅から根岸方面に進み右折したところに、根岸の外国人墓地がある。山手の墓地が手ぜまになった1902(明治35)年に設立され、以後横浜市が管理している。墓地の広さは約2900m²、埋葬者は1200人ほどで、関東大震災で死亡した外国人の多くがここに埋葬されている。また1942(昭和17)年11月30日に横浜港で爆発事故をおこしたドイツ海軍の補給艦ウッカーマルク号のドイツ人乗員16人がこの墓地に埋葬されている。さらに第二次世界大戦後、占領軍兵士と日本女性との間に生まれ、幼くして命をおとした混血児たち800人ほども、ここに埋葬されている。墓標もない嬰児のために、1999(平成11)年山手ライオンズクラブによってエンジェルの羽根型の慰霊碑がたてられた。

根岸の外国人墓地慰霊碑

根岸競馬場跡 ❻₈

〈M▶P.50,87〉横浜市中区根岸台1-3 P
JR根岸線桜木町駅 市バス21系統滝の上 徒歩1分

山手外国人の社交場に残る巨大なスタンド

バスをおりると森林公園の芝生の向こうに、かつての根岸競馬場スタンドの廃墟がみえてくる。横浜居留地の外国人によって、はじめて本格的競馬が行われたのは1862(文久2)年5月で、場所は当時埋立て造成中の現中華街付近であった。その後山手のイギリス軍駐屯地の練兵場や射撃場で競馬が行われたが、1864(元治元)年江戸幕府と外国人側との間に結ばれた横浜居留地覚書の第1条で競馬場の設置が定められた。そして1866(慶応2)年ここ根岸の丘に本格的な近代競馬場がつくられ、翌年1月からレースも行われた。

競馬場は居留地の外国人の社交場ともなり、1882(明治15)年から1899年までの間に明治天皇が12回も行幸している。当時のスタンドは木造3階建てだったが、関東大震災で倒壊した。それにかわっ

根岸競馬場跡

て1929(昭和4)年，J・H・モーガン設計の鉄筋コンクリート造り，高さ約30mの巨大なスタンド(一等見所)が完成した。しかし戦争のため，1942年を最後に根岸競馬場でのレースは幕を閉じた。戦後はアメリカ軍に接収され，走路の内側の芝生はゴルフ場になっていた。1970年返還され，1977年根岸森林公園となったが，その一角には馬の博物館が設置されて，馬についてや競馬の歴史も振り返ることができるようになっている。

三溪園（さんけいえん） ❻❾
045-621-0634
〈M▶P.50,87,126〉 横浜市中区本牧三之谷58-1 **P**
JR根岸線根岸駅🚌市バス本牧🚶10分，またはJR根岸線桜木町駅🚌市バス8,125系統本牧三溪園前🚶3分

重文の建物多数 横浜の純和風庭園

　横浜の生糸商人として財をなした原善三郎の養嗣子，原富太郎(雅号三溪)が，各地の名建築を収集してつくった純日本式の庭園が三溪園である。富太郎はみずからも書画をよくし，横浜出身の岡倉天心と親しく，天心の弟子下村観山・小林古径・安田靫彦らを気ままに寄宿させて，三溪園グループという画壇をつくった。三溪園の土地はもともと善三郎が買ったものだったが，1899(明治32)年富太郎は野毛山からここに居を移すと，19万m²の広大な地に池を掘り，丹精こめて造園し日本各地の建築を収集して移築した。

　園内は大池を中心とした外苑と，名建築の並ぶ内苑に分けられる。外苑の池をみおろす丘のうえにおかれ，三溪園のシンボルとなっているのが燈明寺の三重塔である。建築中最古の15世紀なかばのもので，京都府加茂にあった。丘の下に同時期の燈明寺本堂も移築されている。岐阜県白川郷から移築した入母屋合掌造の矢箆原家住宅，縁切り寺として有名な鎌倉の東慶寺仏殿もおかれている。

　内苑の中心となるのは紀州徳川家の別邸であった臨春閣である。桂離宮と対比される数寄屋風書院造である。桃山文化を伝えるものとしては，豊臣秀吉が母の長寿を祝ってたてた旧天瑞寺の寿塔の覆堂，秀吉がたて徳川家康が再興した伏見城の諸大名の控え室で

霧笛の聞こえる港周辺

八聖殿郷土資料館

あった月華殿もある。江戸時代前期のものに鎌倉の心平寺の地蔵堂であった天授閣,徳川家光が上洛の際に二条城内につくらせ,乳母の春日局にあたえたという聴秋閣,宇治の金蔵院の茶室で九窓亭ともいわれた春草廬がある。これらの建物はいずれも国重文である。また三溪記念館では三溪の業績や,収集した美術工芸品を展示している。三溪はこの庭園を,完成した翌年の1906(明治39)年から一般の人びとに開放した。

三溪園の南門をでると,上海横浜友好公園の中国式庭園が出現する。湖水の上の東屋湖心亭が美しい。横浜と上海の友好都市提携15周年を記念して,1989(平成元)年上海市から贈られたもの。

また三溪園の東約500mの丘のうえに法隆寺夢殿を模した三層八角形の八聖殿がある。1933(昭和8)年に,国民精神修養の場として政治家の安達謙蔵が建造した。2階講堂にはキリスト・ソクラテス・孔子・釈迦・聖徳太子・弘法大師・親鸞・日蓮という東西8人の聖人の等身大の彫像がおさめられている。1937年に横浜市に寄

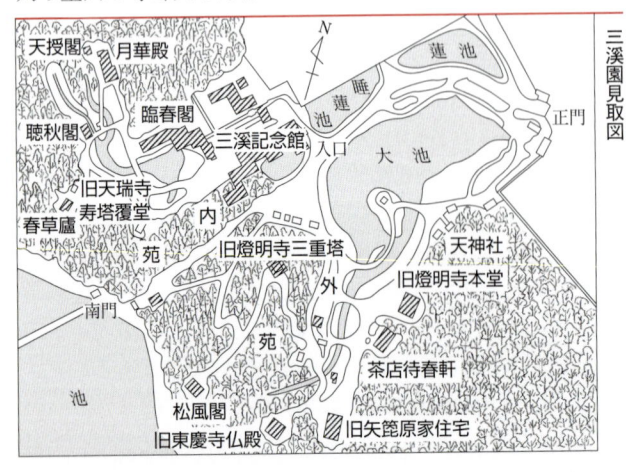

三溪園見取図

本牧神社お馬流しの神事

コラム 行

本牧神社は本牧十二天ともよばれる地域の総鎮守である（石川町駅からバス根岸駅行き三の谷下車2分）。源頼朝が鎌倉幕府を開くにあたり、鬼門（東北）の守護を願ってここに朱塗りの厨子を奉納したという伝説がある。お馬流し（県民俗）は、社伝によると1566（永禄9）年にはじまったとされ、もう440年も続けられてきた神事である。カヤでつくった45cmほどの神体の「お馬」は、頭はウマで体はカメの形をしており、頭に白幣をたて、口に稲穂をくわえる。このお馬を6体つくり、祭りの前日に神社へ奉納する。当日は船をかたどった花自動車に乗せて、本牧の町内を練り歩いてから、本牧漁港で神船2隻に3体ずつ乗せる。そして沖合い4kmほどのところで、厄霊放流を祈願して海に流すのである。毎年6月15日に行われていたが、現在では8月の2日以降の土・日曜日に行われる。

贈され、1973年あらたに八聖殿郷土資料館として開館。農具・漁撈具などの民俗資料も展示されている。

4 港南の辺り

称名寺はじめ鎌倉幕府にかかわる寺社も多く、野口英世が活躍した検疫所など、近代の医学発展や戦争も物語る地域。

宝生寺 ⑦

〈M▶P.50,126,127〉 横浜市南区堀之内町1-68 P
市営地下鉄吉野町駅 徒歩15分

地下鉄吉野町駅から南に歩き、右手の丘西側の石段をあがると青龍山宝金剛院宝生寺（真言宗）に着く。1171（承安元）年に法印覚清によって創建された。開基は中世にこの地域久良岐郡平子郷を支配した平子氏の一族とされている。

本堂は1680（延宝8）年に建立した灌頂堂を移築したものだが、その本尊の大日如来坐像（県重文）は高さ104.5cmの寄木造。智拳印を結び結跏趺坐する金剛界大日如来の通例の姿で、鎌倉後期の優美な作である。1601（慶長6）年鎌倉の覚園寺塔頭から移されたことが、納入文書などからわかる。寺宝に、

宝生寺大日如来坐像

港南の辺りの史跡

室町時代初期と推定される両界曼荼羅図(県重文・神奈川県立歴史博物館寄託)がある。注目すべきは中世を中心とした古文書を1000点余り所蔵していることで、その中の1442(嘉吉2)年の「横濱村薬師堂免田畠寄進状」は、「横浜」という地名の初見と思われる。

三殿台遺跡 ❼
045-761-4571

〈M▶P.50,126,127〉横浜市磯子区岡村4-11-22 P
市営地下鉄蒔田駅、京急線弘明寺駅 🚶15分

県重文の大日如来坐像

丘の上の全国的にも著名な遺跡

　蒔田駅南口をでて、蒔田小学校さらに岡村小学校を目標に歩くと、岡村小学校前の入口に三殿台遺跡の案内板がある。正面の石段をあがった左側の小学校裏手が、三殿台遺跡(国史跡)である。ここは標高50mほどの独立丘で、明治時代から貝塚が知られていたが、小学校の拡張予定地になったために1961(昭和36)年、日本で最初の集落遺跡の全面発掘が行われた。その結果、台地上に縄文時代中期8

三殿台遺跡

宝生寺・三殿台遺跡辺りの史跡

軒，弥生時代中期・後期151軒，古墳時代前期〜後期43軒など約250軒の竪穴式住居跡がみつかった。出土した多量の弥生式土器のなかには，底部に米粒の跡を示す土器があり，炭化した籾や石包丁も発見されたことから，弥生時代にこの丘陵下で水稲農耕が営まれていたことが推測される。また権力者の墓に副葬されることが多い玉類や青銅製品・金銅製耳飾りなどの装飾品も住居跡から出土した。敷地内には見学可能な復元住居のほかに，竪穴式住居を発掘時の状況で保存した保護棟もあり，また入口左の三殿台考古館には，出土品や古代人の残した約130点もの遺物や資料を展示してある。

弘明寺 ㉒
045-711-1231

〈M▶P.50,126〉 横浜市南区弘明寺267 P
京急線・市営地下鉄弘明寺駅 2〜5分

鉈彫りの本尊

京急線弘明寺駅に隣接して東に瑞応山蓮華院弘明寺（真言宗）がある。仁王門から石段をのぼりきると，方形造の本堂（観音堂）がある。寺域は1930（昭和5）年の京浜急行線の敷設で分断され，西側の丘陵地は弘明寺公園となり，一部が墓地として残された。駅から坂をくだると，門前に商店街が続き，それを横切ってかつての「鎌倉みち」の下の道がとおっている。

本尊の十一面観音立像（国重文）は弘明寺観音ともよばれ，

弘明寺本堂

港南の辺り

高さ181.7cm、ケヤキ材の一木造で、丸鑿の跡を横縞状に残す鉈彫りの典型的な像である。平安後期の作とみられ、本堂が建立されたと伝える1044(寛徳元)年以降のものであろう。『吾妻鏡』の治承5(1181)年の条には「源家累代の祈願所」と記されており、源頼朝の保護とともにそれ以前からの源家からの信仰が篤かったことが想像できる。

また弘明寺から観音橋を渡り鎌倉街道を隔てたところに、横浜国立大学附属横浜中学校校舎(国登録)があるが、これは1938(昭和13)年に横浜高等工業専門学校(現、横浜国立大学工学部)の本館として建造されたものである。横に長いコの字型の平坦で荘重なファサード(建物の正面)をもち、おだやかなベージュのタイルを使用した建物は、第二次世界大戦前の高等教育施設として数少なく、価値のあるものといえよう。

神奈川県戦没者慰霊堂 73
045-843-5815

〈M ▶ P.50,126〉横浜市港南区最戸2-19-1
京急線・市営地下鉄上大岡駅 🚶10分

宗派にこだわらない慰霊堂

上大岡駅から鎌倉街道を渡って商店街を西にいき、川を渡った丘のうえに神奈川県戦没者慰霊堂がある。1953(昭和28)年にサンフランシスコ講和条約締結の記念事業として神奈川県が造営したもので、銅葺き・総檜造の平屋建ての本殿には、明治以降太平洋戦争終了までの神奈川県関係の5万7000余人の戦死者・戦災死者の名簿がおさめられ、敷地の総面積は1万4340m²におよぶ。慰霊祭は5月10日の開催だが、1982年から名称を「神奈川県戦没者追悼式」と改め、現在に至っている。

この慰霊堂の特色は、一般の戦争犠牲者もまつってあること、また1宗1派にこだわらない施設になっており、追悼式も、神道・仏教・キリスト教の合同で前半の神奈川県宗教連盟による宗教的儀礼

神奈川県戦没者慰霊堂

と，後半の公的追悼を明確に分けていることなどがあげられる。

　また慰霊堂の坂の下には，かながわ平和祈念館がある。戦後50年の節目にあたる1995（平成7）年に従来の付属会館をたてかえ，整備したもので，戦争体験を風化させずつぎの世代に伝えるために手紙・遺書・千人針・飯盒など戦没者の遺品展示ホールやビデオルーム，県民の戦争体験談などのライブラリーがあり，無料で利用できる。

　太平洋戦争末期，横浜はほかの大都市と同じように米軍の空襲に何度もさらされたが，なかでも1945（昭和20）年5月29日の横浜大空襲では，焼夷弾による無差別爆撃で7000人以上の死者がでた。この空襲は米陸軍の戦略爆撃機B29500機と戦闘機P51100機によるもので，市内中心部の5カ所を主目標にわずか1時間で約2570t，数十万発の焼夷弾が投下された。またこのときには，横浜の名産品真葛焼の3代目宮川香山が京浜急行南太田駅の近くの窯場で，家族従業員とともに焼夷弾の直撃をうけ戦災死し，真葛焼は断絶した。

永谷天満宮 ⑭

〈M▶P.50,126〉横浜市港南区上永谷5-1-5
市営地下鉄上永谷駅 🚶 5分

宅間上杉家ゆかりの地

　上永谷駅の北側の環状2号線をしばらく左に進むと，こんもりとした緑におおわれた丘があり，そこには菅原道真を祭神とする永谷天満宮がある。大宰府に左遷された道真は，その翌年の902（延喜2）年鏡にうつした自身の姿を3体彫刻し，そのうち1体を子の淳茂にあたえたという。一度は播磨国に配流された淳茂はのち関東に下向し，この永谷郷に居館を構え，道真の像を朝夕拝した。その後，1493（明応2）年，永谷郷に居城のあった上杉刑部太夫藤原乗国（宅間上杉家）が霊夢をみて，この地に天満宮の社殿を造営し道真像を神体としたと伝えられている。

　なお，道真自刻のほかの2体は，大宰府の安楽寺と河内国の道明寺にまつられたという。老松の生いしげる裏山

永谷天満宮

港南の辺り

の頂上に菅秀塚がある。淳茂の遺髪を埋めたとも伝えられている。

天満宮の隣に別当寺であった天神山天照寺(曹洞宗)があり，神体は祭日をのぞいていつもはここに安置されている。

天満宮から南へ約1kmのぼると舞岡への道にでる。その道をしばらくいくと1866(慶応2)年に開創された八木山福徳院(真言宗)がある。かつては「横浜の高野山」とよばれる山深い寺であったが，現在，周囲はすっかり宅地化されてしまった。ここに秘仏日限地蔵がある。毎月4のつく日が縁日で，この日に祈願すれば必ず成就するといわれ，信仰を集めている。

七石山横穴古墳群 ❼⓹ 〈M▶P.50,126〉横浜市栄区小菅ケ谷1-6付近
JR根岸線本郷台駅 🚶 8分

獼川流域の横穴古墳

本郷台駅から線路沿いに300mほど大船方面へいったところに，1967(昭和42)年に発見された七石山横穴古墳群の一部が残っている。1960年代後半のJR根岸線の工事とともに北側の一部を残すだけとなってしまったが，3回にわたる発掘調査の結果，七石山中腹の横50m・高さ5mの第三紀砂岩の崖に100基をこえる横穴古墳が確認され，人骨や須恵器片，土師器片，鉄製刀子さらに金環，琥珀玉などの副葬品も発見された。6世紀中ごろから8世紀初頭にかけての地域における有力な集団の首長たちのものと推定され，羨道の奥に方形の玄室，さらに小さな奥室をもつ構造になっていた。これらの特徴は近くの宮ノ前横穴古墳とともに，獼川流域にある横穴古墳に共通のものである。

證菩提寺 ❼⓺ 〈M▶P.50,126〉横浜市栄区上郷町1864
045-891-1701　JR根岸線港南台駅 🚌 桂台中央行，大船駅 🚌 金沢八景行
稲荷森 🚶 3分

源頼朝の創建 重文の阿弥陀三尊像

港南台駅からのバスは，県立港南台高校旧校舎の脇の坂をおりると再度栄区にはいる。稲荷森バス停そばの小川にかかる青葉橋を渡るとすぐ左に，五峯山一心院證菩提寺(真言宗)がある。1180(治承4)年挙兵した源頼朝は，石橋山の合戦で大庭景親の大軍に敗れた。そのとき，岡崎義実の子の佐奈田与一義忠は，頼朝をかばって剛勇をうたわれた俣野五郎景久と激しく戦い，25歳という若さで壮烈な討死にをした。頼朝は与一の霊をとむらうために，1189(文治5)年

第一海軍燃料廠跡

コラム

　太平洋戦争中、現在のJR根岸線本郷台駅を中心とした辺りに第一海軍燃料廠という航空燃料の研究・実験・製造を行う施設があった。現在の県立柏陽高校のグラウンド東端に東門、南側城山橋手前に正門があり、研究所本舎以外に付属病院・軍幹部官舎・工員宿舎・購買部などが付近一帯に存在した。敷地は約50ha、建物は77棟、敗戦時には総員3217人（うち準士官以上341人、高等文官および同待遇24人、判任文官および同待遇58人、下士官兵7人、雇用人および工員2787人）を数えた。

　1921（大正10）年から山口県徳山に存在した燃料廠から分かれた同廠実験部が、朝鮮半島出身者100余人の労働力も利用し完成したのは、1938（昭和13）年であった。翌年研究部も移転、その後追浜（横須賀市）の海軍航空廠と結ぶ道路が整備された。これが現在の県道原宿六浦線である。

　1944年には、マツの根からとった松根油の生産部門が誕生、さらには学徒動員で小学校高等科1・2年生や山梨県からきた中学生たちも、働かされるようになった。彼らのなかには、ロケット戦闘機「秋水」の燃料である過酸化水素水の80％濃縮液を製造する部門に配属され、危険な業務にたずさわるものもいた。「秋水」はドイツの技術を取り入れた日本軍起死回生の秘密兵器だったが、1945年7月追浜で初飛行に失敗し、結局は実戦には使用されなかった。

　接収にきた米軍は燃料廠における過去20年にわたる研究実験の報告書の提出を命じた。米軍は戦争末期に本土空襲のため日本全土の精密な地図を作製していたが、その地図にはこの地「小菅ヶ谷 KOSUGAYA」の地名が記されている。米軍もここで高度な軍事技術研究が行われていることは、細部に至るまで承知であったようである。

　その後この地の一部は米軍に接収され、大船PX（配給所）となった。しかし接収地は本郷地区の中心であり、地域開発を推進するために接収解除を求める強い地元からの要望が効を奏し、1967年に施設は全面解除になった。

この寺を創建し1197（建久8）年諸堂が完成し落慶供養した。證菩提寺という名は、1200（正治2）年に死んだ岡崎義実の法名にちなむようである。その後も1215（建保3）年鎌倉幕府3代将軍源実朝がここを参詣、翌年の8月24日には将軍の命令で北条義時が追善供養を行っている。

　かつては広大な敷地をもっていたこの寺の建立理由は、鎌倉の一

港南の辺り

大穀倉地帯であり、しかも鬼門(北東)にあたる山内本郷をまもるためといわれている。「鎌倉みち」の交通の要衝をかためつつ、一大軍事基地として武器の生産のための職人や工人を集めたことは、公田町の番地、元大橋の番匠面、鍛冶ケ谷などの地名から推測される。源氏断絶後は、北条泰時の娘小菅ヶ谷殿が寺のやや南方に、1235(嘉禎元)年建立した新阿弥陀堂(現、フローラ桂台辺り)に中心が移ったようである。

本堂脇の収蔵庫に、阿弥陀三尊像(国重文)がおさめられている。寄木造、彫眼で漆箔をほどこしており、中像の高さは112cm、脇侍は各105cmである。1175(安元元)年の作と推定され、定朝様の流れに属する。また本堂には本尊の阿弥陀如来坐像(県重文)が安置されている。寄木造で像の高さは84cm、運慶系統の仏師の作とされる。衣文の布の質感を写実的にあらわし、くっきりとした目鼻だちは鎌倉時代の好みをよくあらわしている。

東漸寺 ⑦
045-771-4697
〈M▶P.50,126〉 横浜市磯子区杉田1-9-1
京急線杉田駅・JR根岸線新杉田駅 🚶 5分

鎌倉期(永仁6年)に鋳造された梵鐘

杉田駅から新杉田駅方面に商店街を進み、左折すると霊桐山東漸寺がある。1301(正安3)年に創建された臨済宗建長寺派の古刹で、名越朝時の曽孫北条宗長を開基、円覚寺の住持をつとめた桃渓徳悟を開山として創建された。山門をはいると、境内正面に本堂の釈迦堂(県重文)がある。東国の禅宗建築のなかでもっとも早い鎌倉時代の建物で、1982(昭和57)年に創建時の姿に復元修理された。現在は堂内に収蔵してある1298(永仁6)の梵鐘(国重文)は、横浜市内金沢区の称名寺の梵鐘と同じ鋳物師物部国光の作で、形と技法のすぐれた鐘として知られている(鐘楼のものは新鐘)。また薬師如来坐像(県重文)は運慶様の特色を示す鎌倉時代初期の貴重な作例で、寄木造、高さは87cmある。

釈迦堂の前にある五輪塔3基(県重文)は、凝灰岩製で鎌倉時代後期のものと推定される。

東漸寺の永仁の鐘

旧 横浜海軍航空隊隊門 ㉘

〈M▶P.50,126〉 横浜市金沢区富岡東 2 - 9 - 1
シーサイドライン南部市場駅🚶10分，京急線京急富岡駅🚶15分

　南部市場駅から海とは反対側の，国道16号線方面にしばらく進むと富岡総合運動公園がある。

　ここは，1936(昭和11)年，海軍最初の飛行艇専門部隊として横浜海軍航空隊(浜空)が開設された場所である。浜空は隊員約1000人，大型飛行艇24機を有する部隊として，広大な陸上の敷地と現在埋め立てられた根岸湾水上の飛行艇発着場を専有していた。1941年の太平洋戦争の開戦とともに浜空は，太平洋の広大な戦場に出動したが，1942年8月米軍のガダルカナル島上陸の際には，近くのガブツ島などに基地を設けており，米機動部隊の攻撃で司令官以下338人が玉砕した。

旧横浜海軍航空隊隊門

公園内に残る旧軍遺跡

　敗戦後，浜空の敷地約35haは，米軍の通信・補給の基地となったが，1971年の返還後は公務員住宅，神奈川県警第一機動隊および富岡総合運動公園の敷地にかわり現在に至っている。この航空隊関係で残っているのは，国道16号線の鳥見坂にいく途中の桜並木の美しい隊門と，その近くの守護神であった浜空神社，さらに県警の敷地内にある飛行艇大格納庫(非公開)だけになってしまった。

慶珊寺 ㉙
045-772-3264

〈M▶P.50,126〉 横浜市金沢区富岡東 4 - 1 - 8
シーサイドライン鳥浜駅🚶10分，京急線京急富岡駅🚶12分

半跏の観音像
孫文上陸の地

　鳥浜駅前から国道16号線に向かう道を直進し，横浜市営金沢第一住宅のさきの旧海岸線通りを左折するとすぐ右手に，花翁山慶珊寺(真言宗)がある。道の左手はかつての海岸で，明治期には海水浴場として知られ，松方正義や井上馨，三条実美らの別荘がたち並んでいた。

　慶珊寺は，1624(寛永元)年，富岡1700石の旗本豊島刑部明重が，

港南の辺り　133

慶珊寺十一面観音半跏像

両親の菩提をとむらうために父母の法名を山号・寺号として建立したもので、開山は伝栄上人である。その後明重は、1628年に武士の面目をたてるために老中井上正就を江戸城内にて殺害し、だきとめた番士とともに、田楽刺しにして死んだといわれる。嫡子吉継も切腹を命じられて家名断絶した。赤穂浅野家の刃傷事件より73年前のことであった。本堂裏手の宝篋印塔2基は明重・吉継父子の供養塔で、明重の姉が建立したものという。

本尊の大日如来のかたわらに十一面観音半跏像（県重文）がある。高さ41cm、寄木造、頭部の十一面は全部失落しているが、1332（正慶元）年に仏師院誉によりつくられた宋風の典型的な作品である。またローマ字で有名なヘボンが、宿泊時に掲げたという明治の初めの木札も残されている。

寺の門前には「孫文先生上陸之地」の碑がある。孫文は近代中国建設の父で、三民主義・大アジア主義の提唱者であるが、辛亥革命のあとの第二革命に失敗して袁世凱に追われる身になった。そこで1913（大正2）年8月彼は日本に亡命。神戸を経由したのち、夜陰にまぎれて横浜沖から小舟でこの富岡海岸に上陸し、頭山満ら支援者の助けで東京赤坂に向かったといわれている。また碑は1984（昭和59）年にたてられたが、書が元首相の岸信介の筆であるというのも興味深い。

また寺の裏手には、大衆文学作家の直木三十五が晩年の1933（昭和8）年にたてた家がある。そのかたわらには直木三十五の文学碑があるが、この「芸術は短く、貧乏は長し」という彼の言葉は、その筆跡に似せて1960年に横浜ペンクラブによってきざまれたものである。

横浜初の国際空港

コラム

横浜海軍航空隊の基地は一時期,民間機が使用していた時代もあった。1938(昭和13)年南洋方面の航空路開拓のために大日本航空会社の仮事務所がここにおかれ,翌年4月から,初の南洋定期航路となったサイパン経由パラオ行の大型飛行艇が,富岡からでるようになったのである。すなわち横浜初の国際空港ということができよう。

開設当時の時刻表をみると,南洋線(この時点では旅客の扱いはなく郵便・貨物のみ)は毎月2往復,横浜午前5時30分発,サイパン午後3時30分着,終点のパラオには翌日の午後2時着となっている。

その後根岸の埋立地(現在の磯子区鳳町の一部)に大日本航空横浜支所と飛行場が完成すると,1941年から民間定期航路も富岡ではなく根岸湾(本牧)からでるようになった。なおサイパンまでの運賃は235円,使用した13機の海軍97式大艇の旅客定員は各18人だったようである。しかし,まもなくこの大日本航空は会社ごと海軍の徴用をうけることになり,太平洋戦争の始まりとともに民間航路は姿を消すことになった。

戦後根岸湾の土地は米軍の管理下におかれ,通信機材の補給倉庫として使用されたが,1955年の返還後さらに埋立てが進んで,現在ではJX日鉱日石エネルギーの根岸製油所に姿をかえている。

長浜野口記念公園と長浜検疫所 ⑧⓼①
045-782-7371

〈M▶P.50,126〉 横浜市金沢区長浜114-4 Ｐ
シーサイドライン幸浦駅🚶15分, 京急線能見台駅🚶10分

野口英世ゆかりの検疫所

能見台駅近くの国道16号線「県立病院前」の信号から循環呼吸器病センターへの道を進む。すると左側に横浜高校の野球グラウンドがみえ,その反対側に厚生労働省の横浜検疫所長浜庁舎がある。入口正面のねじれた形をした碑が目印であるが,ここはかつて長浜検疫所とよばれており,野口英世が活躍した時期もあった。

コレラ・ペストなどの伝染病が猛威をふるっていた1877(明治10)年ごろ,神奈川県では伝染病の蔓延を防ぐため横須賀軍港近くの長浦に消毒所を開設したが,日清戦争がはじまると軍港拡張の必要に迫られ,1895年には人家の少ない久良岐郡金沢村の4万7421m²の地に移しこれを長浜検疫所と称した。

港南の辺り

さらに1899年，内務省の所管となり設備を一新したが，このとき，当時22歳の野口英世が検疫官補として赴任してきたのである。この野口検疫官補は，入港した亜米利加(アメリカ)丸の船倉で，高熱の船員を発見，検査の結果ペストと診断した。功績をあげた野口だが，まもなく政府医師団の一員として外地に派遣され，長浜検疫所の在勤はわずか5カ月にすぎなかった。その後の彼がかねて熱望していた渡米の機会をつかみ，世界的細菌学者への道をあゆみはじめたのはいうまでもないことである。

　長浜検疫所は，その後1938(昭和13)年厚生省の所管となり，1952年本庁が中区に移転したあとも横浜検疫所長浜措置場として存続，1991(平成3)年措置場の一部を改修して，横浜検疫所輸入食品・検疫検査センターが設置された。現在の業務は，検疫衛生関係と輸入食品関係が主体となっている。また敷地奥に，「旧一等停留場」(感染の疑いがある一等船客と上級船員を滞在させる豪華な施設)が資料館として保存されている。普段は内部非公開である。

　横浜検疫所の南隣にあるのが，長浜野口記念公園である。ここは野口英世ゆかりの細菌検査室を保存し，園内に長浜ホール(旧事務棟を復元)を新設して，1997年に横浜市が完成させたものである。旧細菌検査室は，1895(明治28)年に検疫所の建物群の1つとしてたてられ，1923(大正12)年の関東大震災で倒壊。翌年再建されたものであり，野口英世らが当時実際に使用した検査器具などが展示されている。かつてはここからすぐさきの海に停留中の外国船舶に小船で乗り込み，伝染病患者の有無を調べたといわれる。日本で唯一当時の検査室の面影を残す施設で，見学は自由だが一部はガラスごしの見学となる。隣の長浜ホールともどもレトロな外観で，板と板の端を少しずつ重ねあわせていく横板張り(下見板張り)の建物である。検査室入口の左側に「野口英世博士の像」がある。

称名寺(しょうみょうじ)と金沢文庫(かねさわぶんこ) 82 83

中世の雰囲気を今に伝える

045-701-9573・045-788-1060

〈M▶P.50,126,137〉横浜市金沢区金沢町212

京急線金沢文庫駅🚶10分，シーサイドライン海の公園南口・海の公園柴口(しばぐち)各🚶10分

　金沢文庫駅前の国道16号線を右に70mほどいって左折，ゆるやか

称名寺周辺の史跡

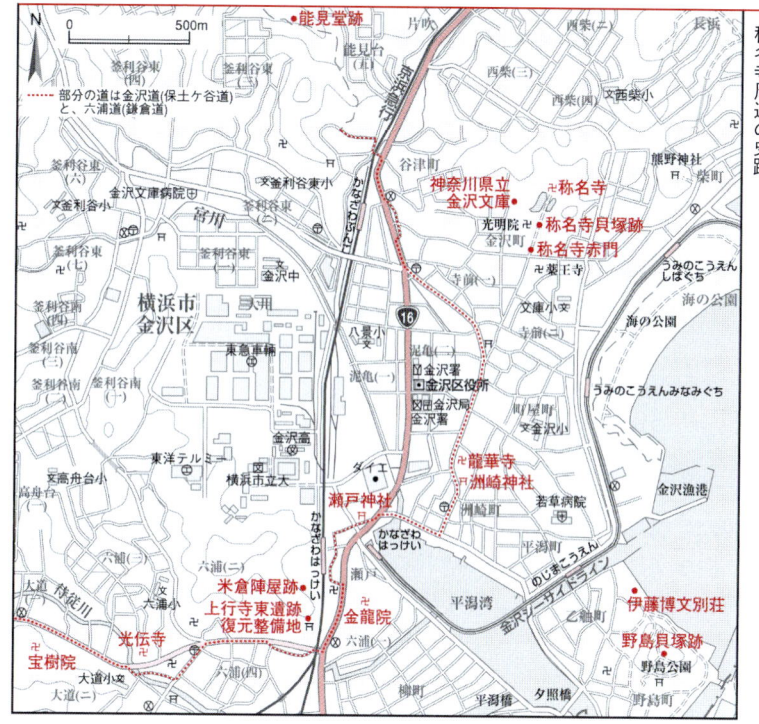

　な坂道をのぼりつめると左手に金沢山称名寺(真言律宗)がある。鎌倉時代、瀬戸入江をのぞむこの地は六浦荘金沢とよばれ、鎌倉と房総を結ぶ要地として北条氏が支配した。鎌倉幕府の評定衆・引付衆などを歴任した北条実時が、1258(正嘉2)年ごろに金沢の別邸内に持仏堂を設けたのが称名寺のおこりである。当初は念仏の寺であったが、鎌倉に下向していた西大寺の忍性に深く帰依した実時は、称名寺を真言律宗に改め、1267(文永4)年に下野国薬師寺の審海を迎えて開山とした。実時のあと顕時・貞顕・貞将ら金沢北条氏累代の保護と、住職に高名な学僧を輩出したことから大いに栄えた。とくに執権にもなった貞顕は称名寺の保護と拡充につとめ、その壮大な伽藍は1323(元亨3)年の称名寺結界図(国重文)に描かれている。

　赤門をくぐると正面に仁王門がある。左右の金剛力士像(県重文)は、1323年に仏師院興が造立した関東最大の仁王像である。

港南の辺り　　137

称名寺見取図

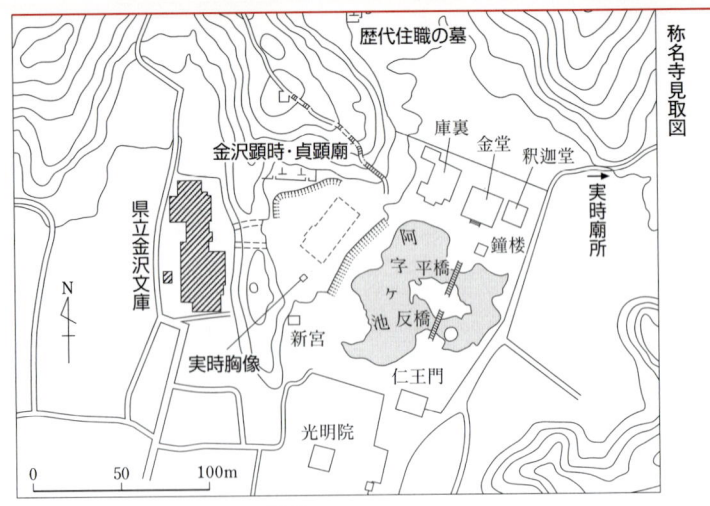

 門のうちにはいると，苑池を中心とした境内(国史跡)が眼前に広がり，池ごしの正面に稲荷山を背にした金堂がたつ中島を浮かべた池は，梵字アをかたどった阿字ヶ池とよばれる浄土式庭園である。

 金堂の本尊弥勒菩薩立像(国重文)は「建治二(1276)年」の銘がある宋風彫刻で，背後の来迎壁に弥勒菩薩来迎図・浄土図(国重文)が描かれている。金堂右手の釈迦堂の本尊は，特異な波状衣文をもつ清涼寺方式の釈迦如来立像(国重文，金沢文庫保管)で，実時の三十三回忌にあたる1308(徳治3)年につくられた。

 金堂の右手前には，金沢八景の1つ「称名の晩鐘」で名高い梵鐘(国重文)がある。実時が父母の菩提をとむらうために鋳造したものを子の顕時が改鋳した。物部国光・依光の合作になる形の整った名鐘である。寺の裏の右の山道をのぼると，稲荷山山腹に北条実時の墓とされる宝篋印塔がある。また寺左手の山裾には五輪塔が並ぶ墓域がある。左を顕時，右を貞顕の墓とするが，逆と考える説が有力で，伝貞顕墓からは宋代の青磁壺の逸品(国重文・文庫保管)が出土している。熊野新宮は称名寺の鎮守で，鎌倉末期の僧形八幡坐像(県重文・文庫保管)がまつられていた。

 称名寺の西にトンネルで結ばれて神奈川県立金沢文庫がある。『文選集注』(国宝)をはじめとする古書・古文書約2万点や，北条実時以下4代の画像(国宝)など，称名寺や金沢文庫に伝来した多数

の文化財を展示・保管する博物館である。文庫は，実時が晩年の1275(建治元)年ごろに金沢の別邸に蔵書を集めて創設したといわれる。彼の好学の風は子孫にうけつがれて蔵書は充実し，一族や各地の武士・僧侶に利用された。『徒然草』で有名な吉田兼好も来遊したようであるが，鎌倉幕府滅亡後，文庫は称名寺とともに衰え，蔵書も多く散逸した。1930(昭和5)年，阿弥陀堂の跡地に県立金沢文庫が復興され，1990(平成2)年現在地へ移転した。金沢文庫は，「文庫ヶ谷」とよばれるこの地にあったとされ，近年の発掘調査の結果，称名寺につうじる中世のトンネルに接続する道路や建物遺構が検出された。

称名寺境内とその付近には，縄文時代後期のいわゆる称名寺式土器を出土した称名寺貝塚跡がある。

瀬戸神社 ⑭
045-701-9992

〈M▶P.50,126,137〉横浜市金沢区瀬戸18-14
京急線金沢八景駅🚶3分，またはシーサイドライン金沢八景駅🚶3分

金沢八景駅の駅前十字路の左右の道は旧六浦道で，左にいくともなく瀬戸神社がある。主な祭神は大山祇命。社伝によると1180(治承4)年，源頼朝が日ごろ崇敬する伊豆三島明神をこの地に勧請したといい，中世には瀬戸三島神社とよばれ，北条氏・足利氏をはじめとする上下の信仰を集めた。神社はこの一帯に存在した内海(平潟湾)の中心に位置し，その西部にはかつて鎌倉の外港として栄えた六浦津があった。

社宝に源実朝の使用と伝えられる陵王面・抜頭面(国重文)がある。これらは鎌倉

瀬戸神社

瀬戸図

港南の辺り

時代の作で，江戸時代末期に水戸家の徳川斉昭が模刻を制作させたほど世に知られていた。また「正一位大山積神社」の扁額は1311(延慶4)年世尊寺流10代藤原経尹の筆とされる。

社前の平潟湾に浮かぶ琵琶島の弁財天は，北条政子が竹生島明神を勧請したと伝えられる。

龍華寺 ⑧⑤
045-701-6705
〈M▶P.50,126,137〉 横浜市金沢区洲崎町9-31
京急線金沢八景駅 10分

天平期の仏像がある古刹

瀬戸神社から瀬戸橋を渡り，まっすぐにいくと伊藤博文らが大日本帝国憲法を起草した旅亭東屋の跡地，少し進むと「憲法草創之処」の碑がある。ここを左折するとやがて右手に知足山龍華寺(真言宗)がある。縁起によると，文治年間(1185〜90)に源頼朝と文覚上人が六浦山中(上行寺東遺跡か)に浄願寺を建立し，13世紀中ごろに忍性が来住して戒律を広めた。1478(文明10)年，兵火により焼失したため現在の洲崎の地に寺を再建し，龍華寺と号した。1620(元和6)年に本尊が現在の大日如来となり，江戸時代には塔頭4院，末寺20余を擁し，武蔵国の密教教学の中心寺院として栄えた。山門をはいって右手の梵鐘(県重文)は，1541(天文10)年に古尾谷重長が寄進したもので，細身の様式，鎌倉末期の鋳造とされる。鐘楼東側の墓地に，泥亀新田村の開発者永島泥亀一族の墓がある。

龍華寺の梵鐘

なお1998(平成10)年に蔵から発見された，天平時代の作とされる脱活乾漆造の菩薩半跏像などは，門前の洲崎神社の地にあった塔頭福寿院の本尊であったことが知られるが，江戸時代以前の伝来は不明である。

金龍院 ⑧⑥
045-761-8823
〈M▶P.50,126,137〉 横浜市金沢区瀬戸10-12
京急線金沢八景駅 5分

龍華寺から国道16号線を南に200mほどくだると左手に「八景一

金沢八景

> コラム

　金沢の入江は，房総半島への交通の要地として開け，景勝の地としても知られていた。金沢八景の名称はいつごろつけられたかあきらかでないが，1614(慶長19)年刊の『名所和歌物語』にはその名が記されている。当時の八景は，中国の瀟湘八景(洞庭湖にそそぐ瀟湘二水付近の勝景)をそのままあてはめたもので，地名と結びつけて場所が固定したのは，徳川光圀に招かれた中国の禅僧心越興儔(号東皐)が1694(元禄7)年に詠んだ「武州金沢能見堂八景詩」にはじまるといわれる。その八景とは，洲崎青嵐・瀬戸秋月・小泉夜雨・乙舳帰帆・称名晩鐘・平潟落雁・野島夕照・内川暮雪をさす。能見堂は現存しないが，その跡地は金沢文庫駅の北北西約1kmの旧保土ケ谷道に面した眺望のよいところで，平安の昔に絵師巨勢金岡が金沢の絶景に感嘆するのみで筆をすてたという伝説の地である。近世に多くの文人墨客がここを訪れ，八景を詠んだ詩歌も数多く残されている。

　江戸市民に金沢遊覧が流行したのは，庶民文化の爛熟した文化・文政期(1804～30)で，手ごろな距離にあることから，大山詣や江の島・鎌倉遊覧とあわせて金沢八景を訪れる人も多かった。瀬戸神社の社頭付近には東屋・千代本などの旅亭や茶店がたち並び，歌川(安藤)広重が錦絵を描き，地元の社寺もきそって金沢八景の案内図を発行した。

　明治以降も，その景勝から避暑避寒の別荘地として知られた。1887(明治20)年，伊藤博文ら4人は旅館東屋で明治憲法を起草したが，草案のはいったカバンを盗まれたため，夏島の伊藤の別荘に場所を移して草案を完成した。野島公園内の茅葺きの家は，その後1898年に新築した伊藤博文別荘である。

　その後の金沢八景は，昭和にはいってからの軍需産業の進出と，太平洋戦争後の大規模な宅地造成・金沢地先の埋立事業などにより，かつての景観は失われてしまった。

見之地飛石」ときざんだ石碑がたち，その奥に昇天山金龍院(臨済宗)がある。

　本堂には，本尊として聖観音菩薩像と宝冠の釈迦如来像を安置し，その右手に開山の方崖元圭坐像(県重文)がある。創建年代はあきらかでないが，元圭は鎌倉建長寺の47代住職で，1383(永徳3)年に入寂した。像は高さ109cm，寄木造，写実性に富み，とくに個性的な顔立ちをよく表現し，元圭の没後まもない南北朝期の作で修

> 県重文の開山像

港南の辺り　141

金龍院方崖元圭坐像

理の際に褐色漆が塗られている。

　寺から国道をへだてた地には，18世紀に金沢(六浦)藩の米倉陣屋がおかれたため，藩士の信仰が篤く，墓地には藩の重臣など武家の墓碑が多くある。境内東南の山頂，現在太子堂がたっている地は，金沢八景眺望台として知られた九覧亭旧跡で，昭和初期までは茶店も賑わっていた。なお，近世の金沢遊覧が盛んだったころに当寺も「金沢八景絵図」を発行し，その版木が所蔵されている。

　駅前から県道原宿六浦線を西に進み，右手の急な石段をあがると上行寺東遺跡復元整備地がある。1984(昭和59)・86年の発掘調査でやぐら44基，建物群7基などの遺構と多量の陶磁器類・古銭・人骨などが出土した。その後保存運動が高まり，横浜市は上段遺構の一部を遺跡近くの現在地に造形保存したが，遺跡は完全に破壊された。付近は往年の六浦津と推定される。

光伝寺 ⑧⑦　〈M▶P.50,126,137〉　横浜市金沢区六浦3-2-11　℗
045-701-8336
京急線金沢八景駅🚶15分

永仁期の地蔵仏

　県道をさらに西に向かうと侍従川の手前右手に1573(天正元)年創建と伝えられる常見山光伝寺(浄土宗)がある。いわゆる六浦道は県道南の諏訪之橋を渡る道で，橋の東より北にのびる路地の正面に寺はある。かつての寺域はこの六浦道にまでおよんでいた。山門は，もとは現在地より南にあり，はいると右手に地運山蔵光院と号する地蔵堂があった。明治初年ごろに焼失したため，地蔵堂の本尊地蔵菩薩立像(県重文)は客仏として本堂にまつられている。高さ164.5cm，檜材の寄木造で1294(永仁2)年に

光伝寺地蔵菩薩立像

六浦藩

コラム

　六浦藩主米倉氏は横浜市域における唯一の大名であった。甲斐国武田氏の一族で、八代郡米倉に住むようになってから米倉氏を名乗り、代々武田氏につかえた。武田氏滅亡後は徳川氏にしたがい、1590(天正18)年の徳川家康関東入国にあたっては、種継が足柄上郡に500余石、その子清継が大住郡堀山下村(現、秦野市)に200石をあたえられた。

　清継の孫昌尹は、5代将軍綱吉の御側衆として側室お伝の方の庶務をあつかい、生類憐みの令により四谷・中野の犬小屋普請奉行をつとめるなど、将軍の信任が厚かった。1696(元禄9)年に若年寄に昇進して相模・武蔵・上野に計1万石の地を拝領して譜代大名の列にはいり、1699年には久良岐郡宿村・同所新田・赤井村・六浦平分村・六浦社家分村・六浦寺分村・寺前村・同所新田などを含む5000石を加増され、大名となって下野国都賀郡皆川(現、栃木市)に陣屋を構えた。同年に遺領をついだ昌明は3000石を弟に分知し、1万2000石が明治まで継承された。

　昌尹にみられるような大名への新規取立ての著名な例として、同じころに側用人として権勢をふるった柳沢吉保の場合がある。両家は同郷出身で戦国時代以来親交があり、昌尹昇進の背後には柳沢氏の存在があったものと思われる。事実、昌明の子昌照には子がなく、吉保の6男忠仰を養子として迎えている。彼の代の1723(享保8)年には皆川より久良岐郡金沢に陣屋を移し、いわゆる金沢藩が成立した。7代のちの昌言に至り版籍を奉還し、六浦藩知事となった。六浦藩とは、明治維新に際して加賀の金沢との同一藩名の混乱をさけるためにつけた称である。

　金沢の米倉陣屋跡は、金沢八景駅西南の谷戸にあり、通称「お屋敷」とよばれる。谷戸のほぼ中心に米倉家当主の邸宅があり、入口の石段に当時をしのぶことができる。谷戸の奥には明治以降の米倉墓所がある。

増慶ら慶派仏師によって制作された、写実性に富む秀作である。

　背後の山は金沢八景眺望の地として知られ、1827(文政10)年には「西湖之八景武之金沢模写図」という金沢案内図を発行した。

　鎌倉方面に進むと左手に「小泉又次郎生誕の地」という碑が目にはいってくる。小泉又次郎は第二次世界大戦の戦前に逓信大臣、横須賀市長などをつとめた政治家で、第87代内閣総理大臣小泉純一郎の祖父にあたる。その碑の少しさきの山手に五栄山宝樹院(真言宗)がある。1650(慶安3)年に近くの三艘(現、京浜急行六浦駅付

峰の灸

コラム

　峰の灸で知られる護念寺は，武蔵と相模の国境をなす円海山の山腹，磯子区峰町にある（JR根岸線磯子駅より峰行バス終点下車5分）。1752（宝暦2）年，峰にある阿弥陀寺の奥院として創建された。開基は土地の領主星谷具久，開山は鎌倉光明寺71世の円海で，創建に尽力したのは円海の弟子で阿弥陀寺14世の法雲といわれる。円海山清浄院と号し，浄土宗の寺である。

　5世の万随は，夢枕にあらわれた威徳明王によって霊灸を伝授され，布教のかたわら灸をほどこして人びとを救済したといわれ，その墓碑には念仏化益すること60万人におよぶと記されている。以後，歴代の住職はこの灸を継承し，灸舎は威徳明王を安置して明王殿と称し，現在も灸医療を続けている。なお，現在の明王殿は1917（大正6）年の火災後に苅部家の養蚕舎を本堂の地に移したもので，本堂は現在地に再建された。

　護念寺は檀家が少なく，灸は重要な収入源となった。6世の円明は，100文の料金で施療後に白米の食事をサービスしたので，白米などはめったに食べられない農民の間で評判となった。

　盛んであったのは明治から昭和10年代までで，多いときは1日に3000人をこえたという。茶店が峰に十数軒，境内には3軒たち並び，沿道に露店をだすものもあった。落語「強情灸」の題材にもされている。

　灸は，皮膚上の特定部位（経穴）にヨモギの葉を干してつくる「もぐさ」をのせ，これに火をつけて焼き，その熱気によって病を治す漢方療法である。峰の灸は，大きな灸をすえることにより体内の膿をのぞく打膿灸に効力があるとされ，全国にその名をはせてきた。また，第二次世界大戦前の客は，養生灸といって病気予防のために春秋の陽気のかわり目には必ず灸をすえてもらうという人が多かった。現在，峰の灸は護念寺と六浦雲渓の2家で継承されている。

近）から移ってきた寺で，高台にあるため眺望もすばらしい。阿弥陀堂の阿弥陀三尊像（県重文）は一木造で平安末期の仏像である。像の頭部内から称名寺開山審海の修理願文などが発見されている。この三尊像がかつて崖下にあった1147（久安3）年建立の常福寺の本尊と判明したのも，それらの文書によるものである。

津久井・相模野の大地

Tukui Sagamino

相模湖

相模の大凧揚げ

八王子市
日野市
国立府中IC
中央自動車道
八王子JCT
高尾山
599
陣馬山
857
景信山
727
藤野PA
相模湖
相模湖IC
津久井湖
城山湖
甲州街道
津久井郡
相模湖町
津久井郡
藤野町
津久井郡
津久井町
津久井郡
城山町
小倉山
327
多摩市
稲城市
東京都
町田市
京王相模原線
京王高尾線
町田街道
JR横浜線
相模原市
町田市
宮ケ瀬湖
愛甲郡
愛川町
焼山
1060
仏果山
747
経ヶ岳
633
高畑山
766
辺室山
644
愛甲郡
清川村
丹沢山
1567
塔ノ岳
1491
行者岳
1209
三ノ塔
1205
三峰山
935
神奈川県
大山
1252
岳ノ台
899
ヤビツ峠
厚木市
座間市
大和市
横浜町田IC
相鉄線
厚木航空基地
綾瀬市
海老名SA
厚木IC
海老名市
伊勢原市
秦野市
東名高速道路
小田急小田原線
高座郡
寒川町
藤沢市
小田急江ノ島線
新湘南バイパス
平塚市
JR東海道新幹線
相模川
大井松田IC
中井PA
秦野中井IC
足柄上郡
大井町
足柄上郡
中井町
小田原厚木道路
中郡
大磯町
JR東海道本線
茅ヶ崎市
平島
姥島
(烏帽子岩)
江の島
JR御殿場線
酒匂川
花水川
湘南大橋
中郡
二宮町
西湘バイパス
小田原市
西湘大橋
相模湾
1:280,000
0
2
4km
N

◎相模散歩モデルコース

1. 小田急線高座渋谷駅 7 常泉寺 7 高座渋谷駅 5 小田急線大和駅 15 深見神社・仏導寺 15 大和駅 4 相鉄線さがみ野駅 9 報恩寺 25 長龍寺 25 早川城跡 30 五社神社 15 小田急線海老名駅

2. 小田急線海老名駅 11 相模国分寺跡 10 旧清水寺 15 秋葉山古墳群 20 梨の木坂横穴墓群・鈴鹿横穴墓群 10 星谷寺 10 小田急線座間駅

3. 小田急線本厚木駅 10 妙純寺・建徳寺 15 荻野山中藩陣屋跡・戒善寺 10 勝楽寺 10 愛川町繊維会館 45 三増合戦古戦場 30 本厚木駅

4. 小田急線伊勢原駅 15 太田道灌胴塚・洞昌院 10 七つ塚(七人塚) 15 大山ケーブル駅 30 大山寺 30 阿夫利神社 50 大山ケーブル駅 30 伊勢原駅

5. 小田急線秦野駅 25 蓑毛大日堂 15 大山参道の鳥居 25 波多野城址 20 実朝公首塚 5 金剛寺 15 秦野駅

6. 小田急線相武台下駅 5 長松寺 5 陣屋小路 7 一里塚 10 勝坂遺跡 25 JR相模線下溝駅 3 JR相模線原当麻駅 10 無量光寺 10 原当麻駅

7. JR横浜線・京王線橋本駅 25 津久井湖展望台 40 津久井城跡 40 津久井展望台 25 三ケ木 15 三太旅館 15 三ケ木 10 石老山入口 40 顕鏡寺 40 石老山入口 15 JR中央本線相模湖駅 10 小原宿本陣跡 10 相模湖駅

---

① 深見神社
② 常泉寺
③ 報恩寺
④ 早川城跡
⑤ 相模国分寺跡
⑥ 秋葉山古墳群
⑦ 旧清水寺・龍峰寺
⑧ 瓢簞塚古墳
⑨ 浜田歴史公園
⑩ 星谷寺
⑪ 座間の横穴墓群
⑫ 地頭山古墳
⑬ 烏山藩陣屋跡
⑭ 渡辺崋山来遊碑
⑮ 妙純寺
⑯ 建徳寺
⑰ 荻野山中藩陣屋跡
⑱ 厚木の民権史跡
⑲ 金剛寺
⑳ 飯山観音
㉑ 八菅神社
㉒ 三増合戦古戦場
㉓ 勝楽寺
㉔ 大山寺
㉕ 阿夫利神社
㉖ 日向薬師
㉗ 伝上杉館跡
㉘ 三之宮比々多神社
㉙ 高部屋神社
㉚ 岡崎城跡
㉛ 震生湖
㉜ 弘法山
㉝ 桜土手古墳公園
㉞ 二子塚古墳
㉟ 蓑毛大日堂
㊱ 波多野城址
㊲ 実朝公首塚
㊳ 金剛寺
㊴ 蔵林寺
㊵ 米倉一族の墓
㊶ 長松寺
㊷ 陣屋小路
㊸ 一里塚
㊹ 勝坂遺跡
㊺ 当麻東原古墳
㊻ 無量光寺
㊼ 田名向原遺跡
㊽ 相模原市立博物館
㊾ 龍像寺
㊿ 清兵衛新田
51 金剛山善門寺
52 峰の薬師
53 津久井城跡
54 顕鏡寺
55 小原宿本陣跡
56 土平治の墓

大和と綾瀬

1

神奈川県のほぼ中央に位置する大和市・綾瀬市には、戦後、マッカーサーが日本占領の第1歩を印した厚木基地がある。

深見神社 ❶ 〈M▶P.146,148〉 大和市深見3367
046-261-2539　相鉄線・小田急線大和駅 🚶15分

式内社になっている古社

　大和駅から横浜方面に向かい、467号線を横切りしばらくいくと、深見小学校の裏手に深見神社がある。創建年代は、478年とする伝承もあるが不明。927（延長5）年成立の『延喜式』神名帳に、相模国13座の1つとして記載されている式内社であることから、それ以前の成立であると考えられる。ほぼ同時期に編纂された『倭名類聚抄』に深見は「布加美」とでてくる。祭神は武甕槌神・建御名方神である。江戸時代に深見の領主となった坂本氏は、1682（天和2）年寺社奉行に任命された5代目重治のときが全盛で、本貫

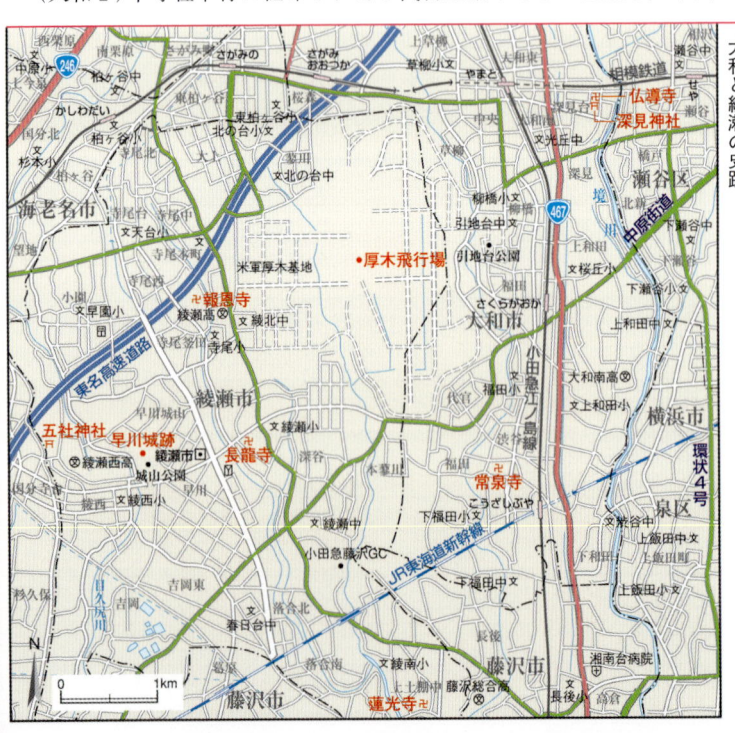

大和と綾瀬の史跡

深見神社　　　　　　　　　　　　　　　　　　　　　　　　　常泉寺中根家の墓

の深見のほか，常陸国鹿嶋などにも所領があった。深見神社には鹿島社の別称があり，これは坂本氏が鹿島神宮の祭神を勧請したことによるが，そればかりではなく『新編相模国風土記稿』によると，鹿島社の名が著名だからであると説明している。1876(明治9)年に隣接する仏導寺の火災で類焼し，社殿などことごとく焼失したが，1941(昭和16)年に再建され現在に至っている。境内には，正面に「相模国十三座之内深見神社」とある1791(寛政3)年造立の社号標や，かながわ名木100選に選ばれた神木「なんじゃもんじゃの木」(ハルニレ)もある。

　親縁山一心院仏導寺(浄土宗)には，領主坂本氏の板碑型の石塔3基のほか，梵鐘や徳本念仏塔がある。梵鐘は1698(元禄11)年に江戸の鋳物師の木村将監安継・同三郎兵衛安信が鋳造したものであり，念仏塔は1818(文政元)年の建立である。

常泉寺 ❷　〈M▶P.146,148〉大和市福田2176
046-267-8789　小田急線高座渋谷駅 🚶 7分

「花のお寺」「河童のお寺」として親しまれる

　高座渋谷駅の改札をでて左手の踏切を渡り，まっすぐゆるやかな坂道をおりていくと，右手に清流山常泉寺(曹洞宗)があらわれる。開山は剛巌存夙(藤沢市の宝泉寺6世)，開基は福田村開拓九人衆の1人広田刑部助の後継者とされる関永和泉で，寺名はその法号の清流常泉禅定門によったと考えられている。1590(天正18)年ごろに創建されたと考えられており，地元では「花のお寺」「河童のお寺」として親しまれている。

　福田村は，1600(慶長5)年に徳川氏の家臣の川井氏の所領とな

大和と綾瀬　　149

り、さらに1640(寛永17)年には、3代将軍徳川家光に御側衆としてつかえた旗本の中根正盛の所領となった。以後幕末までかわることはなかった。その関係で、常泉寺には中根家の墓地がある。また大変珍しい百万塔が1基ある(非公開)。これは廃仏毀釈の嵐が吹き荒れた明治時代、伽藍維持のために広く浄財を求めていた法隆寺に対して、その求めに応じた篤志家がおり、返礼として百万塔がさずけられたのだが、これが当寺に奉納されたために所蔵されることとなったのである。明治初年には、当寺を借用して桃蹊学舎とよばれる小学校がおかれたことがあり、その跡地に碑石がたてられている(拝観料〈守華代〉が必要)。

報恩寺 ❸
0467-78-7160
〈M▶P.146,148〉綾瀬市寺尾南2-10
相鉄線さがみ野駅 🚌 長後駅西口行観音入口 🚶 5分

「弾除観音」「オタスケ観音」の寺

バス停前の綾瀬高校の角を西(左)へまがり、坂をくだっていくと、陽広山報恩寺(曹洞宗)がある。1602(慶長7)年に嘲巌存夙(常泉寺の開山でもある)を開山、後藤右近を開基として創建されたが、鎌倉時代の領主渋谷氏の法音寺を継承した寺(「ほうおん」が通名)と考えられている。1649(慶安2)年には江戸幕府から寺領8石の朱印地を寄進されている。境内にある蓼川観音堂は、もとは蓼川にあったが、1939(昭和14)年厚木基地の新設に伴い当寺に移築された。ここには5代将軍徳川綱吉の生母桂昌院の位牌がまつられている。さらに石造観音像も多く現存しているが、第二次世界大戦中には「弾除観音」として参詣する人も多かったと伝えられている。

報恩寺弾除観音

バス道に戻り、長後方向に進み、綾瀬小学校の交差点を右にまがり、ゆるやかな坂道をくだっていくと左手に深谷山長龍寺(曹洞宗)があらわれる。寺名は1445(文安2)年に死去した開基の蛭川越

長龍寺　　　　　　　　　　　　　　　　　　　　蓮光寺遠山氏累代の墓

後(法号深谷寺殿 長 龍 道安居士)の名にちなむ。1649年に幕府より寺領8石の朱印地をあたえられているが、これは天正年間(1573～92)の御朱印が焼失してしまったために、改めてあたえられたものだということが『新編相模国風土記稿』にみえる。山門をはいって左手に深谷村領主の大橋氏の宝篋印塔15基がたっている。徳川秀忠・家光に仕えた大橋親善が、1633(寛永10)年深谷村などの知行地をあたえられた。3代のちの大橋近江守親義は勘定奉行にまでなったが、1758(宝暦8)年におこった郡上藩(岐阜県)の郡上一揆(宝暦騒動とも)にまきこまれて失脚し、所領を失った。以後深谷の大橋氏所領は幕府領となった。

　バス道に戻り綾瀬小学校前から乗車して、上土棚で下車。南西の方角へ住宅街をくだって10分ほどいくと、清水山蓮光寺(浄土宗)がある。山門右手には徳本念仏塔がある。当寺は1594(文禄3)年に領主の遠山佐左衛門安則(康則)が開基し、念誉上人を迎えて開山した。寺名は安則の法号「徳泉院殿 照誉清山蓮光大居士」による。境内の地蔵堂のうえに、遠山氏累代の墓碑群(37基)がある。安則は徳川家康につかえて上土棚村など300石をあたえられ、3代安忠は500石の旗本となった。以降幕末まで上土棚は、遠山氏の支配をうけた。

早川城跡 ❹

〈M▶P.146,148〉綾瀬市早川941
相鉄線・小田急線海老名駅🚌綾瀬市役所行駐在所前🚶10分

　早川城跡は、相模野台地の南につきでた部分を利用して築かれた山城であり、地元の人びとの間では古くから渋谷氏の居城と言い伝

早川城跡の空堀

東郷平八郎元帥の祖先発祥の地

えられてきたところである。現在はうっそうとしげった樹木によって、まわりからはっきりと確認することはできないし、城跡にのぼっても周辺の景観をうかがうこともできない。

　平成になってから行われた発掘調査の結果、曲輪、土塁、空堀、物見塚などが確認されている。これらの遺構(土塁・空堀はよく保存されている)と数少ない遺物などから判断して、早川城は戦国期以前の室町時代に築かれた山城であり、常駐して城をまもっているような性格のものではなく、非常時に防衛拠点として使われた要害施設であると考えられている。城跡は現在城山公園となっていて、サクラの広場・湿生園・遊具広場・幼児広場・日本庭園などがつくられており、市民の憩いの場ともなっている。また物見塚の跡には、1932(昭和7)年にたてられた「東郷氏祖先発祥地碑」がある。これは日露戦争時の日本海海戦(1905年)でロシアのバルチック艦隊を壊滅させた際の、日本連合艦隊司令長官東郷平八郎の先祖が、当地の渋谷氏であることによる。

　目久尻川をはさんで対岸には、「天平五(733)年九月」の紀年のある木簡が出土し、学界から注目を集めた宮久保遺跡(現、県立綾瀬西高校校地)がある。西方には渋谷氏と縁の深い五社神社があり、『新編相模国風土記稿』によると「地神五座を祀る、故に此名あり、神体は倶に木像村の鎮守なり」との記述がある。また、日本武尊が東征の際に立ち寄ったという伝説をもつ腰掛石がある。

　さらに西北の丘陵上には、長泉寺中世墳墓群と中世建築遺構群をもつ浜田歴史公園がある。

津久井・相模野の大地

2 海老名と座間

県中央部で相模川左岸に位置する。海老名は相模国分寺がおかれ、古来より交通・流通の要所。座間は北部に米軍キャンプ座間を配し、律令のころより名がみえる。

相模国分寺跡 ❺

〈M▶P.146,153〉 海老名市国分南1
小田急線・相鉄線海老名駅🚶11分

法隆寺式の伽藍配置　規模は全国第2位

　海老名駅東口をでて、相鉄線ホームに沿って進み、最初の信号で右折して、だらだら坂をあがると右手に整備された相模国分寺跡（国史跡）がある。1965（昭和40）〜66年と1990（平成2）年以降の発掘調査の結果、東西160m・南北240mの回廊中央部に講堂が、南側中央部に中門がおかれ、回廊内部の東側に金堂、西側に七重塔を配した、法隆寺式の伽藍配置をもつことがわかった。また伽藍の北側で細長い僧坊の建物跡が確認された。国分寺では、武蔵国分寺について全国第2位の規模で、創建は出土瓦と敷地内で発見された建立以前の竪穴住居跡の年代から奈良時代中ごろと推定されている。

　遺跡からは建物の礎石や瓦のほか、七重塔の頂上の金銅製水煙の一部も発見された。塔と金堂の礎石は近年の石材分析から、中津川・小鮎川・玉川などの流域から運んだものとわかった。現在、海老名市は、この史跡の歴史公園整備計画を順次進め、1994年には約21m四方の七重塔の基壇部分を昔どおりに復元し、1998年以降は中門跡と南回廊跡・僧坊跡の復元工事を完了した。

　金堂跡の右手の白い建物は、大正時代の村役場の庁舎を修復して利用している市立郷土資料館海老名市温故館である。国分寺の100分の1の模型と瓦や水煙、市内の遺跡から出土した土器や石器など

海老名と座間の史跡

復元整備された相模国分寺七重塔跡

を展示し、国分寺のパンフレットもあるので立ち寄っていきたい。

温故館前のバス通りを駅方向に150mほど歩くと、左手に古木の大ケヤキ(県天然)と、「高野山真言宗相模国分寺」の看板があり、ここが現国分寺(薬師堂)の入口である。戦国時代に国分寺跡にあった伽藍が焼失したため、高台にあった国分寺の別院の薬師堂を現在地に移して、国分寺の法灯をうけついだのが現国分寺である。本尊は薬師如来で、寅年の10月12日に開帳される以外は非公開である。境内に伝説で有名な尼の泣水碑がある。本堂の左手前の鐘楼には1292(正応5)年この地に居館を構えていた海老名の一族、国分季頼が尼寺に寄進した梵鐘(国重文)がある。鋳物師は鎌倉の円覚寺や金沢の称名寺の鐘も制作した名工物部国光である。

国分寺跡に戻り、右側のバス道を北へ約500m歩き、「庚申堂大権現入口」の標柱で左折すると国分尼寺跡(国史跡)に着く。近年、数次にわたって発掘調査が行われ、金堂のほか、講堂と経蔵の基壇の一部が確認された。その結果、中門・金堂・講堂が南北に並び、講堂の両脇に経蔵と鐘楼をもつ伽藍配置をとること、規模は国分寺よりひとまわり小さいことが判明した。

秋葉山古墳群 ❻

⟨M▶P.146,153⟩ 海老名市上今泉 4
相鉄線かしわ台駅 🚶 22分

県内現存最古の古墳群 現在国史跡に申請中

かしわ台駅西口をでて産川橋を渡り、国道246号線ガードをくぐり、左折して進む。上今泉の信号で右折し上星小学校をめざす。小学校前の信号を右折すると老人ホーム中心荘があり、そのさきに秋葉山古墳群がある。古墳群は尾根筋に沿ってクランク状に並ぶ6基の古墳からなり、北に離れた円墳の6号墳以外が近年墳形確認のため部分的に発掘調査された。

1号墳は全長58mの前方後円墳で前方部で周溝が確認され、くび

秋葉山古墳群全体図(秋葉山古墳遺跡調査団『秋葉山古墳群』一九九一に加筆)

れ部から土師器の小型壺や鉄鏃が出土した。2号墳は全長50mの前方後円墳で、墳丘の裾に部分的に溝が掘られ、埴輪や駿河地方でつくられた土師器の壺などが出土した。3号墳は前方後円墳だったが、児童養護施設「中心子どもの家」の拡張工事で前方部が切りとられ、現在は径39mの後円部のみ残っている。周溝部や墳頂部から土師器の壺や高坏・鉢が出土した。

4号墳は全長41mの前方後方墳で、周溝から土師器の壺が発見された。5号墳は一辺20mほどの方墳で、周溝がめぐり、土師器の壺や高坏が出土した。これらの結果から秋葉山古墳群は、古墳時代前期に相模川中流域を支配した代々の首長が、これまで考えられていたよりも古く、3世紀末から4世紀中ごろに築造した、県内に現存する最古の古墳群として注目されている。

秋葉山古墳群のすぐ南側にある常泉院(曹洞宗)の境内には、江戸幕府創設期に関東総奉行に任命され、現在の東京都港区青山に屋敷をもち、3代将軍徳川家光の養育係をつとめた青山忠俊の墓がある。忠俊は高座郡今泉村(現、海老名市今泉)にも所領をあたえられ、元和年間(1615～24)に当寺の伽藍を建立している。

旧 清水寺と龍峰寺 ❼

<M＞P.146,153〉海老名市国分北2
小田急線・相鉄線海老名駅 🚶18分

鎌倉時代の作で国重文 十一面千手観音立像

海老名駅東口をでて、相鉄線の線路沿いの道を進み、踏切を渡ってバス停観音下より線路沿いの坂道をのぼりきると清水寺公園に着き、そのさきに旧清水寺(臨済宗)がある。源頼朝が1194(建久5)年に国分寺を修復しており、国分尼寺に隣接して荒廃していた勅願寺の湧河寺も再建した。そのとき堂前の涸れ池から清水がわきだしたので、清水寺と改名したという。その後、1699(元禄12)年に現在地に移転し、1737(元文2)年に再建されたのが観音堂(水堂)

旧清水寺十一面千手観音立像

である。

　現在，清水寺は廃寺となり，もと清水寺の観音堂は，昭和初期にこの地に移転してきた瑞雲山龍峰寺(臨済宗)が本堂として管理している。観音堂の本尊十一面千手観音立像(国重文)は，約170cmのカヤ材の一木造で，目は玉眼がはいり，鎌倉時代の作である。今なお「水堂の観音様」として信仰され，収蔵庫に安置されている。元旦と3月17日の祭礼に一般公開されている。観音堂にあった歌川国経筆の絵馬も収蔵されている。

　龍峰寺の仁王門は，1699年に清水寺の門として建立され，その後，1751(寛延4)年に再建されたもの。仁王門の脇には，草創期の郷土史の研究に功績があった中山毎吉の頌徳碑がたっている。

瓢箪塚古墳 ❽

〈M▶P.146,153〉海老名市国分南3
小田急線・相鉄線海老名駅バス吉岡芝原・杉久保住宅行国分寺台第2 🚶 2分

海老名市内最大の前方後円墳
上浜田古墳群の中核墳

　バスをおりてバス道を少し戻ると，瓢箪塚古墳のあるひさご塚公園に着く。秋葉山古墳群から南へ約2.2kmのこの辺りにも，前方後円墳と方墳・円墳計6基からなる上浜田古墳群がある。7号墳の瓢箪塚古墳は海老名市内最大の前方後円墳で，全長約66m，後円部の直径約36m・高さ5.5mある。古くからこの地域を支配した相武 国造の墓といわれてきた。もとは座間丘陵の頂部にあったが，今はまわりが削りとられて前方部の形がやせ細っている。

　1996(平成8)年，墳形の確認調査が行われ，後円部は2段または3段の築成で，周溝は掘られなかったことが判明し，前方部は南へさらにのびていて，全長80mの規模だったと推定された。埋葬主体部は未発掘で，墳丘上から発見された埴輪の破片などから，これまでいわれてきたよりも古く，4世紀末から5世紀初めに築かれたと年代修正された。

義民鈴木三太夫

コラム 人

　江戸時代の海老名市域17カ村の1つ大谷村は、旗本町野幸重の知行地の一部であった。町野は農民に重い年貢を課したため、名主の鈴木三左衛門（三太夫）は村民の窮状をみかねて、再三領主町野に年貢の軽減を願いでたが、聞きいれられなかった。

　三太夫はやむをえず、意を決して幕府に直訴しようとした。しかし事前に密告するものがいてとらえられ、1684（貞享元）年4月27日、代官所の刑場（現、県立中央農業高校内）で幼い2人の息子とともに処刑された。

　処刑を知った三太夫の妻は、すぐに自害したという。処刑をやめさせようと鈴木家菩提寺の妙常寺住職は馬を走らせたがまにあわず、せめて供養だけでもと3人の首をもち帰り、墓をつくったという。事件後に町野幸重は全所領を没収され、金沢藩前田家へ預かりの身となった。

　1938（昭和13）年4月に大谷地区の住民が、三太夫の屋敷跡と伝えられるバス停大谷宿の近くに「義民　鈴木三太夫翁之碑」を建立した。1952年4月には住民らによって石碑の場所に霊堂がたてられ、毎年4月27日には大谷地区の住民による供養祭が行われている。

鈴木三太夫の霊堂

　瓢箪塚古墳から住宅街を南へ5分ほど歩くと浜田三塚公園がある。ここも上浜田古墳群の一部で、前方後円墳の南北に円墳が1基ずつ計3基の古墳があったので、この名がついたといわれる。公園北側の1号墳は円墳で、墳丘の一部が削られ、未調査である。南側の3号墳は浜田町の宅地造成のときに調査が行われ、埋葬主体部は削りとられていたが、発見された周溝から径約35mの

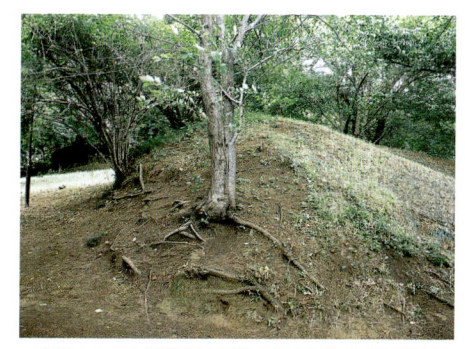

南側からみた瓢箪塚古墳前方部（手前）と後円部（奥）

整備された浜田歴史公園

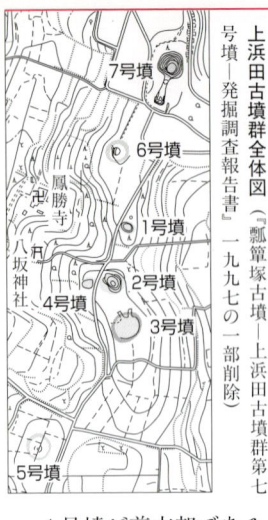

上浜田古墳群全体図（『瓢簞塚古墳─上浜田古墳群第七号墳─発掘調査報告書』一九九七の一部削除）

円墳だったことが確認された。真ん中の前方後円墳は古代の官道によって二分され，道の東側の2号墳が後円部，西側の4号墳が前方部である。古墳群南端の5号墳（太鼓塚古墳）は5世紀中ごろの円墳で，7号墳と1号墳の中間に位置する6号墳は4世紀中ごろの方墳と考えられている。

浜田歴史公園 ❾

〈M▶P.146,153〉海老名市浜田町5
小田急線・相鉄線海老名駅🚌国分寺台第12行浜田歴史公園🚶すぐ

中世の建物遺構群 有力武士の屋敷跡

バス停の左側が浜田歴史公園である。公園一帯は上浜田中世建築遺構群（県史跡）で，座間丘陵の南端に位置している。現在の浜田町の造成工事にさきだち，1972（昭和47）〜74年に一帯の発掘調査が行われた。この結果，旧石器時代，縄文時代，奈良・平安時代，中世，近世の住居跡や遺物や墳墓などが発見された。これら各時代のなかでも，とくに谷戸に築かれた13〜15世紀の鎌倉〜室町時代の中世建物遺構群は，『法然上人絵伝』にみられる漆間時国邸と類似した配置の武家屋敷を思わせるもので，厩や牧場をもっていた。1981年に，中世建物遺構群は県史跡に指定され，浜田歴史公園として保存・整備されている。

星谷寺 ❿

〈M▶P.146,153〉座間市入谷3-3583
小田急線座間駅🚶8分

座間駅西口をでて，信号座間駅前から右折してまっすぐ進むと，妙法山星谷寺（真言宗）につきあたる。坂東三十三所観音霊場の8番

相模の大凧揚げ

コラム

　毎年5月4・5日に、座間市と相模原市で伝統の相模の大凧揚げ(国登録)が、隣接した相模川河川敷のグラウンドで行われる。大凧は10〜15m四方の竹でつくった骨組みに、8段に風の抜け道を残して和紙を張り、赤と緑の2文字が大書される。揚げ綱もあわせた総重量が900〜1200kgにもなる。

　大凧揚げは相模川流域の農村で端午の節句に男児の成長を祝うために、1830(天保元)年ころからはじまったという。はじめは3〜4m四方の大きさだったが、明治時代に現在と同じくらいの大きさになった。かつては村ごとに揚げていたが、現在では座間市は大凧保存会により1カ所で、相模原市は新戸・磯部・下磯部の3カ所で行っている。

　2002(平成14)年には、皇太子夫妻の長女敬宮愛子内親王の誕生を祝い、相模原が「祝風」、座間が「敬愛」と書かれた大凧が揚げられた。相模原の新戸の大凧は強風のなか、6時間17分も舞い続け滞空時間の大幅な記録更新をはたし、集まった観衆の大きな拍手をあびた。

札所である。もとは北東約400mの本堂山にあったが、焼失して、1749(寛延2)年に現在地に移った。境内にある1227(嘉禄3)年鋳造銘のある梵鐘(国重文)には、「大檀那源朝臣信綱」の銘がある。寄進者の信綱は、平治の乱(1159年)の落武者で、渋谷荘司渋谷重国に20年間仕えた佐々木秀義の孫である。鐘は優雅な平安様式を残しながら、新時代の鎌倉様式もみられ、撞座が1つしかないのが珍しい。制作は源吉国で、源姓鋳物師の県内に残る最古の鐘である。当寺は北条早雲以来、後北条氏の保護をうけ「星谷寺文書」によれば、八王子城主だった早雲の曽孫氏照は、出陣でたびたび当寺を宿舎にあてている。また1591(天正19)年には、豊臣秀吉より3石の朱印地があたえられている。

　星谷寺をでて右に坂を5分ほどくだると、旧座間郷総鎮守鈴鹿明神社に着く。当社の1556(弘治2)年の棟札には「大旦那北条藤菊丸殿」とみえ、本殿再建に領主氏照の援助が

鎌倉前期の国重文梵鐘　源吉国作で撞座1つ

星谷寺の梵鐘

海老名と座間

あったことがわかる。

座間の横穴墓群 ⑪

〈M▶P.146,153〉 座間市入谷1・4
小田急線座間駅 🚶 5分

古墳時代の有力農民墓
座間市内に3カ所現存

梨の木坂横穴墓2号墳

座間市内には古墳時代後期の横穴墓が50基以上あったが、現在みることができるのは梨の木坂・鈴鹿・鷹番塚の各横穴墓群である。このうち、前の2つは相模川沿いの同じ段丘崖面に築かれたもので、時期は7世紀から8世紀初めと推測される。

梨の木坂横穴墓群は座間駅前の十字路をまっすぐ渡ってくだる坂の途中、鈴木家墓地の隣に柵に囲まれてある。座間市教育委員会に申し込むと柵のなかにはいって見学できる。2基の横穴墓が崖面に掘られているが、左側が1号墳で全長7.14m、右側が2号墳で全長7.6m、ともに羽子板形に掘られている。1970(昭和45)年に道路拡張工事で発見・調査され、人骨・須恵器・鉄鏃・ガラス玉などが出土した。羨道入口を河原石で築き、横穴式石室らしくみせているが、市内のほかの横穴墓にも同様の構築がみられ、相模川中流域の横穴墓の特徴となっている。

梨の木坂横穴墓群の北方、諏訪神社の北西側、沢田家の屋敷内に鈴鹿横穴墓群1号墳がある。全長7.7m、発見された人骨から4人以上が埋葬されたことがわかった。

鷹番塚横穴墓群へは、星谷寺前のゆるい坂道を7分ほどのぼり、信号で右折すると座間ハイツの隣に遺跡公園がある。1968(昭和43)年に調査され、5基の横穴墓のうち、1・2号墳の2基が残っているが、落葉が羨門入口をふさぎ保全状況がよくない。遺物は2号墳から刀子(小刀)・人骨・土師器片が出土し、構築は7世紀前半から8世紀初めごろと考えられている。

入谷歌舞伎

コラム

行

　幕末から明治初年にかけて、座間市域の村々では、娯楽として村人による歌舞伎(地芝居)が演じられていた記録が残っている。明治20年代から昭和10年代までは、菊田座・蛭間座・本多座など旅役者や東京の歌舞伎役者も加わった芝居専業一座が、関東一円へ公演にでかけ、その指導で地芝居も盛んとなった。しかし第二次世界大戦中は上演がむずかしくなり、中断した。

　戦後、入谷地区では戦前に舞台を経験した16人が、歌舞伎復活の旗揚げをした。入谷歌舞伎の誕生である。かつての蛭間座全盛期の花形役者を師匠に、1964(昭和39)年10月から稽古にはいった。翌年3月、座間小学校の講堂で超満員の観客に披露公演、以後、各地の祭りの余興や老人会などで上演された。座間市は1971年3月、入谷歌舞伎を座間の地芝居と蛭間座の伝統を伝えるものとして、義太夫の寿会と合併して座間歌舞伎と改称させ、市の無形文化財に指定し、古典芸能の保存をはかった。

　1977年には、入谷歌舞伎は海老名の大谷歌舞伎とともに、県民俗芸能50選に選ばれた。しかし会員の高齢化と後継者不足で活動がとどこおり、1983年から休演が続いていた。1996(平成8)年、伝統をまもろうとする市民の熱意で入谷歌舞伎は14年ぶりに再興し、11月2日に「狩場曽我富士の曙　対面の場」が公演され、以後、毎年秋の市民芸術祭で上演されている。

③ 厚木・愛川

戦国時代は後北条氏の支配下で、近世では大山詣や商業の中心地。近代では自由民権運動が活発化する。愛川は地酒・織物でも有名。

地頭山古墳 ⑫

〈M ▶ P.146〉厚木市船子宮前
小田急線本厚木駅🚌船子経由青山学院大学、または西高経由森の里・中学経由森の里行農大入口🚶5分

5世紀後半の、相模川右岸流域支配者の前方後円墳

　バス停のある国道246号線沿いに約200m直進すると、東側からくるY字型道路に合流する。ここに半トンネル式の地頭山洞門があり、このうえに地頭山古墳が保存されている。道路に沿った急な坂道をのぼると、金網で保護された墳丘の麓にたどり着く。墳形は前方後円墳で洞門上には周辺を削りとられた前方部がのり、真南に向かって後円部が残されている。

厚木・愛川　　161

丘陵先端部に位置するこの古墳の規模は全長約70m・前方部高約3 m・後円部径約30m・後円部高約 6 mとされている。詳細は未発掘のため不明だが，墳形・立地・規模などから 5 世紀前半ごろの築造と推定されている。被葬者は相模川右岸流域や旧玉川流域の肥沃な地域を支配していた有力豪族と考えられる。5 世紀前半の古墳としては，相模川右岸中流域で現存する唯一の前方後円墳として貴重である。

烏山藩陣屋跡・渡辺崋山来遊碑 ⑬⑭

〈M▶P.146〉厚木市厚木町・東町
小田急線本厚木駅 🚶10分

> 渡辺崋山来遊の地
> 江戸中期、烏山藩支配地となる

　本厚木駅をでて小田急線に沿って海老名方面に歩くと国道津久井平塚線にでる。津久井方面へ左におれると渡辺崋山が止宿した万年屋(古郡半兵衛)跡の碑があり，さらに進むと右手に厚木神社がある。境内にはいると社殿横の道路を隔てて烏山藩陣屋跡の碑がある。再び厚木神社前に戻り津久井方面にいくと，相模川・中津川・小鮎川の合流する土手

渡辺崋山滞留の地碑

うえにでる。厚木の渡しと渡辺崋山来遊の碑がたっている。
　下野烏山藩(3 万石)は，1729(享保14)年から相州愛甲・高座・鎌倉・大住 4 郡41村 1 万石を支配した。そのため厚木役所(厚木陣屋)を愛甲郡厚木村においた。厚木陣屋には郡奉行の管下に藩から代官が派遣され郡奉行添役が常駐したが，のちに藩は在地の有力者溝呂木氏や宮台氏を登用した。
　1831(天保 2)年秋，厚木村を訪れた三河田原藩の江戸家老渡辺登(崋山)は厚木の人びとの様子を『游相日記』に書き残している。

妙純寺と建徳寺 ⑮⑯

〈M▶P.146,163〉厚木市金田屋敷295
小田急線本厚木駅(厚木バスセンター)🚌春日台団地・上溝・内陸工業団地行金田 🚶1 分

　バス停前の日蓮の像と並ぶ黒塗りの総門をはいると，明星山妙純

妙純寺「星の井戸」

寺(日蓮宗)がある。1276(建治2)年建立で、開山は日蓮の法弟日善、開基は本間六郎左衛門尉重連とされている。この地は堀ノ内などの地名から鎌倉時代の大仏宣時の重臣である本間重連館跡(海老名氏の分家)といわれる。総門から続く参道の土手は、館跡の土塁を利用していると伝えている。

広い境内には大イチョウがあり、右側奥の墓地には本間重連の墓と伝えられる宝篋印塔の供養碑がある。境内中央には「星下りの梅」と「星の井戸」がある。縁起によれば、1271(文永8)年9月13日に日蓮の佐渡配流のおり、この地に宿り、夜半に月に向かい経をとなえたところ、庭の梅樹に星がくだり近くの井戸の底へおちたという。

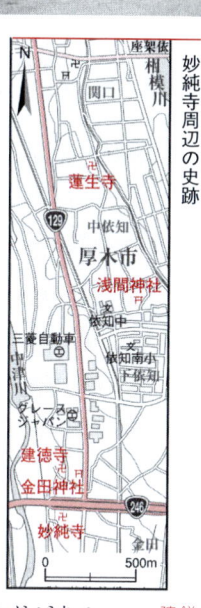

近世にはいり、1649(慶安2)年2石4斗の朱印地があたえられる。重厚な瓦葺きの本堂は、1838(天保9)年の大火で前の建物が失われたのちに藤沢の龍口寺から移築されたものである。本堂西側脇には寺の発展に寄与した18世界如院日瑤と4代将軍徳川家綱の老女である日窓上人禅尼(秋野の方)の2基の宝篋印塔がある。このほか、歌舞伎の初代坂東彦三郎の供養碑などがある。なお、館跡と星下りの話の場所は同じ日蓮宗である上依知の妙伝寺、中依知の蓮生寺などにも伝えられている。

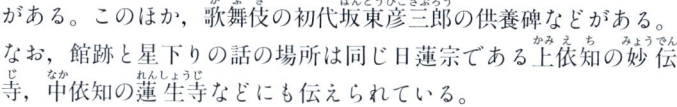

総門をでて左に進み、金田陸橋(国道246号線)をぬけると、金田神社前にでる。この門前をとおると正面に本間家の菩提寺である建徳寺(臨済宗)がある。本堂西側の高台に、本間家累代の墓と伝えられる宝篋印塔と五輪塔が二十数基残っている。時期は南北朝時代から室町末期のもので、中世の石造物としては厚木市内ではほかに例がない。なお近世のこの地の地頭であった旗本小河氏の墓地もある。

金田バス停に戻って坂をのぼると交差点がある。これを右折し進

妙純寺周辺の史跡

鎌倉武士の館跡にたつ妙純寺 建徳寺には中世石造物がある

むと切通の下り坂にかかる。左前方の下の段丘に依知南小学校の建物がみえ、この裏に浅間神社の森がある。神社は木花開耶姫尊がまつられ、境内には1350(貞和6)年清原宗広によって鋳造された銘をもつ銅鐘(県重文)がある。清原姓鋳物師は、14世紀から16世紀初頭に相模国を舞台に活躍した一団であった。

荻野山中藩陣屋跡 ⑰

〈M▶P.146,165〉厚木市中荻野字山中
小田急線本厚木駅(厚木バスセンター)🚌半原・上荻野行舛割 🚶5分

小田原藩の支藩の陣屋跡幕末、討幕派により焼き討ちされる

バス停から200mほど戻ると右側にややせまい旧道があり、民家の間を150mほど進み左折すると、山中陣屋跡史跡公園にでる。手前に稲荷社があり山中城跡の碑がたっている。ここが愛甲・高座・大住3郡1万3000石の陣屋であった。荻野山中藩は小田原藩大久保家から江戸中期に分家し、当初は駿河国松永村(現、沼津市)に陣屋があったが、1783(天明3)年ここに移り、初代教翅・2代教孝・3代教義に至る3代88年間の居城となった。

幕末期はどの藩も財政的危機に瀕していたが、山中藩も年貢割付はもとより、年貢先納や調達金を徴収してもおさまらず、村人に無尽をさせ借金し献金を課す方法(山中先納講無尽・山中積金講・山中利運講など)がとられた。江戸の成川検校という金貸しに藩留守居役高橋弾治が財政救援のため大金を借りていたが、このことに端を発し高橋を追放する事件もおこっている。

1867(慶応3)年12月15日、この山中陣屋が焼き討ちされるという事件が発生した。当時藩主大久保氏は江戸屋敷にあって、山中陣屋には少人数の留守居の家臣がいたのみで、長屋にいた足軽と代官三浦正太郎が殺害されている。これは武力討幕派が関東の擾乱をねらって江戸薩摩藩邸に結集し、水戸浪士鯉淵(結城か)四郎ら三十数人が農民も動員して陣屋を襲撃して金品を略奪し、さらに下川入村・山際村・津久

荻野山中藩陣屋跡

164　津久井・相模野の大地

県根小屋村などの富農に醵金を強要した事件である。

　浪士隊の実体については、今後より詳細な研究が必要であるが、一行が長州藩士または紀州藩士と名乗っていたこと、山中藩の脱藩士が事前に計画を知っていたこと、その脱藩士が結城四郎や相楽総三らと通じていたこと、一行のなかには上州綿打村の長山真一郎や山川市郎・石井道三・鈴木佐吉といった地元の人びと(のちに荻野を中心とする自由民権運動をになう)や下荻野の博奕打の頭目も加わっていること、浪士隊は金穀を徴発した反面、村方の困窮人に施与行動を行っていることなど興味ある点も多い。

　なお、大久保家7代当主教義の子忠良は西南戦争で戦死している。

厚木の民権史跡 ⑱

〈M▶P.146, 165〉厚木市上・中・下荻野
小田急線本厚木駅(厚木バスセンター)🚌半原行久保
🚶3分

神奈川自由民権運動の中心地の1つ

　バス停に向かいあって、自由党左派による大阪事件(1885年)の神奈川グループにより朝鮮渡航資金調達のため襲撃をうけた岸十郎平旧宅、その奥に民権結社相愛社幹部の神崎正蔵旧宅がある。

　飯山に向かう旧道を公所方面にいくと民権家石井道三・加藤政福・柳田富三・森甚太郎・大矢正夫らの旧宅があり、台地のうえに戒善寺(日蓮宗)がある。山門脇に、大阪事件に連座し強盗罪に問われて6年の禁固刑をうけた、佐伯十三郎・難波春吉・大矢正夫の墓が並んでいる。これは三者による生前からの誓約であり、戒善寺住職のはからいによるものであった。

　旧道をさらに荻野新宿に向かうと天野政立旧宅があり、さらに進むと十字路にぶつかる。これを飯山方面におれると、講学会とよばれる民権学習会の会場となった法界寺(浄土宗)があり、民権家難波惣平の旧宅がある。ここには植木枝盛・景山英子らが来訪している。また十字路左右には松坂屋・辰巳屋などの旅館があり、民権家の会合に常用された。辰巳屋には「自由亭」と書かれた2個の岡持ちがあった(現在、複製が神奈川県立歴史博物館にある)。

厚木民権史跡地図

厚木・愛川

辰巳屋から東南へ約1kmいくと三田の清源院(曹洞宗)がある。

　天野政立は荻野山中藩医の家に生まれ，襲撃事件の際には負傷者の手当てを行っている。のち郡の書記となり国会開設の請願の際には総代となり，地租軽減嘆願の惣代人であった。また大阪事件となる朝鮮渡航計画に際しては，募金に奔走している。

　難波惣平は愛甲郡自由党の要であり，地租軽減運動を指導した。井上篤太郎は遊学により新知識を吸収するとともに，1882(明治15)年の自由党臨時大会に地元を代表して出席している。講学会や板垣退助遊説の成功は，井上におうところが大きいといわれる。井上は県会議員となると同時に玉川電気鉄道・王子電気軌道・京王電気軌道など私鉄の経営に参加し「私鉄界の先駆者」ともいわれている。井上の墓は清源院にある。

金剛寺 ⑲　〈M▶P.146〉 厚木市飯山5456
小田急線本厚木駅(厚木バスセンター)🚌上飯山・宮ヶ瀬・上煤ヶ谷行飯山観音前🚶3分

平安中期の定朝様阿弥陀如来像を安置する禅寺

　小鮎川にかかる金剛寺の庫裏橋を渡り，すぐ右側の小道をはいると桜並木の参道につながる。ここが華厳山金剛寺(曹洞宗)である。縁起では平安時代の大同年間(806〜810)に弘法大師により霊場として開かれたと伝えられるが，戦国時代の天文年間(1532〜55)に三田の清源院4世忠州和尚によって堂宇が再建された。この僧を開山として現在の宗派に改められたという。

　参道左側には1770(明和7)年に建立された大師堂があり，堂の周囲にはたくさんの石地蔵が並べられている。山門を進むと左側に収蔵倉がみえる。このなかには，昔の本尊であった阿弥陀如来坐像(国重文)が安置されている。像高は136cm，寄木造で漆箔をほどこしている。台座・光背は江戸期の後補であるが，仏体は平安時代の定朝様である。まろやかな顔立ち，流麗な衣文線からみて中央の仏師によってつくられたと考えられ，平安時代中期のものと推定される。県内に残る定朝様の数少ない作例である。

　また正面本堂には，鎌倉時代後期の地蔵菩薩坐像(県重文)がある。この像はもと参道入口付近の黒地蔵にまつられていたといわれる。像高は84.3cm，1299(正安元)年仏師の院慶によって寄木造，布張

林・長谷人形座の由来

コラム 芸

　厚木地方の芝居は江戸に近い土地柄のためか嘉永年間（1848〜54）以前から行われていたようである。江戸大立物3代目の西川伊三郎という人物が林・長谷村にきたのは、1851（嘉永4）年。その後、1856（安政3）年大坂の人形芝居の頭取（座頭）をつとめた吉田朝右衛門がきた。朝右衛門は、弟子の家や神社境内の堂を転々としながら、62歳の高齢をおして村人に人形芝居を教え、林座・長谷座を創立した。

　朝右衛門には妻子もなく、なぜ当地へきたのかは不明である。1883（明治16）年3月89歳で死亡した朝右衛門の墓は今、林の福伝寺に改葬されている。また、平塚市の前鳥座の師匠として指導にあたったため、四之宮に供養碑がある。朝右衛門が没したあとの明治中ごろ、八王子から吉田東九郎が、春の農閑期になると毎年のように林村にきて若い衆に教え、ますます盛んとなった。相模人形芝居は、江戸系の「鉄砲ざし」とよばれる三人遣いである。毎年不定期ではあるが公演されている。

人形の頭

り漆箔の技法でつくられた。江戸期に大修理が行われたが、1979（昭和54）年の解体修理により後補され、今に金色の輝きを放っている。作風は鎌倉伝宗庵（円覚寺塔頭）の地蔵像に近く、鎌倉時代末期の関東彫刻の基準作となっている。また、この仏像は「身代り地蔵」の伝説を残している。

　なお、門前に江戸時代末期の俳諧僧津布禰の句碑があり、さらにキリスト教徒の墓地があるが、その1つは討幕運動から自由民権運動、大阪事件へと歩んだ山川市郎のものである。

飯山観音 ❷

〈M▶P.146〉厚木市飯山5605
小田急線本厚木駅（厚木バスセンター）🚌 上飯山・宮ヶ瀬・上煤ヶ谷行飯山観音前 🚶10分

奈良時代創建の真言宗の寺　坂東巡礼札所6番

　庫裏橋を渡りなだらかな坂道を400mほど進むと、桜並木のある石段下にたどり着く。ここが坂東三十三所観音霊場6番札所の飯上山長谷寺（真言宗）である。通称飯山観音の名で親しまれている。広大な寺域は四季折々の趣をみせるが、とりわけ春にはサクラの名所

飯山観音

として賑わう。

つまさきあがりの石段をのぼると、仁王門がみえてくる。門をくぐり本堂に向かうと、右手にイヌマキの大樹や「正徳元(1711)年」の銘をもった六地蔵がある。さらに進むと新しい石灯籠が並ぶ。正面の方形造の本堂は江戸中期の建物であり、堂内には鎌倉期の諸仏像がまつられている。本尊の木造十一面観音像(10.6cm余)は、クスノキの一木造である十一面観音像(175cm)の胎内仏となっている。この胎内仏は内陣の厨子に安置され秘仏とされている。境内の鐘楼には、1442(嘉吉2)年清原国光作の銅鐘がかけてある。また、本堂裏からは白山神社をめぐるハイキングコースがつくられている。

寺の縁起については奈良時代、725(神亀2)年に行基が霊水伝説にかかわり創建したと伝えられ、988(永延2)年には坂東巡礼札所6番となったといわれている。11月3日は秋まつりとして、境内坂東三十三観音例祭の法要や山伏による厄除火渡りの行事が行われている。

また、庫裏橋から3kmほどくだった千頭橋の南側台地には、多数の埴輪を出土した6世紀の登山古墳(円墳、消滅)があった。埴輪は市内の郷土資料館に展示されている。

八菅神社 ㉑　〈M▶P.146〉愛甲郡愛川町八菅山
小田急線本厚木駅(厚木バスセンター)🚌上三増・三田経由愛川町役場・三増役場行―本松 🚶20分

丹沢山中をめぐる荒行の修験の里

バスをおりて一本松の交差点を西に向かい、中津小学校の角を南にまがって新坂をくだると、中津川にでる。八菅橋を渡り、左手の坂をあがると旧道の南側畑に平安末期の武士で、当地の毛利荘領有に関与したと思われる海老名季貞の墓と伝えられる宝篋印塔がある。さらに50mくらい進むと八菅神社の鳥居前に着く。参道付近には「八菅山略縁起」の碑や五柏園丈水の句碑、銅鐘や宝物館がある。スギやシイの大木をみながら長く急な石段をのぼると、七社権

津久井・相模野の大地

半原の織物

コラム
産

　天明年間(1781〜89)から津久井郡中野の川和縞と並んで半原でも紬・縞が生産され、八王子絹市にだされていた。また明和年間(1764〜72)ごろから、組紐用の練糸が江戸の糸問屋に納入されている。

　このような縞・紬の原料となる生糸の撚糸が半原で本格化するのは1807(文化4)年に小島紋左衛門が桐生から八丁式撚糸機を導入したことが始まりといわれている。

　水の豊富な半原では、嘉永年間(1848〜54)から水車を動力として利用しはじめ、のちに電気モーターにかわるが、水車は昭和初期まで村内各地にみられたという。そして全国の絹縫い糸の80%を半原で生産していたという。

　愛川町繊維会館には当時の写真や撚糸機・製紐機などが展示され、ネクタイ・スカーフなど半原の製品が販売され、藍染などの体験実習もできる。

現ともよばれる社殿に着く。七社権現は明治初年の神仏分離令で八菅神社と改称され、このとき修験の中心となっていた八菅山光勝寺は廃寺となった。社殿の覆堂は1866(慶応2)年に再建され、7体の祭神が合祀されている。

　縁起によれば、神社の本体は熊野権現で703(大宝3)年役小角が入山し、その後に行基が来山して七社権現を勧請したと伝えられるが、八菅山の歴史があきらかになるのは鎌倉時代以降である。1419(応永26)年再興された光勝寺は、戦国期に戦火により堂宇は全焼し荒廃した。その後、下二井坂に移り再び現在地になった。

　江戸時代には京都聖護院末寺となった光勝寺を中心に50余りの坊が存在し、八菅山を起点に、大山の白山不動までの丹沢山塊を35日でめぐる、お峯入の荒行をする修験の道場としておおいに栄えた。

　明治以後、修験者は神官に転じ、のちに帰農した。その子孫たちは現在も院や坊の屋号を使用している。また社殿右手には八菅経塚

五柏園丈水の句碑

群があり，近年発掘された瓶（かめ）や念持仏（ねんじぶつ）は宝物館にある

三増合戦古戦場（みませかっせんこせんじょう）㉒

〈M▶P.146,170〉愛甲郡愛川町三増
小田急線本厚木駅（厚木バスセンター）🚌上三増行三増🚶20分

武田信玄の小田原城攻めの帰路
北条方と対戦した山岳戦跡地

諏訪神社の手前を田代（たしろ）に向かい1km余り進み，中央養鶏場をすぎると右手に，合戦400年を記念してたてられた三増合戦場の碑と布陣図がある。案内図にしたがって約1kmいくと，ゴルフ場の入口に着く。なかにはいり急坂を10分ほどのぼると，武田方が陣をしいたといわれる旗立の松（はたたてのまつ）にでる。ここからは晴天ならば都心の高層ビルや，横浜のランドマークタワーものぞむことができる。

ゴルフ場入口をさらにくだると，田代方面への道にでる。この出口に首塚と胴塚がある。案内によるとこの合戦の戦死者は北条方3269人，武田方900人であった。その規模の大きさが想像できる。さらに田代方面に向かうと田代上ノ原バス停付近に甲州道往還（こうしゅうどうおうかん）の碑があり，志田峠・三増峠が相州から津久井をとおり甲州へ向かうルートであったことがわかる。

1569（永禄12）年，越後の上杉謙信と相模の北条氏康の和議（わぎ）が成立すると，武田信玄は2万の大軍を率いて上野から武蔵（むさし）・相模平塚を経て10月4日から小田原城を攻めた。北条方は1561（永禄4）年の上杉来攻にならって籠城（ろうじょう）・追撃の態勢にはいった。そのため小田原滞陣は不利とした信玄は，陣を払い東へと向かった。これを知った氏康は武田軍の帰路を三増峠と断じ次男氏照（うじてる）を将として先遣し，みずからもあとを追った。しかし，武田軍の移動は速く，北条方主力よりもさきに金山（かなやま）・上三増にはいったので，北条方は志田原・田代上ノ原に布陣せざるをえなかった。一方，武田方は高地を占領した。10月18日からはじまった山岳戦は，はじめ浅利信種（あさりのぶたね）の戦死など武田方劣勢であったが，志田沢にくだった山県（やまがた）遊軍が北条軍の背後をつき，包囲に成功し武田方は大勝利を得た。

ゴルフ場をでて中腹の道を北東に

三増合戦関係史跡

豚漬とアユ

コラム / 食

　厚木の豚漬の由来は、江戸時代に近くの山でとれたシシ（猪）の肉を味噌に漬け込み、そのまま焼いて客人にだしたところ好評を博しからだという。大正の初めごろから、豚肉を地酒、地元の味噌などを使って現在の豚漬としたようである。神奈川県では中郡・高座郡で大正初期から養豚が農業の副業として脚光をあび、高座豚の名で有名になる。またハムの原料として、豚漬の材料として用いられていったものと思われる。なお、飯山観音には豚の供養碑がある。

　相模川・中津川は将軍献上アユの産地であった。その日とれたアユが、鮎かつぎ人足によって夜通し江戸日本橋まで運ばれたという。焼鮎・甘露煮・うるか・昆布巻き・ひらきのほか、せんべい・あられ・もなかなど、アユにちなんだ菓子も多い。

　2km余り進むと、浅利信種の慰霊のため1700（元禄13）年に牧野家の臣曽雌和義がたてた墓があり、浅利墓所とよばれている。隣に1789（寛政元）年三増の村人がたてた浅利神社があり、太平洋戦争中には武運長久を祈願する参拝者が多かったという。

勝楽寺 ㉓　〈M▶P.146〉愛甲郡愛川町2061
小田急線本厚木駅（厚木バスセンター）🚌半原行半僧坊🚶5分

田代の宮大工の技を伝える半僧坊山門がある寺

　半僧坊バス停上の満珠山勝楽寺（曹洞宗）の本尊は釈迦如来で、弘法大師が法華経の書写をした旧跡と伝えられる。開基は田代古城城主内藤秀行で、寺域に墓がある。田代の宮大工は、日光東照宮の造営にも参加した高い技術をもち1851（嘉永4）年落成の反りの強い入母屋三間造の重層の楼門（山門）には、その技術が反映されている。楼上には十六羅漢がある。1802（享和2）年に落成した本堂・中門・鐘楼・鎮守堂・庫裏もみごとである。半僧坊の例祭は4月17日で、近郷の新花嫁が参拝するので「花嫁まつり」ともいわれ、植木市も開かれる。

勝楽寺山門

伊勢原

4r

御家人岡崎・糟屋，武将太田道灌ゆかりの地。古より山岳信仰の舞台で，近世庶民の大山参りをささえた歴史の地。

大山寺 ㉔
0463-95-2011
〈M▶P.146〉 伊勢原市大山724
小田急線伊勢原駅🚌大山ケーブル駅行終点🚶30分

僧良弁開山の寺　近世庶民信仰の一大霊地

終点の大山ケーブル駅でバスをおりると宿坊と茶店・みやげ物店がたち並び，大山独楽の描かれた石段まじりの参道が続く。参道を5分ほどのぼると，路傍に茶湯寺と大書された石柱がみえてくる。参道をそれ左に5分ほどはいった場所に釈迦涅槃像を本尊とする茶湯寺，正式名称は誓正山涅槃寺（浄土宗）がある。

参道に戻り10分ほどのぼっていくと，大山ケーブル追分駅がみえてくる。駅の上手で参道は2つに分かれ，右手に向かえば急勾配の男坂，左手に進めばゆるやかな女坂である。女坂に歩を進めれば「七不思議」がある道中を楽しむことができる。また，女坂の途中に通称大山のお不動さん，真言宗大覚寺派の雨降山大山寺があり，ここは，成田市の成田不動，日野市の高幡不動とともに関東三不動の1つとしても有名である。追分駅からケーブルを利用する場合は，不動前駅で下車する。

『大山寺縁起』によれば，当寺は東大寺の別当良弁が755（天平勝宝7）年に開創し，聖武天皇が国家の安泰を祈願した勅願寺であると伝える。創建後，大地震に伴う火災で焼失したが，884（元慶8）年，安然により再興されたが，その後再び荒廃したという。

鎌倉期の文永年間（1264〜75），鎌倉大楽寺の願行上人は，大山寺の再興を発願し，まず試みに不動明

大山寺不動明王坐像

172　津久井・相模野の大地

王小像をつくり、ついで不動明王大像を鋳造して大山寺に安置した。この2体の不動明王像はいずれも鉄鋳で、試作の不動明王小像は「試みの不動」(県重文)とよばれ、大楽寺に安置された(廃寺後は鎌倉覚園寺へ移座)。大像の鉄造不動明王像(黒不動)は、現在の大山寺の本尊で、脇侍二童子像とともに国の重要文化財の指定をうけている。これとは別に木造の不動明王坐像(県重文)も伝わっており、これらの不動明王像は寺に予約すれば拝観が可能である。

また、鎌倉時代以降も足利尊氏・鎌倉公方・後北条氏の尊崇をうけ、さらに江戸幕府から157石の御朱印地を寄進された。江戸中期以降の大山詣の最盛期には、年間の参詣者10万、16カ国からの信仰をうけ、この隆盛のさまは歌川(安藤)広重や葛飾北斎の浮世絵の作品にもみてとることができる。

明治にはいると、神仏分離令により不動堂は取り払われ、跡には阿夫利神社下社がたてられた。現在の不動堂は広く関東一円の浄財をつのり、現在地に1885(明治18)年に再建されたもので、代々大山寺を造営してきた工匠、手中明王太郎が伊勢原市内に残したもっとも代表的な建物である。

なお、初代手中明王太郎は美濃国の在であったが、奈良東大寺建立の棟梁となり従六位飛騨守に任じられた。文観と号していたが、755年良弁とともに大山に至り堂宇の建築にあたり、このとき不動明王のお告げをうけ、代々明王太郎を名乗るようになったという。

阿夫利神社 ㉕
0463-95-2006

〈M▶P.146〉伊勢原市大山355
小田急線伊勢原駅🚌大山ケーブル駅行終点🚶60分

大山山頂に本社をもつ、山嶽神道の根源地

大山寺をあとにしてさらに30分ほど女坂をのぼると、阿夫利神社下社に至る。阿夫利神社本社は、ここから90~120分ほど急坂をのぼった大山の山頂(1252m)にあり、石尊大権現ともよばれる。この付近からは縄文時代の土器片も発見されている。当社の祭神は、大山祇神・雷神・高龗神(竜神)の3神が合祀され、さらに海人の守り神とされる鳥石楠船神も山頂の石尊を依代としてまつられている。当社は『延喜式』式内社相模国13社の1つに属するから、創建は10世紀前半以前であることは確実である。

源頼朝は当社を天下泰平・武運長久の神として崇敬し、みずか

阿夫利神社下社

らの太刀を毎年奉納した。このことから今でも納め太刀の習いが残り，開運・厄除け祈願が行われている。

毎年8月28日には，当社の再興者である権田直助(下社前に銅像がある)が春日大社から伝えた古代神楽の系譜を引く倭舞・巫子舞(県民俗)が神前に奉納され，また近年に至り，大山能(観世流)，狂言(大蔵流)も復活し，毎年10月1日に社務所(雨天時は伊勢原市民会館)で行われている。

日向薬師 ㉖ 〈M▶P.146〉 伊勢原市日向1644
0463-95-1416 小田急線伊勢原駅🚌日向薬師行終点🚶15分

僧行基開創の寺と伝えられる三大薬師の1つ

バス停から坂道をのぼっていくと，右手に白髭神社がある。渡来人高麗王若光(白髭明神)をまつったもので，日向の鎮守とされる。神社の脇を右折し木漏れ日のなかを進むと石段がみえる。この石段の下は，参詣のため源頼朝が正装に衣装をととのえた場で，「衣装場」と名づけられている。急勾配の石段をのぼると，1833(天保4)年再建の仁王門に至る。門内に安置された金剛力士像は，鎌倉の仏師後藤真慶の作である。仁王門をくぐると右手に頼朝にしたがってきた鎌倉武士たちが甲をかけて休んだといわれる，甲岩がある。さらに参道を進み，最後の石段をのぼると大きな茅葺きの屋根がみえてくる。日向薬師の本堂宝城坊(国重文)である。

通称日向薬師とよばれる日向山霊山寺(真言宗)は，寺の縁起によれば，僧行基が薬師如来の託宣により，大山の東方山麓に白髭明神と熊野権現の2神の援助を得て，霊木に薬師如来像をきざんで一宇を構えたことにはじまり，716(霊亀2)年の開基と伝えられる。

本尊の薬師三尊像(国重文)は，関東以北に残存する鉈彫り(丸のみの横条線を残したままの彫刻法)の仏像で，素朴な力量感あふれる彫法は，弘明寺十一面観音像(横浜市南区)と並び，鉈彫り彫刻の二大傑作といわれる。今日では正月三箇日・1月8日・4月15日

174　津久井・相模野の大地

日向薬師の薬師三尊像

に開扉され，拝観が可能である。

開創以来，朝廷の尊崇は篤く，1340(暦応3)年鋳造の銅鐘(国重文)の銘文には，平安時代の村上天皇や鳥羽院から梵鐘を下賜されたとある。また三十六歌仙の1人相模は，眼病平癒を祈願して参籠し，源頼朝は大姫の病気平癒に，政子・実朝夫人は安産祈願のため，ここに参詣している。

室町時代には，鎌倉公方足利基氏から錦幡(県重文)の献納をうけ，戦国時代には後北条氏から60貫余の土地寄進を，さらに江戸幕府からは60石の土地寄進と本堂再建(1660年)修築援助をうけた。近年宝物殿が建立され，阿弥陀如来・四天王・十二神将など，室町時代の24点にのぼる仏像・厨子(いずれも国重文)が集められ，拝観ができる。

太田道灌と伝上杉館跡 ㉗

〈M▶P.146,175〉伊勢原市上糟屋
小田急線伊勢原駅🚌大山ケーブル駅行山王中前🚶5分

太田道灌終焉の地
扇谷上杉定正館跡

バスをおりて大山街道を大山方面に進み，最初の信号を右折して150mほどいくと，千石堰とよばれる水溝がある。さらに100mほど進むと，右手に太田道灌の胴塚という，相輪部は後補の宝篋印塔が木立ちのなかにたっている。道灌開基の寺で，竹林で囲まれた蟠龍山公所寺洞昌院(曹洞宗)の奥手にあたる場所である。

道灌は江戸城・川越城の築城者として，また足軽の集団戦法の先駆者としても著名であるとともに，扇谷上杉家の家宰でもあった。主君の上杉定正は，道灌が各所に城を築いているのは両上杉家(扇谷・山内家)を滅ぼそうとする策謀であるとの上杉顕定(山内家)の讒言をうのみにし，道灌を糟屋の扇谷家の上杉館に誘い，入浴中の道

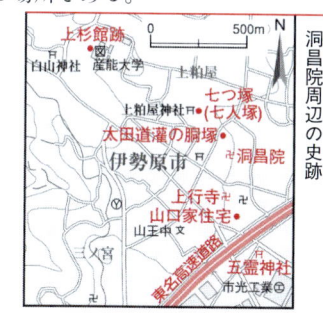

洞昌院周辺の史跡

伊勢原

太田道灌の胴塚

灌を曽我兵庫に討たせたという。1486(文明18)年7月26日のことである。毎年この日には，道灌ゆかりの洞昌院で，道灌の子孫たちによって道灌忌が行われている。

道灌がおびきだされたといわれる上杉館は，さきほどの本道にてすぐの道を左折した方向にあり，途中には道灌討死のさいに最後まで敢然とたたかってはてたと伝える家臣をまつる七つ塚(七人塚)がある。

七つ塚の北には，上杉館の鎮守でもあったといわれる上糟屋(山王)神社がある。上糟屋神社の裏手にでると，東南から北西にかけて上杉館の空堀といわれる窪地が長くのびている。ここから坂をのぼりきった高台一帯(館原という)が上杉館跡といわれ，現在では産能大学の校地と畑地と化しているものの，相模野の景観を一望することができる場所でもある。

伊勢原駅方面に戻ることになるが，洞昌院の近く東名高速道路のガードのさき，七五三引きには五霊神社がある。怨霊をしずめ国府の安泰を祈願してたてられたといわれるが，1494(明応3)年，ここに北条早雲は非業の死をとげた道灌を追悼し，道灌の胄をおさめさせ，太田三徳命(智・仁・勇)として合祀した。

さらにガードを大山側にこえると，右手に1963(昭和38)年に東京の芝から移築された上行寺(日蓮宗)がある。境内には俳人宝井其角，将棋名人大橋宗桂，『解体新書』の翻訳に参加した名蘭医桂川甫周，槍の名人で慶安の変(1651年)の首謀者の1人丸橋忠弥らの墓がある。

また，近くには国の登録有形文化財となっている古民家，山口家住宅がある。山口家は江戸初期より三之宮で名主をつとめており，江戸幕府6代将軍徳川家宣と7代家継の側用人として活躍した間部家の家政に，深くかかわっていたという。また明治には当主山口左七郎が，自由民権運動の結社である湘南社の初代社長に就任して

おり(第1回衆議院議員選挙にも当選)，屋敷は湘南講学会の会場として利用された。

三之宮比々多神社 ㉘

0463-95-3237

〈M▶P.146,181〉 伊勢原市三之宮1472
小田急線伊勢原駅🚌鶴巻温泉駅行神戸🚶15分

相模国式内社13社の一つ　美林に囲まれた宮

バスをおりて神戸の交差点を5分ほど北上すると，右手に三之宮比々多神社参道の石碑がある。さらに北上し東名高速道路のガードをくぐりぬけると，右手前方の丘陵に木立に囲まれた社(やしろ)がみえてくる。これが『延喜式』式内社相模国13社の1つで，三宮(さんのみや)明神社とよばれた比々多神社である。当社の祭神は国土創造の神豊斟渟尊(とよくむねのみこと)を主神としている。また酒解神(さかとけのかみ)といわれる酒造の神を合祀しているため，酒造家の尊崇も篤い。

当社のある三之宮周辺からは，原始・古代文化の遺物である石器・土器・住居跡・古墳の副葬品が数多く出土している。神社の神宝でうずら瓶(県重文)といわれる須恵器甕(すえきがめ)は，酒解神合祀の際に奉納された伝世品とされ，平安時代のものとみられている。また，敏捷性豊かな力強い肢体をしている社宝の木像狛犬(こまいぬ)は，伝承は定かでないが，わが国最古の作品に属する狛犬像であろうと目される。当社には前宮司永井健之輔(ながいけんのすけ)が永年にわたって蒐集(しゅうしゅう)した貴重な文化財が数多くあり，拝殿東側の郷土博物館に所蔵されているので，参拝のおりにはぜひみてほしいものである。

また，ここから数分北上した旧馬場跡(ばばあと)には，東名高速道路建設地内から発掘された縄文遺跡である下谷戸(しもやと)ストーン・サークル(下谷戸縄文時代住居跡と環状(かんじょう)列石(れっせき))が復元移転されている。

なお，当社が関係した神事に国府祭(こうのまち)(県民俗)があり，毎年5月5日に大磯町(おおいそまち)国府本郷(こくふほんごう)で行われる。

三之宮比々多神社

伊勢原　177

高部屋神社 ㉙　〈M▶P.146,178〉伊勢原市下糟屋2202
小田急線伊勢原駅🚶20分

相模国の式内社の1つ鎮守の森をもつ神社

　伊勢原駅の北口にある大鳥居の東の道を北上すると，旧矢倉沢往還(大山道)にでる。ここを右折して10分ほど進むと，道路の左に太田道灌の墓がある。伊勢原には道灌の墓が2カ所あるが，ここ下糟屋の墓を「首塚」とよび，上糟屋の墓(胴塚)を地元では単に「道灌さんの墓」とよびならわしている。道路の右には道灌の位牌のある法雨山大慈寺(曹洞宗)がある。開山は道灌の叔父の淑悦禅師といわれる。

　すぐ脇を流れる渋田川を渡って北上し，その後左折してしばらくいくと，ケヤキ・イチョウの大木に囲まれた鎮守の森がみえてくる。これが高部屋神社で，『延喜式』式内社相模国13社の1つであるから，創建は10世紀前半以前であることは確実である。

　当社はもとは現在地より西方の弥杉の地(現，東海大学病院敷地)にあったが，鎌倉時代に在地武士の糟屋有季がみずからの館の近くに移建したといわれ，社域一帯は有季が依拠した丸山城跡と伝えられていた。しかし，近年の調査によって城の存在を裏づける土塁・堀などは確認されたものの，出土した城の設備や遺物から考えると，この城が機能していたとされる年代は糟屋氏の活躍する鎌倉時代のものではなく，15～16世紀の室町時代後期が中心であるということがわかり，丸山城が上杉館ではないかとの説も浮上している。

　ところで，高部屋神社の現在の社殿は1865(慶応元)年にたてられたものであるが，このうち本殿は1647(正保4)年に建造されたが，関東大震災で倒壊し，1929(昭和4)年に柱と彫刻部分をそのままいかして再建されたものである。周囲の樹木とよく調和し，じつに荘厳な趣をなしている。社域内の右手には，「至徳三(1386)年」の銘文をもつ堂々とした銅鐘(県重文)があり，これには当社が糟屋荘内の神社を合祀した惣社の位置に

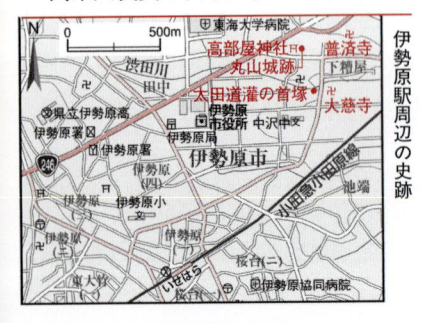

伊勢原駅周辺の史跡

あったことが記され、往時の繁栄ぶりがしのばれる。また、当社では古くから雨乞いの行事があり、その際に使用された伎楽面と「元禄二(1689)年」の銘のある朱塗りの御供鉢が近年発見されている。

この近く、下糟屋の集落のほぼ中心部に千秋山普済寺(臨済宗)がある。境内の片隅に、1838(天保9)年につくられた約6mの大きな石造多宝塔がある。

岡崎城跡 ㉚

〈M▶P.146,179〉 伊勢原市岡崎・平塚市岡崎
小田急線伊勢原駅🚌平塚駅行馬渡 🚶15分

バス停のさきを右折してしばらく進み、公民館の脇を左折して坂をのぼっていくと、岡崎城址の碑がたち、岡崎城の本丸と目されている帰命山無量寺(浄土宗)に至る。従来は、ここが源頼朝の功臣岡崎義実(三浦義継の4男)の築城した岡崎城跡といわれてきたが、近年の伊勢原・平塚両市の合同調査によれば、平塚市の岡崎神社周辺に鎌倉時代の方形囲郭群が出土しており、室町時代以降になって伊勢原市の無量寺周辺が城の中心になったと考えられるようになった。その結果、城域も無量寺周辺のせまい範囲とは異なり、木津根・岡崎・平間・城所におよぶ壮大な規模を誇ることも判明した。

岡崎義実の墓と伝えられる五輪塔は、無量寺の坂をくだり西方へ1.5kmほどぐるっとまわって、坂をのぼった途中の雑木林のなかに、佐奈田与一(義実の嫡子、石橋山の合戦で討死)の乳母吾嬬の墓とともにたっている。2000(平成12)年8月には義実没後800年を記念し木製の供養塔がたてられた。岡崎氏は1213(建保元)年の和田義盛の乱で、土屋・愛甲・毛利氏らとともに北条氏に敵対し滅亡した。

岡崎城周辺の史跡

岡崎義実の墓

伊勢原

室町後期の15世紀後半，三浦義同（上杉定正の兄高救の子，時高の養子，法号は道寸）は，小田原城主の大森氏の加勢をたのみ，荒廃していた岡崎城をみずからの居城として再築した。これが無量寺郭といわれ，東西約65m・南北約100mで，今でも部分的に土塁や空堀の痕跡をとどめている。やがて，伊豆国韮山から伊勢新九郎長氏（北条早雲）が小田原城主大森藤頼を滅ぼすと，岡崎城の三浦氏と17年間にわたり激戦した。そしてついに，1512（永正9）年，相州の総力を結集した北条氏の攻撃に，義同は岡崎城をすて三浦半島の新井城にのがれ，そこで一族とともに最期をとげた。

　なお，岡崎城に至るバス通り途中の八幡台の台地には，1932（昭和7）年に縄文時代の敷石住居群が発見され，八幡台遺跡として保存されている史跡がある。遺跡からはその後の発掘調査の結果，縄文時代の遺跡をさかのぼる旧石器時代の石器群も発見されており，現在では八幡台石器時代住居跡として，国の指定史跡となっている。

岡崎義実の城と墓と伝えられる中世の舞台

❺ 秦野

丹沢山地の麓に，古墳をつくった人びと，誇り高き坂東武者，山林修行者，石仏に祈る近世の村人たちの姿を探すことができる。

震生湖と今泉地区 ㉛

〈M▶P.146,181〉 震生湖：秦野市今泉 Ｐ
小田急線秦野駅 🚶 45分

石仏と湧水の里，今泉

　秦野駅の南正面にみえるのが渋沢丘陵（大磯丘陵）である。この丘陵は渋沢断層の活動によって生じたもので，秦野扇状地の地下水をせきとめている。古来より清水が各地より湧出し，今泉という地名はもちろんのこと，先人たちが好んでこの地に生活していたのもこれによる。数ある湧水のなかでも弘法伝説をもつのが，線路沿いを新宿方面に向かった踏切近くにある弘法清水（白井戸）（尾尻地区）である。弘法伝説は全国にその類型がみられるが，この泉も，水が不足する土地のもののために杖を地につき刺して水をだしたという典型的な伝承である。また弘法清水の近くを流れる水無川には，村人がいじわるをしたため水がでなくなったという弘法伝説のもう1つの典型「水無川伝説」も伝承されている。

駅南口の正面200mほどのところに，今泉湧水池に接した今泉大岳院がある。ここには平安時代後期の十一面観音立像が安置されている。大岳院には，「明石原人」の発見で更新世人骨研究の機運をつくった直良信夫の墓もある。直良は1958(昭和33)年ごろから秦野市内を毎年調査し，1990(平成2)年の病没後ここに永眠している。またこの辺りは1992年に，市内ではじめて旧石器時代の石器が出土したところ(大岳院遺跡)でもある。

　秦野市内の古い集落にはかつて使用していた煙草乾燥倉を残している家があり，今泉から平沢地区でもわずかだがそれを散見できる。秦野煙草(波多野たばこ)は江戸時代をとおして名品として知られ，品質・栽培技術のどれをとっても一級品であった。明治以降も全国から視察者が訪れ，また指導者を各地に派遣している。寺井地区ではそのような指導者の顕彰碑をみることもできる。現在は栽培されていないタバコだが，たばこ祭という市内最大の祭りにその名が残っている。

　秦野は神奈川県内でも石仏が多い地域として知られているが，今泉から平沢地区でも道祖神をはじめ庚申塔，地神塔といった石仏がまつられていて，近世以降の人びとの信仰生活がうかがい知れる。この地区の道祖神は双体道祖神がもっとも多いが，「道祖神」「道陸

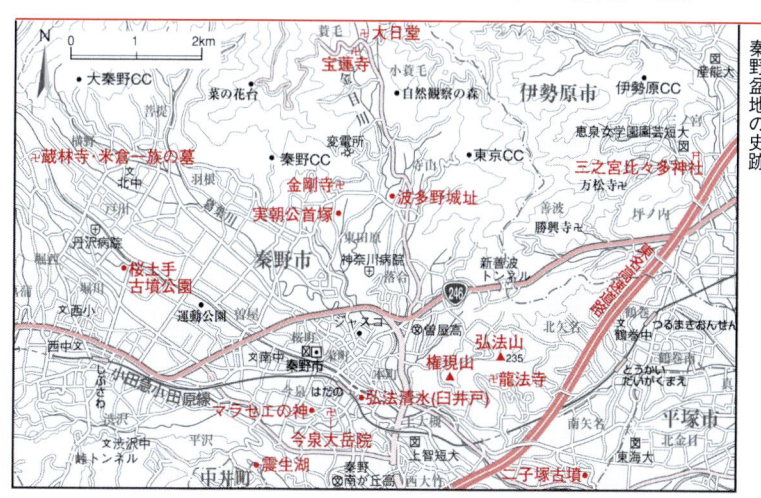

秦野盆地の史跡

道祖神と庚申塔

神」ときざまれたもの，男根型，明治以降の造塔では「久奈斗神」「岐神」ときざまれたものなど多様なものを観察することができる。今泉でも「マラセエの神」とよばれる道祖神の「セエトバライ」(ドンド焼き)は，地区の年中行事として大切にされている。

庚申塔には青面金剛と三猿がきざまれているもの，「庚申供養」「庚申塔」「青面金剛」の文字だけのものなどがある。市内最古の庚申塔は1645(正保2)年のもので，震生湖のバス停すぐ近くの石祠である。多数の庚申塔の存在は，結願をめざし庚申の日に体内の三尸の虫が天帝に告げ口にいかぬように徹夜をしたという，庚申講の活動の証である。

地神塔は「地神」「天社神」「后土神」ときざまれたものがみられる。農業神である地神に対する信仰は，この地区では18世紀後半に登場するもので比較的新しいものである。

盆地内から渋沢丘陵をのぼり，その尾根をこえ北にくだると，すぐに震生湖である。震生湖は1923(大正12)年9月1日の関東大震災によって，山林がくずれ沢をせきとめたためにできた，日本でもっとも新しい自然湖である。1930(昭和5)年には，「天災は忘れたころにやってくる」という警句で有名な，物理学者の寺田寅彦がこの湖を調査している。寺田寅彦は夏目漱石に師事したホトトギス派の随筆家としても知られているが，この地でもいくつかの句を残している。その1つ「山さけて　成しける池や　水すまし」は，震生湖のほとりに記念碑として残されている。

弘法山 ㉜　〈M▶P.146,181〉秦野市曽屋　P
小田急線秦野駅 🚶 60分

秦野駅から水無川沿いの道を下流に向かって歩いていくと，弘法清水(白井戸)の入口辺りから東北東の方角に小高い山がみえてくる。そこからは，弘法山の案内板と山の姿をたよりに20分ほど歩く。県

食べる・飲む

コラム

食

落花生 1707(宝永4)年，富士山噴火で火山灰におおわれた秦野の農業は，壊滅的な打撃をうけたと伝えられている。近代になって，やせた土地でも育つ落花生は，伝統のある葉タバコとともに農家の大切な収入源となった。秦野名物落花生の生産は，かつてより減少しているのは事実だが，現在も県内最大の生産量を誇っている。落花生は炒って食べるのが一般的だが，この辺りでは塩ゆでして食べることも多い。

地酒 秦野の地下水を使った1868(明治元)年創業の造り酒屋がある。初午の祭りで有名な白笹稲荷にちなんだ清酒「白笹鼓」の蔵元金井酒造店である。ミネラル分の多い地下水と越後杜氏の技がうみだす秦野の隠れた名産である。

伝説と信仰の山から秦野盆地を展望する

道秦野二宮線を渡ると浅間山を経て権現山へ至る登り口となる。権現山山頂(千畳敷)には，この麓に生まれ育った歌人前田夕暮の句碑と展望台がある。ここからさらに尾根伝いに20分ほど歩くと，弘法山の山頂である。景勝の地として知られる弘法山はこのピークだけをさすこともあるが，一般的には権現山も含んでよぶ総称である。

弘法山はその名のとおり弘法大師の修行伝説が伝承されており，山頂から経塚が発掘されたこと，周辺の権現山・白山・宝来・地蔵入・真言沢・梵天山・観音・弁天といった地名などから中世期に修験者の行場であった可能性も考えられる。また，この辺り一帯を城郭遺構とみる調査報告もある。弘法山は古来南麓の龍法寺(曹洞宗)と関わりが深く，かつて権現山の権現堂にまつられていた白山妙理権現の本地仏十一面観音立像などが安置されている。山頂にある弘法山の鐘も龍法寺5世無外和尚と行者直心全固の発願によって1757(宝暦7)年に完成(その後，改鋳)したもので，当初から時の鐘として親しまれてきた歴史をもつ。

権現山山頂では毎年8月

弘法山の鐘

秦野 183

14・15日に、弘法山の百八松明とよばれる民俗行事が行われる。夜暗くなるのを待って、山頂から大きな松明をかかえてかけくだる勇壮な祭りとして知られている。山麓の瓜生野の人びとはこの松明の火の粉をかぶって無病息災を祈る。

桜土手古墳公園と二子塚古墳 ③③・③④

〈M▶P.146,181〉桜土手古墳公園：秦野市堀山下380-3　P　二子塚古墳：秦野市下大槻410
小田急線渋沢駅🚶20分・小田急線秦野駅🚌鶴巻温泉行下大槻団地🚶3分

　渋沢駅から北にまっすぐ歩いていくと水無川にぶつかる。その左手前にあるのが桜土手古墳公園である。桜土手古墳群をもとに整備された古墳公園で、専門の博物館として充実した展示館もある。

　桜土手古墳群は東西500m・南北300mの地域に35の円墳を数える群集墳で、7世紀から8世紀ごろの古墳時代後期のものである。現在12基が現存し、公園敷地内には6基が保存されている。また、半径28mという最大規模の1号墳をモデルにした復元古墳もあり、横穴式石室の内部にはいったり、築造当時の葺石や周溝の様子を観察することができる。

　出土した須恵器・土師器などの土器類、耳環や勾玉・切子玉・管玉・ガラス玉などの装飾品、直刀・鉄鏃などの鉄製武器、馬具などの遺物は展示館に常時陳列されている。また、原始・古代の墓制をテーマにした展示や映像による解説も充実している。

　秦野盆地内には弥生時代から古墳時代にかけての遺跡が極端に少

県内でも珍しい古墳専門展示館と古墳めぐり

桜土手古墳公園

二子塚古墳

修験者の峰入りと丹沢

コラム

　渋沢丘陵にのぼると丹沢山地の表尾根および秦野盆地、弘法山などがみごとに一望できる。明治初年の修験道廃止令がだされるまでは、丹沢山麓の各地に修験者の拠点が存在した。江戸時代はそのなかでも本山派（天台系）の拠点だった八菅（愛川町）と日向（伊勢原）の規模が大きかった。

　登山コースとして有名な表尾根は日向修験の峰入りルートで、山伏たちは正面にみえる大山（石尊大権現）～問答口（門戸口）～烏尾山～行者岳（役の行者）～新客ノゾキの岩～木ノ又大日の塔（大日如来）～塔ノ岳（黒尊仏←拘留孫仏）の順に祈禱・修行を続け、さらに奥の丹沢山（弥陀ヶ原）～早戸大滝～蛭ヶ岳（釈迦ヶ嶽）を経て、津久井町青根に至った。山伏は山岳曼陀羅をめぐる峰入り修行によって宗教的な力を得ると信じられ、近隣の里人は彼らを畏敬しその力の発現を願った。

丹沢表尾根

ない。扇状地という地形が水田耕作に適さなかったからであるといわれているが、古墳時代後期になり鉄製農具の普及が畑作農業の生産力を高め、盆地内に集落がふえたと考えられている。弥生時代から古墳時代の遺跡はおもに、盆地の外側で発掘されている。

　秦野盆地から金目川を平塚方面にくだった下大槻の高台上にある全長46mの二子塚古墳（県史跡）は、秦野市内最古の古墳で唯一の前方後円墳である。秦野駅から鶴巻温泉駅行きのバスに乗り、下大槻団地バス停で下車、歩いて3分、団地の東のはずれに保存されている。6世紀前半、またはそれ以前にさかのぼる可能性も指摘されていて、金目川沿岸を開拓した首長の墓であると考えられている。またこの台地の南側斜面には、岩井戸・欠の上横穴墓群（7世紀～8世紀前半）もある。

蓑毛大日堂 ㉟　〈M▶P.146, 181〉 秦野市蓑毛674　P
小田急線秦野駅🚌蓑毛行終点🚶1分

　蓑毛は西坂本ともいわれ、伊勢原の大山町（坂本）と並ぶ大山登拝の門前町であった。1605（慶長10）年、江戸幕府から下山を命じられた大山寺の山伏たちが定住し、御師として江戸時代の大山信仰の

大山中腹の古代密教寺院と古代仏

秦野　185

蓑毛大日堂

隆盛をささえた。

蓑毛バス停をおりて金目川を渡ると仁王門が目にはいる。その奥が大日堂である。この寺はかつては覚王山安明院国分寺の号があって，大山山麓の山岳密教寺院としての古い歴史をもっていた。大日堂には五智如来像(大日・阿閦・宝生・釈迦・阿弥陀，県重文)と市内最古の仏像である聖観音立像を安置。いずれも平安時代の作で，とくに五智如来像は一木造の大きな大日如来坐像を中心に5体がそろっており，全国的にみても貴重なもの。大日堂の奥には不動堂(奥の院)と死後101日目の茶湯参りで有名な地蔵堂(茶湯殿)，さらに大日堂の再建に尽力し，宝永噴火の火山灰に苦しむ農民たちの幸せを祈願してここに入定した，木食光西上人入寂の地がある。

仁王門に戻り道路を渡ると，大日堂をはじめとする堂宇を管理している宝蓮寺(臨済宗)がある。蓑毛から大山に向かう山中にある鬚僧の滝は宝蓮寺開山修行の場と伝わっている。

波多野城址 ㊱ 〈M▶P.146,181〉 秦野市寺山字小附 P
小田急線秦野駅🚌蓑毛行東中学校前🚶5分

丹沢山麓の武士団 波多野氏館跡

東中学校・東小学校の裏手にでると，眼前に，西を金目川に，東を窪地に囲まれている小台地がみえる。波多野氏の館跡波多野城址と伝えられる場所である。空堀跡といわれている窪地の水田のなかを標識にしたがって歩くと，畑のなかに大きな石碑がある。

波多野氏は相模を代表する武士団の一つで，佐伯経範を祖としている。佐伯経範は前九年の役(1051〜62年)を記す『陸奥話記』で，源頼義の忠臣として描かれている人物であり，この戦で戦死している。また，秀郷流藤原家の娘婿として「藤原」を名乗ったと伝えられている。その後，子孫は領地名の「波多野」を姓とした。保元・平治の乱(1156年・1159年)で源義朝につかえ活躍した波多野義通はその嫡流である。また源頼朝の兄朝長の母は，波多野義通の

波多野城址

波多野城址周辺の史跡

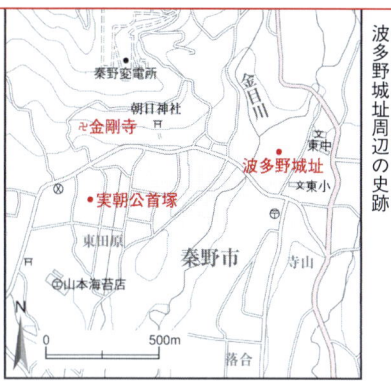

妹である事が『吾妻鏡』に記されている。頼朝の挙兵に際し敵対した波多野惣領家が、鎌倉幕府の要職につくことはなかったが、西相模一帯に分派した一族(松田・河村など)は、承久の乱(1221年)の恩賞を得て全国に拡大していった。そのなかには曹洞宗の開祖道元を越前に招聘した波多野義重らがいる。

実朝公首塚と金剛寺 ㊲㊳

〈M▶P.146,181〉 秦野市 東田原1116 P
小田急線秦野駅🚌藤棚行中庭 🚶 5分

鎌倉の政変と波多野氏

バス停から案内板にしたがって歩いていくと、東田原ふるさと公園と実朝公首塚がある広い敷地がみえてくる。1219(建保7)年1月27日、3代将軍源実朝は右大臣昇進の拝賀のため鶴岡八幡宮に参詣した。その夜、甥で同宮別当寺公暁によって社頭で暗殺された。『新編相模国風土記稿』によると、武三浦介常晴という三浦の武士が実朝の首をこの地に持参し、実朝が帰依していた僧退耕行勇を

金剛寺

実朝公首塚

秦野

導師として葬り，五輪の木塔を印にしたと伝えている。バス通りの反対側にある金剛寺(臨済宗)の所有で，現在鎌倉国宝館に展示されている五輪の木塔がそれである。これはのちに石造の五輪塔にかえられ，実朝公首塚として長く伝えられてきた。首塚の脇には歌人でもあった実朝の，「物いはぬ 四方のけだもの すらだにも あわれなるかな 親の子を思う」という歌碑(佐々木信綱書)がある。

金剛寺の由来については諸説があるが，実朝に深いゆかりがあることはまちがいない。1250(建長2)年には，波多野氏が実朝の菩提をとむらうために伽藍を整えている。

蔵林寺と米倉一族の墓 ㊴㊵

〈M▶P.146,181〉 秦野市堀山下1154 P
小田急線渋沢駅🚌大倉行蔵林寺前🚶1分

甲斐源氏の末裔、米倉氏が眠る堀山下

バスの終点大倉は塔ノ岳の登山口である。塔ノ岳山頂近くには黒尊仏(尊仏さん)とよばれていた巨岩があり，昔から周辺の村々の信仰を集めていた。大倉の県立戸川公園ビジターセンターには，丹沢の自然環境とともに山の信仰についての展示コーナーもある。

その大倉からバス通りを500mほどくだった蔵林寺(曹洞宗)に，米倉丹後守昌尹をはじめとする米倉一族の墓がある。蔵林寺は室町時代末の開山，米倉昌尹が1673(寛文13)年に中興したと伝えられている。米倉氏は甲斐源氏武田氏の支族で，武将として名高い重継は，長篠合戦(1575年)で討死した。武田氏滅亡後に徳川氏旗本となり，やがて堀山下の領主となった。昌尹は5代将軍綱吉の時代に上野寛永寺や御囲(通称，犬小屋)普請などの功績で数度の加増をうけ，1696(元禄9)年若年寄に就任，武蔵・相模・上野に所領1万石をもつ大名となった。大名家としては1723(享保8)年，六浦(横浜市)に陣屋をおき，金沢藩(のち六浦藩)とよばれている。なお，中井町井ノ口米倉寺にも重継の子種継をはじめとする米倉一族の墓がある。

米倉一族の墓

188　津久井・相模野の大地

相模原・津久井

❻

相模原は県北部に位置し，米軍基地を擁する商業都市。津久井は風光明媚で訪れる人も多い。歴史的文化遺産も多数。

長松寺 ❹　　〈M▶P.146,189〉相模原市緑区寸沢嵐新戸2079 P
　　　　　　　JR相模線相武台下駅🚶5分

南北朝時代、足利尊氏の孫氏満創建の禅寺

相武台下駅で下車し，駅前通りをまっすぐに歩くと，やがて左手に長松寺がみえてくる。山号を万年山といい，寺伝によると南北朝時代，鎌倉公方足利基氏の子，氏満が曇芳禅師を招いて臨済宗建長寺宝珠庵の末寺として開山したといわれている。

その後，何度かの再建・中興が行われ，やがて代官平岡岡右衛門吉道と僧換室宗応によって曹洞宗に改宗され，相模原市緑区津久井の功雲寺の末寺として再び開基された。1649(慶安2)年には寺領として10石の朱印地をうけている。本堂には1396(応永3)年，足利氏満が長松寺を建長寺宝珠庵の末寺として寺領をあたえたときの寄

長松寺から無量光寺へ

長松寺

189　相模原・津久井

進状が保存されていて、これは相模原市内でもっとも古い古文書として、市の重要文化財に指定されている。

陣屋小路 ㊷

〈M▶P.146,189〉相模原市緑区寸沢嵐新戸2050(陣屋稲荷)一帯
JR相模線相武台下駅🚶8分

江戸初期、旗本内藤氏が領地に構えた陣屋跡

相武台下駅からまっすぐ歩き、長松寺の前をいくと突き当るので、そこを右にまがり50mくらい歩く。長松寺から歩いて3分ほどのところに陣屋小路とよばれる路地がある。板塀で囲まれた土蔵のある家があるので目印になる。

この辺り一帯は1590(天正18)年、徳川家康が関東入国したころ、新戸村・磯部村(現, 相模原市)などの「相州当麻五千石」を所領としてあたえられた旗本(のちに大名)の内藤清成(屋敷は江戸の内藤新宿〈今の東京都新宿区の地名はここからきている〉にあった)が、新戸村に2反6畝余り(約2576m²)の陣屋を構えて、この地の施政を重視していたところである。

この陣屋にはかつて後北条氏治下で座間領7カ村の「名主職の司」とされた安藤氏の後裔安藤主水を代官として管理させていた。今は陣屋があった辺りの路地に、陣屋稲荷がおかれている。なお、内藤清成はその後老中にまで昇進したが、1606(慶長11)年、家康の勘気をうけて政治生命をおえ、1608年54歳で死去した。遺骸は所領で、陣屋小路にほど近い宗仲寺(曹洞宗, 座間市)に葬られている。

陣屋小路

一里塚 ㊸

〈M▶P.146,189〉相模原市緑区寸沢嵐新戸2392-11付近
JR相模線相武台下駅🚶10分

相武台下駅より長松寺・陣屋小路と歩いてくると、ちょうど陣屋小路前が十字路となっている。そこを左折し、突き当りを右折すると少し上り坂となり大通りにでる。「新戸」という交差点で、そこを

一里塚

まっすぐ進むと, 目の前にトンネルがみえてくる。この道はかつて陸軍相模士官学校(現, アメリカ陸軍キャンプ座間)があったころ, 士官学校生が毎日歩いた道である。そのトンネル手前斜め右に坂道があり, 今ではフェンスでとざされているが, そこが士官学校の通用門があったところである。なおこのトンネルは現在キャンプ座間の下をとおって, 小田急線相武台前駅へつうじる道となっている。

このトンネル手前に小さな十字路があり, 相武台下駅から歩いてきた場合, 左折すると50mくらい進んだ左手に一里塚がたっている。標柱は相模原市によって新しくたて直されているが, 「北　府中方面　南　座間方面」と書かれていて方向を示している。10年くらい前まではこの一里塚も, 小さいながらも「塚」のうえに標柱があったが, 住宅地開発により塚は取り払われ, 今では住宅地の一角にたっている。

> 江戸時代の道路交通標識　相模原市内唯一の一里塚

ここにあった塚は, 江戸幕府3代将軍徳川家光が祖父家康の霊柩を駿河(現, 静岡県)の久能山東照宮(静岡市)から日光へ奉ずる際にここを通過し, その際に築いたと伝えられている。かつて同様の塚が, ここから北の相模原市南区麻溝台と町田市木曽にもあった。

勝坂遺跡 ㊹　〈M▶P.146,189〉相模原市南区磯部1780
JR相模線下溝駅 🚶25分

> 縄文中期の国指定遺跡　勝坂式土器で有名

下溝駅から県道を座間方面に進み, バス停勝坂入口のさきを左折して鳩川を渡ると, この辺り一帯約2万m²が, 約4500年前の縄文時代中期勝坂式の標式遺跡として有名な勝坂遺跡(国史跡)である。遺跡は相模川左岸の河岸段丘上にあり, 1926(大正15)年に大山柏氏の発掘で, 多量の土器と石器が出土し, 翌年の調査報告書が学会で注目された。最初に発掘した地点をA地点とし, 現在ではF地点まで調査がおわり, 史跡全体は指定地域外にも広がる, 広大な地域にまたがっている。なお, 上述の一里塚からも徒歩10分でいける。

勝坂式土器は縄文が少なく, 豪華な立体的文様や顔面把手などを有し, 甲信地方から関東西部に分布している。遺跡の特色は60軒以

相模原・津久井

勝坂遺跡　　　　　　　　　　　　　　　　　　　　　　　　当麻東原古墳

上の竪穴住居跡と多数の配石土壙墓, 湧水をもつ集落だったことで, 大山氏が打製石斧の形態から提唱した原始農耕論の発祥の地としても重要である。近年, D地点の北西で縄文草創期の住居状遺構も発見され, 2002(平成14)年に相模原市教育委員会が主体となって史跡整備を行い, それに伴い第60次の発掘調査が行われた。説明板のあるD地点から西側一帯にしげるカシやシイなどの木々をみると, 縄文時代の景観をしのぶことができる。

当麻東原古墳 ㊺

〈M▶P.146,189〉 相模原市南区当麻1440-2
JR相模線原当麻駅 🚶 7分

古墳時代後期の円墳　相模原市内唯一の馬具を出土

原当麻駅前からバス通りを横切って, 南西へ400mほどいくと当麻東原公園に至り, 園内に当麻東原古墳がある。相模川左岸の河岸段丘上にあって, 中世か近世の塚とされていたが, 1988(昭和63)年に宅地造成に伴う発掘調査で, 古墳であることが判明した。直径16m・高さ3mの小型の円墳で, 墳丘を葺石がおおい, まわりに幅2mの溝がめぐっていた。石室は長さ8m・幅1.6m・高さ1.3mで天井石の一部がくずれていたが, 相模川の河原石を積みあげた横穴式石室で, ほぼ南北を向く。盗掘にあっていたが, 各種の玉類と青銅製耳環(耳飾り)などの装身具と, 鉄鏃・刀子(小刀)と鐙などの鉄製品が残っていた。石室の形や副葬品から, 7世紀代に築かれたと考えられる。古墳の周辺を公園にし, 市指定史跡として現状保存された。また, 古墳の80mほど北側から, 古墳時代終末期のかまどをもつ方形の竪穴住居跡5軒からなる集落が発見された。古墳と集落からの出土品は, 相模原市立博物館に展示されている。

当麻東原古墳から無量光寺前の坂道をくだって信号で右折し，左側のひかげ坂の道をのぼると相模原ポンプ場に着く。ポンプ場のある当麻谷原から西側の田名向原に至る約600mの間には，谷原古墳群とよばれる14基の小型円墳からなる7世紀後半の群集墳があった。一部が発掘調査されたが，開発で消滅したものが多く，ポンプ場の内外に1・2・4号墳が保存されている。

無量光寺 ㊻　〈M▶P.146,189〉相模原市南区当麻578
JR相模線原当麻駅🚶10分

鎌倉時代創建　一遍上人ゆかりの時宗古刹

　原当麻駅から南に向かい，県道にて厚木方面に向かって坂道をくだりしばらく歩くと，右手に総門がみえてくる。その総門をはいってさらに進むと，石段上にたつ江戸時代建立の二脚門の山門に着く。山号は当麻山で，時宗の寺である。1261(弘長元)年，諸国遊行中の一遍上人がこの地に妙見菩薩の祠をみつけ，金光院と名づけたのが寺のおこりで，2世真教上人により1303(嘉元元)年無量光寺を建立し，一遍上人の分骨を開山堂前に埋骨した。以来同寺は甲斐・上野・武蔵と相模西部とを結ぶ交通の要衝としての利便から，時宗の中心拠点となった。山門脇の右手のナギの大樹は，一遍上人が留錫(僧堂に残留すること)のときにたてた杖が根づいたと伝えられる。

　のち4世真光のときに，継承資格をもっていた呑海(真教の弟子)が無量光寺をでて，藤沢の極楽寺跡に清浄光寺(俗称，遊行寺)を建立して4世を称したため，両寺の対立は明治まで続いた。1872

無量光寺　　　　　　　　　　　　　　　　　　　　一遍上人像

(明治5)年の一宗一管長制により、清浄光寺が総本山、無量光寺は大本山(1951〈昭和26〉年からは時宗古刹)となった。しかし、1893(明治26)年の火災で大伽藍を失い、昔日の面影はみられなくなった。

　石畳の参道の真正面が本堂跡で、そこには一遍上人自作と伝えられる立像の複製がある(10月23日の開山忌に開帳)。今の本堂はその右奥に位置し、御影の像として尊ばれている等身大の木造一遍上人立像が本尊として安置されている。墓地の入口にはお髪塚といわれる2基の五輪塔があり、由来を示す碑もたっている。本堂の裏手には歴代上人の廟所がある。

田名向原遺跡 ㊼

〈M▶P.146,189〉相模原市中央区田名塩田3　[P]
JR相模線原当麻駅🚌北里大学行、または望地キャンプ場入口行塩田下🚶2分

旧石器時代の大型住居跡
住居内で石器を製作

　バス停から相模川散策路にでると、左前方に説明板がたっていて、ここが後期旧石器時代、約1万5000年前の最古の住居跡である田名向原遺跡(国史跡)である。現在、遺構は埋め戻されている。1997(平成9)年4月に、土地区画整理事業に伴う発掘調査で発見された。

　遺跡は相模川左岸の標高56mの段丘上に立地し、相模川との比高差は11mある。地表から2.5mの関東ローム層から発見された住居跡は、直径約10mの円形で、縄文時代の竪穴住居跡のように深く掘り込まれていない。住居跡の外周には、こぶし大の安山岩や凝灰岩の石核と原石などが整然とおかれ、内側には柱穴と思われる跡が11カ所ほど並んでいた。また住居跡の床面中央から炉跡が2カ所検出された。住居跡からは黒曜石でつくられた槍先形尖頭器120点をはじめ、ナイフ形石器などが出土し、石器製作で生じた石屑や未完成品が多数みつかった。住居跡の外周におかれた安山岩は、石器製作の土台石として使われたらしい。住居跡のすぐ近くからは、子

田名向原遺跡

JAXA相模原キャンパス

コラム 産

　JR横浜線淵野辺駅南口より徒歩約20分で，独立行政法人　宇宙航空研究開発機構JAXA(ジャクサ)相模原キャンパスがある。国際宇宙ステーション「きぼう」や宇宙飛行士若田光一さん，野口聡一さん，山本直子さんらの活躍や，小惑星探査機「はやぶさ」の地球帰還で話題になった施設である。

　JAXAは，2003年10月，宇宙科学研究所(ISAS)，航空宇宙技術研究所(NAL)，宇宙開発事業団(NASDA)が一つになり，宇宙航空分野の基礎研究から開発・利用にいたるまで一貫して行うことのできる機関として誕生した。

　相模原キャンパスは1989年4月，宇宙科学研究所の中核部として開設された施設で，それまでは駒場キャンパスがISASの拠点だった。ここには研究・管理棟，研究センター，およびロケット・人工衛星搭載機器の基礎開発・試験を行う特殊実験棟などが設置されている。また月・惑星探査プログラムグループの研究拠点や，宇宙教育センターも相模原キャンパス内にある。

　相模原キャンパスでは，大学院教育などの教育活動を行っているほか，全国の大学の共同利用機関として研究活動も行っている。また，世界各国からの研究者も受け入れ，世界における宇宙科学研究の拠点となっている。

　展示室にはロケットの模型や，「はやぶさ」の原寸模型が展示されている。展示室は年中無休だが臨時休館することもあるので注意が必要。またキャンパスの屋外にはM-Vロケット実機模型とM-3SⅡロケット原寸模型が並べて展示されている。

所在地：〒252-5210　神奈川県相模原市中央区由野台3-1-1
TEL042-751-3911(代表)

はやぶさ(模型)

どもの頭ほどの黒曜石の原石が5，6個，貯蔵された状況でみつかった。

　これまで国内で発見された旧石器時代の住居跡の例は少なく，その規模も，せいぜい直径数m程度だった。田名向原遺跡の住居跡は10mと大型で，柱穴や炉跡もみつかり，しかも遠隔地から石材をもち込んで住居内で集団で石器を製作していたことがわかった，はじめての遺構として全国的に注目されたのである。ある研究者は，秋

に産卵で相模川を遡上してくるサケをとり、薫製などに加工する旧石器人たちの季節的作業小屋だったのではないかと推測している。なお最近開発された新年代測定法では、3000年さかのぼり約1万8000年前と修正された。

　相模原市では、田名向原遺跡と同時の調査で発見された、壊滅したと思われていた谷原古墳群の12・13・14号の横穴式石室の現状移転保存と合わせて、田名向原遺跡の保存と活用を図り、一帯の遺跡公園化を進めて、2007年の完成・公開をめざして準備中である。

相模原市立博物館 ㊽
042-750-8030

〈M▶P.146, 196〉相模原市中央区高根3-1-15　[P]
JR横浜線淵野辺駅青葉巡環🚌市立博物館前🚶すぐ

1995年に開館　郷土学習の総合施設

　バスをおりると目の前に相模原市立博物館がみえる。相模原市が郷土の自然と文化・天文に親しみ、理解を深める場として、1995（平成7）年に開館した。建物は地上3階・地下1階で、自然・歴史展示室・天文展示室・特別展示室・天体観測室・プラネタリウム客室・市民研究室・大会議室などの施設を備える。常設の自然・歴史展示室は、「川と台地と人々のくらし」をテーマに5コーナーからなっている。郷土の歴史コーナーでは、縄文時代中期の各種土器群、無量光寺3代・5代住職の墓石の複製、清兵衛新田農家の復元家屋などが目をひく。特別展示室ではテーマ別の企画展がもよおされ、プラネタリウムでは全天周映画

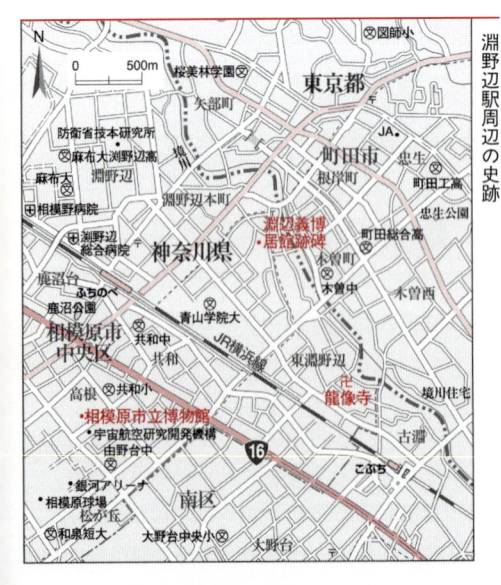

淵野辺駅周辺の史跡

も上映される。大会議室では講師を招き各種の講座が行われている（月曜日と祝日の翌日は休館）。

龍像寺 ㊾

〈M▶P.146,196〉 相模原市中央区東淵野辺3-25-1　[P]
JR横浜線古淵駅🚌淵野辺駅行龍像寺入り口🚶5分

淵野辺の地名の由来となった淵辺義博ゆかりの寺

龍像寺（曹洞宗）は山号を淵源山といい、厚木市七沢にある曹洞宗広沢寺の末寺で、縁起によると暦応年間（1338～42）、境川に棲んでいたという大蛇を地頭の淵辺義博が退治し、頭・胴・尾の3体に切断しておのおのの地に葬り、それぞれ龍頭寺・龍像寺・龍尾寺としたと伝えられている。その後3寺とも荒廃してしまったが、龍像寺のみが1556（弘治2）年に巨海和尚により再興された。寺宝として、竜骨の一部と淵辺義博使用といわれる矢じり、それに板碑が所蔵されている。

淵辺義博は、1335（建武2）年の中先代（北条高時の子、時行）の乱のとき、鎌倉を脱出する足利直義の命令をうけて、鎌倉宮に幽閉中の護良親王を殺害したことで知られる。また境内には江戸時代、この地の地頭であった旗本岡野一族の墓地がある（横浜市の大林寺にも岡野家累代の墓地あり）。先祖の岡野融成は後北条氏の奉公人として活躍したが、滅亡後は豊臣氏ついで徳川氏に仕えた。次男房次の子英明からは代々旗本として淵野辺村を領した。

寺の北方、バス停山王平付近には淵辺義博

淵辺義博の居館跡

清兵衛新田開墾記念碑

の居館跡があり，「淵辺伊賀守義博居館址之碑」がたつ。

清兵衛新田 ㊿

相模原市内最大の新田
現在の清新1～4丁目一帯

〈M►P.146〉 相模原市中央区清新4－1－5（氷川神社）

JR横浜線相模原駅🚶10分

相模原駅をでて西に約1kmいくと清兵衛新田の鎮守氷川神社に着く。境内には明治末年建立の「開墾記念碑」がある。書は徳川慶喜の筆。

相模原は洪積台地のため水利が悪く，開発が本格化したのは近世になってからである。江戸時代に開かれた市内5カ所の新田のうち，最後で最大のものが清兵衛新田で，今の「清新」という地名はこの新田に由来する。

開拓者は原清兵衛光保で，彼は小山村の元名主で，醸造業も営む豪農だった。その屋敷はJR橋本駅東方にあり，当時の豪壮な長屋門が現存している。清兵衛は天保の改革のさなかの1842(天保13)年，幕府の代官江川太郎左衛門英龍(坦庵)に開墾を申請した。江川は旗本領だったこの地を上知し，翌年開墾を許可した。入会地を失うことに対する7カ村の反対があったが，開発を200町歩に限定し，残り100町歩を秣場として存続するという代官の説得で実施された。幕府の役人は蓮乗院に宿泊してこれを指揮した。

開発は近郷や遠く入間郡(現，埼玉県狭山市)までを含む農家の次男・3男49人を入植させて，1856(安政3)年完成した。1戸平均2町8反の土地を割り当て，全体を5区に分けたが，その範囲は相模原駅から南橋本駅におよび，現在は相模原市の中心部になっている(その面積143町，清兵衛の分63町を加え206町，約420石の収穫が見込まれた)。しかし，水の便が悪く，土地もやせており，それを補うための金肥が借金をうんだ。49人の入植者は，その後多くのものが死亡あるいは脱落した。1872(明治5)年の壬申戸籍によると，このときまでに49人のうち18人が死亡し，7人が脱落，妻の死亡も十数人におよび，新田での生活が苦しかったことがわかる。

軍都相模原

コラム

　米軍相模原総合補給廠は，JR横浜線相模原・矢部両駅にまたがる東側の広大な領域を占有している。ベトナム戦争(1961〜73年)時には，米軍の兵站基地として戦略上重要な役割をにない，ここから搬出される戦車を阻止しようと，「ただの市民が戦車を止める」運動(1972年)が展開された。湾岸戦争(1991年)の際にも戦車の修繕が行われた。

　神奈川県は防衛施設数で沖縄につぐ全国第2位を占め，その24%は相模原・座間市域にある。

　軍都相模原の建設は，1936(昭和11)年の陸軍士官学校転用地の買収を出発点とする。以下，軍都拡大の歩みを略述する。

①陸軍士官学校・練兵場(1937年)　現，キャンプ座間から相模原公園一帯。東京市ヶ谷より移転。昭和天皇がこの地を行幸したとき，ここを相武台と命名。その際JR町田駅から士官学校までを結ぶ道を天皇が通行されたのでその道を行幸道路という。座間公園の軍馬功労碑が旧練兵場をしのばせる。

②臨時東京第三陸軍病院(1938年)　現，国立相模原病院。面積は当時の3分の1に縮小。

③陸軍兵器学校(1938年)　現，麻布大学・大野北中学校・大野北小学校など。麻布大学の西隣に陸軍工科学校跡の碑がたっている。並木通りは同校本部へつうじる道のこと。

④相模陸軍造兵廠(1938年)　現，米軍相模総合補給廠。

⑤電信第一連隊(1939年)　現，米軍相模原住宅地区。

⑥陸軍通信学校(1939年)　現，相模女子大学・神奈川総合産業高校(旧相模台工業高校)・大野南中学校・谷口台小学校など。

⑦相模原陸軍病院(1940年)　現，相模大野高校・外務省住宅など。

⑧陸軍機甲整備学校(1943年)　現，弥栄東・西高校，弥栄中学校，弥栄小学校，芳園台中学校，国民生活センター，宇宙科学研究所，相模市立博物館，淵野辺公園など。

　このほかに，相模陸軍造兵廠建設関係者が集住した場所が星ヶ丘とよばれ，造兵廠で組みたてた戦車を試走した場所が戦車道として一部多摩丘陵に残っている。

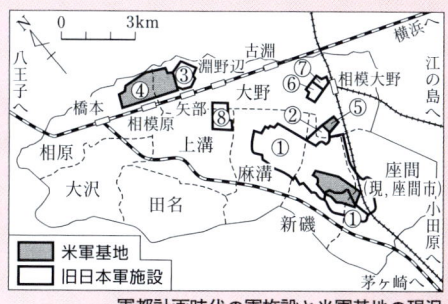

軍都計画時代の軍施設と米軍基地の現況

新田名	開発時期	開発形態	開発者	耕作面積	鎮守
①上矢部新田	1674～84	町人請負新田	相模屋助右衛門	約194町	村富神社
②大沼新田	1698～1707	村請新田		約175町	大沼神社
③溝境新田	1723	村請新田		約109町	
④淵野辺新田	1818～33	村請新田		約 67町	新田稲荷

入植者の家が相模原市立博物館に復元展示されている。3間×2間半ぐらいの狭い板壁の家で，窓は板壁をくりぬいた程度の小さな明かりとりが1つのそまつなつくりである。

相模原市内では，このほかにも新田開発が行われてきた。簡単に一覧表にして紹介すると上表のようになる。

なお清兵衛新田を含め，江戸時代に相模原市域で新田開発が行われたところは，明治期になってから横浜線が敷設された。

金剛山普門寺 (51)

奈良時代創建といわれる寺
県指定重要文化財蔵

〈M►P.146,203〉 相模原市緑区中沢200 P
JR横浜線・京王線橋本駅(バス)三ヶ木行，または若葉台住宅行都井沢(徒歩)15分

都井沢バス停をおりると，ファミリーレストランがある。そこを城山湖方面に右折し，すぐに小さな十字路を左折してしばらく山裾の住宅街を歩いていくと，普門寺(真言宗智山派)への案内がでてくる。それにしたがって歩いていくと竹林の土塁を左にしながら，やがて普門寺の総門がみえてくる。そのさきには石段があり，そこをのぼると本堂がある。石段の左側には大きなスギの木がそびえていて，そこにも古い石段があり，そのうえに仁王門が構えている。

普門寺は山号を金剛山といい，天平年間(729～49)に行基によって創立されたと伝えられている，歴史の古い寺である。その後江戸時代に至るまでの歴史はあきらかでないが，寺に残されている鰐口(県重文)や，境内より発掘された板碑から，鎌倉時代から室町時代にかけて，霊域としてつねに重要な場所であったことがわかる。

江戸時代にはいり，1648(慶安元)年徳川幕府より17石7斗余りの朱印地をうけ，1691(元禄4)年頼真(1707〈宝永4〉年11月示寂)により中興開山された。一時は東福寺・大非山慈眼寺・智恩寺の三カ寺の末寺をしたがえ，背後の山上には飯縄神社・三島社と，地元中

武相困民党

コラム

　西南戦争によるインフレを克服するため大蔵卿松方正義のとった極端な財政緊縮政策は、全国の農村を不況のどん底におとしいれ、借金返済の方途を失った農民たちは1884(明治17)年の秩父事件など全国各地で蜂起した。

　神奈川県では同年3月ごろから負債返弁騒擾(借金の年賦支払いと利息の減免を要求)が相州南西部に発生し、5月の債主殺害事件(一色騒動)以後、債主側の妥協によって終息していく。しかし、武相国境地域(三多摩を含む神奈川県北部)では同年の夏から本格化した。7月31日高座郡上鶴間村谷口(現、相模原市)の鹿島神社に300人の同村農民が集まり原町田(町田市)の武相銀行などの負債の件で善後策を協議した。8月10日には武相3郡22カ村の農民数千人が御殿峠(東京都八王子市)に蜂起し、214人の逮捕者をだした(主力となった上鶴間勢はこのうち67人を占める)。

　この御殿峠蜂起に後れた津久井困民党は、同14日7カ村400人が三井の峰の薬師に集結し、津久井郡役所(相模原市緑区中野)への嘆願運動を開始した。郡長や警察の説諭で一時はしりぞいたが、同26日には中沢(相模原市緑区)の普門寺に集会した13人が引致された。9月5日、多摩北部困民党が八王子署に乱入し、210人が逮捕されたが、この事件の衝撃が津久井困民党の終息に大きく作用したという。

　ここまでは地域困民党がいくつかの共闘を組んだ段階である。やがて11月19日、武相7郡150カ村におよぶ**武相困民党**が相模原で結成され、指導部が確立し、規約もつくられた。そしてこれまでの個別交渉戦術から郡・県への嘆願運動へと発展、翌年1月6日から県との交渉を開始した。

　しかし、県の弾圧方針を知った在村の急進派は同14日上鶴間の篠原新田で300人の秘密集会を開き、翌15日未明、30余人が横浜に向けてデモを決行した。彼らは瀬谷(横浜市)で警官隊と遭遇し、数人が逮捕された。警察側はこのデモを横浜に滞在して交渉にあたっていた須長漣蔵ら最高指導者が扇動したとして、指導者の一斉検挙を行い、組織は壊滅した。武相の地は流民の惨野と化した。

沢村の鎮守神の別当寺院として豪壮な堂社・伽藍を構え、真言宗の祈願道場として隆盛を誇っていたという。

　本尊は不動明王で、江戸時代の作とされ、飯縄神社の本地仏で、像高1尺8寸(約54.2cm)、火焔後背は3尺3寸(約99cm)の威厳あふれる尊姿である。また鰐口は、1339(暦応2)年の作で、現在の

普門寺本堂

ところ、神奈川県内ではいちばん古いものである（県内ではこれを含めて8例確認されている）。観音堂には木造の聖観世音菩薩立像があり、開山行基の作と伝えられるすぐれた彫刻である。歴代先師墓地には高さ17m、幹の周囲2.7mの大きなモミジがあり、11月中旬になるとみごとに紅葉し、神奈川名木100選に選ばれている。観音堂前にたつ仁王門は240年以上前に、本堂裏手の山上にある権現堂にのぼる階段の途中にあったものを、この場所に移築したといわれている。

観音堂横にある2基の宝篋印塔のうち、右側の1基は1831（天保2）年におきた天保御用金事件の犠牲者を供養した塔と伝えられている。この年全国的な飢饉（天保の大飢饉）に加えて幕府財政の悪化というなか、上川尻村に御用金が課せられたおり、領主の用人と名主が不正（横領）を働き、それに抵抗した村人が相談し、1832年、村の代表2人が勘定奉行と老中目付にそれぞれ駕籠訴（直訴すること。当時は御法度で、実行者は死罪）を行い、両者はとらえられ、その後江戸伝馬町の牢内で病死した。

事件の解決をみたのは、犠牲者の十三回忌となった1845（弘化2）年になってからである。そのときに犠牲者の冥福を祈ってたてられたのが、この宝篋印塔である。

峰の薬師 ㊾
042-784-1133（東慶寺）

〈M▶P.146,203〉相模原市緑区三井　P
JR横浜線橋本駅 🚌 三井経由三ヶ木行、または三井行上中沢
🚶 30分

津久井困民党結地
武相四大薬師の1つ

大覚山東慶寺薬師堂、通称峰の薬師という。津久井町三井の明王山山頂にある薬師堂で、『新編相模国風土記稿』に「本尊薬師是を峯の薬師と号す。或は三井の薬師と称して県中に名高き一区の旧跡なり」とあり、1492（明応元）年ごろの創建という。武相四大薬師の1つ。境内には富田常雄作『姿三四郎』にでてくる三四郎と檜垣

峰の薬師

兄弟の決闘の碑がある。

鐘楼・薬師堂があり、また奥の院もこの山頂にある。鐘楼の前には、地元出身の民権家であり、1903(明治36)～1912(大正元)年に東京市長にもなった尾崎行雄(咢堂)が植えたといわれるモミジが、今は大きく枝を広げている。ここはまた、1884(明治17)年8月14日に津久井困民党400人が境内に集合し、津久井郡役所へ嘆願運動をするために決起集会を開いた場所でもある。

津久井城跡 ❺ 〈M▶P.146,203〉相模原市緑区大井・根小屋 [P]
JR横浜線・京王線橋本駅🚌三ヶ木行津久井湖展望台下車、北側登山道入口より頂上まで🚶40分

鎌倉時代築城の山城 相模平野が一望できる

　津久井湖に面した、県立津久井湖城山公園花の苑地のすぐ南にある山が津久井城跡である。登山口は津久井湖口(北口)・小網口(西口)・根小屋根本口(西口)・城坂口(南口)・荒久口(南口)・小倉口(東口)の6コースがある。このうちもっとも一般的なのが津久井湖口で、登り口辺りは桜道と称してきれいに整備されているが、途中急斜面もあり、歩きにくいところもある。むしろ展望台バス停のつぎの北根小屋バス停まで10分ほど歩き、城山神社表入口の石碑のところ(小網口)か、さらにそのさきの根本口(バス根小屋経由三ヶ木行根本下車すぐ)からのぼるほうが楽である。

　津久井城は山の南麓の根本付近が大手口でそこは根小屋とよばれ、武家屋敷を構えた郭跡が残る。津久井湖口からのぼると途中から丸太で土止めされた登り道となり、さらにそのさきへ足を進めると江川檜の説明板

津久井城跡周辺の史跡

相模原・津久井

津久井湖と津久井城跡

が目にはいる。幕末津久井の代官であった伊豆韮山の江川太郎左衛門英龍が植林したヒノキである。そのさきから急崖になり、そこをよじのぼると急に視界が開け、相模平野が一望できる。さらに進むと尾根道標にでる。右に飯縄神社・左に鷹射場となる。鷹射場は、明治期三多摩の自由民権家がここに集まり、密談を行った場所でもある。

尾根道標から右手にいくと、宝ヶ池というため池があり、昔からどんなに日照りであっても涸れたことはないといわれ、今も水をたたえている。そこを右にいき、樹齢800年以上はあるといわれる大杉をこえていくと津久井城の守護神である飯縄神社に達する（ここが飯縄曲輪とよばれる）。1197（建久8）年に三浦党の津久井氏が勧請し、落城後は麓の根本・大井地区の鎮守となっている。

この飯縄神社から西に向かい、坂道を40mほどおりると、そこは山の鞍部を深く掘りきった堀切で、そこからまた西へ堀切をのぼると太鼓曲輪である。そのさきへさらにいくと急におちこむところにでる。「とば堀」とよばれ、いわゆる空堀の跡で、津久井城には何カ所か空堀の跡が残っている。この堀には山城時代には引き橋がかけられていて、敵に攻められたときにはこの橋を引いて防いだといわれている。この「とば堀」をのぼってそのさきへさらに進むと、本城曲輪に達する。ここは東西30m・南北40mと広く、周囲には米曲輪・土蔵・米蔵が配されていた。本城曲輪の周囲には土塁がめぐり、そのうえに根小屋村名主島崎律直が、1816（文化13）年に建立した「築井古城記」碑がたつ。題額は老中松平定信である。

津久井城は、鎌倉時代初期に三浦氏の一族津久井義行の長子為行（「築井古城記」は義胤となっている）が築城したのが始まりで、この城によって津久井の名称がおこったともいわれている。戦国期には北条早雲の家臣内藤景定が復興し子の景豊に至る。この城は甲斐

の武田氏の備えとして、八王子城・滝山城とともに重視されたが、津久井衆は「敵知行・半所務」と武田・北条双方の支配をうけ、特殊な位置を占めた。1569(永禄12)年、武田信玄の小田原城攻撃の帰途、信玄は追撃してきた北条氏照らと三増峠で対戦した(これが日本最初の山岳戦となった三増合戦である)が、城兵2000～3000人を擁した景豊は動かず、信玄の引き揚げをみまもった。1590(天正18)年、豊臣秀吉の小田原征討の際には、徳川家康の家臣本多忠勝に攻められて落城した。江戸時代には天領となり、日連村(現、相模原市緑区)出身の守屋左太夫父子が代官として支配した。城跡の解明のために1996(平成8)年から5年間、発掘調査が行われた。

現在津久井城は、津久井城北側の水の苑地に続き、山頂南側の根小屋地区も2003(平成15)年度に整備され、馬場や御屋敷跡など当時を感じさせる名前を今に残している。

顕鏡寺 ㊴
042-685-0565

〈M▶P.146,207〉相模原市緑区寸沢嵐2888 P
JR中央本線相模湖駅🚌三ヶ木行石老山入口🚶40分

津久井観音霊場14番 病気や災難除けの寺として有名

バス停から大きな案内図の看板にしたがって舗装路に沿って南へいくと、長屋門のある家の前にくる。そこに石老山と書いてある小さな看板があるので、指示のとおり右側の道を川に沿っていく。しばらくすると唐沢橋が左手にみえるのでさらにいくと、顕鏡寺(真言宗)へつうじる。また、かつて寺の総門があった相模湖病院のところを右へおれると、巨岩・奇岩が連なる昔の巡礼路、男坂がある。そこには滝不動・屛風岩・仁王岩・駒立岩・文殊岩など巨岩が続き、約20分で顕鏡寺に至る。

顕鏡寺は、寺伝では851(仁寿元)年の創建という。駆け落ちした貴族の男女が相模川の辺りの虚空蔵という岩窟に住み、一子岩若丸を儲けた。そして両親は、所持する鏡をわって一片を子に託し、再会を約して諸国行脚の旅にでた。成長し

顕鏡寺

相模原・津久井

た岩若丸は鏡をたよりに父母と再会し，父母の死後僧源海と号し，石老山に戻りその菩提をとむらった。古い石の山から寺号を石老山，証拠の鏡から顕鏡寺とよんだという。江戸時代にはかんの虫(とくに理由もなく不機嫌になってぐずったり，夜泣きすること)止めに霊験ありとされ，武州・甲州・相州より参詣者が列をなしたという。

小原宿本陣跡 (55)

甲州道中を通行する大名の宿泊施設

〈M►P.146,207〉相模原市緑区小原698
JR中央本線相模湖駅徒歩12分

相模湖駅からすぐの国道20号線を東京方面へ10分ほど歩くと，旧小原宿に着く。宿場の江戸口の見附近くに本陣跡(現，清水家・県重文)があり，街道には旅籠風の旧家が残っている。甲州道中では津久井郡内には，小原・与瀬・吉野・関野の4宿が設けられたが，そのなかで本陣として残存する唯一の建物である。甲州道中の本格的な整備は1604(慶長9)年ごろとされ，小原と与瀬の間は16町半(約1.8km)で，ともに片道継立ての宿である。上り(甲府方面)は小原から吉野へつぎ，下り(江戸方面)は，与瀬から小原をすどおりして小仏宿へつぎ，2宿で1宿分(合宿)の機能をはたしていた。しかしこの街道を参勤交代として利用していた大名は，信州の高島藩・高遠藩・飯田藩の3藩にすぎず，常時の公用は江戸幕府と甲府勤番・代官との連絡が主であった。

現存する清水家は，江戸後期の建築とされ，幅12間・奥行7間の重厚な入母屋造である。屋根をトタン葺きにかえたのと，内部中央に2階と結ぶ広い階段を加えた以外は，門・玄関式台・上段の間の奥座敷など本陣特有の姿をとどめる。2階はこの地方の特徴である養蚕部屋となっている。庭は一部原形をそこない，背後の景観も中央高速の開通によって大きく変化したが，甲州道中筋の数少ない遺

小原宿本陣跡

三太旅館

コラム 泊

　JR橋本駅または中央本線相模湖駅よりバス三ヶ木行きの終点三ヶ木(そこは三ヶ木操作場)で下車し，そこより国道412号線を相模湖方面にくだること700mで道志大橋がある。橋の手前の道をくだり，道志川沿いの道をいくこと10分で右側に三太旅館がみえてくる。

　第二次世界大戦後の1950(昭和25)年からラジオやテレビで連続ドラマとして放送された「三太物語」(おらあ，三太だ)は，主人公三太が道志川付近を舞台にさまざまな騒動をおこす話である。その物語が日本中に知られるようになり，当時の子どもたちの心をとらえた。原作者は青木 茂(1897〜1982)で，作品執筆のために道志橋近くの釣り宿を定宿として，そこで見聞きしたことが物語の中核になっている。この釣り宿が現在三太旅館(☎0427-84-0087)と改称して営業している。

　旅館の玄関右側には「三太の碑」があり，物語の一節がきざまれている。都会の喧噪からはずれた川沿いの旅館で，釣り客を中心に宿泊客も多い。なかには「おらあ，三太だ」の放送に懐かしさを求めて宿泊している年配の人も多く，また旅館の前の道志川では川遊びに夢中の人たちも多い。

三太の碑

構である。無料で公開されている。

土平治の墓 ㊵

〈M ▶ P.146, 207〉 相模原市緑区牧野1404

JR中央本線藤野駅 🚗 20分

　JR藤野駅からタクシーでいくか，自家用車では，橋本方面からはプレジャーフォレストの前を左折して，道なりにしばらくいくと牧野で，二手に分かれるのでそこを左手に進むとほどなく大きな長屋門をもつ佐藤家に着く。ここが二百十数年前，北相模

相模湖周辺の史跡

土平治借用証文　　　土平治の墓

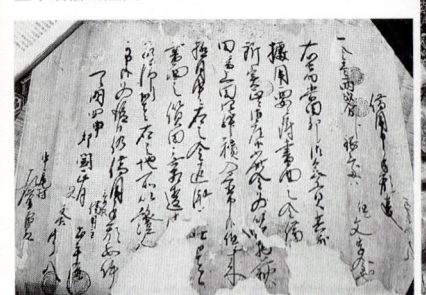

江戸時代、相模国でおきた唯一の百姓一揆指導者の墓

の山々をゆるがした百姓一揆の指導者土平治の生家である。墓は家の裏手から西へ50mのぼった丘の中腹にある。一揆は、土平治の名をとって土平治騒動とか土平治一揆とよばれた。牧野村篠原組の組頭の家に生まれた専蔵が、結婚を機に「民平らかに治まる」の意で土平治と名乗るようになったという。

天明の飢饉は、田畑が少なく穀物の不足しがちな津久井地方にも大打撃をあたえたが、このとき津久井各地の近江系の酒造家は米を買い占め農民の恨みを買っていた。これをみかねた土平治ら28カ村の農民は、1787(天明7)年12月22日夜、まず久保沢(相模原市緑区城山)の酒屋近江屋源助方を打ちこわした。ついで同月28日勝瀬(現、相模湖湖底)、翌年1月4日に中野・鳥屋・根小屋(相模原市緑区津久井)、同月6日には半原・田代(愛甲郡愛川町)の酒造家を制裁として打ちこわし、とくに酒樽や酒造具類は徹底的に破壊している。参加者は、つごう数千人に達したという。のち1月12日、土平治は探索にはいっていた伊奈氏代官手代に直訴してとらえられ、後れて青野原(相模原市緑区津久井)の伴蔵・利左衛門も頭取として江戸に引きたてられる。3人は死罪の判決をうけたが、土平治はすでに1788年5月に獄死、打ちこわされた酒造家は江戸払いなどの重罪になった。

土平治の墓碑には、「観窓自得信士」の戒名がきざまれている。佐藤家には、土平治の位牌のほか、近年発見された「土平治」名の借用証文や、騒動直後幕府がだした米買い占め・酒造隠し造り禁止令を高札にしたものが所蔵されている。1989(平成元)年4月には、津久井の有志により長屋門の道向かいに、土平治騒動200年を記念した樹木と碑がたてられた。

津久井・相模野の大地

ペリー上陸の地, 三浦半島

Miura

「ペリーの久里浜上陸」(ハイネ原画)

ペリー上陸記念碑

ペリー上陸の地，三浦半島

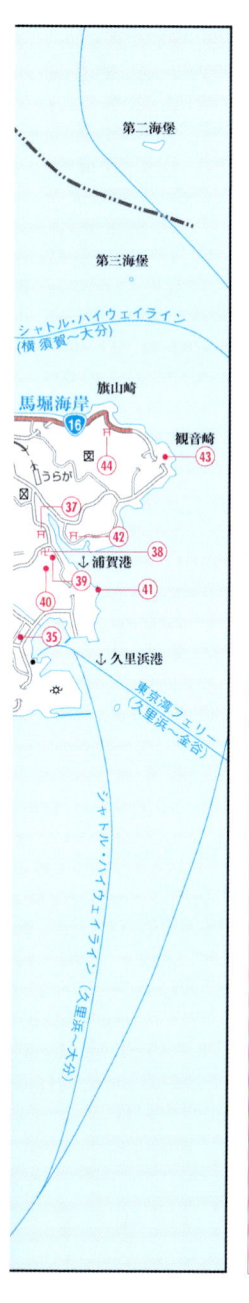

◎三浦半島散歩モデルコース

1. JR横須賀線横須賀駅 3 ヴェルニー公園 20 記念艦三笠 15 龍本寺 10 京急線横須賀中央駅 20 曹源寺 15 衣笠城址・大善寺 30 満昌寺 5 清雲寺 25 満願寺 15 京急線北久里浜駅
2. JR横須賀線逗子駅 10 岩殿寺 10 法性寺 20 名越切通 15 京急線新逗子駅 1 三浦胤義遺孤碑 5 六代御前の墓 10 延命寺 5 逗子駅 5 JR横須賀線東逗子駅 10 海宝院 5 光照寺 20 神武寺 30 東逗子駅
3. 京急線浦賀駅 5 西叶神社 10 常福寺 10 愛宕山公園 10 浦賀奉行所跡 3 為神社 15 灯明堂跡 25 紺屋町渡船発着場 3 東浦賀発着所 5 東叶神社 15 観音埼灯台 5 走水神社 15 浦賀駅
4. 京急線三崎口駅 15 油壺(新井城跡、三浦道寸・荒次郎の墓) 15 海南神社 8 見桃寺 10 本瑞寺 8 大椿寺 5 城ヶ島 15 三崎口駅

①夏島貝塚	㉑海宝院	㊳常福寺
②三浦按針夫妻の墓	㉒光照寺	㊴愛宕山公園
③ヴェルニー公園	㉓神武寺	㊵浦賀奉行所跡
④記念艦三笠	㉔東昌寺	㊶灯明堂跡
⑤龍本寺	㉕長柄・桜山第1号墳	㊷東叶神社
⑥猿島		㊸観音埼灯台
⑦旧永嶋家の赤門	㉖長柄・桜山第2号墳	㊹走水神社
⑧曹源寺		㊺坂本龍子の墓
⑨大明寺	㉗延命寺	㊻白山神社
⑩笠森稲荷	㉘浪子不動	㊼伝三浦義村の墓
⑪衣笠城址	㉙六代御前の墓	㊽剱埼灯台
⑫満昌寺	㉚森戸神社	㊾海蝕洞窟群
⑬清雲寺	㉛葉山御用邸	㊿来福寺
⑭満願寺	㉜森山神社	51天養院
⑮東漸寺	㉝新善光寺	52油壺
⑯武山不動	㉞内川新田開発記念碑	53海南神社
⑰浄楽寺		54見桃寺(桃の御所)
⑱法性寺	㉟ペリー上陸記念碑	55本瑞寺(桜の御所)
⑲名越切通	㊱最宝寺	56大椿寺(椿の御所)
⑳岩殿寺	㊲西叶神社	57城ヶ島

横須賀

縄文の夏島遺跡，中世の三浦一族，近世の浦賀の繁栄，近代の海軍のまち横須賀の歴史を，東京湾側と相模湾側から歩く。

夏島貝塚 ❶ 〈M▶P.210,213〉横須賀市夏島町夏島
京急線追浜駅🚌夏島行・住友行夏島🚶5分

縄文早期の国史跡貝塚付近は海軍航空発祥地

　夏島はかつては島であった。冬でも海風のため雪が積もらないのでその名がついたという。夏島バス停の右前方にみえる丘陵上に縄文時代早期の夏島貝塚(国史跡，見学不可)がある。1950(昭和25)年と1955年の発掘調査で，3つの貝層を含む7つの層から夏島式土器をはじめとする土器群が出土し，縄文早期の編年研究に貢献した。このほか市内には縄文早期のおもな遺跡として，平坂貝塚(若松町)・田戸遺跡(田戸台)・茅山貝塚(佐原)・吉井貝塚(吉井)などがあり，横須賀市自然・人文博物館に資料が保存されている。

　1887(明治20)年には伊藤博文が夏島に別荘をつくり，明治憲法の草案を起草したことで知られ，明治憲法起草遺跡記念碑がバス停さきの道路ぎわにある。その後1888年に，東京湾要塞の左翼をになうものとして夏島砲台が建設されたが，1913(大正2)年に廃止され，レンガ積みの遺構が貝塚のある丘陵地に残存している。

　バス道路を南に進むと貝山緑地がある。付近は海軍初の航空隊として1916年に開設された横須賀海軍航空隊の本部などがあった地で，飛行場建設のために夏島は埋め立てられ，現在のように陸続きになった。緑地を少しのぼると「海軍航空発祥之地」「予科練誕生之地」などの碑がある。緑地の南から西の浦郷町5丁目付近には，1932(昭和7)年航空技術の実験研究機関として海軍航空技術廠が開設され，夏島は海軍航空の拠点となった。今でも工場群のなかや付近の丘陵地に，航空技術廠関係の建物や地下工場跡が残っている。

　船越方面へのバス道路にでて右折すると，ガードと追浜隧道の間の左手石段上に，西南戦争帰途の船内で発生したコレラで死亡した兵士らのうち，遺族不明の48柱を埋葬した官修墓地がある。

三浦按針夫妻の墓 ❷ 〈M▶P.210,213〉横須賀市逸見町塚山公園
京急線安針塚駅🚶20分

　安針塚駅の階段をおり左折してガードをくぐり，南西に道をたど

ペリー上陸の地，三浦半島

横須賀の史跡

三浦按針夫妻の墓

按針ゆかりの地にたつ
4月上旬には墓前祭

る。10分ほどで家並みもつきる辺り、左に塚山公園への上り口がある。かなり急な坂道をのぼって着く丘の高みに、三浦按(安)針夫妻の墓(国史跡)がある(実際は供養塔)。

　オランダのロッテルダム・マゼラン会社所属のリーフデ号が、豊後(現、大分県)の海岸に漂着したのは1600(慶長5)年のことである。そのころ外国貿易に関心をもっていた徳川家康は、リーフデ号の水先案内人でイギリス生れのウィリアム・アダムズとオランダ人航海士ヤン・ヨーステンを貿易・外交の顧問として迎え、江戸の埋立地に屋敷をあたえた。東京駅八重洲口に名の残る八重洲はヤン・ヨーステンから、町名変更によって今はないが、日本橋安針町の町名はウィリアム・アダムズの日本名、三浦按針に由来したものである。アダムズは、江戸湾口に位置し、天然の良港であった浦賀に近い三浦郡逸見に家康から領地220石をあたえられたので、三浦按針と名乗っていた。なお按針とは、水先案内または航海長といった意味である。

　家康の命により伊東の海岸で、大船2隻を建造して多くの信任を得たアダムズは、当時東インド会社を設立し(1600年)、ジャワ島の西端バンダムに商館をおき、東方貿易に進出しつつあった母国イギリスに、オランダ人を介して、日本との貿易をすすめた。1613(慶長18)年、ジョン・セーリスはイギリス王ジェームズ1世の国書をたずさえて来日し家康に謁見、家康は今日でいう関税免除・自由寄港・治外法権など有利な条件をイギリスにあたえたが、その背景にはアダムズの努力があった。

　しかし1616(元和2)年家康が死去し秀忠がその後をつぐと、事態は急激に変化した。秀忠は貿易上の利益よりもキリシタン禁制を重視する政策をとり、一方イギリスもまた、東インド諸島をめぐるオランダとの競争に敗れ、1623年には平戸(長崎県)の商館を閉鎖した。日本人の女性を妻とし、2子を得た按針も、1620(元和6)年5月平戸で死去した。按針は逸見村の人びとからよく慕われていたという。

横須賀製鉄所

コラム

　幕末に戸数わずか200を数えるのみの寒村であった横須賀が，1907(明治40)年市制施行時には人口6万3000人余を数え，横浜につぐ県内第2の都市(現在は第4位)にもなったその始まりは，横須賀製鉄所の建設にあった。

　横須賀製鉄所は，幕府が建設した当時最大の造船所である。開国とともに海軍力の劣勢を知らされた幕府と，東洋に友邦国をつくろうとしていたナポレオン3世の幕府接近とが，フランス駐日公使レオン・ロッシュによる製鉄所建設の建議となり，1864(元治元)年幕府はその建設をロッシュにゆだねた。横須賀が選ばれたのは，フランスの軍港ツーロン港に似ていたからだという。翌1865年に起工し，維新後は新政府に引きつがれた。1871(明治4)年に第一号船渠(ドック)が完成して，横須賀造船所と改称し，翌年海軍省所管となった。

　1884年に横須賀鎮守府が造船所の地に開設されると，長浦から浦賀一帯にかけて，海軍機関学校・海軍水雷学校・横須賀海兵団・海軍砲術学校などが設立され，造船所は造船廠，1903年には兵器廠と統合して横須賀海軍工廠となり，横須賀は日本屈指の軍都として急速な発展をみせた。

　1945(昭和20)年の敗戦後，横須賀軍港は米海軍が接収し，極東における米海軍最大の基地として今日に至っている。

毎年4月上旬には，塚山公園で按針の墓前祭が行われている。

ヴェルニー公園 ❸
046-824-1800

〈M▶P.210,213,215〉横須賀市汐入町1-1
JR横須賀線横須賀駅，または京急線汐入駅 3分

　JR横須賀駅前からショッパーズプラザに至る海側をヴェルニー公園といい，1946(昭和21)年に旧軍港の一部を臨海公園として市民に開放したものである。駅前にヴェルニー記念館がある。横須賀製鉄所を建設し，日本近代工業化の基礎をつくりあげたフランス人技師フランソワ・レオンス・ヴェルニーの功績と，横須賀製鉄所建設の意義を後世に伝えるため，2002(平成14)年に横須賀市が建設した。ヴェルニーは，フランス駐日公使ロッシュの推薦で横須賀製鉄所建

横須賀市中心部の史跡

ヴェルニー(左)と小栗上野介忠順(右)の胸像

記念館にスチームハンマー、軍都の中心地

設のため来日し、以来首長として製鉄所の建設・経営や日本人技術者の養成につとめるとともに、1869(明治2)年にはわが国最初の洋式灯台を観音崎に建設し、走水から製鉄所まで水道を引くなど多方面に活躍し、1876年に帰国した。記念館には、0.5tおよび3tのスチームハンマー(1865年オランダ製、国重文)など製鉄所の関係品が展示されている。公園内には、ヴェルニーと小栗上野介忠順の胸像が並んでたてられ、その前で毎年11月に横須賀製鉄所開設を記念して、ヴェルニー・小栗祭が行われている。小栗は、勘定奉行・江戸町奉行・陸軍奉行などを歴任し、製鉄所建設に尽力した幕府の実力者で、1868年に知行所の上州(群馬県)で官軍に斬首された。公園内にはまた、明治末か大正初期と推定される銅板葺き八角形の旧逸見波止場衛門もある。軍港の玄関口として賑わった逸見波止場の逸見門衛兵詰所である。

ヴェルニー公園の対岸の米軍基地内(見学不可。開放日や基地内歴史ツアーあり)には、1926(大正15)年に再建された重厚な横須賀鎮守府庁舎(現、在日米海軍司令部)や、日本最古の石造ドック(第一号船渠)を含む明治初期のドライドック3基、全長27kmにおよぶという地下壕など、横須賀造船所・鎮守府関係の施設が多く残存し、夢窓疎石が滞在した泊船庵跡と思われる地には泊船庵史蹟碑もある。

記念艦三笠 ❹
046-822-5408

世界三大記念艦、艦内に記念品などを展示

〈M▶P.210, 213, 215〉 横須賀市稲岡町82-19(三笠公園内)

🅿

JR横須賀線横須賀駅🚶20分、京急線横須賀中央駅、または汐入駅🚶15分

横須賀中央駅前を左折し、国道16号線を右折すると、三笠公園の入口がある。ここでは、JR横須賀駅からのコースを示す。

駅前のヴェルニー公園から国道16号線にでて左に進むと、左手に

よこすか海軍カレー

コラム
食

　1999(平成11)年に町おこしを推進するためにうまれた。これは，帝国海軍が英国海軍を手本として「カレイライス」を海軍兵食として導入したことに由来する。現在でも海上自衛隊では，毎週金曜日の昼食をカレーライスとしている。
　1908(明治41)年に発行された『海軍割烹術参考書』に「カレイライス」のつくり方が示されており，使用する材料は，牛肉(鶏肉)・人参・玉葱・馬鈴薯・塩・カレイ粉・麦粉・米で，ほぼこれが現在の「よこすか海軍カレー」の名称を使用できる条件になっている。横須賀市内の店舗だけでなく，レトルト食品としても食べることができる。

　米軍基地(ベース)の正門がある。その向かい，道路を隔てた一部がドブ板通りで，かつて朝鮮動乱やベトナム戦争の時期に米軍水兵であふれた通りである。国道をさらに進むと，さきほどの横須賀中央駅からの道と交差する。少しさきの左手に三笠公園入口を示すアーチがあり，ここを左折し道なりに進むと，左手に神奈川歯科大学・横須賀学院がある。かつて海軍士官を養成した海軍機関学校があったところで，大正時代に芥川龍之介が教鞭をとったことがある。前方に記念艦三笠を保存する歴史公園，三笠公園がみえる。
　1905(明治38)年5月27日，日露戦争で全世界が注視するなか，38隻の艦艇からなるロシアのバルチック艦隊を迎え撃ち，大勝利を得た対馬沖海戦(日本海海戦)における連合艦隊の旗艦が三笠であった。三笠はイギリスのヴィクトリー号，アメリカ合衆国のコンスティチューション号とともに，「世界三大記念艦」といわれている。イギリスのヴィッカース社製，排水量1万5000tの新鋭戦艦だった。第二次世界大戦後，荒れはてていたが，1961(昭和36)年有志によって復元・整備された。艦内には当時の司令長官東郷平八郎の遺品ほ

記念艦三笠

か多くの記念品が保存・展示されている。

龍本寺 ❺
046-822-0603
〈M▶P.210,213,215〉 横須賀市深田台10
京急線横須賀中央駅🚶10分

日蓮の三浦上陸伝承地にたつゆかりの寺

　横須賀中央駅でおり、平坂をのぼり、途中左へおれ家並みの続くせまい道をいき、横須賀市文化会館とは反対方向へ進むと、東京湾側に瓦葺き屋根の雄大な建物がみえる。これが猿海山龍本寺（日蓮宗）、俗に「米ヶ浜のお祖師さま」とよばれる寺である。本堂は江戸時代を代表する豪壮な建物で、明治の初めに茅葺きを瓦葺きに改めたという。本堂内部や軒下の彫刻装飾はみごとである。寺には日蓮上人のつぎの話が伝わる。

　1253（建長5）年、日蓮が房州から鎌倉へ渡る途中、穴があいた船底に、日蓮が題目をとなえるとアワビがつき、沈没を免れた。白ザルの案内で豊島（今の猿島）から米ヶ浜に着き、土地の人、石渡左衛門が日蓮を背負って岸辺へ渡したとき、サザエの角で足を切ってしまったので、日蓮が再び題目をとなえると、サザエの角がなくなったという。石渡左衛門が日蓮に帰依してたてた草庵が御浦法華堂で、のちに龍本寺となったという。現在、本堂右側の厨子に、アワビと角なしのサザエが寺宝としてまつられている。

　龍本寺本堂前の階段をおりて100mほど進み、左折すると文化会館があり、その隣に横須賀市自然・人文博物館がある。三浦半島の古生物・動植物や三浦半島漁撈用具コレクション（国・県民俗）、三浦半島出土の考古資料やペリー関係の資料が収集されている。博物館北側の中央公園には、米ヶ浜演習砲台があった。

　文化会館前をくだると、三崎街道といわれるバス道路にでる。左折し市立うわまち病院入口交差点のつぎを右折すると、日本基督教団横須

龍本寺本堂

218　ペリー上陸の地、三浦半島

賀上町教会・付属めぐみ幼稚園(国登録)がある。下見板張りの外壁に尖塔アーチの窓が連続し、1930(昭和5)年ごろの建築時の状態をよく保存している教会建築である。

猿島 ❻

〈M▶P.210,213〉 横須賀市猿島1
記念艦三笠隣 🚢10分

猿島

日蓮ゆかりの猿島洞窟
近代は要塞の島

猿島は、三笠公園から海上約1.7kmの沖にある、周囲約1.6kmの東京湾にある唯一の自然島である。ここへは、三笠公園の記念艦三笠の右隣から発着する船で10分ほどでいくことができる(船は12～2月は土・日曜、祝日のみ運航)。猿島は、もと豊島(10の島の意味か)とよばれていたが、1253(建長5)年、上総から鎌倉をめざして船出した日蓮上人が嵐にあい、沈没寸前のところ、題目をとなえると白いサルがあらわれ、その案内で無事島に上陸できたという故事にちなみ名づけられたという。

1948(昭和23)・1949年と2000(平成12)年の発掘調査で、山頂部を中心に縄文土器片が出土し、日蓮洞窟の名がある猿島洞穴からは炉跡1基、骨鏃、鹿角製釣針・銛・石包丁や土器など、弥生から古墳時代の遺構や遺物が発見された。外国船がしきりに来航するようになった1847(弘化4)年に、江戸幕府は3基の台場を島内に築造し、1884(明治17)年には、陸軍が猿島砲台を建設して要塞の島と化した。この砲台は関東大震災により廃棄されたが、1941(昭和16)年に海軍が高角(防空)砲台を設け、終戦まで要塞地帯として一般人は立入り禁止となった。もと猿島に本殿のあった市内三春町の春日神社は、旧公郷村の鎮守で、1884年の砲台建設のため、のち拝殿のあった現在地に移された。戦後島は市民に開放され、現在は全島の都市公園化に向けて整備を進めている。

旧 永嶋家の赤門 ❼

〈M▶P.210,213,215〉 横須賀市安浦1-16
京急線県立大学駅 🚶15分

県立大学駅より横須賀中央駅方面へ進み、安浦町と上町方面を結

横須賀 219

旧永嶋家の赤門

三浦の総名主永嶋家、謎の朱塗り長屋門

ぶ聖徳寺坂をのぼると、京浜急行のガード手前の右奥に赤門(長屋門)がある。旧所有者の永嶋家は三浦一族の子孫といい、後北条氏の浜代官をつとめたり、江戸時代には、三浦半島の総名主として代々永嶋庄兵衛を名乗り、通称田戸庄とよばれ重きをなした。島崎藤村の小説『夜明け前』のなかに登場する主人公青山半蔵の祖先山上家のモデルは、この永嶋家であったといい、作者藤村の先祖が永嶋家と同じ三浦氏の子孫という縁によるという。永嶋家になぜ赤門があるかについては、大津陣屋(現、大津中学・高校辺り)閉鎖の際、浦賀の御倉所の門が払い下げをうけて移されたとか、鎌倉八幡宮寺の門が移されたなど諸説あるが、不詳。しかし、江戸時代の屋敷門で、左右に長い棟をもつ長屋造りの立派な建物である。また、門前には、1862(文久2)年にたてられたかつての浦賀道の道標も残っている。

横須賀市内には、金谷の福本家、佐野の永島家、佐島の福本家、秋谷の若命家、須軽谷の鈴木家などにも長屋門が残っている。

曹源寺 ❽
046-851-0889
〈M▶P.210,213,222〉横須賀市公郷町3-23
JR横須賀線衣笠駅🚶25分

古瓦礎石出土の古代寺院、十二神将は県重文

衣笠駅から右へ商店街を5分ほどいくと、衣笠十字路がある。そこから久里浜方向へ100mほどいき、左折すると県立横須賀高校がみえる。その裏山に東光山曹源寺(曹洞宗)がある。本尊は薬師如来、古くは宗元寺・宗源寺とも書いた。寺伝によると、行基の創始で薬師如来像は行基作と伝える。しかし、境内および周辺から出土した布目瓦から、創建はもっと古く7世紀後半にさかのぼると推定されている。礎石は現在境内に残っているが、多くは失われ、8世紀末には堂舎が整ったようだが、伽藍配置は定かではない。

この寺は、古代の東海道に沿い、相模から上総に至る東京湾渡海の要衝の地にあり、5世紀から7世紀にかけての古墳が集中する久

里浜・池田地区に近接している。三浦半島における政治上の中心地であり、大和政権と密接な関係をもつ豪族が建立したと考えられる。鎌倉時代には、源実朝出産に際し、安産祈願のため神馬を奉納した寺として「宗元寺」が『吾妻鏡』に記され、頼朝の信仰をうかがうことができる。鎌倉末期には兵火のため焼失したという。1590(天正18)年ころ、三浦の代官長谷川長綱が再建に尽力し、江戸時代には三浦の薬師とよばれ、眼病平癒の祈願所として庶民の信仰を集めた。

現在の曹源寺には創建当初のものはほとんど残されていない。みるべきものとして、南北朝時代の作と思われる十二神将立像(県重文)がある。部分的に傷んで後世の彩色がほどこされてはいるが、寄木造・玉眼入り、像高約80cmのすさまじい忿怒の形相と動きのある像容は巧みで、三浦半島で12体そろって現存する最古のもの。

大明寺 ❾
046-851-1760

〈M▶P.210,213,222〉横須賀市衣笠栄町3-77
JR横須賀線衣笠駅🚌池上経由横須賀駅行三浦高校前🚶1分

日蓮宗三浦郡の本山
裏山に太田資康の墓

三浦高校前バス停でおりると、高校の道路をはさんだ隣に金谷山大明寺(日蓮宗)がある。寺伝では、日蓮上人に帰依した石渡左衛門が、現在深田台にある龍本寺の寺域内に御浦法華堂を建立したが、深田の地が手狭になったので、1392(明徳3)年、6世大明坊日栄上人がこの地を選び、本堂・祖師堂など26棟をたて、金谷山大妙寺としたことにはじまるという。山号の由来は、後嵯峨天皇の皇子で鎌倉幕府6代将軍(皇族将軍)となった宗尊親王が来訪し、谷あいから金色の光が発するのをみて金谷山と名づけたという。

大妙寺が大明寺にかわったのは、江戸時代に16石の朱印があたえられ、その朱印状に大妙寺と書くところを大明寺と書き誤ったことによるという。江戸時代、三浦郡の32カ寺の日蓮宗の本山といわれた。

本尊は木造一塔両尊像で、室町時代の銘文があるもの

大明寺の仁王門

横須賀

衣笠駅周辺の史跡

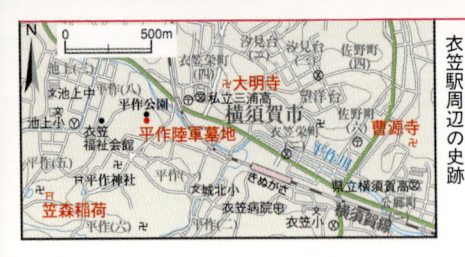

として貴重である。1886（明治19）年、火災により仁王門をのぞきすべて焼失、現在の建物は再建したもの。この寺は太田氏と古くから因縁があったと考えられ、寺の裏山には太田道灌の子太田資康の墓と伝えるものがある。資康は、三浦道寸（義同）の娘を妻としていた関係で、三浦氏が北条早雲により攻められたとき、1513（永正10）年にこの地で戦死したという。

笠森稲荷 ❿　〈M▶P.210,213,222〉横須賀市平作5-13
JR横須賀線衣笠駅🚌池上経由横須賀駅行金谷🚶20分

疱瘡除け、厄除けの稲荷 近くに重砲兵連隊墓地

　金谷バス停から衣笠方面に戻り、横須賀線のガード手前を右折し、橋を渡って右折すると、左手坂上に平作公園プールがあり、その奥に市営平作陸軍墓地（旧称横須賀陸軍墓地）がある。1890（明治23）年に開隊した横須賀重砲兵連隊（当初は要塞砲兵第一連隊。坂本町の桜小学校に営門が残存）の墓地として設置されたもので、1951（昭和26）年に大蔵省から譲与された横須賀市は、墓域を大幅に縮小して改葬し、跡地に平作公園とプールを建設した。旧陸軍墓地の境域を示す「陸軍用地」ときざまれた境界標が残っている。

　現墓域は士官の墓所であった上段に位置し、陸軍重砲兵士官・准士官の墓標3基と、第一次世界大戦で戦死した砲兵5士の遺灰を埋葬したという忠誠碑、下段から改葬した下士官・兵卒などの個人墓標20基、1973年に建立した戦没者招魂碑などがある。

　プール入口までおり左折し、衣笠福祉会館をすぎたところを左折して平作神社をすぎると、正面の森に笠森（瘡守）稲荷がある。日蓮宗大蔵寺の寺域内にあり、大蔵寺の10世日性上人が1754（宝暦4）年に、山内の厄除稲荷尊として勧請したものと伝える。1804（文化元）年、浦賀出身の相撲力士岩男波磯吉が自身の病気平癒を祈願し、全快したのを感謝して京都伏見の稲荷本社から稲荷を勧請し、正一位瘡守稲荷とよばれるようになったという。江戸時代の三浦の地誌『三浦古尋録』にも、瘡毒下疳に霊験あらたかで、地元の人びとや廻船問屋・船頭などが伝え聞いて、多くの人びとが参詣したとある。

ペリー上陸の地，三浦半島

笠森稲荷

また社殿再建の際には，全国各地から奉納金が集まったという。とくに2月初めの午の日には多くの参詣者で賑わう。

衣笠城址 ⓫

〈M▶P.210,213,223〉 横須賀市衣笠町756(大善寺境内)
JR横須賀線横須賀駅🚌三崎・長井行衣笠城趾🚶30分

三浦氏が築いた山城
山頂の物見岩は経塚か

　衣笠城址へは，横須賀・衣笠方面からなら，京浜急行バス三崎・長井方面行きのどれを利用してもよい。バス停衣笠城趾でバスをおり，横断歩道を渡って正面の城址への道にはいる。標示にしたがって左折し，太田和街道入口手前の横断歩道を渡り，山科台方向に少し進む。案内板を右折して進むと城址への上り口，城の大手口(正面)にでる。バス停から10分のところである。ここから急坂をのぼる。坂をのぼり切ったところに不動井戸がある。その右手に大善寺(曹洞宗)への石段がある。本尊の不動明王は，三浦為継が後三年の役(1083～87年)で活躍したとき，敵の放つ矢をとって為継をまもったといわれるところから，「矢取不動」として信仰されている。また，阿弥陀三尊像の阿弥陀如来像と脇侍の観音菩薩像は藤原時代の作風を伝えている。

　三浦氏がこの地に最初に築城したのは，平氏の流れをくむ村岡平太夫為通が前九年の役(1051～62年)の功により

衣笠城址の碑

衣笠城址から満願寺へ

横須賀

三浦の地を領し，三浦氏を称するに至った1063(康平6)年のことであるという。その子為継，孫義継は，ともに源頼義・義家に臣従し勇名をはせた。1180(治承4)年，源頼朝挙兵のおり頼朝に味方し，衣笠合戦に討死した三浦大介義明は，義継の子である。

　大善寺の本堂左手をのぼると，頂に衣笠城址の石碑がある。近くの物見岩の下からは経筒・鏡・刀子などが発見され，平安末期の経塚と考えられている。衣笠城は，自然の地形を利用して斜面に平場や土塁・堀切を築いた山城である。

　義明の長子義宗は鎌倉の杉本に，義宗の子義盛は和田に，次子の義澄は大矢部に，義澄の次子有綱は葉山にと，そのほか芦名・津久井・佐原など周辺を一族でかためた要害の地が衣笠城であった。

満昌寺 ⑫　〈M▶P.210,213,223〉横須賀市大矢部1-5-10
046-836-2317　　JR横須賀線横須賀駅🚌三崎・長井行衣笠城趾🚶7分

御霊神社三浦義明坐像は国重文，裏山に首塚

　衣笠城趾バス停からそのさきの信号を左折すると，まもなく左手道路沿いに満昌寺(臨済宗)がある。本尊は宝冠釈迦如来坐像である。

　満昌寺は，衣笠城で戦死した三浦大介義明の菩提をとむらうため，1194(建久5)年源頼朝がたてたものである。山門をくぐると本堂左手前に大きなツツジがあるが，頼朝手植えのものといわれる。寺の左，ゆるやかな裏山にある御霊神社は，和田義盛の建立したものと伝えられ，木造三浦義明坐像(国重文)が安置されている。像は寄木造，玉眼入り，写実的で気迫のこもった老武者の面影をよくあらわしている。頭部の銘に「建久五年」とあるが，字体や衣冠の形などから，室町時代になって造立されたと考えられる。

　この神社の裏手の一段高いところ，瓦塀のなかの宝篋印塔が義明の首塚といわれ，南北朝期ころのものである。その左側に板碑が1基，

三浦大介義明の墓

224　　ペリー上陸の地，三浦半島

衣笠合戦

コラム

1180(治承4)年8月,源頼朝が伊豆で挙兵すると,源氏とゆかりの深い三浦氏は,大介義明を中心として頼朝に加勢して,石橋山の陣にはせ参じようとした。しかし,酒匂川の増水にはばまれて時を失い,その間に頼朝は大庭景親の軍勢に敗れて海路房総に脱出した。

三浦勢はその敗報に接し,急ぎ引き返して一門400余騎で衣笠城にたてこもった。8月26日,畠山重忠・河越重頼らの軍勢数千騎が城の四辺を囲んだ。これに対し,大手(正門)は三浦義澄・義連,搦手(裏門)は和田義盛・金田頼次,中陣は長江義景・大多和義久らが守備した。攻防1日,三浦勢は矢がつき,夜陰に乗じて脱出しようとしたが,大介義明はみずからの老齢を理由にこれをこばみ,義澄以下一族に頼朝再起に全力をつくすようさとし,ひとり城にとどまった。

明くる27日,義明は討死し,衣笠城は陥落した。脱出した一族は久里浜より船で安房にのがれた。途中,洋上で頼朝らと合流,房総の岸に無事上陸することができた。

頼朝は東国武士の勢力を糾合し,平氏を倒し鎌倉幕府を創設するに至るが,その間和田義盛を侍所別当とするなど,三浦氏を重用したのは,この義明の忠誠にこたえてのものであったといわれる。

右に古い五輪塔が1基あり,ともに鎌倉期のものである。

なお,満昌寺への途中,左手にゴルフ練習場への入口があり,そこに沿って100mほどいくと右手崖上に磨崖仏がある。いずれも風化がひどく明瞭ではないが,第1面は7体の菩薩像,第2面は阿弥陀来迎図,第3面は木材でもはめ込んだらしい跡がみられるところから構築物があったと考えられ,付近には鎌倉期と室町期のやぐらが1つずつ存在し,中世の墓地だったのではないかと推定される。

清雲寺 ⑬
046-836-0216
〈M▶P.210,213,223〉 横須賀市大矢部5-9
JR横須賀線横須賀駅🚌三崎・長井行衣笠城趾🚶10分

毘沙門天は矢うけ伝承
滝見観音像は国重文

満昌寺の向かい,道路を隔てた西南の台地の懐に,木立に囲まれて静かなたたずまいをみせているのが,鎌倉円覚寺の末寺である大富山清雲寺(臨済宗)である。満昌寺前の道を横切り,標示にしたがって小道にはいると,清雲寺がある。三浦義継が父為継の冥福を祈るために建立したと伝えられる。本堂内にある毘沙門天像(県重文)は,1213(建保元)年,和田義盛の乱のときに姿をあらわして敵の矢

● 三浦氏略系図

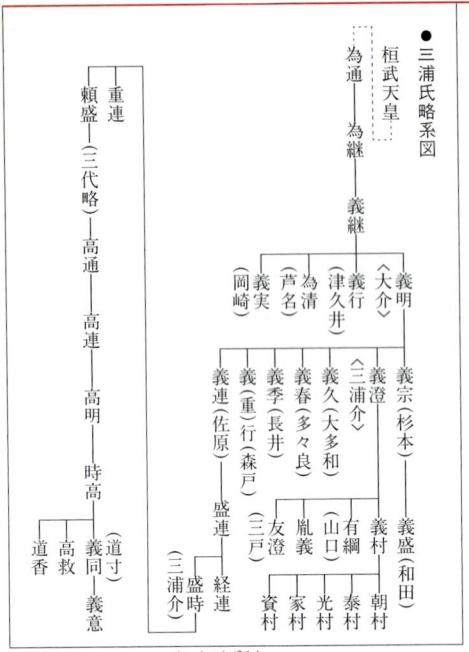

```
桓武天皇―為通―為継―義継―┬〈大介〉義明―┬義宗(杉本)―義盛(和田)―朝村―泰村―光村―家村―資村
　　　　　　　　　　　　　　　　　　　　　├義澄〈三浦介〉―義村―有綱―胤義―山口
　　　　　　　　　　　　　　　　　　　　　├義久(大多和)
　　　　　　　　　　　　　　　　　　　　　├義春(多々良)
　　　　　　　　　　　　　　　　　　　　　├義季(長井)
　　　　　　　　　　　　　　　　　　　　　├義(重)行(森戸)―友澄
　　　　　　　　　　　　　　　　　　　　　└義連(佐原)―盛連―┬経時
　　　　　　　　　　　　　　　　　　　　　　　　　　　　　　└盛時(三浦介)
　　　　　　　　　　　　　　　　　　　　　　　　　　　　　　　　(道寸)
　　　　　　　　　　　　　　　　　　　　　　　　　　　　義同―┬義意
　　　　　　　　　　　　　　　　　　　　　　　　　　　　　　　└道香
　　　　　　　　　　　　　　　　　　　　　　　　　　　　　　　　高救
　　　　　　　　　　　　　　　　　　　　　　　　　　　　　　　　時高
　　　　　　　　　　　　　　　　　　　　　　　　　　　　　　　　高明
　　　　　　　　　　　　　　　　　　　　　　　　　　　　　　　　高連
　　　　　　　　　　　　　　　　　　　　　　　　　　　　　　　　高通
　　　　　　　　　　　　　　　　　　　　　　　　　　　　　　　　頼盛(三代略)
　　　　　　　　　　　　　　　　　　　　　　　　　　　　　　　　重連
　　　　　　　　　　　　　　　　　　　　　　　├義行(津久井)
　　　　　　　　　　　　　　　　　　　　　　　├為清(芦名)
　　　　　　　　　　　　　　　　　　　　　　　├義実
　　　　　　　　　　　　　　　　　　　　　　　└岡崎
```

をうけたことで「箭請毘沙門天」ともよばれ，寺の本尊であったが，現在は滝見観音像脇に安置されている。毘沙門天像は運慶派の手になる鎌倉後期の作とされ，玉眼入りで兜を別につくり頭上にかぶせてあるなど技巧をこらしている。

本尊の<u>滝見観音像</u>(国重文)は三十三観音の1つで，中国宋代の作と伝えられ，三浦氏の祖為通が奥州会津で鎮守府将軍平忠通から拝領したものといわれる。もと大矢部の円通寺の本尊であったが，のちに廃寺となったので，移されたという。像は中国産の桜桃の寄木造で，右膝をたて，膝頭に右手をおき，左手は体をささえるように岩座を押さえている。腹部の渦巻文や中国風の着衣の様子など，渡来仏の特色をよくあらわす。

本堂の右裏に五輪塔3基がある。中央が三浦為継，左右が父の為通，子義継の墓と伝えられ，ともに鎌倉期のものである。左右の2基は，1939(昭和14)年，旧日本軍の施設をつくるために接収された円通寺跡より移されたものである。

満願寺 ⓮
046-848-3138

〈M▶P.210,213,223〉 横須賀市岩戸1-4-9
京急線北久里浜駅 🚌YRP野比駅行岩戸 🚶5分

観音堂の4仏は圧巻 裏に佐原十郎義連の墓

岩戸バス停の近くから北西にはいる道を小川に沿っていくと，5分ほどで右手に<u>満願寺</u>(臨済宗)がある。この辺り一帯は，三浦大介義明の末子で一ノ谷合戦で活躍した佐原十郎義連にゆかりの深い土地であり，この寺も義連を開基とする。山懐にひっそりと静寂をたたえてたたずむ，できれば晩秋のころに訪れてみたい小寺である。

ペリー上陸の地，三浦半島

満願寺

背後の丘の竹林と，境内に色づくモミジ・カキ・イチョウのはなやかな色彩が素朴な本堂の白い壁を浮きたたせて美しい。

本堂の左手にあるせまい石段をのぼりつめたところに観音堂があり，観音菩薩・地蔵菩薩(ともに国重文)・毘沙門天・不動明王の4体の立像が安置されていたが，今それらは本堂右手の宝物庫のなかに収蔵されている。拝観を希望する場合は事前に電話予約が必要である。像はともに鎌倉期運慶派の作風を示し，とくに観音菩薩像・地蔵菩薩像はともに高さ2mをこえる玉眼入りの寄木造で，量感にあふれた力強さを感じさせる。観音堂の裏手にまわると，瓦塀のなかに五輪塔があり，佐原十郎義連の墓と伝えられている。

なお，石段の上り口右手に芭蕉句碑があり「まづたのむ　椎の木もあり　夏木立」の句を読むことができる。

東漸寺 ⑮
048-856-0221
〈M▶P.210,213〉横須賀市武2-12
JR横須賀線横須賀駅🚌三崎・長井行南武入口🚶1分

1462年銘の日金地蔵　願海上人の行実碑

南武入口バス停から道路をはさんで反対側に寺がみえる。これが，鎌倉の光明寺の末寺で松得山東漸寺(浄土宗)である。開基は地元の豪族長島肥後守という。本尊は阿弥陀三尊であるが，客仏の地蔵菩薩半跏像(俗称日金地蔵)で知られる。この地蔵像は元来，鎌倉雪の下の日金山松源寺の本尊であったが，明治初年の廃仏毀釈の際，鎌倉長谷寺に移され，昭和の初めに本寺に移されたという。像長103cm，寄木造・玉眼入りで岩上に上半身を直立し，右手に錫杖，左手に宝珠をもち，右足を左膝におき左足をふみさげた半跏像である。肉身部は金箔，そのほかはのちに彩色がほどこされている。胎内の銘文により，この像が1462(寛正3)年に鎌倉仏師の宗円によって造立されたことがわかる。中世の地蔵信仰を知るうえにも，制作年代・作者まで明確にわかる彫刻としても貴重である。

また，江戸末期に三浦半島で活躍した念仏行者である願海上人

横須賀

東漸寺日金地蔵

の墓があり，上人の由来を伝える行実碑(ぎょうじつひ)が，浦賀の豪商大黒屋白井氏(だいこくやうすいし)によって建立されている。これによると，願海は尾張の人で，文政(ぶんせい)(1818～30)の終わりころ大多和村(おおたわむら)の専養院(せんよういん)に寄宿し，武山(たけやま)不動の滝で修行したり，念仏を広めたという。武山地域には願海にまつわる話や念仏講が今でも多く残っていたり，三浦半島各地に願海の花押(かおう)がきざまれた念仏供養塔(くようとう)があることなどから，願海は三浦半島を中心に活躍した念仏行者であったことがわかる。

武山不動(たけやまふどう) ⑯　〈M▶P.210,213〉横須賀市武1-3040
046-857-3545　JR横須賀線衣笠駅🚌三崎・長井行一騎塚🚶40分

浪切不動の別称もあり　参道賑わう初不動

武山は標高200m，三浦半島で2番目に高い山である。この山頂に龍塚山持経寺(じきょうじ)(浄土宗)がある。一般には武山不動として親しまれている。ここへは，南武(みなみたけ)・一騎塚(いっきづか)・須軽谷(すがるや)・北下浦(きたしたうら)よりの各登山道がある。これらの登山口には，いずれも前不動とよばれる石製の不動尊があり道案内役をつとめる。ここでは，わかりやすい一騎塚からの道をいくことにする。

富士見小学校を目印にバス停一騎塚で下車して，道なりに参道を歩き，40分ほどで武山山頂に至る。武山不動は，1594(文禄(ぶんろく)3)年，奈良東大寺の僧万務(まんむ)(万立(まんりゅう)という説もある)が立ち寄り，高さ3尺9寸(約117cm)の不動尊を彫り，本尊としたのが始まりという。古くは麓(ふもと)の南武にあったが，1683(天和(てんな)3)年，修験僧讃誉見随(しゅげんそうさんよけんずい)が武山山頂に不動尊を移したという。銅板葺きの緑色の屋根が本堂で，本尊の不動は，とくに海上交通や豊漁に霊験(れいけん)あらたかというので「浪切(なみきり)不動」の別称もあり，江戸時代より漁師や船頭・廻船(かいせん)問屋などの信仰が篤かった。

本堂左手には，「海上安全」を祈願して，1855(安政(あんせい)2)年，浦賀の豪商大黒屋儀兵衛(だいこくやぎへえ)の奉納した石像があり，本堂前の鐘楼には「宝

ペリー上陸の地，三浦半島

武山不動

暦十二(1762)年」の銘のある梵鐘がある。現在でも毎年1月28日の本尊不動明王の開帳日である「初不動」には、参道にも多くの露店がたち並び、海上安全・家内安全のお札を求める人びとや、名物の麩菓子を手にした人びとで賑わう。

尾根道を東に800mほどいくと、砲台山といわれる受信所の辺りに、12.7センチ高角砲(高射砲)を2基設置した武山砲台跡がある。ここから三浦富士を経て京急線津久井浜駅にでられる。

浄楽寺 ⑰
046-856-8622

〈M▶P.210,229〉横須賀市芦名2-30
JR横須賀線逗子駅🚌大楠芦名口経由横須賀行・長井行浄楽寺
🚶1分

和田義盛の造寺 不動明王像などは運慶作

逗子駅から横須賀行きまたは長井行きのバスに乗り、葉山町の長者ヶ崎をすぎると横須賀にはいる。海に面した右手に、地盤が軟弱なためにできた大崩とよばれる崖がある。1512(永正9)年、三浦義同(道寸)が、北条早雲に攻められ、小坪の住吉城をおとされたあと反撃して敗れた古戦場である。ここから10分ほどで浄楽寺に着く。

バスを下車し、駐車場の脇をはいると、すぐ目の前が浄楽寺(浄土宗)である。金剛山勝長寿院と号し、本尊は阿弥陀三尊である。寺伝では、はじめ1185(文治元)年、源頼朝が父義朝らの供養と平家追討の戦勝記念として鎌倉大御堂谷に建立し、その後1206(建永元)年の大風で破損したので、源実朝が和田義盛に復興を命じ、義盛は北条政子とはかり、この地に移したという。別伝では、1189(文治5)年に和田義盛が造営した七阿弥陀堂の1つで、鎌倉後期の僧寂慧良暁が復興に尽力したともいう。1591(天正19)年には徳川家康より3石の朱印をあたえられている。現在、本堂裏手に収蔵庫がつくられ、このなかに本尊の阿弥陀三尊像が、

浄楽寺の辺りの史跡

横須賀 229

不動明王立像や毘沙門天立像(いずれも国重文)とともに安置されている。この毘沙門天立像(寄木造・玉眼入り,像高139cm)の胎内から1960(昭和35)年に運慶の月の輪型(しゃもじ型)の銘札が発見された。これにより,この像は1189年,青年期の運慶が小仏師10人を率いて和田義盛夫妻の依頼により制作したことがわかる。

また,不動明王立像(寄木造・玉眼入り,像高138cm)の胎内にも,1965(昭和40)年に毘沙門天立像と同様の銘札の存在が確認された。これら2像は,玉眼入りの像としてはこの辺りではもっとも古いもので貴重である。そして,本尊である阿弥陀三尊(寄木造・彫眼,中尊142cm,右の観音菩薩179cm,左の勢至菩薩177cm)の胎内の銘札の書体が毘沙門天・不動明王のものとほぼ同じであり,像も鎌倉初期の作風であることから,運慶の作であると考えられている。これら浄楽寺の仏像は,北条時政の依頼により運慶が制作した伊豆韮山の願成就院の仏像とともに,東国における運慶の活動や作風を知るうえでも貴重な存在である。収蔵庫にはこれらのほかに,1220(承久2)年に北条政子が献納したと伝える銅製懸仏もおさめられている。また,収蔵庫の左手奥の墓地には,近代郵便制度の父といわれる前島密の墓がある。晩年,前島が浄楽寺の敷地内に如々山荘という別荘をつくり住んでいた縁による。

　浄楽寺から1つさきのバス停芦名で下車し,芦名海岸へでて右折すると淡島神社がある。この神社は,和歌山県海草郡加太村(現,和歌山市)の淡島神社を勧請したものと伝える。祭神は住吉明神の妃神であるという淡島さま(淡島明神)をまつることから,安産や縁結び,婦人病の神として,三浦半島の人びとの信仰をうけた。とくに3月3日の祭礼には,奉納する「底抜け柄杓」を手にした婦人たちで賑わう。またこの近くには,江戸末期まで三浦十二天といった十二所神社がある。800年の歴史をもつ三浦半島でも数少ない古社で,1182(寿永元)年,北条政子の安産祈願のため頼朝が使者を派遣した近国十二社の1つであった。

② 逗子・葉山の辺り

御用邸や別荘地として有名な逗子・葉山に，遺跡・古墳・三浦氏・日蓮・寺社・伝承・文学のあとを歩く。

法性寺 ⑱　〈M▶P.210,231,232〉 逗子市久木9-1
046-871-4966　JR横須賀線逗子駅🚌緑ヶ丘入口経由亀が丘団地循環法性寺🚶5分

日蓮が身を隠した洞窟裏山に続く名越の切岸

　法性寺バス停から鎌倉方向へ200mいき，名越隧道手前の踏切を渡ると，すぐ左に山門がある。「猿畠山」と書かれた扁額の左右に，木造の白いサルが2匹手をのばしている。これが猿畠山法性寺（日蓮宗）である。この門をはいり，ゆるい坂道をのぼり，庫裏をすぎ，さらに急な石段をのぼると，岩山の中腹に日蓮上人をまつる祖師堂がある。この寺と日蓮上人との関係は，1260（文応元）年，日蓮上

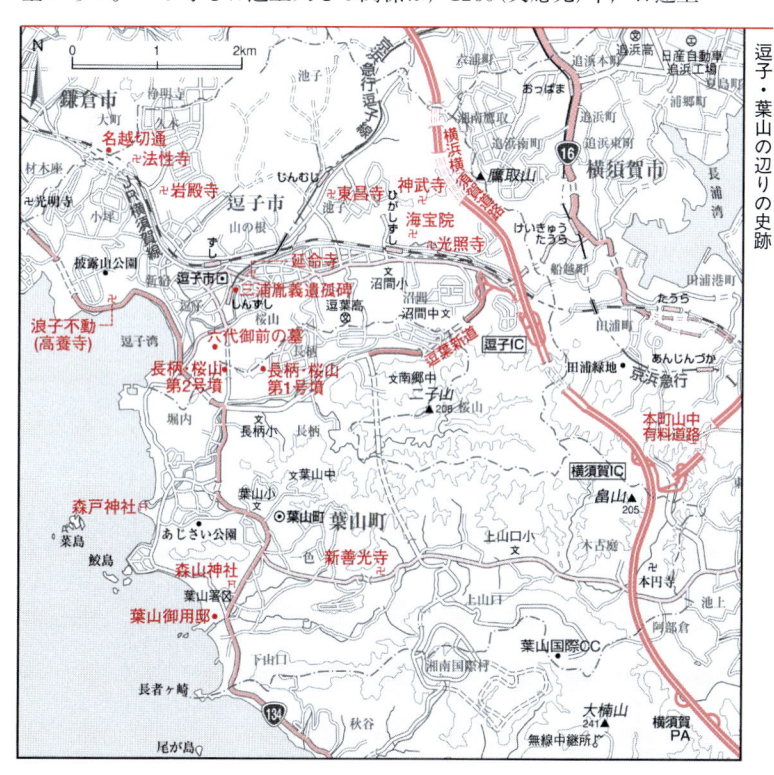

逗子・葉山の辺りの史跡

法性寺山門

法性寺の辺りの史跡

人の松葉ヶ谷の草庵が焼き討ちされ、この山の洞穴に身を隠したところ3匹の白いサルがあらわれ、食物を供して救ったという。これは山王権現の導きによると考えた日蓮上人は、弟子の日朗に寺の建立を命じたが、日朗ははたせず没したので、日朗(日蓮上人九老僧の1人)の弟子朗慶が1320(元応2)年に堂宇を建立したという。そこでこの寺の開山は日朗で、開基は朗慶となっている。山上中腹の境内左側には、日蓮上人が難をのがれて籠居したという洞穴があり、右側の堂内には日朗の墓がある。

法性寺裏の墓地と地続きに名越(お猿畠)の切岸がある。凝灰岩の岩肌を人工的に3段、4段に垂直に切岸した延長約800mの崖で、遠くからは1枚の岩肌にみえる。この切岸は、鎌倉時代、北条氏が三浦氏にそなえるために、名越切通とともに鎌倉守備の防波堤的役割をはたすために築いた施設だといわれ、要害の地であったことがわかる。墓地から山道を右へ進むと、道は2つに分かれる。右手の馬の背のような断崖のうえをいくと西武の団地を経て、浄明寺宅間ヶ谷へとでられる。また左へいくと名越の切通にでる。

名越切通 ⑲ 〈M▶P.210,231,232〉 逗子市小坪7
JR横須賀線逗子駅 🚌 緑ヶ丘入口経由亀が丘団地循環緑ヶ丘入口 🚶15分

往時を偲ぶ切通、鎌倉七口の1つで国史跡

緑ヶ丘入口バス停から100mほど逗子方向へ戻り、新逗子隧道のうえに続く石段をのぼると、10分ほどで名越切通(国史跡)の途中にでる。逗子と鎌倉の間には名越山があり、現在はトンネルがつうじている。この山越えの道は、かつての「難越」という地名の字からもわかるように難所であった。鎌倉時代、このような険しい道の改

名越切通

良のため、幕府は尾根を切り削り低くし、山腹を削り、切通を開通させた。この名越切通は、いわゆる鎌倉七切通(七口)とよばれる鎌倉への道の1つである。

鎌倉七切通とは、名越・亀ヶ谷坂・仮粧坂・巨福呂坂・朝比(夷)奈・大仏坂・極楽寺坂の切通をいい、「京の七口」をまねて江戸時代に名数化された。名越山の尾根上には、今も切通が往時のままの姿で残っている。

切通は、平時には鎌倉と全国とを結ぶ経済上の輸送道路として、戦時には軍事的防衛の役割をはたした。たとえば、切通しに逆茂木を切りつめれば敵の通行を防止できるし、切通の両端から投石し攻撃もできる。名越の切通には、山腹をひな壇状に削り、陣地とした平場が残っており、尾根下にみられる切岸(人工の崖)によって軍事的機能がいっそう強化されているのをみることができる。また法性寺の墓地からは法性寺裏山に連なる切岸をみることができる。

この切通の北側の尾根の高地には、曼荼羅堂跡がある。この辺り一帯は、「まんだら堂やぐら群」という中世の墳墓窟であるやぐらが100基余り群在し、供養塔・五輪塔なども点在する。初夏にはショウブ、アジサイが咲き乱れ、秋には紅葉が美しい。地名などから、この辺り一帯は葬送地として使用されていたと考えられる。

岩殿寺 ⑳
046-871-2268

〈M▶P.210,231,232〉逗子市久木5-7
JR横須賀線逗子駅🚌緑ヶ丘入口経由亀ヶ丘団地循環久木 東小路🚶10分

源頼朝参詣の観音霊場　秘仏開帳は1月18日

バスをおり、横須賀線の踏切を渡り、道路を横断して路地にはいり、奥へと閑静な住宅地を進む。案内板にしたがっていくと、赤い旗が道路の両脇にたち並んでいる。ここを進むと岩殿寺(曹洞宗)である。海雲山(もとは海前山)と号し、寺伝では720(養老4)年大和長谷寺の開山徳道上人と行基上人の開創というが不詳。古くは真言宗で、慶長(1596〜1615)のころ禅宗に改めたという。『吾妻鏡』

逗子・葉山の辺り

岩殿寺山門

に、源頼朝・北条政子・大姫（頼朝・政子の娘）・実朝らの参詣があったことや、岩殿寺の名がみえることにより、鎌倉時代から観音信仰の霊場であった。

　山門をはいり急な石段をのぼりつめると、銅板葺きの観音堂がある。間口3間・奥行5間四方のこの堂は、棟札により、1728（享保13）年に築造されたことがわかる。この堂のなかに秘仏十一面観音像がある。年1度、正月18日の開帳のときしかその姿をみることはできない。堂裏の洞窟のなかには、奥の院の本尊石造十一面観音像が安置されている。本堂右側には明治の文豪 泉 鏡花が寄進したという鏡花池があり、「普門品　ひねもす雨の　桜かな」という鏡花の句碑が門前にある。鏡花はこの寺を愛し、小説『春昼』をここで書いた縁による。

海宝院 ㉑
046-871-2435　〈M▶P.210,231,234〉逗子市沼間2-12-15
JR横須賀線東逗子駅🚶10分

創建は江戸時代初期
梵鐘は室町、本尊は南北朝

　東逗子駅をでて東京寄りの踏切を渡り、右へ線路沿いに横須賀方向へしばらくいくと、左手に「獅子林」の額を掲げた茅葺き朱塗りの四脚門がみえる。ここが長谷山海宝院（曹洞宗）である。この四脚門は創建当時の江戸時代初期の建築物であるが、一部に室町末期の禅宗様の様式を残している。

　この寺の開基は、徳川家康の代官頭長谷川長綱で、開山は之源臨（鱗）平。長綱は地方行政のベテラン代官で、1590（天正18）年、家康の江戸入府にしたがい、代官のまとめ役である代官頭として、幕府直轄領であった三浦郡の支配にあたった。西浦賀（現、横須賀市）

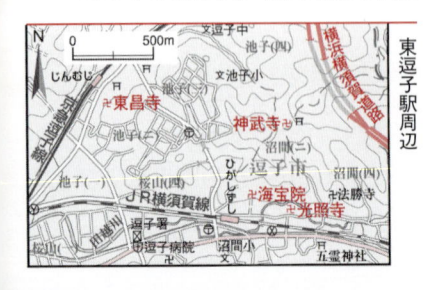

東逗子駅周辺

ペリー上陸の地、三浦半島

海宝院四脚門

に陣屋をおき、1594(文禄3)年に三浦全域で検地を実施した。当時の総石高は不詳だが、正保年間(1644〜48)には59カ村2万400余石だった。はじめ長綱は三浦郡横須賀村に1寺を建立した(現、横須賀市の良長院)。しかし、駿河出身の之源の富士山に対する愛着が強く、展望のよいこの地へ移したという。この長綱の海宝院建立の背景には、後北条氏の強く残る影響力を逗子から排除して、支配を確立するという政治的理由もあったらしい。本堂内にはいるとすぐ左に高さ1m余りの丈の長い銅鐘(県重文)がある。これは1403(応永10)年に武蔵国多摩郡小野大明神の鐘として鋳造され、北条早雲が三浦道寸を新井城に攻めたとき、陣鐘として用いたと伝え、長綱が海宝院建立のとき寄進したものという。

本尊として、宋風様式を残した南北朝期の木造十一面観音坐像がある。縁起によれば、これは家康が戦いで焼き払った寺にあったものを長綱にあずけ、のちに下賜されたものという。本堂裏手の墓地の小高いところに、歴代住職の卵塔を背にして大イチョウの下に開基長谷川七左衛門長綱、長次・長重・長守ら一族と長綱の娘で船奉行、向井忠勝夫人の宝塔などが、寺を見下ろすようにたち並んでいる。江戸時代初期の三浦郡では長谷川氏と向井氏が姻戚関係を結び、支配にあたっていたことがわかる。

光照寺 ㉒
046-871-3254
〈M▶P.210,231,234〉 逗子市沼間2-20-17
JR横須賀線東逗子駅 徒歩15分

源義朝ゆかりの地
本尊阿弥陀如来は県重文

海宝院から200mほど横須賀寄りにすぎて、左折してしばらくいくと、コンクリートの立派な堂が目にはいる。ここが、開宮山光照寺(真言宗)である。延命寺の末寺で、本尊は釈迦如来であったといわれるが、現在は、阿弥陀如来立像が本尊である。本来の本尊が焼失して他寺から移されたものが、現本尊かどうかは不明。現本尊の阿弥陀如来立像(県重文)は、14世紀ごろの造立である。また、口承

逗子・葉山の辺り

では、源義朝の長子悪源太義平の菩提をとむらうために建立された寺ともいう。明治の神仏分離令以前は、横須賀線の向こう側にある五霊神社の別当をつとめた。神社は鎌倉権五郎景正を祭神とし、源義朝が沼浜（沼間の古称）の館の鎮守として勧請したと伝える。

さらに横須賀方面へいくと、左手奥に沼間山法勝寺（日蓮宗）がある。聖武天皇のころ、沼間辺りは沼で、その沼に大蛇が棲み人びとを苦しめていた。そこで、行基に懇願した結果、行基は十一面観音像をきざみ、それを舟に乗せ経を読み調伏したので、以後、大蛇は村人を守護する守護神にかわったという話がこの寺に伝わる。また、源義朝の館がこの辺りにあったといわれていたが、この近くの神武寺の古い登山口にある「げないぼうの谷」辺りの「堀の内」にあったという説が有力である。

神武寺 ㉓
046-871-4565

〈M▶P.210,231,234〉 逗子市沼間2-1
JR横須賀線東逗子駅🚶30分

源実朝が参詣した古寺　薬師堂・絵画は県重文

東逗子駅で下車して、東京寄りの踏切をとおり、坂道を山側へ歩いていくと、神武寺入口の表示板がある。かつてはここに山門があったが、現在は山頂近くにある。これが神武寺（天台宗）の表参道である。このほかに海宝院より横須賀寄りの法勝寺脇にも道がある。これは裏参道である。また天気のよい日ならハイキング気分で京浜急行神武寺駅から逗子中学校をとおり、神武寺に至る池子参道を歩くのもよいだろう。池子参道を利用する場合は、神武寺駅より国道を逗子方面へ少しいったところに東昌寺があるので、立ち寄ってみたい。

神武寺は、医王山来迎院と号し、鎌倉時代以前の記録は不詳。寺の縁起では、724（神亀元）年、聖武天皇が行基に命じて造営させ、のち857（天安元）年に慈覚大師円仁が中興して伽藍を整え、法相宗から天台宗へ改宗し、源頼朝が平家追討祈願のため文覚を住持にしたと伝える。『吾妻鏡』建久3（1192）年条の「寺務寺」は当寺のことであろうか。承元3（1209）年条に、源実朝の参詣を記す。その後、1507（永正4）年に火事により全山焼失したが、小田原の後北条氏の保護をうけ、寺も復興した。しかし、1590（天正18）年、豊臣秀吉の小田原攻めの際、後北条氏の保護をうけたことにより焼

神武寺薬師堂

き討ちにあった。1591年徳川家康より5石の朱印状をあたえられ復興したが、江戸時代だけでも、1604(慶長9)年、1769(明和6)年、1834(天保5)年と再三の火災にあい、復興を繰り返して現在に至っている。

　神武寺を訪れると、すぐに鐘楼下の大きな宝珠を屋根にいただく建物が目につくが、これは客殿で、本堂はもう一段上の平地にたつ薬師堂(県重文)である。この薬師堂以外の建物は、いずれも江戸時代に再建されたものである(楼門は1761年、客殿・庫裏は1838〜42年)。薬師堂は、1594(文禄3)年に建立し、1666(寛文6)年に再建された。三間四方の三間堂で、屋根は茅葺き寄棟造である。堂内の内陣には立派な来迎柱や格天井があり、来迎柱のうえの出組斗栱や両脇の木鼻の絵模様、蟇股の部分も、室町末期の様式が残っており、寛文の再建時に古材を再利用したものと思われる。本尊の木造薬師如来像は、行基の作と伝えられる秘仏である。如来像の頭髪は粒々の螺髪ではなく縄目状のきざみの珍しいもの。開帳は33年ごとであるが、毎年12月13日午前中の「お煤はらい法会」でこの仏をおがむことができる。

　寺宝として鎌倉時代末期の絹本著色大威徳王像、絹本著色千手観音像(いずれも県重文で、鎌倉国宝館に寄託中)と室町時代の木造不動明王像がある。

　鐘楼には、かつて「元和九(1623)年」の銘がある「神武寺の鐘」として逗子八景の1つにもなっていた鐘があったが、第二次世界大戦で供出して現在のものは新しい鐘。この鐘楼の右手におりた墓地の奥にいくつものやぐらがある。入口に柵のある右端のいちばん大きなやぐらが「みろく窟」である。そのなかに「正応三(1290)年」の銘をもつ石造弥勒菩薩坐像が凝灰岩の台石のうえに安置されている。石仏光背の裏面の銘によって、鎌倉鶴岡八幡宮に伝わる弁財天坐像を同宮に奉納したという、同宮の舞楽師中原光氏の墓であ

ることがわかる。これは，鎌倉時代の墳墓窟として本尊の現存する好例で，俗名があきらかな唯一の墳墓窟としても重要である。

このほか，寺の北面150mの尾根さきに露出する大岩の東側に，鎌倉幕府8代将軍久明親王の墓と伝わる親王やぐら群や，東逗子駅からの表参道と神武寺駅からの池子参道とにはさまれた，こんぴら山の東側山腹の崖面には，こんぴら山やぐら群などがある。

東昌寺 ㉔
とうしょうじ
046-871-4575

〈M▶P.210,231,234〉逗子市池子2-8-33
京急線神武寺駅 🚶 3分
けいきゅう

鎌倉の東勝寺を継承か
移設の五輪塔は国重文

神武寺駅より，国道を逗子方面に3分ほどいくと，東昌寺(真言宗)に至る。青竜山と号し，三浦七阿弥陀の第1番札所になっている。古くは，東勝寺の寺名を用い，鎌倉の東勝寺の由緒をつぐ寺であったと伝える。東勝寺は，源氏滅亡後，北条氏の保護をうけ，高時までの菩提寺であったが，1333(元弘3)年，新田義貞の鎌倉攻めで北条氏一門がここで最後をとげ，寺も焼失した。そのときの住職信海和尚は火中より本尊の大日如来を運びだし，池子にのがれ，北条一門の霊をとむらうため建立したのが，この東昌寺のおこりであると伝えるが，不詳。

山門をはいり，左側が本堂で本尊大日如来が安置されている。右側には1757(宝暦7)年に再建の阿弥陀堂があり，堂内には，三浦七阿弥陀仏第1番の丈六の阿弥陀如来坐像がある。像高259cmで，三浦半島ではまれな巨仏である。胎内の墨書銘で1755(宝暦5)年制作とわかる。

また寺内中央の大イチョウの下に，五輪塔(国重文)があり，かつて葉山にあった慶増院(廃寺)の開基である二階堂行然(鎌倉幕府政所執事)の墓と伝えられるが，不詳。1976(昭和51)年にこの寺に移された。塔の水輪には金剛界大日如来の種子と，地輪には「沙弥行心帰寂」「乾元二(1303)年癸卯七月

東昌寺五輪塔

八日」ときざまれているのが判読できる。

長柄・桜山第1・2号墳 25 26

〈M▶P.210,231,240〉三浦郡葉山町長柄・下小路，逗子市桜山7・8丁目
JR横須賀線逗子駅🚌葉桜 行終点🚶10分

県内最大の前方後円墳西に富士山を遠望

　葉桜バス停から坂をのぼって直進し，山裾からハイキングコースを3分ほどのぼると1号墳に至る。さらに西へ500mほど進むと2号墳があり，前方部に設けられた展望台から相模湾や遠く富士山まで見渡せる。古墳は1999(平成11)年に発見され，範囲確認調査が行われたのみであるが，現在までのところつぎのような注目点がある。

　まず第1に第1・2号墳ともに前方後円墳で，全長がそれぞれ90mと88mあり，現存する県内最大の古墳でしかも近接していること，第2に遺物などからともに4世紀後半の築造と考えられており，時期的にも場所的にも，三浦半島で空白だったところに突如として巨大古墳が出現し，その前後に続かないこと，第3に2号墳の墳丘に葺石がほどこされ，県内前期古墳の初見であること，第4に両古墳とも埴輪が出土しており，とくに長胴化した壺型埴輪と円筒埴輪がともに出土した事例は関東になく，山梨県の銚子塚古墳などとの関係が指摘されていること，などである。

　被葬者については，葺石や埴輪といった畿内的様相をおび，位置的に古東海道が三浦半島基部にさしかかる交通・軍事上の要衝にあることから，大和政権と密接な関係をもった勢力と考えるのが妥当であろう。丘陵北東裾の持田遺跡から管玉の未製品や石釧(石製の腕輪)が出土し，玉造集団の存在が想定されることから，被葬者との関係が注目されている。

　2号墳から北西に少し進み，北にさがると六代御前の墓，西にくだると逗子市郷土資料館に至る。

長柄・桜山第1号墳1トレンチ完掘状況

逗子・葉山の辺り

延命寺 ㉗

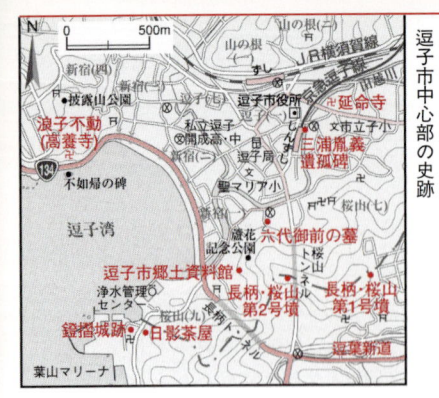

046-873-9322

〈M ▶ P.210, 231, 240〉逗子市逗子3-1
京急線新逗子駅 🚶 5分

行基ゆかりの逗子大師
三浦道香らの墓7基

新逗子駅を下車して踏切をすぎ、逗子橋を渡ると左手に大きな寺がある。これが延命寺(真言宗)である。昔から「ずし寺」とか「逗子大師」とよばれ親しまれてきた。黄雲山地蔵密院と号する。縁起によれば、行基の開基で1551(天文20)年入寂の僧朝賢が中興し、三浦氏や北条氏の祈願所であったという。三浦道寸の祈願寺との説もある。

1513(永正10)年、住吉城落城後、この地で自害したという三浦道香(道寸の弟)とその家臣たちの墓と称する7基の宝篋印塔が、鐘楼の脇にある。寺伝によれば、道香の冥福を祈るために家臣の菊地幸右衛門が延命寺を再建したという。現在の本尊は、1687(貞享4)年作の大日如来で、寺号の延命寺と院号の地蔵密院は、旧本尊延命地蔵に由来するという。一説には、この地蔵を安置していた厨子が、逗子という地名のおこりともいう。

なお、この寺には、近くの亀岡八幡宮の御神体であったという鎌倉時代の銅造りの阿弥陀三尊の懸仏がある。懸仏とは鏡のようにかけられる仏像で、神のもとの姿である本地仏としてまつられていたものである。

像高は阿弥陀10.6cm, 観音8.5cm, 勢至8.6cmで、中尊は定印の坐像で脇侍は立像であり、扇形の台板(復元した

延命寺

浪子不動 ㉘　　〈M▶P.210,231,240〉逗子市新宿 5-5
京急線新逗子駅 🚶15分

"不如帰"のヒロイン浪子が不動の名の由来

新逗子駅から海岸へ向かって歩き，逗子海岸の北西端を鎌倉方向へ少しいくと，道路の一段うえの右手にみえる朱塗りの建物が，白滝山高養寺(真言宗)である。俗に浪子不動とよばれる。

古くからここには白滝不動や小滝不動などといわれる不動尊が安置され，本来は，浪切不動として信仰され，漁師の守り神であったが，徳冨蘆花の小説『不如帰』の舞台となり，そのヒロイン浪子の名から浪子不動とよばれるようになった。現在の建物は，1953(昭和28)年に葉山堀之内から移築したものである。首相もつとめた高橋是清と犬養毅の援助により本堂が完成したので，両者の姓から1字ずつとり慶増院から高養寺にした。

堂前の道路下の磯には，1933(昭和8)年建立の不如帰の碑がたつ。ここへは，堂下から道路をくぐればいける。碑文字は蘆花の死後，兄の蘇峰が書き，碑石は江戸初期に，江戸城築城のための石材を鍋島藩が運搬途中に沈没させたものを引き揚げて使用したという。碑の下には蘆花愛用の筆と硯をおさめる。

また，本堂裏から披露山公園へつうじる道がある。この公園には憲政の神様といわれた政治家尾崎行雄(咢堂)の記念碑がある。

浪子不動高養寺

不如帰の碑

逗子・葉山の辺り　241

六代御前の墓 ㉙

〈M▶P.210,231,240〉逗子市桜山8
京急線新逗子駅🚶10分，🚌海岸廻り葉山行六代御前まえ🚶1分

波乱の平六代終焉の地
墓を抱くケヤキの巨木

新逗子駅から海岸へ向かって進むと県道にでる。左折するとすぐ近くに田越川が流れている。田越橋を渡り右折すると，バス停六代御前まえの前方の左手奥に六代御前の墓がある。六代御前は，平維盛の嫡男で，平家滅亡のとき，京都嵯峨野の大覚寺北に隠れていたが，とらえられ処刑される寸前に文覚上人の嘆願で助けられた。その後，高雄の神護寺にはいり妙覚と称したが，頼朝の死後，文覚上人が反逆の罪で佐渡へ流されると，六代も関東へ連行され，田越川のほとりで斬首された。のち，六代の遺臣たちが，ここに堂を建立して墓守となったという。中央の石段を進むと，右手にケヤキの木を背に墓碑がたっている。

六代御前の墓から本道をさらに海岸方面へ進むと，富士見橋(旧田越橋)があり，そのさきには逗子と関係深い徳冨蘆花と国木田独歩の文学碑がある。渚橋手前を左へはいると蘆花記念公園の一角には，逗子市郷土資料館(旧徳川家達侯爵別邸)がある。逗子関係の文学・民俗・歴史(考古)などの資料を収集・公開している。

ここから海岸廻り葉山行きのバスで森戸へ向かい，バス停鐙摺で下車。葉山港のすぐ裏手の道路沿いの小高い山の周辺が，鎌倉時代に三浦義明の3男大多和義久がまもっていた鐙摺城跡である。

鐙摺の名は，頼朝がこの城を訪れた際，道がせまくて馬の鐙を摺ったことに由来するという。またこの小高い山は，1180(治承4)年，伊豆で挙兵した頼朝を応援すべく三浦義澄がここで旗をたて，小坪坂合戦を望見したことから旗立山，また1513(永正10)年，三

六代御前の墓

ペリー上陸の地，三浦半島

三浦胤義遺孤碑

コラム

　京浜急行新逗子駅近くの清水橋のたもと、京浜急行の線路脇に、1922(大正11)年に建立された「忠臣三浦胤義遺孤碑」と彫った石碑がある。この石碑は1221(承久3)年、承久の乱後、京都の後鳥羽上皇方に味方した三浦胤義の幼い遺児たち4人を、幕府方に味方した三浦義村(胤義の兄)は、北条氏の圧力に抗しきれず処刑した。この幼な子たちの霊をとむらうために建立されたのである。

三浦胤義遺孤碑

浦義同が、この山から後北条氏の様子を望見したことから軍見山ともよばれる。

　旗立山の道路をはさんだ向かいには、江戸時代からの茶店で、1916(大正5)年の大杉栄の事件の舞台となった日影茶屋がある。

森戸神社 ㉚
046-875-2681

〈M▶P.210,231,244〉三浦郡葉山町堀内1025
JR横須賀線逗子駅🚌海岸廻り葉山行森戸神社🚶2分

鎌倉の将軍来遊の地
翁面は県重文

　バス停から少し戻って参道を進むと、森戸川の河口につきでた森戸岬の三方を海に囲まれた見晴らしのよい場所に森戸神社がある。祭神は、大山祇命(イザナギ・イザナミ2尊の子)と事代主命(大国主命の子)。

　縁起によれば、源頼朝が1180(治承4)年に、流刑地の蛭ヶ小島で源氏再興を祈願し、守護神としてあがめた三島明神を山王権現の社地に勧請し、森戸大明神としたことにはじまるという。

　森戸は杜戸とも記し、鎌倉時代には霊所・遊興の地であり、頼朝は森戸岬に別荘をたて小笠懸をもよおしたり、3代将軍実朝や将軍

森戸神社

逗子・葉山の辺り

葉山町中心部の史跡

4代藤原頼経(摂家将軍)らも来遊したという。また徳川家康は、1591(天正19)年には7石の朱印をあたえ、葉山郷の総鎮守とした。

社宝の翁面(県有形)は、漁夫が海中から拾いあげたと伝える。社殿の背後には、三島明神から飛来したといわれる「飛柏槇」の古木があり、社殿西側の切りたった岩のうえには、頼朝が「千貫の値がある」と称賛したという千貫松など、頼朝の故事にちなんだものがある。

境内には多くの碑がたっている。そのなかでも、ドイツ人医師ベルツ博士とイタリア公使マルチーノの顕彰碑は、1936(昭和11)年に建立されたものである。2人は明治10年代末、葉山に来遊して、その風光明媚なさまを絶賛し、おおいに宣伝したので、のちに葉山は、御用邸をはじめとする別荘地・保養地として著名になっていった。

葉山御用邸 ㉛

〈M▶P.210,231,244〉三浦郡葉山町一色2123
JR横須賀線逗子駅🚌葉山行終点🚶1分

昭和史開幕はここから　付属邸跡しおさい公園

葉山バス停からすぐ近くに葉山御用邸がみえる。葉山は、明治10年代末ごろからドイツ人医師ベルツらにより保養地として適地であると紹介され、明治20年代初めには別荘がたてられた。有栖川宮や北白川宮別邸もたてられ、有栖川宮別邸には、英照皇太后(孝明天皇の皇后)や皇太子(のち、大正天皇)もしばしば保養に訪れたのが機縁でこの地に御用邸が建設されることになり、1894(明治27)年1月に完成した。

御用邸の土地は、地主守谷彦右衛門らから買い上げ、また本邸から北へ200m離れた御用邸の付属邸は、岩倉具定公爵、金子堅太郎伯爵、井上毅子爵の別荘を買い上げたものである。

歴代天皇のなかでも大正天皇はとくに葉山御用邸を好み、行幸数・滞在日数は、圧倒的にほかの御用邸をぬいている。大正天皇は、1926(大正15)年12月25日ここで崩御した。同時に皇太子裕仁(昭和天皇)が、この御用邸で践祚し、元号を「昭和」と定める詔勅を発

葉山御用邸

した。昭和はこの御用邸からはじまったのである。しかし、1971(昭和46)年1月に放火で御用邸は全焼し、1981年11月に新しい御用邸が完成した。1987年6月には御用邸の付属邸跡地に、葉山しおさい公園が開園した。

森山神社(もりやまじんじゃ) ㉜ 〈M▶P.210,231,244〉三浦郡葉山町一色2165
JR横須賀線逗子駅🚌大楠芦名口(おおくすあしなぐち)経由横須賀駅行・長井行旧役場前🚶5分

吉凶を占う世計神事 神婚祭は33年ごと

旧役場前バス停から御用邸方向へ20mほどいき、右折すると玉蔵院(ぎょくぞういん)という寺があり、その裏手に森山神社がある。祭神は櫛稲田姫命(くしいなだひめのみこと)(スサノオノミコトの妃)で、御神体は束帯(そくたい)の坐像。古くは大峰山(三ヶ岡山)(みねさん・さんがおかやま)の山上にあったと伝えられ、守山(もりやま)大明神、佐賀国(さが)明神、世計(よばかり)明神ともよばれた。由緒は不詳。天平勝宝(てんぴょうしょうほう)年間(749～757)、良弁(ろうべん)の勧請と伝える。1591(天正19)年に3石の朱印をあたえられ、現在一色の鎮守である。この神社で行われる世計神事(よかんさんさいずう)は、江戸時代の百科事典である『和漢三才図会』にも記されている古くからの神事である。毎年9月の例祭当日に氏子(うじこ)たちが滝の坂にある吾妻社(あずましゃ)の井戸から水をくむ「お水とり」からはじまり、この水でといた麦麹(むぎこうじ)を甕(かめ)にいれて神殿内におさめておき、翌年例祭前日にこの水の減り具合、にごり具合で、作物の豊凶、天候を占い、つるした四方位の札のおち具合で風位・風向を占うというものである。名古屋の熱田神宮(あつたじんぐう)の「世様(よだめし)」に似ているともいう。

またこの神社の特殊な祭事、「神婚祭」は33年ごとに行われる珍しいものであ

森山神社

逗子・葉山の辺り 245

る。逗子市小坪の天王社から、祭神のスサノオノミコトが輿で森山神社まで渡御し、7日間滞在するというもので、1200余年前から続いているという。この神社に続く玉蔵院(真言宗)の境内には、1665(寛文5)年造立の町最古の庚申塔がある。

新善光寺 ㉝
046-878-8154

〈M▶P.210,231,244〉 三浦郡葉山町上山口1368
JR横須賀線逗子駅🚌衣笠行滝の坂🚶1分

浄土宗で本堂は禅宗様
四脚門ともに県重文

バスをおり、左手をみると、「浄土宗新善光寺」と彫られた巨大な石柱がたっている。ここが不捨山摂取院新善光寺(浄土宗)である。由緒は諸説あるが、源頼朝が長野の善光寺より阿弥陀如来を招請して建立したと伝える。当初は鎌倉の名越にあったが、蜜道上人のとき1556(弘治2)年に当地に移ったという。

石段をのぼると四脚門(県重文)がみえる。この門は、江戸時代初期、禅宗様で建立されたもので、もとは茅葺き屋根であったが1970(昭和45)年に現在の銅板葺きにかわった。門の正面には、画家伊東深水による「不捨山」という扁額がある。さらに寺内へはいると三浦半島独特の植生を示すたくさんの樹木がある。

本堂(県重文)は禅宗様による寄棟造・銅板葺き(もとは茅葺き)の江戸時代初期の建物である。堂内の内陣や斗栱などに室町時代の形式が残っている。本寺は浄土宗であるが、本堂は禅宗様がみられる。本堂内の宮殿式厨子(県重文)の前には、御前立本尊の善光寺式阿弥陀三尊像(一光三尊)が安置されている(三尊とも金銅仏)。しかし、厨子内の本尊の善光寺式阿弥陀三尊のうち2体は木造で、観音菩薩のみ金銅仏である。この御前立本尊の框座には、1696(元禄9)年に江戸の仏師大田大内蔵の制作で、寄進者は江戸小船町の三浦氏池田庄右衛門とある。この庄右衛門は、江戸吉原の遊女屋三浦屋と

新善光寺本堂

関係があるらしい。遊女の高尾太夫(初代か)も当寺近くの出身であったという話も残されている。また、かつては「宝暦七(1757)年」銘の鐘があり「葉山八景新善光寺晩鐘」として親しまれていたが、現在は新鐘である。

③ 久里浜・浦賀の辺り

ペリー来航を中心に、その上陸地久里浜や奉行所のあった浦賀、ヤマトタケル伝説の古代ロマンの地走水辺りを歩く。

内川新田開発記念碑 ㉞

〈M▶P.210,248〉横須賀市久里浜4
JR横須賀線・京急線久里浜駅 🚶 5分

半島最大の新田開発 神仏に感謝の笠塔婆

横須賀線の久里浜駅から京浜急行のガードをくぐり、平作川沿いに下流へ歩くと、5分ほどで橋がみえる。手前にみえるほうではなく、つぎの自動車がとおっている橋のほうが夫婦橋である。この橋の久里浜側のたもとに高さ2.1m、笠塔婆型の石塔がある。内川新田開発記念碑である。碑の表面には「南無阿弥陀仏」の言葉と、「新田開発にあたり、水門がしばしば破れたが、8カ年の苦労と神仏の加護によってようやく完成した」ということがきざまれている。

この内川新田は、砂村新左衛門政次(大坂または越前の出身という)が、江戸幕府の許可を得て、1660(万治3)年から工事を開始し、1667(寛文7)年に完成したものである。

もともとこの地域は、葦原・沼地で水が多く、干満による海水の浸入もあり、排水に難渋し、工事も困難を伴った。そのため、旅人が人柱となったという伝説までうまれた。新左衛門は、横浜の吉田新田開発の経験をいかし、3つの川を1つにして海へそそぐように防波堤を完成させ、干潮時には開き、満潮時には閉じる水門の「かけ戸」で水量を調節する橋(夫婦橋、現在はその設備はない)をつくり、新田を完成させた。もともと三浦半島は平地の少ない土地だったので、完成後は半島最大の水田地帯となり、1660年には360

内川新田開発記念碑

石余だったのが，1673（延宝元）年には542石の検地をうけるまでになっていった。

　砂村新左衛門の墓は各地を転々としたが，現在久里浜2丁目の正業寺（浄土宗）にあり，自分の開発した土地の変貌ぶりを静かにみまもっている。

ペリー上陸記念碑 ㉟
046-834-7531（ペリー記念館）

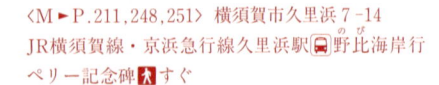

〈M▶P.211, 248, 251〉横須賀市久里浜7-14
JR横須賀線・京浜急行線久里浜駅🚌野比海岸行
ペリー記念碑🚏すぐ

開国の恩人か屈辱の記念碑か、記念館あり

　バス停すぐに公園がある。この公園内にペリー上陸記念碑がたっている。1853（嘉永6）年6月3日に，アメリカ合衆国東インド艦隊司令長官ペリーの率いる4隻の黒船が浦賀沖にあらわれた。武力を背景にしたペリーの強硬な態度に，江戸幕府はついに6月9日（新

久里浜・浦賀の辺りの史跡

暦7月14日)久里浜で上陸を許し、大統領フィルモアからの国書をうけとり、回答は翌年することを約束してペリー一行は引き揚げた。そして翌1854年日米和親条約が締結され、ほかの国々とも同様の条約を締結し、日本は長い鎖国から開国へと大転換した。

この記念碑は、もとペリー艦隊乗組員のビアズリー退役海軍少将が再来日し、記念碑がないことを嘆いたことがきっかけで、1901(明治34)年7月14日、米友協会がたてたものである。碑には、伊藤博文の筆で「北米合衆国水師提督伯理上陸紀年碑」とある。しかし、太平洋戦争中は、敵国の記念碑は屈辱だとして、引き倒され、戦後すぐに復元されるという運命にもあっている。毎年7月中旬には、ペリー上陸再現・親書受渡式や記念式典がここで行われる。公園内にペリー記念館がある。

最宝寺 ㊱ 〈M▶P.210,248〉横須賀市野比1-51-1
046-848-1089　京急線YRP野比駅 徒20分

源頼朝の創建と伝え、薬師如来は県重文

YRP野比駅で下車して、久里浜方面に向かうと、「尻こすり坂」の手前左手の山上に寺の屋根がみえる。最宝寺(浄土真宗)である。五明山高御蔵と号し、本尊は阿弥陀如来である。

寺伝によれば、1195(建久6)年源頼朝が鎌倉の弁ヶ谷に天台宗の寺として創建し、翌年高御蔵にあった薬師如来を本尊としてまつったといい、開山を頼朝の従兄の明光上人とする。その後、1209(承元3)年に、明光上人は親鸞上人の弟子となり、浄土真宗に改め、本尊を阿弥陀如来とし、もとの本尊の薬師如来は別の建物に移したという。1333(正慶2)年、新田義貞の鎌倉攻めの際焼失し、その後再建されたが、1521(大永元)年再び焼失し、野比の現在地に移ったという。別伝では、1333年の焼失で扇ヶ谷に移っていたともいう。また9世明心上人のとき、後北条氏の真宗弾圧にあい鎌倉から兼帯所のあった野比へ移ったとの説もある。

本堂には、頼朝との関係を示すように、源氏の紋の「笹りんどう」がありひときわ目をひく。堂内には、中央に本尊の阿弥陀如来像、向かって左側の厨子のなかには、薬師如来坐像(県重文)が安置されている。これは行基作と伝え、天拝高御蔵薬師と称する。朝廷の高御座に安置されていたものを、頼朝が上洛の際譲りうけた

最宝寺薬師如来像

という。しかし，地名を冠した単純な俗称とする説もある。この薬師如来像は寄木造・玉眼入り，像高86.5cmの等身大像で，鎌倉後期ごろの作とみられ，力強く写実的な肉取りと着衣の表現など，宋風の影響がみられる。

西叶神社 ㊲
046-841-0179

〈M▶P.211,248,251〉横須賀市西浦賀町1-30
京急線浦賀駅🚌久里浜駅行紺屋町🚶2分

大願叶って源頼朝創建
社殿は廻船問屋の富力

バスをおりると山側にまっすぐにのびた参道があり，両脇に大鳥居がたっている。この参道の奥に西叶神社がある。この辺りには大きな倉が残っていて，江戸時代に廻船問屋で賑わった町の様子をしのぶことができる。西叶神社は，祭神は応神天皇で，社伝では，1181(養和元)年，京都神護寺の文覚上人が御神霊を石清水八幡宮より勧請したと伝える。また治承年間(1177~81)に源頼朝が源氏再興を石清水八幡宮に祈願し，願いがかなったときは適地に一社を建立するという願をかけ，大願成就したので，1186(文治2)年，叶大明神と命名し，ここに創建したとも伝える。

以来，港として栄えた浦賀の鎮守として，地元の人びとや港に出入りする人びとの篤い信仰を得てきた。しかし1837(天保8)年，浦賀の大火により建物は焼失してしまった。現在の社殿は，1842年に再建されたものである。

権現造の社殿で，本殿と幣殿は総檜造，

西叶神社

ペリー上陸の地，三浦半島

拝殿は総欅造である。その内部は漆による彩色があり、花鳥草木の透彫りの74面の格天井は、華麗ですばらしい。この制作には江戸後期の彫刻師後藤利兵衛があたった。これらの再建には7年の歳月と3000両を要したという。この費用は、浦賀の問屋衆の協力によったといい、当時の浦賀の商人たちの大きな経済力がうかがえる。

また、石段の上り口には、浦賀の遊郭の主人たちが奉納した唐金の灯籠が、右手には江戸屋半五郎の寄進した手水石がある。

常福寺 ㊳
046-841-0023

〈M▶P.211,248,251〉横須賀市西浦賀町2-5
京急線浦賀駅🚌久里浜駅行紺屋町🚶5分

浦賀奉行所の御用寺院 江戸屋半五郎墓もある

バス停より久里浜方面へ歩いていくと、左手に常福寺の門柱がみえる。放光山延寿院常福寺(浄土宗)で、鎌倉光明寺の6世順誉了専の弟子教誉上人が、文明年間(1469〜87)に開いたと伝える。1720(享保5)年浦賀奉行所が設置されて以来、奉行所の御用寺院となり、代々の浦賀奉行の勤番交替(事務引継ぎ)が行われた。現在の本堂は、藤沢の龍口寺のもので、鎌倉の本覚寺を経て、1920(大正9)年、ここに移されたという。室町後期の建築で、江戸時代に改築している。庫裏の奥には庭園がある。この庭園は書院庭園の1つである築山泉水庭で、背後の愛宕山の自然を借景としてつくられている。

境内の墓地には、浦賀奉行所の与力合原雄左衛門や佐々倉幸左衛門ら、奉行所の与力・同心の墓が多い。また、浦賀の遊郭(浦賀では洗濯屋とよぶ)の主人で『近世浦賀畸人伝』(江戸時代の浦賀の有名人の伝記)にも登場する江戸屋半五郎の墓もここにある。彼は、世の無常をさとり、遊女を解放し、自身は当時三浦半島で念仏を広めていた浄土宗の高僧徳本上人の弟子となって出家し、深本

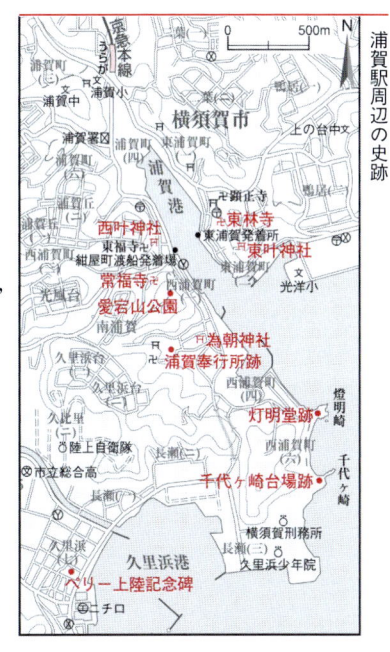

浦賀駅周辺の史跡

江戸屋半五郎の墓

と名乗り、諸国霊場をめぐったという。

愛宕山公園 ㊴
〈M▶P.211,248,251〉 横須賀市西浦賀町1
京急線浦賀駅🚌久里浜駅行紺屋町🚶25分

景勝地に中島三郎助招魂碑、咸臨丸出港碑

　常福寺前の坂道をのぼり、柳町町内会館の100mさきを左折すると愛宕山公園へでる。バス停から久里浜方面へ30mほどいき、左折して紺屋町内会館前から石段をのぼる道が近道である。

　この公園は、1893(明治26)年に開園した横須賀市内最古の公園で、かつて浦賀園ともよばれた。浦賀港を見下ろす景勝地にある。またここは陣屋山ともいい、江戸時代初期に三浦の代官長谷川長綱の館があった場所ともいう。

　公園内には、この公園開設の契機となった浦賀奉行所与力の中島三郎助招魂碑がある。1891(明治24)年の建立で、碑文はかつての同志外務大臣榎本武揚によるものである。三郎助は1853(嘉永6)年ペリーが浦賀に来航した際、日本人として最初に乗り込み、交渉にあたった人物である。その後西洋式の造船技術をオランダ人より学び、わが国最初の洋式船「鳳凰丸」を浦賀で建造し、長崎の海軍伝習所第1期生として、日本海軍史上忘れてはならない1人である。三郎助はその一方で、漢詩や和歌・俳句もたしなみ、浦賀の文化人との交友関係も広い。1869(明治2)年、幕府と運命をともにし、箱館五稜郭に榎本武揚らと立てこもり、2人の息子と壮烈な戦死をとげている。

　また、少し低い広場には、咸臨丸出港の碑がある。1960(昭和35)年に日米修好通商条約締結100年を記念し建立されたもので、船首をかたどった碑の先端はサンフランシスコに向けられている。裏側には、軍艦奉行木村喜毅、艦長勝麟太郎、福沢諭吉ら乗組員の氏名がきざまれている。

　咸臨丸は、1860(万延元)年1月19日に浦賀を出港し、日米修好通商条約批准交換の遣米使節に随行し渡米、5月5日に帰国した。

愛宕山より東浦賀をのぞむ

排水量625t（諸説あり），オランダで1857(安政4)年建造，96人乗り，長さ約47m・幅約7m，100馬力，3本マスト，スクリューの蒸気船である。毎年5月上旬には，ここで咸臨丸まつりが盛大に行われる。

浦賀奉行所跡 ㊵

〈M▶P.211,248,251〉横須賀市西浦賀町5-36
京急線浦賀駅🚌久里浜駅行紺屋町🚶10分

海の関所から海防跡地に残る石垣や堀

バス停から久里浜方面へ30mほど歩き，左へ旧道をおれる。昔の町並みを残す道をしばらくいくと右手に，民俗芸能の虎踊り（国選択）が毎年奉納されるので有名な為朝神社がある。

為朝神社前をとおり，山側へいくと住友重機の社宅がある。注意してこの社宅の周囲をみると，当時の石垣と堀が現在も残っているのがわかる。これが浦賀奉行所跡である。浦賀奉行所の前身は，1616(元和2)年に伊豆下田におかれた下田奉行所である。社宅の正面入口の溝にかかっている石橋は，下田奉行所から運ばれた石材でできている。享保の改革の一環として，江戸の人口増加に伴う江戸流入の商品流通を掌握するために，江戸にも近く，港も深くて広い浦賀港に，1720(享保5)年に奉行所が移されたと考えられる。船の積荷の検査や，海の関所，三浦半島にある天領の支配，沿岸警備などをその職務とした。

奉行所は，1854(安政元)年には，東西約84m・南北約76m，敷地1900坪(約6270m²)で，奉行所や奉行の居宅・長屋・砲術稽古場など600坪(約1980m²)の建物がたち並んでいた。奉行所前の海岸には番所がおかれ，当時105軒あった廻船問屋（三方問屋）たちが奉行の指揮下で交代で船の積荷の検査を行った。また彼らは関東方面の荷主の代理店や船員の宿泊所なども営み，おおいに繁盛した。

こうして浦賀港は，日本有数の港となり毎月300〜400隻の廻船が入港したという。しかし，文化・文政期(1804〜30)よりあいついで

久里浜・浦賀の辺り

浦賀奉行所跡

日本へ外国船が来航すると,海防の職務も加わり,浦賀奉行所の仕事は多忙をきわめていった。蛮社の獄の発端となった,1837(天保8)年の日本人漂流民を送還にきた米船モリソン号を砲撃したのも浦賀奉行所である。こうして海防の指揮・監督や外交交渉の窓口とその重要性を増大させ,長崎奉行の上席に地位も昇格したが,1868(慶応4)年幕府滅亡により廃止された。この直前には浦賀を中心に,ええじゃないかもおこっている。こうしたなかで,横浜開港により浦賀の港としての重要性も,しだいに薄れていったのである。

灯明堂跡 ㊶

〈M▶P.211,248,251〉 横須賀市西浦賀町6
京急線浦賀駅🚌久里浜駅行紺屋町🚶20分

江戸初期の2階建灯台近くに幕末の台場あり

バス停から為朝神社を通過し,久里浜へつうじる道路を10分ほどいき,さらに左の道を海へと向かうと,10分ほどで灯明崎とよばれる海につきでた丘にでる。そこに,高さ1.8m・幅3.6m四方の石垣が残り,その跡に灯明堂が1989(平成元)年に復元された。天気のよい日はここから房総の山々がはっきりみえる。灯明堂は,1648(慶安元)年,幕府の命により石川六左衛門重勝・能勢小十郎頼隆らが築造したと伝える。木造2階建ての日本式の灯台で,1階は番人小屋,2階は四方を紙張りの障子に金網をめぐらし,そのなかに直径36cm・深さ12cmの銅製の灯明皿をおき,菜種油を使用して海上を照らした。その光は海上7kmにもとどいたという。

当初は勘定奉行の所管であったが,1691(元禄4)年から浦賀の干鰯問屋が維持管理し,1872(明治5)年までその役目をはたした。またこの近くには,昔「首切り場」とよばれた場所があり,巨大な題目塔や地蔵菩薩像の供養塔がたっている。どうして「首切り場」というかについては,浦賀奉行所の処刑場という説がある。

灯明堂跡から300mほど海岸沿いに南へいくと,海につきでた場

為朝神社の虎踊り

コラム 芸

　西浦賀の浜町に残る民俗芸能虎踊り(国選択)は、伊豆下田から浦賀へ奉行所が移されるのと一緒に伝えられたという。毎年6月の為朝神社(横須賀市西浦賀4)の祭礼に奉納される。横須賀市内では虎頭が久里浜(天神社)、野比(白髭神社)に残されている。白髭神社でも虎踊りが行われている。西浦賀の虎頭は全国880の神社の御札でつくられているという。

虎踊りのあらすじ
(1)和藤内という少年が登場—衣装や身のこなしが歌舞伎的なのは、近松門左衛門の「国姓爺合戦」が取り入れられているため。
(2)中国風の服装の子ども(唐子)が多数登場し踊る。
(3)大小2頭のトラが登場し、まり遊びや逆立ちなどの曲芸をする。
(4)和藤内が暴れるトラを叶明神の守札で取り押さえる。

為朝神社の虎踊り

所がある。ここが幕府が江戸湾防備のため、1848(嘉永元)年に築造した千代ヶ崎台場跡である。19世紀になるとアメリカ合衆国は、中国との貿易をより積極的に推進するための中継地や、太平洋で活動する捕鯨船の寄港地を求めて日本に開国を迫った。1837(天保8)年にモリソン号が来航、1846(弘化3)年アメリカ合衆国東インド艦隊司令官ビッドルが通商を求めて来航したりと、外国船の来航が多くなるにつれ、浦賀奉行の所轄で海防のため多くの台場(砲台)が設置

灯明堂

久里浜・浦賀の辺り　255

された。この千代ヶ崎台場もその1つである。

東叶神社(ひがしかのうじんじゃ) ㊷　〈M▶P.211,248,251〉横須賀市東浦賀町2-63
046-841-5300　京急線浦賀駅🚌鴨居行新町(しんまち)🚶20分，または久里浜行🚌紺(かも)屋町，車紺屋町渡船3分，🚶5分

西叶神社を勧請　裏山に勝海舟断食之跡碑

　東浦賀へは浦賀駅より鴨居方面へバスでいき，バス停新町を目印に進み，道路を右におれてもいけるが，ここでは渡船で東浦賀へ渡ることにする。バス停紺屋町で下車すると，すぐ近くに渡船の発着場がある。これに乗り3分ほどで浦賀港遊覧はおわり，西浦賀の対岸東浦賀に着く。

　東浦賀は，かつては干鰯問屋が軒を並べる商業の町であった。干鰯とは干したイワシのことで，近畿地方で綿作が発達するにつれて肥料としての需要が高まり，東浦賀の問屋は，これを関西地方へ送り繁盛した。しかし，九十九里浜(くじゅうくり)の問屋が発展し，干鰯を東浦賀を経ずに直接江戸の問屋へ送るようになり，元禄期(1688～1704)を境にしだいに衰退していった。

　この東浦賀の渡し場の近くには徳田屋跡(とくだ)がある。1853(嘉永6)年ペリーが浦賀沖へ来航したとき，黒船を見物にきた佐久間象山(さくましょうざん)や，吉田松陰(よしだしょういん)の師弟が宿泊した宿屋のあったところである。また渡し場から右へ海岸沿いに5分ほど歩くと，東叶神社に至る。この神社の祭神は応神天皇で，文覚上人の創建と伝える西叶神社を，1644(正保元)(しょうほう)年ここに勧請してまつったという。

　この神社の背後は明神山といい，かつては後北条氏の浦賀城の本丸があったという。左手の急な石段をのぼりつめると奥の院跡があり，左手には勝海舟(かいしゅう)が咸臨丸艦長に任命され，その航海安全を祈り断食をしたと伝えられる場所がある。

　また近くの東林寺(とうりんじ)(浄土宗)には，浦賀奉行所の与力で俳人としても知られた中島三郎助の墓がある。

　バス停新町近くの顕正寺(けんしょうじ)(日蓮宗)(にちれん)には，直木賞作家の山口瞳(やまぐちひとみ)の墓や陽明学者(ようめい)として有名な中根東里(なかねとうり)の墓がある。東里が晩年，姉の嫁ぎ先の浦賀奉行所与力合原氏のもとに身を寄せていた縁による。

　浦賀駅近くの浦賀ドックとして親しまれてきた住友重機浦賀造船所は，2003(平成15)年3月閉鎖され，長い歴史を閉じた。この地は，

256　　ペリー上陸の地，三浦半島

東林寺

1853(嘉永6)年に，わが国最初の西洋式の近代的造船所である浦賀造船所が建設され，明治維新後横須賀造船所が整備されるまで重要な役割をはたした。また，わが国最初の洋式艦隊「鳳凰丸」も，ここで1854(安政元)年に建造された歴史ある場所で，1896(明治29)年浦賀船渠会社が創立されると造船所は発展し，浦賀は造船の町として有名になった。現在，新しい町づくりが計画されている。

観音埼灯台 ㊸

〈M▶P.211,248〉横須賀市鴨居4-1187
京急線浦賀駅🚌観音崎行終点🚶10分

わが国初の洋式灯台
東京湾要塞の重要拠点

バス停から海沿いに歩き，小高い山をのぼると10分ほどで灯台に着く。ここにのぼると東京湾・房総半島も一望することができる。江戸幕府は，1866(慶応2)年に，英・仏・米・蘭と締結した「改税約書」に基づき，8つの灯台建設を決定した。最初に建設を開始したのが観音埼灯台である。しかし，幕府が滅亡すると，明治政府がこれを引きつぎ，1868(明治元)年に横須賀製鉄所建設にたずさわっていたフランス人技師ヴェルニーが建設を担当することになった。横須賀製鉄所のレンガと石灰を使用し，四角形白塗装でフランス製レンズをそなえた灯台が4カ月後に完成し，1869年1月1日にわが国最初の洋式灯台として開設された。海抜約54m，光源は菜種油・落花生油・石油・アセチレンを混ぜて使用し，光度1750カンデラであった。しかし，1923(大正12)年の関東大震災で倒壊，現在のは1925年再建のもので，白八角形コンクリート造り，海抜約56m，光源は白熱電灯で光度は14万カンデラ，光達距離は約37km，霧の発生時には20秒間隔の霧笛をならす。1948(昭

観音埼灯台

和23)年に灯台80年を記念して，高浜虚子の「霧いかに深くとも嵐強くとも」という句碑が灯台の構内にたてられている。

観音崎は，古くは仏崎とよばれた。観音崎の名の由来は，十一面観音を本尊とする観音堂がここにあったからという。幕末には海防のために台場が設置された。東京湾の喉仏の位置にあるため，軍事上の要地として1880(明治13)年より観音崎各所に砲台が構築されて，一般人は立入り禁止の要塞地帯となった。そのため観音堂も1881年に鴨居へ移された(のち焼失)。しかし，その後砲台は関東大震災で大破したため，大正期に大部分廃止され，今は観音崎公園内に砲座の一部の遺構がみられる程度である。

走水神社 ㊹
046-844-4122
〈M▶P.211,248〉 横須賀市走水2-12
京急線馬堀海岸駅🚌観音崎行走水神社前🚶1分

弟橘媛悲恋の舞台 房総渡海地で湧水地

走水神社前でバスをおり山側へ進むと，走水の港を見下ろすような高台に走水神社がある。日本武尊とその妃弟橘媛命をまつる。『古事記』『日本書紀』によると，景行天皇の子日本武尊が，東夷征討のため相模から上総へ渡るとき，海が荒れて船が進まなかったので，これは海神の怒りのためと考えた弟橘媛は，みずから荒海へ身を投じ神の怒りをしずめ，そのおかげで尊は無事に渡海できたと記している。社伝では，尊の冠を村人がもらい，これを石櫃におさめて御神体として建立したのが走水神社だという。江戸時代には，漁民の信仰をうけた。弟橘媛は，御所ヶ崎にあった橘神社の祭神であったが，1885(明治18)年に神社を境内に遷し，のち合祀したものである。

神社裏山の高いところには，弟橘媛命の歌碑が1910(明治43)年に建立された。境内右側には航海の安全を祈る舵の碑が，左側には「包丁塚」と彫った碑がある。包丁塚は，走水の住

走水神社

走水

コラム

走水は、三浦半島の東端で、浦賀水道をにらむ交通・軍事上の要地であった。古東海道の房総半島への渡海地として『古事記』『日本書紀』に弟橘媛の入水伝承をのせ、浦賀水道を「走水海」「馳水」と記している。また735(天平7)年の「相模国封戸租交易帳」に「御浦郡走水郷」とある郷名でもあった。

江戸時代初期には、船手組の向井氏の拠点となり1624(寛永元)年より70年余り走水奉行がおかれ、江戸へはいる下り船を検査した。走水の覚栄寺(浄土宗)には初代奉行の向井忠勝ら一族の墓がある。また現在の走水小学校付近は同心町といった。同心たちの住居があったことにちなむ。

幕末になると海防のため、付近に旗山台場や十石台場が築かれ、諸藩が警備にあたった。鴨居腰越の山腹や走水の円照寺、鴨居の能満寺・西徳寺には、海防を担当し、赴任中当地で死んだ会津藩士の墓がある。

明治にはいると走水・鴨居の各地に砲台が設置され、東京湾の守りとしてさらに重要な役割をはたしていった。

また、走水は湧水の豊富な地として知られ、1876(明治9)年に横須賀製鉄所のヴェルニー技師は、7km離れたここから製鉄所へ水を引いた。横須賀の水道の起源であり、横須賀市水道局走水水源地のレンガ造貯水池と鉄筋コンクリート造り浄水池は国登録文化財である。

人が日本武尊に料理を献上し、ほめられて大伴黒主という名をあたえられた故事により、包丁への感謝と鳥獣魚介類の慰霊のために1973(昭和48)年に建立されたものである。また、走水には日本武尊が滞在した跡という御所ヶ崎をはじめ、尊が船出した皇島、尊と媛が別れを惜しんだ御座島、媛の入水を知った侍女たちが殉じて身を投げた姥島など日本武尊にまつわる地名伝説が多く残っている。

坂本龍子の墓 ㊺
046-836-3731(信楽寺)

〈M▶P.210,248,260〉 横須賀市大津町3-73
京急線大津駅 🚶10分

龍馬死後、妻は横須賀に墓石は海軍工廠の寄贈

大津駅を下車し、右手の踏切を渡っていくと大津小学校前の左手の小道の奥まったところに信楽寺(浄土宗)がある。本堂左手奥にある墓地には、山門前より移された「贈正四位下阪本龍馬之妻龍子之墓」と彫った墓がある。明治維新の志士、日本海軍の先駆者坂本龍馬の妻、龍子の墓である。龍子は1850(嘉永3)年に京都の町医

久里浜・浦賀の辺り 259

信楽寺周辺の史跡

者の娘に生まれたという(1840年説もある)。1867(慶応3)年11月、夫の龍馬が京都の近江屋で暗殺されて以来、各地を転々としたのち、呉服行商人西村松兵衛と再婚し、1875(明治8)年、現在の市内米ヶ浜の長屋に移り住み、1906年1月に亡くなるまで、30余年の幸せ薄い日々を横須賀で送ったという。1914(大正3)年に妹や有志の尽力で、この寺に墓碑が建立された。墓石は、海軍工廠が寄贈したドック建設用のものという。海援隊を組織して活躍した龍馬との因縁を思うと興味深い。

信楽寺の手前から山へのぼる道があり、これを進み山頂に到達すると、貞昌寺(臨済宗)がある。この寺には、向井将監正方夫妻の墓がある。正方は江戸時代初期の船奉行向井忠勝の子で、みずからも1638(寛永15)年に幕府の船奉行をつとめている。

信楽寺坂本龍子の墓

また、大津小学校の裏の辺りから、大津中学校・大津高校にかけての一帯は、幕末のころ江戸湾防備を担当した川越藩が、1843(天保14)年に建設したという大津陣屋のあった場所で、その後も防備担当の藩へと引きつがれて、1868(明治元)年に取りこわされた。現在、大津中学校の正門をはいって右側に、陣屋の構内にあった石橋が残されている。

中学校前の国道を久里浜方面に15分ほど歩くと、左手に馬門山海軍墓地がある。横須賀鎮守府管内の戦病没軍人を埋葬した墓地で、1881(明治14)年の設置。1951(昭和26)年大蔵省から横須賀市に譲与され、市営馬門山墓地として市民埋葬用の墓域も増設された。旧海軍の墓域は上・中・下段からなり、単独埋葬者の墓標は279柱ある。

下段と中段は兵卒の墓域，上段の左右奥は下士官・生徒の墓域で，それぞれ尖頭角柱型の兵卒・下士官規定の墓標がたち並ぶ。上段左手には士官らの墓標があり，下士官や兵卒とは違い区画・墓標ともに大きく，碑の形態もさまざまである。上段には別に慰霊碑や日中戦争以降の戦没者の遺骨をおさめた忠霊塔などがある。

④ 三浦三崎

港町三崎・初声・油壺・三浦海岸・城ヶ島で，遺跡，三浦一族，海防，近代文学などの歴史を自然を感じながら歩く。

白山神社 ㊻
046-888-0758
〈M▶P.210, 262〉三浦市 南 下浦町菊名148
京急線三浦海岸駅🚌劔崎行白山神社前🚶3分

精巧な横穴墓あり
飴屋踊りは県指定民俗

バス停から山手への道にはいり，まもなく右折すると白山神社の鳥居がみえる。この鳥居や境内の石灯籠・手水鉢・狛犬ともに1820(文政3)年の建立である。社殿は権現造で，その左手奥に横穴墓が開口し，なかにはいることができる。内部(玄室)は切妻造妻入りの家形につくられ，棟・垂木・束柱などを表現した浮彫りがあり珍しい。そして，壁には朱を塗った跡もかすかに残る。奈良時代の御浦郡氷蛭郷(金田)の郷長墓とする説もある。白山神社では10月23日の夜に，江戸時代から続く菊名の飴屋踊り(県民俗)が奉納されていた(現在不定期)。豊年祈願の踊りで，化粧した若い男衆によって演じられる歌舞伎調をまじえた素朴なものである。

神社のすぐ背後に曹洞宗の法昌寺(開基長谷川七左衛門長綱)がある。本堂の裏手には崖を掘ってつくられたやぐらがあり，そのなかに7基の五輪塔と2基の舟形光背が壁に彫り込まれている。

白山神社・法昌寺から道を隔てた南側に小高い丘があり，その丘のうえに，三浦道寸の家臣の菊名左衛門重氏のものと伝えられる墓がある。海風のよくとおる丘のうえからは，法昌寺の本堂の美しい反りをみせる屋根をはじめ半島が一望できる。

伝三浦義村の墓 ㊼
〈M▶P.210, 262, 263〉三浦市金田
京急線三浦海岸駅🚌劔崎行岩浦🚶1分

三浦海岸駅より劔崎行きまたは劔崎廻り三崎東岡行きのバスに乗

三浦三崎の史跡

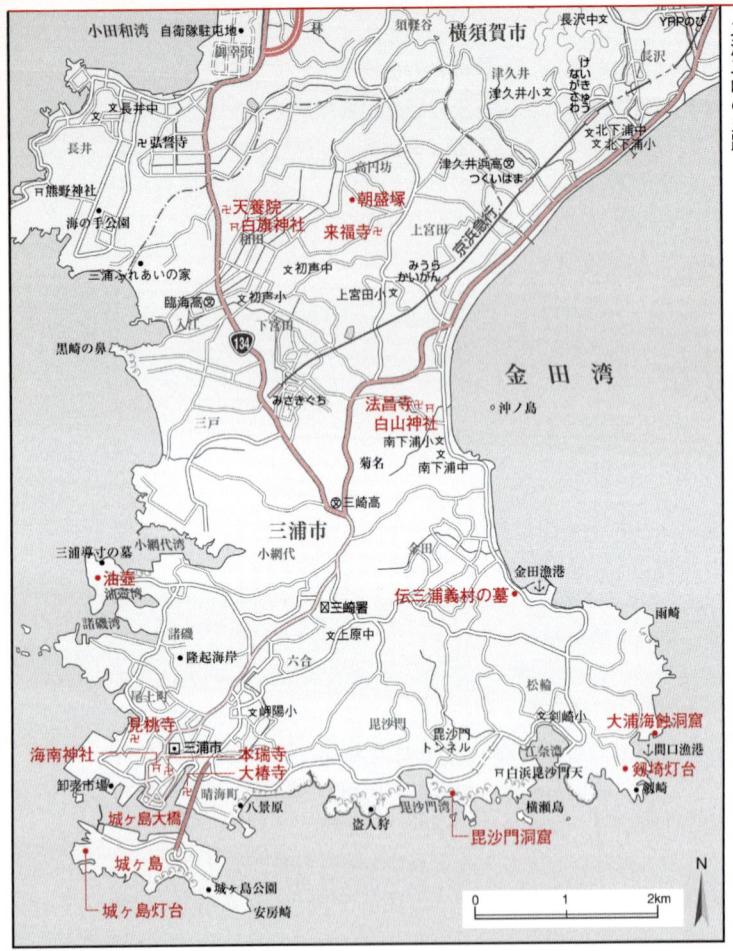

義村墓と伝える五輪塔
南にゆかりの福寿寺

る。長くのびた金田湾沿いを、明るい海に浮かぶ養殖ワカメのイカダに群れとぶ海鳥の姿を眺めながらいくと、約10分で岩浦に着く。バスをおりて道路を渡ると、右手に義村の墓の所在を示す表示があり、石段をのぼれば小さな台地にでる。ここにはかつて義村ゆかりの南向院(廃寺)があり、この東の隅にすっかり形のくずれた五輪塔がある。三浦義村の墓と伝えられるもので、十数mさきには瓦塀に囲まれて1921(大正10)年にたてられた墓石がある。義村は三浦大介義明の孫にあたり、和田義盛の乱(1213年)に際し、北条方に味

方した人物である。

　そしてこの台地の海に面した崖の上部には、鎌倉期のやぐらが掘られており、三浦氏との関係もうかがわれるが不詳。また、この台地から南の谷戸には義村開基と伝える福寿寺(臨済宗)の屋根がみえる。この寺には南向院にあった地蔵菩薩像が移され安置されている。さらに義村愛用と伝える鞍と鐙も所蔵されている。

劔埼灯台周辺の史跡

劔埼灯台と海蝕洞窟群 48 49

〈M▶P.210,262,263〉三浦市南下浦町松輪　京急線三浦海岸駅🚌劔崎行、または劔崎廻り三崎東岡行劔崎入口🚶20分

初代灯台の基部に銘　毘沙門洞窟は県史跡

　バス停から東南、畑中を劔埼灯台への道が続いている。舗装の切れる辺りから左手に灯台がみえ隠れする。やがて眼前に海が開け、灯台の全景が浮かびでる。八丈ススキの生い茂る岬の端に、房総半島の山並みに対峙するように白亜の灯台がたっている。構内にはいって灯台の裏手にまわると、眼下に東京湾が広がり、晴れた日には房総・伊豆、その間に遠く噴煙を吐く大島をのぞむことができる。

灯台裏側に、1923(大正12)年の関東大震災で崩壊する前の初代の灯台の基部が残されており、そこに「ILLUMINATED 1ST MARCH 1871, 明治辛未四年正月十一日初点」の文字がみえ、和洋暦の対照が興味深い。

　現在の灯台は1925年に再建されたもので、その光芒は緑・白・白と1回転30秒間隔でひらめき、到達距離は理論上は35kmだが、50km離れた伊豆半島からも視認できるという。なお、劔崎の呼称は従来ケンザキとされていたが、古くはツルギサキで、

劔埼灯台

三浦三崎　263

京浜急行では古称に戻し、停留所名はツルギサキとよんでいる。

灯台の北東の、入り組んだ小さな入江の奥が間口漁港で、それに続く岬の先端の丘の中腹にあるのが大浦海蝕洞窟である。灯台から間口の入江沿いに歩いて20分ほどである。この洞窟からの出土品は、おもに弥生時代から古墳時代にかけてのもので、古墳時代には墓所としても使用されたらしい。平安期のものも2、3みられる。種々の骨角器や貝製品、とくにシカの骨に小さな穴を彫り、それを焼いてできるひびによって占う卜骨などは貴重なもので、出土品の多くはほかの民俗資料とともに初声小学校前にある三浦市文化財収蔵庫に保管されている。近くに間口洞窟、灯台から西南へ江奈湾を隔てて、バスで10分ほどの毘沙門海岸には毘沙門洞窟（県史跡）があり、弥生土器・人骨・卜骨・青銅製釣針・貝包丁・貝輪などが出土し、弥生人の生活をうかがうことができる。

来福寺 ㊿

〈M▶P.210, 262〉 三浦市南下浦町上宮田1859
京急線三浦海岸駅 🚶15分

和田義盛の菩提寺
長州・彦根藩士の墓

三浦海岸駅の駅前広場からバス通りにでて、右折して山手に向かうゆるやかな坂道をのぼって台地にでる。10分ほどで左手に来福寺（浄土真宗）への入口を示す案内がある。これにしたがい左折して坂道をくだると、来福寺の全景が眼下にあらわれる。堂々としたおちつきのある銅板葺き・入母屋式の屋根に白くくっきりと三つ引きの三浦氏の家紋が光っているのがみえる。

来福寺は和田義盛の菩提寺で、はじめ鎌倉の名越にあったものが、寺伝では1670（寛文10）年ころこの地に移されたものといい、室町時代の作とされる衣冠束帯姿の和田義盛像（拝観は事前の許可が必要）が安置されている。また、境内西端には幕末に近くの上宮田に設け

来福寺本堂

られた海防陣屋(現,三浦市南下浦市民センター辺り)で勤務中死亡した長州藩士・彦根藩士の墓などもある。

天養院 ㊿
0468-88-3013

〈M▶P.210, 262, 265〉 三浦市初声町和田1669 P
京急線三崎口駅下車🚶20分、または🚌横須賀行和田🚶3分

薬師三尊像は県重文
近在は和田氏の故地

　三崎口駅をでてバス道路を右折し、通称七曲りの坂道をおりると宮田の十字路にでる。左に県立三浦臨海高校の白い校舎をのぞみながら少し歩くと、バス停和田に着く。この辺り一帯には、和田義盛にゆかりのある寺院・屋敷跡・城跡などが散在している。

　和田バス停から横須賀寄りに道路に沿ってあるのが大泉寺で、天養院(浄土宗)はさらにそこから少しさきにいって、右に細い坂道をのぼったところにある。

　本堂左奥の厨子のなかに、近くの安楽寺(廃寺)から移された平安中期の作とみられる、和田義盛の信仰篤かったという薬師三尊像(県重文)が、端正な一木造の気品ある姿をみせている。昔から、義盛の身代わり薬師として知られ、参詣する人も多い。ここから白旗神社へいくこともできる。

　和田バス停から道路を渡り、大泉寺手前を右に細道をはいるとまもなく、左手の道沿いに庚申塔がおかれ、白旗神社の鳥居がみえる。白旗神社は義盛が出陣の際に戦勝を祈願した社といわれ、石段をのぼりつめた境内はせまいが、眼下東南には明るく開けた入江新田を一望することができる。入江新田は江戸時代、1708(宝永5)〜38(元文3)年にかけ開発された15町歩(約15a)ほどの水田である。

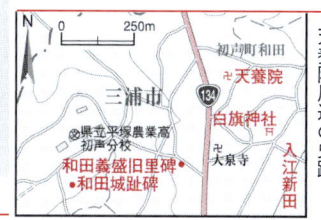

天養院薬師三尊像

天養院周辺の史跡

三浦三崎　265

白旗神社から東へ農道をとおり，和田義盛の菩提寺である来福寺へ向かう途中の農道をのぼった台地上，日枝神社の近くに朝盛塚がある。和田朝盛は，義盛の孫で和田の乱に敗れたのち，この地に帰農し，土地を開拓したという。朝盛の法号高円坊にちなみ，この辺りの地名を高円坊という伝承がある。

　また，和田バス停から少し戻り右折して，県立平塚農業高校初声分校につうじる道路沿いを100mほど歩いたところの左手に，和田義盛旧里碑がたつ。さらに道を進み，初声分校の校門を右にみて長浜の海岸も近くなる辺り，道の左側に「和田城趾」の石碑がある。しかし，ここは城址とは関係ないとの説もある。

油壺 52 〈M▶P.210, 262, 267〉三浦市三崎町小網代
京急線三崎口駅🚌油壺行終点🚶2分

新井城跡，道寸らの墓　三浦一族終焉の地

　三崎口駅からでる油壺行きのバスに乗れば15分ほどで終点に着き，おりたつところが新井城跡の一部であるが，時間があれば三崎口駅から歩いていくのもいい（約70分）。

　三崎口駅前のバス通りを左に三崎方面へ5分ほどいくと，右に三戸のお精霊流し（県民俗）で知られる三戸浜への道が分かれる。この辺り一帯は，その地名をとって赤坂遺跡とよばれる弥生時代の大集落跡や土器などが発見された場所である。油壺へはこの道にはいらず，前方遠くにみえる三叉路を目標に，西南に開けた相模湾をのぞみながら歩いていく。15分ほどで三叉路。道は三浦海岸駅方面と三崎方面に分かれている。交差点を右折し三崎方面へゆるやかな坂道を南下すると引橋にでる。半島が東京湾と相模湾とからいりくんだ峡谷によってもっともせばめられたところである。ここは新井城防衛の「外の引橋」があったところと伝えられる。この辺りから右手前方，相模湾につきでた岬の姿を眺望すれば，油壺がいかに自然の要害をなしていたかを理解することができる。

　油壺へはこの橋を渡って100mほどのところで三崎港へのバス道路から分かれて右手の旧道をいく。左手の畑に義士塚という新井城の合戦での戦死者を供養した塚という土饅頭をみて，また道ばたの庚申塔をみながら30分ほど進めば，やがて道は油壺入口からのバス道路に合流する。ここから油壺までは徒歩約20分である。

和田合戦

コラム

　源頼朝の妻政子のでた北条氏は、幕府の指導者としての地位を独占しようとして、鎌倉幕府創設に功あった有力者をつぎつぎに滅ぼしていった。侍所の別当(長官)であった和田義盛(三浦大介義明の孫)が、政子の弟北条義時の奸計におちいり滅ぼされたのは、和田合戦においてであった。

　1213(建暦元)年、義盛の甥胤長など一族の何人かが、頼家の遺児をかついでの幕府に対する陰謀に荷担したとの嫌疑に端を発し、5月、和田氏一族が蜂起して幕府をおそった。義盛の子、朝比奈義秀らの奮戦により、大倉の御所は炎上し、実朝らは一時難をさけるほどだったが、無勢の和田側は力つきて敗北、一族は鎌倉の由比ヶ浜に散った。義盛ら一族の墓は由比ヶ浜にある和田塚だといわれる。

　この合戦のとき、はじめは神にちかう起請文までだしていた三浦義村が、蜂起直前に北条側に寝返り、そのために和田氏方が敗北したといわれる。後年義村と下総の豪族千葉介胤綱の間に口論があった際、千葉介の吐いた「三浦の犬は友を喰うぞ」という言葉が『古今著聞集』にみられる。その義村の墓とされるものが三浦市の金田湾に面する岩浦の台地にある。

　油壺は、現在子どもたちに人気のある京急油壺マリンパークや、小さな海水浴場もあって、休日には家族連れで賑わうが、かつてここに新井城があって三浦一族終焉の地であることは意外に知られていない。

　三浦氏が三崎に根をおろしたのは、義明の子、佐原義連の孫盛時から8代目の時高が1438(永享10)年、油壺の新井城にはいってからのことである。これまでの衣笠城中心の三浦本宗家が宝治合戦(1247年)で滅亡後、残った佐原氏が三浦氏をついだあと、三浦半島南部を中心に支配したからである。『新編相模国風土記稿』や『北

油壺の史跡

三浦三崎

油壺

『条五代記』には海上に浮かぶ島城の観があり、難攻不落の堅城と記している。三方を海に囲まれ、北東の細い地峡をかため、引橋をかければまさに自然の要害である。東側からは油壺湾、西側からは小網代湾が迫り、敵の襲撃に際しては、この引橋をはずして城をまもったといわれる。「内の引橋」の跡は、油壺バス停から油壺マリンパークへいく途中、左手に海のみえる両側がせばまった辺りであるという。

時高は永享の乱で、鎌倉公方足利持氏に敵対し、持氏滅亡後はこれにかわった管領上杉氏と結んだ。その後、扇谷上杉持朝の孫義同(道寸)を養子として、名門三浦氏再興ののぞみを推し進めようとした。しかし晩年時高に実子が生まれたので、義同は小田原の総世寺にしりぞいたが、のち大森氏の後援を得て、養父時高を新井城に攻め滅ぼしたという(これに対し義同と時高の内紛はなかったとの説もある)。義同は新井城を子の荒次郎義意にまかせ、みずからは岡崎城(平塚市・伊勢原市)によった。しかし、やがて北条早雲が小田原にたつと、義同はその早雲との戦いに敗れ、最後の拠点新井城に立てこもった。籠城3年、ついに1516(永正13)年、名門三浦氏はここに滅亡した。このとき多くの将兵が海に身を投じ、海が血で油のようになったことが「油壺」の地名の由来という。

新井城の跡は、東京大学付属臨海実験所におりる細道の左手にわずかに空堀の跡がみえる。三浦道寸・荒次郎の墓は、油壺マリンパーク正面を右におれて少しはいったところに荒次郎の墓が、その墓の手前を左へ海岸におりる小道にはいり、右折すると道寸の墓がある。道寸の墓石の側面に、辞世とされる「うつものも　うたるるものも　かわらけよ　くだけて後は　もとの土くれ」の和歌がきざまれている。毎年、海開きをかねて道寸祭りが5月の最終日曜日に開かれ、8月24日の盂蘭盆には三浦一族の霊を慰める無数の灯籠が小

網代湾に流される。この小網代湾は江戸時代，三崎港へ入港する船の風待港（かぜまち）として栄えた。

　また小網代地域には三浦氏ゆかりの寺社が残る。三浦道寸の開基と伝える海蔵寺（かいぞうじ）（曹洞宗），道寸が再建したと伝える永昌寺（えいしょうじ）（臨済宗），道寸が社殿を改修したと伝える白髭神社（しらひげ）がある。また，バス通りの油壺入口近くには道寸が一族の興隆を祈願したと伝える真光院（しんこういん）（浄土宗）があり，道寸父子の衣冠束帯姿の木像が残る。真光院の裏手には，昼なお暗いなも（う）た坂（かながわの古道50選）がある。新井城落城の直前，身重の道寸の側室がのがれ，ここで死産・自害したという伝承がある。

海南神社（かいなんじんじゃ）53
046-881-3038

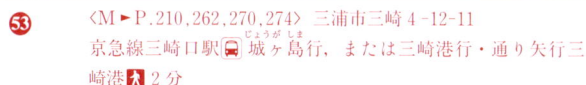

〈M▶P.210, 262, 270, 274〉三浦市三崎4-12-11
京急線三崎口駅🚌城ヶ島行（じょうがしま），または三崎港行・通り矢行三崎港🚶2分

チャッキラコは国指定
三番叟面は県指定

　バス停三崎港でおり，レトロな漁港の町を山手に向かって2分ほど歩くと海南神社に至る。祭神（さいじん）は藤原資盈（ふじわらのすけみつ）とされるが，正史にその名はみられない。縁起によれば，資盈は9世紀の中ごろ西国九州より漂着し，当時暴威をふるって三崎の人びとを苦しめていた海賊を平定して，土地の人びとをまもったという。境内にはいる手前の神橋（しんきょう）にみられる擬宝珠（ぎぼし）（現在，社務所に保管）は船手頭として江戸幕府につかえた向井将監忠勝（むかいしょうげんただかつ）によって奉献されたもので，その銘文には「寛永十七（1640）庚辰吉日（かんえい）」の日付けがある。

　古くから土地の人びとには海南さまとよばれ，大漁と海上安全を祈願する社（やしろ）として信仰を集めてきた。この神社では1月に，チャッキラコ（国民俗）が奉納され，11月の面神楽では，三番叟面（さんばそう）（めんかぐら）（県有形）などの面が使われる。

見桃寺（桃の御所）（けんとうじ・もものごしょ）54
046-882-5632

〈M▶P.210, 262, 270〉三浦市白石町（しらいし）19-2
京急線三崎口駅🚌城ヶ島行・三崎港行・通り矢行
三崎港🚶10分

源頼朝の御所伝承地
開基向井一族の墓

　三崎周辺は風光明媚（ふうこうめいび）の地として知られ，源頼朝以来鎌倉の歴代将軍が来遊し，別邸も構えた。頼朝の別邸は三崎の三御所といわれる。桃の御所・桜の御所・椿（つばき）の御所の3つで，現在の見桃寺・本瑞寺（ほんずいじ）・大椿寺（だいちんじ）がそれぞれに該当するという。

三浦三崎　269

三崎町・城ヶ島周辺の史跡

　三崎港でバスをおりる。かつてこの近辺にはモモの木が多く，頼朝もその花を愛でたという桃の御所見桃寺（臨済宗）へは三崎港から直接バスでもいけるが，三崎の魚市場に立ち寄ってから歩いていくのもよい。

　見桃寺へはこの市場の前の道を西にたどる。この辺り一帯には漁港の町らしく，魚の加工場やマグロの販売店が並んでいる。やがて道は三崎港新堤への入口をすぎ，西の海がみえてくると右手に高台がある。これが歌舞島といわれるところで，鎌倉幕府の将軍が三崎来遊のおり，白拍子に舞いを舞わせたという。道は大きく歌舞島の下をめぐり，バス停二町谷の手前，右側に見桃寺入口を示す標識がある。細道をはいるとすぐ左手に見桃寺がある。
　本尊は釈迦牟尼仏，堂内には平安時代の作と伝えられる薬師如来像と，それを取りまく十二神将像・布袋像・向井政綱父子の肖像などがある。境内には大正初年三崎に来住した歌人北原白秋が見桃寺に仮住まいしたときの歌「寂しさに　秋成が書　読みさして　庭に出たり　白菊の花」ときざんだ歌碑がある。

郷土芸能チャッキラコ

コラム 芸

　三浦の郷土芸能チャッキラコの起源については、海南神社の祭神藤原資盈の室が村の娘たちに教えたものという説と、源頼朝が三崎来遊のとき白拍子の踊りにあきて、磯踊りをしていた女たちに踊りを所望したところ、女たちは子どもに踊らせ、付近におちていた竹切れを拾い、それで調子をとってうたったという説とがある。

　この踊りは毎年正月15日に海南神社の神前で奉納され、続いて町内の有志の家で乞われるままに踊る。舞子の女子は、手に扇を1～2本もったり、チャッキラコという2本の竹をもったりして踊る。楽器はなく母親たちが素唄をうたう。

　衣裳は神前で晴れ着姿となり、午後は海南神社の神紋をそめた水干を着て、緋の袴をはき金色の立烏帽子をかぶって竜神に踊りを奉納し、家々を踊ってまわる。

　チャッキラコは、1965(昭和40)年に県の無形民俗文化財、1976年に国の重要無形民俗文化財に指定された。

　この寺の開基は船手奉行として徳川氏につかえた向井兵庫頭政綱で、その子忠勝は三崎奉行をつとめた。向井父子とその一族の墓は、境内をでて寺の前の小道を奥にはいった墓地にある。

　なお、見桃寺の北方には、縄文前期の諸磯式土器の標式遺跡である台地があり、

向井一族の墓

道路を隔てた海岸には県の天然記念物として指定されている、波の跡を残したままかたまった地層である波調層があるので立ち寄ってみるのもよいだろう。

本瑞寺(桜の御所) 55
0468-81-2474

〈M▶P.210,262,270〉三浦市三崎1-19-1
京急線三浦海岸駅、または三崎口駅🚌城ヶ島行・三崎港行・通り矢行日ノ出🚶6分、または三崎港🚶13分

　三崎港で下車し、三崎の商店街を歩くと、10分ほどで通りの左手

三浦三崎　271

本瑞寺梵鐘

梵鐘は県重文、裏手の城山は三崎城跡

に**本瑞寺**(曹洞宗)へのぼる高い石段をみる。日ノ出バス停でおりて日の出交差点を左折し、商店街をいってもすぐ石段にでる。春ならば爛漫たるサクラの花が迎えてくれる。山門をはいってすぐ右手に三崎を愛した俳人松本たかしの句碑がある。「康永三(1344)年」の銘がある梵鐘(県重文)は本堂内にあり、境内のものは新鐘。境内には明治のわが国美術界の指導的立場にあった岩村透の墓や、彫刻家北村四海の墓もある。この寺の隣には和田義盛開基と伝わる**光念寺**(浄土宗)がある。境内には義盛ゆかりの筌龍弁財天をまつる堂がある。

本瑞寺の裏手、道路1つ隔てて城山がある。現在では、市役所・中学校・体育館などが並んでいる高台で、北条湾に臨み、後北条時代に房総の里見氏に対する三崎城がおかれたところである。また外国船がみられるようになった幕末には、幕府の命により会津藩が1810(文化7)年から1821(文政4)年に至る10年間、沿岸防備につき、陣屋をおいたところで、その一郭には、その間に死亡した会津藩士や家族の墓が残っている。なお、その後、幕府の江戸湾海防政策が推進され、三浦半島は各藩に海防が分担され、各所に海防陣屋がおかれた。三浦市内ではほかに、京急三浦海岸駅近くに上宮田陣屋(現、三浦市南下浦市民センター辺り)がおかれた。ここでは、長州藩士や彦根藩士が海防の任務にあたった。若き日の伊藤博文や木戸孝允も勤務した。

大椿寺(椿の御所) ㊾
046-881-3572

⟨M▶P.210,262,270⟩ 三浦市向ヶ崎町11-1
京急線三崎口駅🚌城ヶ島行椿ノ御所前🚶2分

開基は頼朝側室妙吾尼 裏山から埴輪出土

北条湾を隔てて、ちょうど桜の御所と相対する位置に**大椿寺**(臨済宗)がある。京都妙心寺の末寺で、開基は源頼朝の側室であった妙吾尼とされる。かつては多くのツバキがみられたという。寺は城ヶ島大橋入口のほぼ直下にあり、1960(昭和35)年この大橋がかけられた際、裏山から多くの埴輪が出土した。

三崎のマグロ

コラム 食

　室町時代後半，紀伊半島から漁民が移住し，三崎の漁業がはじまったと伝えられる。漁業が本格化したのは江戸時代で，とくに江戸が一大消費地となると，三崎には漁商もあらわれ，おおいに発展していった。

　明治の末になり「ヤンノ」とよばれた当時の大型漁船で，房総半島沖合いにでかける鮪延縄漁業がはじまった。三崎漁港修築竣工の1928(昭和3)年前後から，国内各地(おもに和歌山・三重・徳島・高知)の動力船が有利な魚場をめざして，三崎港を根拠地とするようになり，「マグロの三崎」として全国的に知られるようになった。

　戦中・戦後は，漁船や船員の徴用，ポツダム宣言による漁場の制限，第五福竜丸の被爆によるマグロ価格の下落などで打撃をうけたこともあったが，マグロ消費の高まりと，太平洋の赤道以南やインド洋などの遠洋にまで漁業域を拡大させたことでもち直した。

　首都圏向けの出荷で順調に発展してきたが，取扱い量では1968年を，取扱い額では1989(平成元)年をピークに，徐々に減少してきている。「トロまん」などで三崎ブランドを定着させるための町おこしもしている。

　大椿寺の前の通りをさらに進んだところが，北原白秋の「城ヶ島の雨」にうたわれている通り矢である。またこの近くには，北原白秋が三崎にきて最初に住んだ異人館跡もあった。異人館とはかつてここに老フランス人が住んでいたことから地元の人びとのつけたよび名である。

城ヶ島 57　〈M ▶ P.210,262,270,274〉三浦市三崎町城ヶ島
京急線三崎口駅🚌城ヶ島行終点

　城ヶ島行きのバスに乗り終点で下車してもよいが，城ヶ島大橋の手前，バス停城ヶ島大橋でおりて大橋を歩いてみるのも楽しい。全長575mのこの橋が1960(昭和35)年に完成するまで，城ヶ島へは船で渡った。

　橋を渡って100mほど右にゆるやかな坂道をのぼると，島の東南

大椿寺の女人埴輪と須恵器

城ヶ島のウミウ

城ヶ島灯台・丸山塚・白秋碑など見所多い

端の県立城ヶ島公園前の駐車場にでる。ウミウの棲息地(せいそくち)の展望台へはその右手からはいる。公園内には休息所をかねた展望台が数カ所おかれ、相模灘・太平洋・東京湾が一望でき、伊豆半島の天城山(あまぎさん)・大島・房総半島と雄大な眺望をほしいままにすることができる。

東端の磯につきでているのが安房崎(あわざき)で安房埼灯台があり、その手前に、1985年に建立された北原白秋門下の歌人宮柊二(みやしゅうじ)の歌碑がある。

県立城ヶ島公園から島の西端にある城ヶ島灯台までいくには、バス通りまで戻り、大橋の真下にある「城ヶ島の雨」の一節をきざんだ白秋碑に寄っていくコース、ウミウの観察台を経て隆起海岸沿いにいくコース、島の台地上を東西に走る小径(こみち)を、ほぼ島の中央部にある丸山塚(まるやま)を経ていくコースとがある。丸山塚は、後北条氏と房総の里見氏のこの島をめぐる戦いで戦死した両軍の死者を葬ったものと伝える。

城ヶ島灯台の歴史は古く、1648(慶安元)(けいあん)年の烽火台(のろし)までさかのぼる。洋式灯台としての初灯は1870(明治3)年で、その際使用された

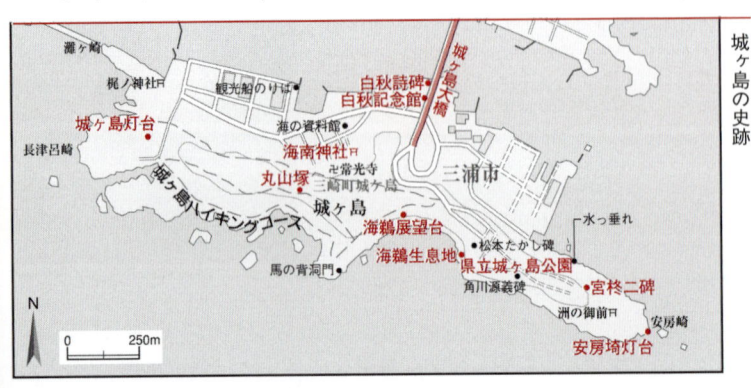

城ヶ島の史跡

274　ペリー上陸の地，三浦半島

北原白秋と三崎

コラム 人

　北原白秋(1885〜1942)は、明治・大正・昭和の詩人・歌人である。1913(大正2)年、人妻との恋愛事件(桐の花事件)で心身とも疲れ、東京をのがれて三崎へ来遊した。のち一家で来住。向ヶ崎の異人館、さらに二町谷の見桃寺などに寄寓した。この三崎時代に『雲母集』『真珠抄』の歌集をはじめ、「城ヶ島の雨」など数多くの詩を創作した。

　白秋にとり、この三崎時代(1913〜14)は、彼の文学上の大転換期となったといわれる。とくに、1913年に白秋の作詩した「城ヶ島の雨」(梁田貞の作曲によるもの、ほかに山田耕筰、橋本国彦、小村三千三作曲もある)は、白秋の作詩に曲がついた最初の作品で、1919(大正8)年奥田良三がレコードに吹き込んで全国的にヒットした。そして、この歌が三浦三崎、城ヶ島を天下に紹介し、日本歌謡建設の先駆的役割をなした。

　城ヶ島の磯には「城ヶ島の雨」の白秋の詩碑や白秋記念館、見桃寺には歌碑がある。毎年7・11月には「みさき白秋まつり」が城ヶ島で盛大に行われる。

北原白秋詩碑　上には城ヶ島大橋がみえる。

レンガは「ヨコスカ製鉄所」の刻印があり、日本で最初のものである。1923(大正12)年の関東大震災で崩壊後、現在の灯台がたてられたが、白タイルの灯台としては日本最初のものといわれる。

【神奈川県のあゆみ】

原始

　神奈川県は全国でも有数の遺跡密集地域であり、その数は約7500カ所を数える。それは、明治以降日本考古学の中心であった東京から近距離だったため、多くの考古学者が神奈川を訪れて発掘調査を行ったからである。そのため夏島貝塚など研究史に残る著名な遺跡も多い。また第二次世界大戦後の高度経済成長の過程で、首都圏を中心とする大規模開発が進行し、数多くの発掘調査が行われたこともその理由である。

　神奈川における最古の人類の足跡は、おもに県央の相模野台地を中心に見いだすことができる。約250カ所の遺跡があるが、すべて後期旧石器時代に属し、1万数千年前のものである。

　縄文時代の遺跡は、県内各地で数多く発見されている。おもに日当りのよい台地上につくられることが多い。縄文前期(約6000年前)の縄文海進(地球温暖化により海水面が上昇すること)のころには、東京湾に面した横浜市の鶴見川流域や横須賀市の久里浜付近で貝塚が形成されている。また、中期以降は大規模な集落遺跡がつくられ、敷石住居や配石遺構などもみられる。遺物も豊富になり、土器だけでなく石器・骨角器のほか、土偶や石棒などの呪術的な遺物も発見されるようになる。しかし、後期から晩期にかけて遺跡が激減する。その理由は、食料資源の枯渇による狩猟採集経済の行き詰まりとされている。

　西日本から県内への弥生文化の到来は、まず県西部の堂山遺跡などで認められる。その立地や石鍬の存在から陸稲栽培を行っていた可能性もあるが、まだ詳しいことはわかっていない。そしてこの時代には再葬墓(土葬した遺体を掘りおこし骨を再び葬る墓)という特殊な墓が営まれる。弥生中期後半になると、稲作は県内にほぼ定着したと考えられ、鶴見川流域を中心に大規模な集落遺跡がつくられるようになる。ここではとくに大塚・歳勝土遺跡にみられるように環濠集落(周囲を濠でかこんだ集落)やそれと組み合わさった方形周溝墓群が出現する。こうした集落は、その地域の中心拠点であったと考えられる。また、三浦半島の海岸部には海蝕洞窟遺跡がある。住居や墓として利用され、貝包丁や卜骨(占いに使用)などの特殊な遺物が発見される。

　古墳時代になると大規模な集落遺跡が急増し、遺跡周辺の丘陵などに古墳や横穴墓がつくられるようになる。これらは集落をつくった集団の首長墓と考えられる。初期の古墳は、相模川と鶴見川の流域に限られるが、三角縁神獣鏡など大和政権とのかかわりをうかがわせる遺物が発見される。横穴墓は、大磯町・藤沢市・鎌倉市などの相模湾沿岸地域と三浦半島および多摩丘陵南部周辺に分布している。渡来人との関係も指摘されるが、確証はない。

奈良・平安時代には、畿内における古代国家の成立に伴い、地方支配のための国府や郡衙、国分寺・国分尼寺、そして郡司（地元豪族）の氏寺などがつくられ、その建築に必要な瓦窯や鍛冶工房などの生産遺跡も発見されるようになる。この時代の集落は県内全域に分布し、規模も大きくなっていく。

古代

現在の神奈川県域は、古代の律令体制下では相模国8郡と武蔵国南部の3郡から構成されていた。相模国府は少なくとも三遷したと考えられている。最初の国府所在地として高座郡海老名の地が比定されているが、近年、足柄国府説も提唱されている。1983（昭和58）年に綾瀬市宮久保遺跡で発見された木簡は、海老名国府説を補完する有力な手掛かりとなったが結論には至っていない。第2次の国府は878（元慶2）年の大地震で、大住郡に移った。平塚市四之宮遺跡群が有力視されている。第3次の国府は平安末期に余綾郡に移り、現在の大磯町国府本郷と確定されている。

当時の相武の班田農民、とりわけ正丁の兵役の苦しさは『万葉集』の15首の防人歌からしのばれる。奈良末期以後、東北地方の蝦夷の抵抗に対処するため、坂東諸国は兵士の派遣のみならず、兵粮・武具調達の兵站基地とされ、困窮が一段と進んだ。9世紀には略奪集団の俘馬の党が横行して足柄関や碓氷関が設置される原因となった。

仏教文化の影響は終末期古墳のころからあらわれはじめ、やがて地域の豪族の関心は古墳の築造から寺院の建立に移行する。その背景として、奈良初期に相武に多くの渡来人が移住してきたことは無視できない。県内30数カ所の遺跡で堂塔伽藍が整い、奈良時代の創建が確実なものは、武蔵国では川崎の影向寺、相模国では海老名の国分寺、横須賀の宗元寺、小田原の千代廃寺ぐらいで、あとは小規模な氏寺だったようである。法隆寺式伽藍配置をもつ海老名の国分寺は、出土した白鳳瓦からみても、在地豪族の氏寺を国分寺に転用したものと推定される。その後、中央から平安初期の貞観仏、後期の定朝様の仏像が流入したが、一方、弘明寺や日向薬師の十一面観音像を代表とする関東独特の鉈彫りの仏像技法も登場した。

平将門の乱（935～40年）・平忠常の乱（1028～31年）が発生したころ、相武地域にも武士団が勃興した。その後の前九年の役（1051～62年）・後三年の役（1083～87年）で、源頼義・義家父子の軍勢の主力として活躍したのは、武蔵七党や相武の武士団であった。彼らは北相模や藤沢の大庭御厨、川崎の稲毛荘などの荘園の開発領主であったり、小田原の早川牧、横浜の石川牧・立野牧などの管理者であった。やがて彼らは同族的結合の規模を拡大・強化して、鎌倉幕府を生みだす主体となっていった。

中世

東国の武士たちは将軍を頂点とした「幕府」という独自の政権を相模国鎌倉に打ちたてた。神奈川県の中世は、政庁のおかれた鎌倉を中心に展開してゆくこととな

神奈川県のあゆみ　　277

る。

1180(治承4)年8月,伊豆に流されていた源頼朝は平氏打倒の兵をあげた。当初相模の武士で頼朝にしたがったものは,三浦・土肥氏らわずかにすぎず,石橋山の戦いでは大庭景親の平氏軍に大敗を喫してしまう。だが,頼朝は真鶴岬から房総半島へ脱出すると,またたく間に勢力を回復,相模の武士団もこのときほとんどが頼朝の御家人として服属した。同年10月には父祖ゆかりの地,鎌倉に入部する。

鎌倉大倉郷の一角に幕府をおいた頼朝は,鶴岡八幡宮と若宮大路を中心とする町づくりに着手し,政所・侍所・問注所などの役所とともに,永福寺や勝長寿院等の大寺院も続々と建立するなど,鎌倉を急速に東国の中心地に発展させていった。

源氏将軍が3代で途絶え,有力御家人同士での激しい権力闘争が行われると,相模の有力御家人であった和田氏や三浦氏も滅亡し,北条氏の覇権が確立する。以後北条氏は相模の行政権を掌握し,相模の土屋・波多野・岡崎氏ら中小御家人もしだいにその支配下におかれていった。

その北条氏の執権政治も泰時から時頼のころになると安定し,政権都市鎌倉は,東国経済の中心という側面もあわせもつようになる。まず,鎌倉の出入口に7つの切通が開削され,鎌倉道が整備された。南の海岸部には最古の築港遺跡として名高い和賀江嶋がつくられ,商工業者が集まって家々がたち並び,国内外の交易品が取引された。また,鎌倉の東に位置する六浦港は,東国有数の貿易港として繁栄し,唐物から生活品までを山積した船舶が多く停泊していたという。それらは,朝夷奈切通をつうじて大量に鎌倉に運び込まれた。近年,鎌倉の遺跡から発見される膨大な遺物は,当時の多様な生活実態を示す貴重なものである。

やがて,都市鎌倉にも京都の公家文化から脱して禅宗と結びついた独自の文化の形成がみられるようになった。建長寺や円覚寺などの大寺院は,中国から優秀な禅僧を招いて建立されたものであり,鎌倉大仏が造立されたのも,このころと推定されている。また好学の武士北条実時は,六浦荘金沢郷の別邸内に国内外の文物を収集し,のちの金沢文庫の基を築いた。ここに残された膨大な文書群は,現在,日本中世の学問研究に大きく貢献している。

人・物資の集中する鎌倉は,新しい宗教が信者を獲得する格好の場でもあった。禅宗は武士層に広く受容されたが,日蓮宗や浄土宗は商工業者への布教に努力し,現在でも海岸部に寺院が多くみられる。また律宗の忍性は,極楽寺を拠点に非人や病人の救済事業をつうじて教線を拡大していき,和賀江嶋などの支配権をも手にいれていくのである。そして,時宗は藤沢の清浄光寺(遊行寺)に総本山を構え,下層民の心をつかんでいった。

1333(元弘3)年,後醍醐天皇の討幕活動に呼応した新田義貞は,一挙に鎌倉道を南下して鎌倉に攻め込んだ。北条一族も鎌倉の天険を利してよく防戦したものの,

5月22日ついに一族は滅亡する。

建武の新政、続く室町幕府があいついで京都に開かれても、鎌倉将軍府や鎌倉府など東国を統治する政庁がおかれたため、鎌倉は相変わらず東国の中心であった。武士たちは、鎌倉に参集し屋敷を構えた。また、禅宗寺院は鎌倉五山の制度が整えられ、鎌倉公方足利氏の厚い保護をうけて繁栄し、商工業者たちも座を結成して活発な活動をみせており、いよいよ都市としての成熟をみせるようになった。また鎌倉府膝下の相模国は、足利氏や上杉氏の直轄領や禅宗寺院の領地に細分化され、その強い統制下におかれていたのである。

しかし、永享の乱(1438〜39年)で鎌倉公方足利持氏が6代将軍足利義教に敗北すると、約1世紀にわたった鎌倉府も事実上滅亡した。やがて関東管領上杉氏も山内・扇谷に分裂して本格的な戦国時代に突入し、たび重なる戦火にあった鎌倉は急速に衰退していった。

やがて政所執事伊勢氏の一族である伊勢宗瑞(北条早雲)が、小田原の大森氏や三浦半島の三浦氏などを減ぼして相模国を奪取し、戦国大名として雄飛する。早雲以後も北条氏は代々領国を拡大し続け、氏政・氏直の代になると、関東のほとんどを支配した。また、その城下町である小田原は、5代約100年間にわたって繁栄し、戦乱をのがれて京都からも公家や僧侶・学者が多数下向し、東国文化が開花した。しかし、その栄華も1590(天正18)年、豊臣秀吉の小田原征討によっておわりを告げたのである。

近世

1590(天正18)年に徳川家康が関東に入国し、1603(慶長8)年江戸に幕府を開くと、神奈川県域は幕府の重要な政治・経済的基盤の一角として組み込まれていった。近世の神奈川は、相模国と武蔵国3郡(都筑・橘樹・久良岐)からなり、小田原藩以外は天領(幕府領)と旗本領が大部分を占めた。初期には代官頭や関東総奉行による統一的な支配をうけた。やがて、寛永・元禄の地方直しにより旗本領が増加し、諸藩の飛地などが設置されたり、六浦・荻野山中など小・支藩も創設されたりして、所領は錯綜し複雑に入り組んでいた。とくに、天領は東海道を中心とした街道沿いやその周辺部、河川交通の要衝や津久井郡(当時は津久井県)などの山間部などに分布し、政治・軍事的に大きな役割をはたした。小田原藩は、大久保氏、つぎの稲葉氏時代に城下町が整備され藩政も確立した。しかし、宝永4(1707)年の富士山噴火により足柄上・下郡の藩領は甚大な被害をうけ、一時天領となった。のち、再び大久保氏が藩主を世襲し、以後明治維新まで10代続く。

県内の開発は、入国直後の川崎・稲毛二ケ領用水をはじめ、箱根用水の開削、多摩川・金目川・酒匂川などで灌漑・治水が行われた。享保期(1716〜36)の代官田中丘隅は酒匂川の治水に業績をあげ、『民間省要』という農政書をあらわしている。それとともに、現在の横浜市を中心として江戸町人資本による吉田・泥亀・太

神奈川県のあゆみ　　279

田屋・小高・上矢部新田,川崎市の池上新田,横須賀の内川新田などの開発も行われた。やがて江戸を中心に交通路の整備も進み,宿場の成立に伴い東海道・甲州道中や,矢倉沢往還・中原往還などの脇街道も発展していった。これらのうち,とくに東海道の箱根・根府川などには関所が設置され,また浦賀には1720(享保5)年に奉行所がおかれ,海の関所の役割をはたした。

しかし,天明の大飢饉などにより県内は荒廃化が進んでいった。米価は高騰し,商人・豪農の米の買い占め・売り惜しみに対し各所で打ちこわしが発生した。1787(天明7)年には,県内で最大の百姓一揆である津久井の土平治騒動もおこっている。

こうしたなかで,幕府では松平定信が老中となって,寛政の改革を行い,江戸の米不足の緩和のために天領に年貢米の早納を命じたり,灯油原料の増産を奨励した。このころ,川崎の豪農池上幸豊は,氷砂糖の量産化に成功している。そして,対外的にはロシアのラックスマン来航などにより,定信は江戸湾の無防備に気づき,江戸湾防衛の拠点として伊豆・相模・房総を指定,みずからも伊豆・相模沿岸を巡検した。その結果,相模の城ヶ島・走水,房総の百首・洲崎に砲台を設置すべきだとして,小田原藩にも海防を督励したが,定信の老中退任で中止された。

天領の多い神奈川県内は,所領が複雑に入り組んでいるため,支配がゆるみ,治安が乱れていった。そこで文化・文政期(1804～30)には,治安維持と支配体制強化のために関東取締出役や寄場組合村が設置された。また小田原藩では,荒廃から復旧のため二宮尊徳の報徳仕法を実施し,軍備充実のため湘南海岸に鉄砲場を設置した。また江戸の発展により,地場産業や商業的農業が発展し,煙草・漆・絹・梅干・酒・木材・石材などが産出された。そして三浦半島を中心に相模・武蔵国の沿岸は,塩業や干鰯(肥料)のほか,江戸向けの漁獲物供給地として発展した。

県内では,早くから箱根七湯・湯河原などが温泉場として有名だったが,大山信仰や川崎大師の繁栄,鎌倉・江の島の寺社参詣も盛んになっていった。

あいつぐ外国船の来航により,1810(文化7)年,幕府はようやく,三浦半島沿岸に会津藩を配置し海防にあたらせた。以来,川越・小田原・彦根・長州・熊本藩や浦賀奉行がその任にあたり,三浦半島の領民たちも海防のために動員されたり,経費の負担や助郷増加により困窮した。

そして,1853(嘉永6)年,アメリカのペリーが浦賀に来航し,翌年日米和親条約が締結されて以来,県内でも新しい動きがおこっていった。横浜は開港によって外国人居留地が設置され,輸出入品の集散地として活況を呈した。また,尊王攘夷運動も激化して,1862(文久2)年には生麦事件もおこった。こうした政治的混乱のなか,薩長中心に討幕運動が展開し,ついに1867(慶応3)年10月の大政奉還で江戸幕府は滅亡した。藤沢・浦賀・横浜・川崎などでは「ええじゃないか」も発生した。同年12月には,薩摩浪士の荻野山中藩陣屋焼き討ちや,翌年には藩論がゆれ

た小田原藩が箱根戦争をおこすなど混乱が続いた。
近代
　神奈川の近代は，1859(安政6)年の横浜開港により幕を開けた。森林太郎(鷗外)作詞の横浜市歌でもうたわれるように，開港当時の横浜は戸数わずか100軒ほどの半農半漁の寒村であった。しかし外国人居留地の建設が急ピッチで進むと，神奈川奉行所，運上所なども設置され，さらにその周囲には，外国貿易を目当てとする日本商人の店舗がたち並び，現在の横浜中心街の原風景が形成されたのである。神奈川奉行所はおもに外国事務を担当した。その管轄区域は，開港場を中心に北は六郷川(多摩川)，西は酒匂川を限りとした。これは，日米修好通商条約に規定された外国人遊歩区域に一致する。

　1868(慶応4)年3月江戸幕府の瓦解に伴い，神奈川奉行所は明治政府に接収され，横浜裁判所と改称された。このことが事実上，神奈川県の誕生を意味する。横浜裁判所の管轄区域は，神奈川奉行所のそれと等しい。だが横浜裁判所はすぐに神奈川府と改称され，さらに1868(明治元)年9月には府が廃止され神奈川県となった。1871年7月廃藩置県により，現在の神奈川県域には，神奈川県のほかに，六浦県・荻野山中県・小田原県・韮山県(東半分)が成立した。しかし，同年11月には神奈川県と六浦県が合併し，一方荻野山中県・小田原県・韮山県が統合されて足柄県が成立した。1876年には足柄県が廃止となり，足柄県の東半分(旧相模国足柄下郡など7郡)が神奈川県に編入された。

　1891年，突如として三多摩分離問題がもちあがった。自主水源を確保したい東京府と，この地域で活発な運動を展開していた自由党に手を焼いていた神奈川県との思惑が一致し，1893年4月西・北・南多摩郡3郡が神奈川県から東京府に移管されたのである。これにより，現在の県域がほぼ確定した。

　明治時代の横浜は，開港場としての地位が確立したあとは，西洋文明流入の窓口となり，日本の最先端をいく街となった。当時，横浜ではじまったものには，電信・日刊新聞・洋式劇場・競馬・鉄道・ガス灯・石鹸製造・ビール醸造など数限りない。今も横浜の街を歩くと，そうしたことを記念する数多くの碑に出合うことができる。

　明治中期から大正にかけての神奈川県は，横浜港からの生糸輸出の活況による蚕生産の拡大により，農村部が空前の好景気となった。

　一方，首都東京に隣接することから，神奈川県には多数の軍事施設が建設された。なかでも，海軍による横須賀鎮守府の設置は重要である。江戸幕府により創設された横須賀製鉄所を前身とし，極東随一の軍港設備を誇るとともに，造船所や造兵・造機などの工場設備を，横須賀海軍工廠という形で周辺に配し，県内各地に数多くの分工場を建設した。これは国家による重化学工業の育成であり，日本の産業育成の一モデルでもある。

第一次世界大戦の好景気に伴い、横浜・川崎から東京南部にかけていわゆる京浜工業地帯が形成されていった。川崎市が現在のように東西に細長い市域となった理由は、この時期に建設された多数の工場が使用する工業用水確保のために、市域を西にのばしていったためである。ところが、1923(大正12)年9月1日に関東地方をおそった関東大震災は、県内各地にも大きな被害をもたらした。さらにおりからの第一次世界大戦後の不景気に直撃され、震災からの復興は思いどおりにならなかった。

　ところが昭和にはいると、日本の大陸進出に伴う軍需の拡大により、再び活況を呈するようになった。軍需景気による、京浜工業地帯の工業用水と電力の需要増をまかなうため、1938(昭和13)年相模川のダム事業が計画された。戦争による労働力や資材の不足に悩まされながらも工事が強行された。なかでも不足する労働力を補うために、朝鮮や中国から強制的に連行された人びとや捕虜になった人びとがここで働かされたことを忘れてはならない。

　アジア太平洋戦争の開始に伴い、工場は軍需生産にフル稼働となった。不足する労働力確保のために、外国人労働者にたよるとともに、県内のみならず、他県からも学徒勤労動員をうけいれていった。戦争末期、人びとはアメリカ軍のB29による焼夷弾空襲と小型機による爆撃と機銃掃射の恐怖にさらされた。川崎・横浜の大都市が焼け野原になったあと、平塚・藤沢などの中小都市も標的とされた。同時に駅や軍需工場などをねらった空襲も激しさを増した。1945年8月15日未明、小田原は最後の空襲をうけた。

現代

　1945(昭和20)年8月15日正午のポツダム宣言受諾の玉音放送で、神奈川県民の多くが日本の敗戦を知った。そして、8月30日、連合国軍最高司令官ダグラス・マッカーサー元帥が厚木飛行場におりたち、横浜に進駐してホテルニューグランドにはいり税関ビルを総司令部とした。この日から日本は事実上、連合国軍最高司令官総司令部(GHQ／SCAP)による占領統治下におかれることとなった。

　神奈川の現代は、第二次世界大戦の敗戦の衝撃と焦土のなかからスタートし、横須賀軍港や厚木基地などの軍事施設は占領軍に接収された。1951年9月には、サンフランシスコ平和条約と日米安全保障条約が調印され、日本の独立が決まるとともに引き続き米軍が駐留することとなり、神奈川県には沖縄県につぐ規模と数の米軍施設がおかれた。これらの施設をめぐっては、安保闘争や基地反対運動などが展開され、現在でも厚木基地騒音問題や米軍施設の返還運動が展開されている。

　経済では、1950年代後半からの高度経済成長とともに、川崎市や横浜市の東京湾地先海面が埋立てられて新工業地帯が造成され、鉄鋼業や石油化学工業などの工場が進出した。さらに、厚木市や相模原市などにも、金属加工や機械製造・自動車工業などの工場がつくられ、農村から工業都市へと急激な変貌がおこるなど、めざま

しい発展を遂げて，1980年代からはハイテク産業などの展開も盛んである。

1953(昭和28)年から1961年の間，神奈川県では市町村の大合併が実施された。これは，地方行政の民主化や地方分権を推進し能率化と合理化をはかるものであり，町村合併促進法(昭和28年9月公布)や新市町村建設促進法(昭和31年6月公布)により，新制中学校1校を効率的に設置管理していくために必要な規模である約8000人を基準として合併が進められ，その数はそれまでの約3分の1となり，現在の37市町村の原型がつくられた。

県の人口は，1991(平成3)年には800万人をこえている。しかし，人口構成をみると0～14歳の年少人口が年々減少し，65歳以上の老年人口が増加する高齢化が進んでいる。とくに横浜・川崎など大都市に集中し，県西・県北地域の町村では，横ばいか減少の傾向がみられる。

高齢化と都市化の進行への対応，自然環境の保全はこれからの県の行き方を左右する大きな課題になるだろう。

【地域の概観】

川崎

　川崎市は多摩川を挟んで東京都に隣接し、京浜工業地帯の中核をなす工業都市として発展してきた。市域は、南東部の東京湾に面した埋立地から北西部の多摩丘陵にかけて南北に細長くのびている。

　市域の旧石器時代は、多摩区下原遺跡の石斧や高津区新作小高台遺跡のナイフ形石器などで確認されている。高津区子母口貝塚などの縄文遺跡や、幸区加瀬台遺跡などの弥生遺跡も数多く発見されている。古墳も多く、幸区加瀬の白山古墳から出土した銅鏡（三角縁神獣鏡）のように、この地に住んでいた首長が畿内の大和政権と関係をもっていたことをうかがわせる出土品も多い。

　奈良時代から平安時代には、武蔵国の橘樹郡とよばれ、宮前区野川の影向寺は発掘調査により郡全体の鎮護を祈願する郡寺であったと推定され、郡の役所である郡家も隣接してあったことが、千年伊勢山台遺跡の発掘調査から明らかになってきた。また、影向寺にある仏像や遺物は、平安時代の京文化の影響を色濃く伝えている。

　鎌倉時代の市域は、源頼朝に近侍した稲毛氏の根拠地であった。南北朝時代には、足利氏の流れをくむ吉良氏が上小田中郷までその勢力をのばした。戦国時代には、上杉氏と伊勢宗瑞（北条早雲）の勢力争いが枡形山城などで展開され、やがて後北条氏の勢力下におかれ、宗三寺に供養塔のある間宮氏が所属する玉縄衆、ほかにも御馬廻衆・江戸衆・小机衆などの家臣たちが市域を領有していた。

　江戸時代の市域は、天領・旗本領・寺社領などが分布し、小泉次大夫による二ヶ領用水の完成、田中丘隅の民政、池上幸豊の新田開発などの事業が行われた。また、東海道の宿駅が整備され川崎宿が設けられ、川崎大師平間寺は徳川将軍家から庶民まで多くの信仰をうけて繁栄した。

　近代にはいると、日露戦争（1904～05年）後の工業化で大工場などが誘致され工業都市として発展し、1924（大正13）年には市制が施行された。現在、港湾部の再開発や居住環境の整備をはかり、緑豊かな、人にやさしい都市づくりが進められている。

横浜

　近代以降の歴史でスポットを浴びることの多い横浜であるが、市内でも、権田原遺跡など旧石器時代からの遺跡がみられ、縄文期の遺跡では、野島貝塚や称名寺貝塚などで数多くの鳥獣魚骨が出土する。弥生期の遺跡では、とくに鶴見川流域に位置する大塚・歳勝土遺跡の環濠集落と方形周溝墓群は全国的にも著名である。古墳時代には各河川流域に豪族による古墳が数多くみられ、有力農民によって築かれた横穴墓としては青葉区にある市ヶ尾古墳群などがある。文字での記録が残る律令体制下では、横浜市は武蔵国都筑郡・久良岐郡と橘樹郡の一部、相模国鎌倉郡の一部となった。平安末期には磯子の平子氏など武士団もあらわれる。

　中世の横浜は関東各地と鎌倉を結ぶ鎌倉道がとおり、鎌倉と金沢を結ぶ六浦道が

設けられた。六浦は北条氏の一族である金沢氏が居住し、六浦湊が管理され、称名寺や金沢文庫が設立された要所であった。14世紀ごろからは、室町幕府の機関である鎌倉府の内紛に伴い各所に山城が築かれた。戦国には後北条氏の支配下にはいり、港北区の小机城や神奈川区の権現山城などに重臣が配された。

近世では、金沢区に米倉氏が陣屋をおいたほかは、幕領または旗本領として支配をうけ、西区の平沼新田、中区の吉田新田などが開発された。また、神奈川・保土ヶ谷・戸塚は東海道の宿場として賑わいをみせ、神奈川湊には東京湾岸の農産物などが荷揚げされた。

近代にはいると、幕末に開港された港を中心として横浜はめざましい発展をとげた。生糸の輸出や機械の輸入などが行われ、生糸売込商の茂木惣兵衛や原善三郎らが活躍した。また、外国より鉄道や医学、キリスト教など新しい文明が流入し、文字どおりの日本の窓口であった。関東大震災により、大きな被害をだし外国商人が撤退するなか、京浜工業地帯の埋立てや横浜船渠の創設など、横浜は重工業都市として変貌していった。第二次世界大戦の空襲により、数多くの人命を失い、戦後は広大な土地を接収されながらも高度経済成長とともにみなと横浜は復活をとげ、現在では、大規模なコンテナ船ふ頭である南本牧ふ頭の整備や、みなとみらい21でのオフィスビル群の建築が進んでいる。

北相模

北相模周辺の歴史の始まりは、1万数千年ほど前の旧石器時代であった。縄文時代には勝坂遺跡に代表されるように、相模段丘面や丹沢山麓の丘陵地に数多くの人びとが生活し、弥生時代には平沢(秦野市)・三ケ木(津久井郡)など山寄りに集落を営み、平野部近くに進出した。古墳時代には海老名に3世紀後半から秋葉山古墳群が出現した。大和政権の勢力が県内におよぶと、この地方の豪族が相模国造に任命され、海老名・厚木方面に4～5世紀の古墳が築造された。奈良時代になると海老名に法隆寺式伽藍配置をもつ国分寺と国分尼寺が建立され、海老名には条里制が実施された。平安時代には比々多神社など官道に沿って、数社の『延喜式』式内社が鎮座し、彫刻では金剛寺の阿弥陀如来像や鉈彫りで有名な日向薬師の本尊がある。後期には波多野氏・海老名氏などの武士団が形成され、糟屋荘も出現した。

鎌倉時代、源頼朝により国分寺・清水寺が再建され、また、大山寺に鉄仏もつくられ、日蓮や一遍ゆかりの寺院も建立された。南北朝時代には、護良親王を殺害したという淵辺義博の館跡が相模原に残る。室町時代、伊勢原に扇谷上杉氏の糟屋館があり、山吹の歌で著名な太田道灌が謀殺された。戦国大名の後北条氏が相模・武蔵に勢力を拡大すると、甲斐の武田信玄との間に、三増合戦が愛川・津久井方面を舞台におこった。

江戸時代、矢倉沢往還が賑わい、厚木は物資の集散地となり小江戸とよばれるほど繁栄した。また、伊勢商人によって開かれた伊勢原も大山信仰の発展とともに栄

地域の概観 285

えた。秦野地方では宝永4 (1707) 年の富士山噴火の火山灰の影響をうけ，秦野煙草の作付けが行われた。

明治時代には，北相模の農村地帯にも愛甲郡自由党が結成され，自由民権運動も盛んとなった。末期には横浜鉄道が横浜港への生糸輸送のため開通した。大正時代，関東大震災の影響をうけ，秦野では震生湖が誕生した。昭和にはいり，小田急線・相模線が開通し，東京・横浜との結びつきが強まった。軍国化が進むなか，相模原周辺に多くの軍事施設ができた。第二次世界大戦敗戦後，連合国軍最高司令官ダグラス・マッカーサーが日本本土に第一歩を印したのは，厚木飛行場であった。現在は基地の公害が問題になっている。

三浦半島

東京湾にのぞむ横須賀市，相模灘を西に控える逗子市・葉山町，南はるかに大島の噴煙をのぞむ三浦市を含む三浦半島は気候温暖，風光明媚な景勝の地であり，古くから多くの人びとに生活の舞台を提供してきた。夏島式土器，諸磯式土器，平坂人骨，長柄・桜山第1・2号墳，各地に散在する横穴墓群，日本武尊にまつわる走水伝説などは，原始から古代にかけて半島に生きた人びとの足跡を今に示す。

奈良時代には房総への道として古東海道が半島を縦貫し，それに沿う横須賀市公郷の曹源寺（宗元寺）は，古墳が集中する久里浜・池田地区に近接した7世紀後半の創建と推定される寺院で，この地の繁栄を物語っている。

平安末から鎌倉初期，半島に勢威をもったのは三浦氏である。1180 (治承4) 年，源頼朝の挙兵に呼応して三浦大介義明は衣笠城に畠山氏を迎え撃ち，義明は敗れ自刃したが，その後一族は鎌倉幕府創設に参画し，義明の孫にあたる和田義盛らがその要職を占めた。しかし，三浦氏は権力をめぐる執権北条氏との争いに敗れ衰退し，道寸（義同）の代に，小田原を拠点とした北条早雲にその居城の油壺の新井城を攻め落されて滅亡した。その後，北条氏は房総の里見氏と対立したため，北条氏の前線基地となった半島では，三崎十人衆とよばれる水軍がとくに活躍した。

近世になると，半島の多くは江戸幕府の天領または旗本の知行地となり各地に新田も開発され，17世紀には59ヵ村2万400余石とされた。半島で繁栄したのは浦賀奉行所のおかれた浦賀港で，肥料用干鰯の集散地として問屋街も形成され，全国の船で賑わった。1853 (嘉永6) 年米国ペリー艦隊の浦賀来航は近代日本の開幕を告げ，幕府は小漁村であった横須賀に，フランスの協力で横須賀製鉄所建設に着手した。幕府滅亡後，明治政府により横須賀製鉄所は横須賀海軍工廠となり，横須賀鎮守府や東京湾要塞が設けられ，横須賀は世界屈指の軍港都市として発展した。第二次世界大戦後，旧軍港市転換法により旧軍用地が企業や農地・文化施設などに転用され，港湾が整備されたが，旧軍用地の3分1を米軍基地や自衛隊関係施設が占めるのは，平和産業港湾都市をめざしてきた横須賀の大きな課題といえる。また，三浦半島一帯は首都圏のベッドタウンや観光地，水産業の基地として発展している。

【文化財公開施設】　　　　　　　　　①内容，②開館時間，③休館日，④入館料

愛川町郷土資料館　　〒243-0307愛甲郡愛川町半原2201(半原小学校内)　TEL046-281-1828　①撚糸機などの繊維関係機具をはじめ，民具，農機具などの展示，②火・木・日曜日9：00～17：00，土曜日11：30まで，③月・水・金曜日(祝日の場合は翌日)，祝日の翌日，年末年始，④無料　http://loveriver.net/moku/

厚木市郷土資料館　　〒243-0003厚木市寿町3-15-26　TEL046-225-2515　①郷土資料の収集，展示，②9：00～17：00(入館は16：30まで)，③12月29日～1月3日，④無料　http://ddbsvr.city.atsugi.kanagawa.jp/frame.asp

池子遺跡群資料館　　〒249-8686逗子市池子 米海軍家族住宅地内　TEL0468-806-8379　①池子遺跡群の発掘資料，②水曜日と第1・3土曜日の10：00と14：00に入場受付(要事前申込)，④無料　http://www.city.zushi.kanagawa.jp/syokan/syougaigakusyu/ikego_shiryo/ikego-hp/ikego.html

岩崎ミュージアム(山手ゲーテ座)　　〒231-0862横浜市中区山手町254　TEL045-623-2111　①古代～現代の服飾，工芸，美術品の展示，ギャラリー，ゲーテ座資料コーナー，②9：40～18：00(入場は閉館の30分前まで)　③月曜日(祝日の場合は翌日)，12月28日～1月4日，④有料　http://www.iwasaki.ac.jp/museum/index.html

ヴェルニー記念館　　〒238-0045横須賀市東逸見町1-1　TEL046-824-1800　①スチームハンマーなど横須賀製鉄所関係資料，②9：00～17：00，③月曜日(祝日の場合は翌日)，年末年始，④無料　http://www.museum.yokosuka.kanagawa.jp/verny/verny.html

馬の博物館(根岸競馬記念公苑)　　〒231-0853横浜市中区根岸台1-3　TEL045-662-7581　①馬の自然史，歴史，民俗，美術工芸，競馬などの資料紹介，②10：00～16：30(入場は閉館の30分前まで)　③月曜日(祝日の場合は翌日)，4月1日，年末年始，臨時休館あり，④有料　http://www.bajibunka.jrao.ne.jp/

映画ポスター館(日高コレクション)　　〒220-0005横浜市西区南幸2-10-13 第二河内ビル2階　TEL045-313-4588　①5万枚の映画ポスターコレクションの中から常時約400点を展示，②11：00～19：00(入場は閉館の30分前まで)，③無休，④有料

海老名市立郷土資料館・海老名市温故館　　〒243-0405海老名市国分南1-19-36　TEL046-233-4028　①石器・土器，郷土民俗資料，相模国分寺復元模型などの展示，②9：00～17：00(入館は16：30まで)，③月曜日，祝日(11月3日は開館)，12月28日～1月4日，④無料

エリスマン邸　　〒231-0861横浜市中区元町1-77-4　TEL045-211-1101　①スイス人貿易商エリスマン氏の私邸を移築復元，②9：30～17：00(7・8月は18：00まで)，③第2水曜日(祝日の場合は翌日)，年末年始，④無料

大山街道ふるさと館　　〒213-0001川崎市高津区溝口3-13-3　TEL044-813-4705　①地域ゆかりの芸術家などに関する資料や歴史・民俗資料などの展示，②9：30～2：00(常設展示10：00～17：00)，③年末年始，④常設展示は無料　http://www.city.kawasaki.jp/88/88oyama/home/hurusato.htm

岡本太郎美術館　　〒214-0032川崎市多摩区枡形7-1-5　TEL044-900-9898　①岡本太郎作品の常設展示および企画展，②9：30～17：00(入館は16：30まで)，③月曜日(祝日は開

文化財公開施設　　287

	館),祝日の翌日,12月27日～1月4日,④有料(中学生以下,65歳以上,障害者は無料) http://www.taromuseum.jp/
小黒恵子童謡記念館	〒213-0004川崎市高津区諏訪3-13-8　TEL044-833-9830　①詩人・童謡作家小黒恵子の童謡資料とアンティーク大型オルゴール・手巻き蓄音機演奏,②11：00～17：00,③月曜日～金曜日,1月,8月,④有料
大佛次郎記念館	〒231-0862横浜市中区山手町113　TEL045-622-5002　①図書・雑誌約5万8000冊,特別資料4500冊,愛蔵・愛用品約400点など,②4～9月は10：00～17：30,10～3月は10：00～17：00(入館は閉館の30分前まで),③第4月曜日(祝日の場合は翌日),不定期休館あり,④有料 http://www.yaf.city.yokohama.jp/facilities/osaragi/index.htm
海外移住資料館	〒231-0000横浜市中区新港2-3-1 国際協力事業団横浜国際センター2階 TEL045-663-3257　①国際協力機構(JICA)による海外移住と日系人の資料館。中南米ハワイ北米が対象,②10：00～18：00(入館は1：30まで。図書資料室は12：00～13：00閉室),③月曜日(祝日の場合は翌日,図書資料室は日・月曜日,祝日,資料整理日(毎月最終の開室日),年末年始,④無料　http://www.jomm.jp/
外交官の家	〒231-0862横浜市中区山手町16(山手イタリア山庭園内)　TEL045-662-8819　①明治末期のビクトリア様式の洋館を復元。国指定の重要文化財,②9：30～17：00(7・8月は18：00まで),③第4水曜日(祝日の場合は翌日),12月9日～1月3日,④無料
神奈川県立神奈川近代文学館	〒231-0862横浜市中区山手町110　TEL045-622-6666　①近代文学者の原稿,遺品などの展示および企画展,②展示館9：30～17：00,閲覧室平日9：30～18：00,土・日・祝は17：00まで(入館は閉館の30分前まで),③月曜日(祝日の場合は翌日),12月28日～1月4日,特別休館あり,④有料(高校生以下,65歳以上は無料)　http://www.kanabun.or.jp/
神奈川県立金沢文庫	〒236-0015横浜市金沢区金沢町142　TEL045-701-9069　①鎌倉時代の文化財の調査・研究の成果を展示,および公開講座など,②9:00～16：30(入館は16：00まで),③月曜日,祝日の翌日,年末年始,④有料(高校生以下,65歳以上は無料)　http://www.planet.pref.kanagawa.jp/city/kanazawa.htm
神奈川県立公文書館	〒241-0815横浜市旭区中尾町1-6-1　TEL045-364-4456　①歴史資料館としての公文書と古文書を一堂に集めて保管公開,②9：00～17：00,③月曜日(祝日の場合は翌日),祝日,12月28日～1月4日(4月1～15日は閲覧室のみ休館),④無料　http://www.pref.kanagawa.jp/osirase/02/0219/
神奈川県立美術館 葉山館	〒240-0111三浦郡葉山町一色2208-1　TEL046-875-2800　①企画展示,②9：30～17：00(入館は16：30まで),③月曜日(祝日は開館),祝日の翌日,展示替え期間,年末年始,④有料(高校生以下,障害者は無料) http://www.moma.pref.kanagawa.jp/museum/index.html
神奈川県立埋蔵文化財センター	〒232-0033横浜市南区中村町3-191-1　TEL045-252-8661　①縄文・弥生時代の土器・石器の展示,②9：00～16：30,③土・日曜日,祝日,12月29日～1月3日,④無料(団体要予約) http://www.planet.pref.kanagawa.jp/city/maizou.htm

神奈川県立宮ヶ瀬ビジターセンター 〒243-0111愛甲郡清川村宮ヶ瀬940-15 TEL046-288-1373 ①宮ヶ瀬一帯の観光情報と丹沢の自然紹介。ダムの概要案内のミニシアター, ②9：00〜16：00(4〜11月は16：30まで), ③月曜日(祝日の場合は翌日), 祝日の翌日, 12月29日〜1月3日, ④無料

神奈川県立歴史博物館 〒231-0006横浜市中区南仲通5-60 TEL045-201-0926 ①古代, 中世, 近世, 開港と近代化, 現代の神奈川と伝統文化, 特別展あり, ②9：00〜16：30, ③月曜日(祝日は開館), 祝日の翌日, 12月29日〜1月3日, 館内整理日, ④有料(高校生以下, 65歳以上, 障害者は無料) http://ch.kanagawa-museum.jp/

かわさきIBM市民ギャラリー 〒210-0024川崎市川崎区日進町1-14 TEL044-233-3400 ①現代美術展示(年に7〜8回展示替え), ②11：00〜19：00(入場は閉館の30分前まで) ③水曜日, 展示替え期間, 8月, 年末年始, ④無料

川崎考古学研究所 〒216-0003川崎市宮前区有馬9-5-18 TEL044-854-7621 ①縄文〜弥生の土器・石器・直刀・金環などの展示, ②9：00〜17：00, ③無休, ④無料(要予約)

川崎市市民ミュージアム 〒211-0052川崎市中原区等々力1-2 TEL044-754-4500 ①考古・歴史・民俗資料, 川崎ゆかりの芸術家の作品・写真・漫画・ポスターなどの展示, ②9：30〜17：00(入場は閉館の30分前まで), ③月曜日(祝日の場合は翌日), 祝日の翌日, 12月28日〜1月4日, ④有料(中学生以下, 65歳以上は無料) http://home.catv.ne.jp/hh/kcm/

川崎市伝統工芸館 〒214-0032川崎市多摩区枡形7-1-3(生田緑地内) TEL044-900-1101 ①藍染めの資料収集・展示, 講習会と藍染め体験, ②9：30〜16：30(12：00〜13：00休憩時間), ③月曜日(祝日の場合は翌日と翌々日), 祝日の翌日, 年末年始, ④無料(教材実費別途) http://www.city.kawasaki.jp/88/88bunka/home/top/h0003.htm

川崎市平和館 〒211-0021川崎市中原区木月住吉町1957-1(中原平和公園内) Tel044-433-0171 ①世界の戦争の悲惨さを映像放映や展示物で紹介, ②9：00〜17：00(入場は閉館の30分前まで), ③月曜日(祝日の場合は翌日), 第3火曜日, 12月29日〜1月3日, ④無料 http://www.city.kawasaki.jp/25/25heiwa/home/heiwa.htm

川崎市立日本民家園 〒214-0032川崎市多摩区枡形7-1-1 TEL044-922-2181 ①日本各地から古民家25棟を移築した屋外博物館, ②9：30〜16：30(入園は16：00まで), ③月曜日, 祝日の翌日, 12月28日〜1月4日, 園内点検日(不定期), ④有料(中学生以下, 65歳以上は無料) http://www.city.kawasaki.jp/88/88minka/home/minka.htm

川崎砂子の里資料館 〒210-0006川崎市川崎区砂子1-4-10 TEL044-222-0310 ①東海道川崎宿の模型, 2代広重など江戸時代の浮世絵などの美術品, 郷土資料を展示, ②10：00〜16：00, ③日曜日, 祝日, ④無料 http://www.saito-fumio.gr.jp/

観音崎自然博物館 〒239-0813横須賀市鴨居4-1120 TEL046-841-1533 ①海洋関係資料や観音崎の植物の展示, ②9：00〜17：00(入場は閉館の30分前まで), ③月曜日(祝日の場合は翌日), 年末年始, 7・8月は無休, ④有料 http://homepage2.nifty.com/kannonzakisizenhaku/

機械じかけのおもちゃ館 〒231-0023横浜市中区山下町15 マリンタワー内 TEL045-641-1595 ①1925〜59年製モーションディスプレイ(ショーウインドウの動く人形)60台展示, ②10：00〜19：00(季節により変更あり), ③無休, ④有料(マリンタワー展望利用者は

無料) http://www.hmk.co.jp/tenbo/omocha_kan/omocha_kan.html

北原白秋記念館　〒239-0237三浦市三崎町城ヶ島374-1　TEL046-881-6414　①北原白秋関連資料(白秋直筆, 原稿のコピー, 家族の写真など), ②9:00～17:00 (10～3月は16:00まで, 入館は閉館の30分前まで), ③月曜日(祝日は開館), 12月31日～1月1日, ④無料

記念艦三笠　〒238-0003横須賀市稲岡町82-19　TEL046-822-5408　①日露両国海軍艦艇の記念品および東郷司令長官等の遺品・手記・勲章など, ②9:00～17:30(3・10月は17:00まで, 11～2月は16:30まで, 入場は閉館の30分前まで), ③12月28～31日, ④有料　http://www.kinenkan-mikasa.or.jp/

清川村宮ヶ瀬水の郷交流館「郷土資料館」　〒243-0111愛甲郡清川村宮ヶ瀬951-3　TEL046-288-3100　①水没前の宮ヶ瀬地区の生活, 文化, 産業の姿を伝える道具や記録を展示, ②9:00～18:00, ③月曜日(祝日の場合は翌日), 祝日の翌日(土・日曜日除く), ④無料　http://www.town.kiyokawa.kanagawa.jp/kankou/kankou_03.html

熊野郷土博物館　〒222-0002横浜市港北区師岡町1137　TEL045-531-0150　①古文書, 考古資料, 民俗資料, 刀剣類など, ②9:00～16:00, ③8月20～30日, 年末年始, ④有料(要予約)　http://www.kumanojinja.or.jp/kumano2.html

相模湖記念館　〒199-0101相模原市緑区与瀬259-1　県立相模湖交流センター内　TEL042-682-6121　①「水の環境」を湖・街・海・森の4ゾーンに分け, 相模湖の歴史・自然, ダムの役割を学ぶ, ②9:00～17:00, ③月曜日(祝日の場合は翌日), 12月29日～1月3日, ④無料　http://www4sagamiko-kc.com/pg/kinenkan.html

相模田名民家資料館　〒229-1124相模原市中央区田名4856-2　TEL042-761-7118　①養蚕農家を再現。養蚕に関する道具や資料を展示, ②4～10月10:00～17:00, 11～3月10:00～16:00(入場は閉館の30分前まで), ③月～水曜日, 臨時休館あり, ④無料　http://www.nises.affrc.go.jp/pub/silkwave/silkmuseum/KStana/minka.htm

相模原市立博物館　〒229-0021相模原市中央区高根3-1-15　TEL042-750-8030　①相模原の自然, 歴史展示室, 天文展示室, プラネタリウム, 天体観察室, ②9:30～17:00, ③月曜日(祝日の場合は翌日), 祝日の翌日, 12月28日～1月3日, ④無料(プラネタリウムは有料)　http://www.remus.dti.ne.jp/~sagami/index2.htm

座間市歴史民俗資料室　〒228-0024座間市入谷1-3097(座間市公民館内)　TEL046-255-3131　①歴史民俗資料の展示, ②9:00～16:00, ③月曜日(祝日の場合は翌日), 祝日, 12月28日～1月3日, ④無料

三溪園記念館　〒231-0824横浜市中区本牧三之谷58-1　三溪園内　TEL045-621-0635　①創設者原三溪および三溪園に関する資料や美術工芸品などの展示, ビデオ放映, ②9:00～16:00(入場は閉館の30分前まで), ③12月29～31日, ④有料(市内在住の65歳以上, 障害者は無料)　http://www.sankeien.or.jp/

寺家ふるさと村郷土文化館　〒227-0031横浜市青葉区寺家町602　TEL045-961-5862　①伝統工芸品などの展示, 茶室, 陶芸舎, ②9:30～17:00(入場は閉館の30分前まで), ③火曜日, ④無料　http://www.h3.dion.ne.jp/~hurusato/

三之宮郷土博物館　〒259-1103伊勢原市三ノ宮1472(比々多神社郷土博物館)　TEL0463-95-3237　①慶長期の検地帳写し, 白鳳期訴訟文書, 木像狛犬(市重文), 周辺古墳群出土品,

縄文住居跡など，②9：00～16：00(12：00～13：00休憩時間)，③年末年始，2月3日，4月22日，④有料(5月第3土・日曜日の勾玉祭は無料開放)
http://www4.ocn.ne.jp/~hibita/

獅子ヶ谷横溝屋敷　〒230-0073横浜市鶴見区獅子ヶ谷3-10-2　TEL045-574-1987　①江戸末期の農家横溝家長屋門・母屋を保存(横浜市指定有形文化財)。養蚕道具，農具の展示，②9：30～16：30，③第3月曜日(祝日の場合は翌日)，12月28日～1月3日，④無料
http://www.rekihaku.city.yokohama.jp/shisetsu/ykmzo/ykz02.html

城ヶ島公民館郷土資料室　〒238-0237三浦市三崎町城ヶ島411　TEL046-881-3294　①城ヶ島の漁撈関係資料，②8：30～17：00，③月曜日，祝日の翌日，年末年始，④無料

シルク博物館　〒231-0023横浜市中区山下町1　シルクセンター2階　TEL045-641-0841　①旧ジャーディン・マセソン商会(英一番館)の所在地。絹の工程・時代衣装，装飾品などを展示，②9：00～16：30(入場は閉館の30分前まで)，③月曜日(祝日の場合は翌日)，祝日の翌日，12月28日～1月4日，特別休館あり，④有料(障害者は無料)
http://www.silkmuseum.or.jp/

女子美術大学美術資料館　〒228-8538相模原市南区麻溝台1900　TEL042-778-6111　①美術作品を蒐集，保存，展示する美術資料館　②10：00～17：00(入館は16：30まで)，③展覧会開催中の火曜日(祝日は開館)，祝日の翌日，年末年始，④有料の場合あり
http://muse.joshibi.ac.jp/info.html

水心堂・魚のハクセイ館　〒240-0116三浦郡葉山町下山口109　TEL046-878-6440　①魚のハクセイの展示，②10：00～17：00，③火曜日，年末年始，臨時休館あり，④無料

逗子市郷土資料館　〒249-0005逗子市桜山8-2275　TEL0468-73-1741　①徳川16代家達の別荘。徳冨蘆花など逗子ゆかりの文学者の資料，持田遺跡考古資料，民俗資料，②9：00～16：00，③月曜日(祝日の場合は翌日)，祝日の翌日，12月28日～1月3日，④有料
http://www.city.zushi.kanagawa.jp/syokan/syougaigakusyu/page-44.html

前場資料館　〒243-0034厚木市船子596(前場工務店)　TEL046-228-6644　①大工道具の資料館。墨壺・鉋・鋸600点と古代瓦・大工職人の浮世絵など，②9：00～17：00，③日曜日，祝日，年末年始，④有料(学生，小人は無料)

總持寺宝物殿　〒230-0063横浜市鶴見区鶴見2-1-1　TEL045-581-6021　①茶室倚松庵(横浜市指定有形文化財)，芸術作品約1万点，瑩山禅師像(重文)，横浜市文化財など，②10：00～16：00(入場は閉館の30分前まで)，③月曜日(祝日の場合は翌日)，④有料
http://www.sojiji.jp/open/sisetu/houmotu/meihou.html

相鉄ギャラリー　〒245-0002横浜市泉区緑園4-3-28　TEL045-813-1515　①絵画，彫刻，写真など，②10：00～17：00，③月曜日(祝日の場合は翌平日)，12月29日～1月5日，搬入・搬出日，④無料　http://www.sotetsu.co.jp/lif/gallery/

そごう美術館　〒220-0011横浜市西区高島町2-18-1　TEL045-465-5515　①絵画・彫刻展示(ほぼ1カ月ごとに企画展を開催)，②10：00～20：00(そごう横浜店の営業時間に準じる，また入場は閉館の30分前まで)，③そごう横浜店の休業日，④企画展内容により異なる　http://www2.sogo-gogo.com/common/museum/index.html

相模原市津久井郷土資料室　〒252-0157相模原市緑区中野1681　TEL042-784-7839　①古農具，漁具，明治・大正の学術資料などの展示，②9：00～16：30(入場は閉館の30分前

まで），③月・火・木・日曜日，12月28日～1月4日，④無料
http://www004.upp.so-net.ne.jp/t-kyoudo/

津久井湖記念館　〒252-0116相模原市緑区城山2-9-5　TEL042-782-2414　①水没した集落で使われていた生活用具や風景写真などを展示，②10:00～16:00，③火曜日(祝日の場合は翌日)，④無料　http://www.samaria.com/tukuiko/

津久井町立尾崎咢堂記念館　〒252-0158相模原市緑区又野691　TEL042-784-0660　①旧津久井町ゆかりの尾崎行雄(雅号・咢堂)の尾崎家屋敷跡。衣類・書籍・書画などの展示，②9:00～16:30，③月曜日(祝日の場合は翌日)，祝日の翌日，12月28日～1月4日，④無料　http://www.snsagami.org/hyakusen/j_so/ozaki/ozaki.htm

吉野宿ふじや　〒252-0183相模原市吉野214　TEL042-687-5022　①甲州街道吉野宿の旅籠「ふじや」。明治29年の大火で宿場全体が焼失，その後再建，②10:00～16:30，③月・木曜日，12月29日～1月3日，(土・日曜日および祝日は申込に応じて開館)，④常設展・施設の利用は無料(特別企画展は有料)

テニス発祥記念館　〒231-0862横浜市中区山手町230　TEL045-681-8646　①ラケットやボール・コート・服装などの変遷，日本初の洋式庭園「山手公園」の歴史などの紹介，②10:00～17:00(入場は閉館の30分前まで)，③月曜日(祝日の場合は翌日)，12月29日～1月3日，④無料　http://www.city.yokohama.jp/me/green/chukou/te-1.html

電気の史料館　〒230-0002横浜市鶴見区江ケ崎町4-1　TEL045-613-2400　①東京電力設立。日本の電力技術や電力設備，明治中期から120年の電気の歴史を展示，②10:00～18:00(入場は閉館の30分前まで)，③月曜日(祝日の場合は翌日)，年末年始，④有料
http://www.tepco.co.jp/shiryokan/home-j.html

電車とバスの博物館　〒216-0033川崎市宮前区宮崎2-10-12　TEL044-861-6787　①昭和初期製の東急線車両の展示，電車・バス・航空機の操縦体験，②平日10:00～17:00(入場は16:10まで)，休日9:30～17:00，③月曜日(祝日の場合は翌日)，12月29日～1月3日，④有料(6才未満は無料)
http://www.tokyu.co.jp/railway/railway/west/link/museum.htm

TOYS・CLUBブリキのおもちゃ博物館　〒231-0862横浜市中区山手町239　TEL045-621-8710　①明治・大正～1960年ころまでの日本製玩具をおもに約3000点展示，②9:30～18:00(土・日曜日，祝日は19:00まで)，③無休，④有料
http://www.toysclub.co.jp/muse/index.html

トリックアートミュージアム白龍館　〒231-0023横浜市中区山下町144　チャイナスクェアビル3階　TEL045-663-1989　①写真館，だまし絵，3D映像など，②平日11:00～22:00，土・日曜日・祝日10:00～22:00，③無休，④有料
http://www.hakuryukan.com

中村正義の美術館　〒215-0001川崎市麻生区細山7-2-8　TEL044-953-4936　①日本画のジャンルをこえ独自の画風をもつ画家中村正義の作品展示，②11:00～17:00，③月～木曜日，1・2・6～8・12月は全日，④有料
http://www.dnp.co.jp/museum/artcom_18/workshop_18/workshop_18.1.html

生麦事件参考館　〒230-0052横浜市鶴見区生麦1-11　TEL045-503-3710　①事件をとりあげた書籍・浮世絵・写真などの展示，②10:00～17:00，③不定期(要事前連絡)，④無料

日本新聞博物館(ニュースパーク)　〒231-0021横浜市中区日本大通11 横浜情報文化センター　TEL045-661-204　①実物資料や映像で新聞社の歴史と現在の活動を紹介, 常設展示と「ニュースパーク・シアター」「新聞製作工房」, 併設施設「新聞ライブラリー」など, ②10：00〜17：00(入館は16：30まで), 金曜日10：00〜20：00, ③月曜日(祝日の場合は翌日), 年末年始, ④有料(障害者と付き添い1人は無料)
http://www.pressnet.or.jp/newspark/

日本まんが博物館(まんが寺)　〒211-0051川崎市中原区宮内4-12-14(常楽寺内)　TEL044-766-5068　①「童心」「明治」「大正」「昭和」の間の襖や壁に, 各時代の風刺まんがが描かれている, ②③要問い合わせ, ④無料(要予約)

日本郵船歴史資料館　〒231-0002横浜市中区海岸通3-9　TEL045-211-1923　①海運の発展史を紹介。豪華客船模型, 食事メニュー, 制服など。無料ティーサービスあり, ②10：00〜16：30(入場は閉館の30分前まで), ③月曜日(祝日の場合は翌日), 年末年始, ④有料　http://www.nykline.co.jp/rekishi/

日産自動車横浜工場ゲストホール　〒221-0023横浜市神奈川区宝町2　TEL045-461-7320　①市の歴史的建造物認定の横浜工場。エンジンの展示など, ②10：00〜16：00, ③土・日曜日, 年末年始, 祝日は閉館の場合あり(要問い合わせ), ④無料
http://www.nissan.co.jp/INFO/FACTORY/YOKOHAMA/hall.html

秦野市立桜土手古墳展示館　〒259-1304秦野市堀山下380-3　TEL0463-87-5542　①古墳公園に保存古墳6基と復元古墳1基。展示館に出土品や模型, 写真を展示, ②9：00〜17：00(入館は16：30ころまで), ③月曜日(祝日の場合は翌日), 祝日の翌日, 年末年始, ④無料
http://navi.city.hadano.kanagawa.jp/s-gakusyu/bunkazai/index.html?=900sakuradote.html

光と緑の美術館　〒229-1122相模原市中央区横山3-6-18　TEL042-757-7151　①イタリア現代美術, ②10：00〜18：00(金曜日は20：00まで), ③月曜日(祝日の場合は翌日), 年末年始, ④企画展によって異なる　http://members.jcom.home.ne.jp/h-museo/

日向薬師宝物館　〒259-1101伊勢原市日向1644　TEL0463-95-1416　①伝716年行基開創。薬師如来像・阿弥陀如来像など25点の国重要文化財あり, ②10：00〜16：00, ③無休(雨天時は閉館), 臨時休館あり, ④有料

八聖殿郷土資料館　〒231-0822横浜市中区本牧元町76-1(本牧臨海公園内)　TEL045-622-2624　①八聖像(キリスト・ソクラテス・孔子・釈迦・聖徳太子・弘法大師・親鸞・日蓮)と農漁撈具民俗資料, ②9：30〜16：00, ③第3水曜日(祝日の場合は翌日), 12月28日〜1月4日, ④無料
http://www.rekihaku.city.yokohama.jp/shisetsu/hasei/has02.html

葉山しおさい博物館　〒240-0111三浦郡葉山町一色2123-1　TEL046-876-1155　①昭和天皇の御下賜標本など相模湾の生物の展示, ②9：00〜16：50(入園は16：00まで), ③月曜日(祝日の場合は翌日), 祝日の翌日(土・日曜日除く), 12月28日〜1月3日, 臨時休館あり, ④有料

盤古堂考古資料展示室　〒241-0804横浜市旭区川井宿町2-38　TEL045-954-3939　①横浜市山ノ下遺跡など県内出土の形象埴輪や, 縄文土器等埋蔵文化財, ②9：30〜16：30, ③

日曜日，祝日，④無料(学芸員の解説あり)
http://home.catv-yokohama.ne.jp/ee/bankodou/page009.html

| 氷川丸 | 〒231-0023横浜市中区山下町 山下公園地先 TEL045-641-4362 ①元外国航路客船を係留し公開。世界の豪華客船をテーマとした「世界客船館」あり，②9：30〜16：30(季節により変更あり)，③不定期，④有料 http://www.hmk.co.jp/ |

| hide MUSEUM | 〒238-0013横須賀市平成町3-28-2 TEL046-822-7700 ①元XJAPANのギタリストhideのミュージアム。愛用のギターや衣装などの展示，②11：00〜18：00(金・土曜日20：00まで，日曜日・祝日19：00まで，入館は閉館1時間前まで)，③水曜日(祝日は開館)，④有料(5歳未満は無料)
http://www.city.yokosuka.kanagawa.jp/web-koho/0008/oasis/05.html |

| ブラフ18番館 | 〒231-0862横浜市中区山手町16(山手イタリア山庭園内) TEL045-662-6318 ①大正末期の洋館。山手に関する資料の展示，②9：30〜17：00(7・8月18：00まで，入場は閉館の30分前まで)，③第2水曜日(祝日の場合は翌日)，12月29日〜1月3日，④無料 http://www.city.yokohama.jp/me/green/ygf/youkan.html |

| ペリー記念館 | 〒239-0831横須賀市久里浜7-14 TEL046-834-7531 ①ペリー来航資料・模型などの展示。上陸記念碑は1901年伊藤博文の筆，②9：00〜17：00(入場は閉館の30分前まで)，③月曜日(祝日の場合は翌日)，祝日の翌日，年末年始，④無料 |

| ベーリックホール | 〒231-0862横浜市中区山手町72 TEL045-663-5685 ①現存する戦前の西洋館のうちもっとも大きい。設計者はアメリカ人建築家J・H・モーガン，②9：30〜17：00(7・8月は18：00まで)，③第2水曜日，年末年始，④無料
http://www.city.yokohama.jp/me/green/ygf/youkan.html |

| 放送ライブラリー | 〒231-0021横浜市中区日本大通11 横浜情報文化センタ TEL045 222-2828 ①全国唯一の放送番組専門の保存・公開施設。テレビ・ラジオ番組を収集し公開，②10：00〜17：00(入館は閉館の30分前まで)，③月曜日(祝日・振替休日の場合は翌日)，年末年始，④無料 http://www.bpcj.or.jp/ |

| 帆船日本丸 | 〒220-0012横浜市西区みなとみらい2-1-1 TEL045-221-0280 ①元文部省航海練習所の練習帆船。石造りドックに保存，②10：00〜17：00(7・8月18：30まで，11〜2月16：30まで)，③月曜日(祝日の場合は翌日)，祝日の翌日(土・日曜日除く)，12月29〜31日)，④有料 http://www.nippon-maru.or.jp/top.html |

| 細山郷土資料館 | 〒215-0001川崎市麻生区細山3-10-10(香林寺内) TEL044-954-3933 ①細山地区の農具，生活具を展示，②10：00〜17：00(入館の30分前まで)，③月・金曜日，12月24日〜1月4日，④無料
http://homepage3.nifty.com/shinyuri-town/index.htm |

| 三浦市文化財収蔵庫 | 〒238-0113三浦市初声町入江146(初声小学校) TEL046-888-3403 ①三浦市の考古・民俗資料，②9：00〜16：00，③月・火・木・金・土曜日(団体の場合事前連絡に応じて開館)，④無料 |

| ミュウゼウム・ハウス・カスヤ | 〒238-0032横須賀市平作7-12-13 TEL046-852-3030(カスヤの森現代美術館) ①私設現代美術館。常設展示と企画展，②10：00〜18：00(入場は閉館の30分前まで)，③月・火曜日，④有料(ケーキ・飲物つき) |

| 山口蓬春記念館 | 〒240-0111三浦郡葉山町一色2320 TEL046-875-6094 ①「扇面流し」「ま |

り藻と花」など山口蓬春の作品・素描，コレクションを展示。年5回入れ替え，②10：00～17：00(入館は16：30まで)，③月曜日(祝日の場合は翌日)，年末年始，夏期(8月)，展示替え期間，④有料(高校生以下は無料)　http://www.jrtf.com/hoshun/

山手資料館　　〒231-0862横浜市中区山手町247　TEL045-622-1188　①明治の木造西洋館建築。当時の資料を展示，②11：00～16：00(入場は閉館の30分前まで)，③年末年始，④有料

山手234番館　　〒231-0862横浜市中区山手町234-1　TEL045-625-9393　①市内に唯一現存する外国人向けアパート，②9：30～17：00(7・8月は18：00まで)，③第4水曜日(祝日の場合は翌日)，12月29日～1月3日，④無料　http://www.city.yokohama.jp/me/green/ygf/youkan.html

山手111番館　　〒231-0862横浜市中区山手町111(港の見える丘公園内)　TEL045-623-2957　①大正末期の西洋館を復元。バラ園のある洋風庭園，②9：30～17：00(7・8月は18：00まで，入場は閉館30分前まで)，③第2水曜日(祝日の場合は翌日)，12月29日～1月3日，④無料　http://www.city.yokohama.jp/me/green/ygf/youkan.html

大和市自然観察センター(しらかしのいえ)　　〒242-0029大和市上草柳1728(泉の森内)　TEL046-264-6633　①引地川の源流域の泉の森公園内。大和の自然をパネルや水槽で展示，②9：00～17：00(入館は閉館30分前まで)，③月曜日(祝日の場合は翌日)，12月30日～1月3日，④無料　http://www.midorizaidan.or.jp/s-index.htm

大和市つる舞の里歴史資料館　　〒242-0002大和市つきみ野7-3-2　TEL046-278-3633　①大和市北部地域の歴史資料を収集・保管。旧石器時代から昭和まで，②9：00～17：00(入館は16：30まで)，③月曜日(祝日の場合は翌日)，祝日の翌日(土・日曜日除く)，12月29日～1月3日，④無料(特別企画展は有料)　http://www.city.yamato.kanagawa.jp/SIRYOKAN/

横須賀市自然・人文博物館　　〒238-0016横須賀市深田台95　TEL046-824-3688　①三浦半島の自然史・歴史，ナウマン象の化石やジオラマ，縄文土器・はにわ，生活道具など，②9：00～17：00(入場は閉館の30分前まで)，③月曜日，毎月末(土・日曜日除く)，年末年始，④無料　http://www.museum.yokosuka.kanagawa.jp/

横浜開港資料館　　〒231-0021横浜市中区日本大通り3　TEL045-201-2100　①日米和親条約が締結された場所。建物は旧イギリス総領事館。開国・開港史の資料展示，②9：30～17：00(入館は16：30まで)，③月曜日(祝日の場合は翌日)，祝日の翌日，12月28日～1月4日，資料整理日，④有料(土曜日は高校生以下無料)　http://www.kaikou.city.yokohama.jp/

横浜外国人墓地資料館　　〒231-0862横浜市中区山手町96　TEL045-622-1311　①日本の近代化に貢献した外国人たちのパネルと墓地の歴史および横浜の歴史を紹介，②10：00～17：00，③月曜日(祝日の場合は翌日)，12月28日の午後～1月4日，④無料

横浜市技能文化会館「匠」プラザ　　〒231-0031横浜市中区万代町2-4-7　TEL045-681-6553　①ハマの職人の作品や道具など約1200点を展示，開港以降の技能の歴史など，②9：00～19：00，③第3月曜日(祝日の場合は翌日)，12月29日～1月3日，④有料　http://www.city.yokohama.jp/me/kinzai/kaikan/takumi.html

横浜市三殿台考古館　　〒235-0021横浜市磯子区岡村4-11-22　TEL045-761-4571　①縄文・弥生・古墳時代の住居模型や土器の展示，②9：30～16：00，③第3水曜日(祝日の場合は翌日)，12月28日～1月4日，④無料
http://www.rekihaku.city.yokohama.jp/shisetsu/sandd/sad02.html

横浜市電保存館「トラムポート」　　〒235-0012横浜市磯子区滝頭3-1-53　TEL045-754-8505　①市街電車の展示，②9：30～17：00(入場は閉館の30分前まで)，③月曜日(祝日は開館)，祝日の翌日，年末年始，④有料
http://www.hinoyojin.com/akaikutsu/shcool/shiden-hozon/

横浜市歴史博物館　　〒224-0003横浜市都筑区中川中央1-18-1　TEL045-912-7777　①原始から近代までの横浜の通史展示室，映像で紹介する歴史劇場，映像コーナーなど，②9：00～17：00(入館は16：30まで)，③月曜日(祝日の場合は翌日)，年末年始，臨時休館あり，④有料　http://www.rekihaku.city.yokohama.jp/

横浜水道記念館　　〒240-0045横浜市保土ヶ谷区川島町522　TEL045-371-1621　①近代水道100年の歩みと未来を紹介，②9：00～17：00(入館は16：30まで)，③4～8月は第1水曜日(祝日の場合は翌日)，9～3月は月曜日(祝日の場合は翌日，土・日曜日除く)，12月28日～1月4日，④無料(団体要予約)
http://www.city.yokohama.jp/me/suidou/ja/kyoku/kinenkan.html

横浜税関資料展示室　　〒231-0002横浜市中区海岸通1-1　TEL045-212-6053　①麻薬，けん銃などの密輸の手口や偽ブランド品なども展示，ワシントン条約コーナーあり，②10：00～16：00，③土・日曜日，祝日，12月29日～1月3日，④無料
http://www.yokohama-customs.go.jp/zeikan/tenjishitsu.htm

横浜ディスプレイミュージアム　　〒221-0055横浜市神奈川区大野町1-8 アルテ横浜　TEL045-441-3933　①世界のディスプレイを一堂に紹介。ショッピングもできる，②平日10：00～18：00，土曜日10：00～17：00，③日曜日，祝日(10月～12月21日は無休)，④無料　http://www.displaymuseum.co.jp/

横浜都市発展記念館・横浜ユーラシア文化会館　　〒231-0021横浜市中区日本大通12　TEL045-663-2424　①横浜都市発展記念館は旧横浜市外電話局(歴史的建造物)を整備し，横浜の発展の歴史を展示，横浜ユーラシア文化会館はユーラシア大陸全域の民俗と文化の交流史を紹介，②9：30～17：00(入館は16：30まで)，③月曜日(祝日の場合は翌日)，年末年始，④有料　http://www.tohatsu.city.yokohama.jp/

横浜人形の家　　〒231-0862横浜市中区山下町18　TEL045-671-9361　①世界139カ国9900体を収蔵。世界の人形850体，日本の人形920体をテーマ別に展示，②10：00～18：30(入場は閉館の30分前まで)，③第3月曜日(祝日の場合は翌日)，年末年始，④有料
http://www.welcome.city.yokohama.jp/doll/

ヨコハマ猫の美術館　　〒231-0862横浜市中区山手町237　TEL045-622-0639　①猫をモチーフにした絵画・彫刻・民芸品などを展示，②10：00～19：00，③無休，④有料

横浜バイシクルミュージアム　　〒220-0021横浜市西区桜木町6-31 MKJビル　TEL045-664-2152(平日)，045-664-5586(土・日・祝)　①歴史的な自転車やスポーツ用途の自転車など，自転車の過去・現在・未来を展示，②10：00～16：00，③月曜日(祝日の場合は翌日)，年末年始，④無料

横浜美術館　　〒220-0012横浜市西区みなとみらい3-4-1　TEL045-221-0300　①絵画・彫刻など，20世紀を代表する作家を中心に5000点以上のコレクション，②10：00～18：00(企画展開催中は金曜日のみ20：00まで，入場は閉館の30分前まで)，③木曜日(祝日の場合は翌日)，年末年始，④有料(障害者は無料，第2・4土曜日は高校生以下無料)
http://www.yma.city.yokohama.jp/#

横浜ポートサイドギャラリー　　〒221-0052横浜市神奈川区栄町5-1　ヨコハマクリエーションスクエア1階　TEL45-461-3033　①現代美術の紹介を中心に活動するアートスペース，②11：00～18：00，③木曜日，祝日，④無料
http://www.sotetsu.co.jp/lif/gallery/ycs.html

横浜マリタイムミュージアム　　〒220-0012横浜市西区みなとみらい2-1-1　TEL045-221-0280　①船の模型，港のしくみなどを展示した海の博物館，②10：00～17：00(7・8月は18：30まで，11～2月は16：30まで)，③第4月曜日(祝日の場合は翌日)，祝日の翌日(土・日曜日除く)，12月29～31日，④有料
http://www.nippon-maru.or.jp/top.html

若宮八幡宮郷土資料館　　〒210-0802川崎市川崎区大師駅前2-13-16　TEL044-222-3206　①海苔漁用具や農具など，大師地区にゆかりのある民具約560点と性風俗関係の資料，②10：00～17：00(入場は閉館の30分前まで)，③無休，④無料
http://www.city.kawasaki.jp/88/88bunka/home/top/h0006.htm

和竿美術館　　〒252-0186相模原市緑区牧野3939　TEL042-689-2268／042-573-4970　①全国の竹の釣竿。竹と漆の名品80本。和竿と工具の販売と体験工房，②10：00～16：00，③月曜日～木曜日(祝日は開館)，④有料(高校生以下は無料)

※URLは当該施設の作成したホームページ，また，公共施設の場合は管理する自治体が作成したものを掲載しています。

【無形民俗文化財】◎国指定，○国選択，△県選択
[祭り]
川崎山王祭りの宮座式△　　川崎市川崎区宮本町(稲毛神社)　8月1～3日
お馬流し　　横浜市中区(本牧神社・本牧港)　8月第1または第2日曜日
三戸のお精霊流し　　三浦市初声町(三戸海岸)　8月16日
[風流]
チャッキラコ◎　　三浦市三崎(海南神社)　1月15日
善部妙蓮寺の曲題目　　横浜市旭区善部町(妙蓮寺)　10月
菊名の飴屋踊り　　三浦市南下浦町菊名(白山神社)　不定期
[神楽]
大山阿夫利神社の倭舞及び巫子舞　　伊勢原市大山町(大山阿夫利神社)　8月28日
厚木大神楽△　　厚木市旭町　1～2月
[獅子舞]
虎踊○　　横須賀市西浦賀町(為朝神社)　6月中旬
三増の獅子舞　　愛川町三増(諏訪神社)　7月中旬
鳥屋の獅子舞　　相模原市緑区鳥屋(諏訪神社)　8月第2土曜日
小向の獅子舞　　川崎市幸区小向(八幡大神ほか)　8月第2日曜日
初山の獅子舞　　川崎市宮前区菅生(菅生神社)　10月第1日曜日
菅の獅子舞　　川崎市多摩区菅北浦(菅薬師堂)　9月12日ごろの休日
牛込の獅子舞　　横浜市青葉区あざみ野(神明社)　10月上旬の土・日曜日
　　　　　　　　横浜市青葉区新石川(鷲神社)
鉄の獅子舞　　横浜市青葉区鉄町(鉄神社)　10月第1日曜日
下九沢の獅子舞　　相模原市下九沢(御嶽神社)　8月下旬の土曜日または日曜日
大島の獅子舞　　相模原市大島(諏訪明神)　8月下旬の日曜日
[古典芸能]
沖縄民俗芸能　　川崎市(川崎沖縄芸能研究会)　不定期
相模人形芝居◎　　厚木市長谷(長谷座)　不定期
相模人形芝居◎　　厚木市林(林座)　不定期

【おもな祭り】国・県指定無形民俗文化財を除く
歩射(まとう)神事　　川崎市多摩区(長尾神社)　1月7日
歩射(びしゃ)祭　　川崎市中原区(日枝神社)　1月7日
筒粥神事　　伊勢原市大山町(大山阿夫利神社下社)　1月7日
初大師　　川崎市川崎区(平間寺〈川崎大師〉)　1月20・21日
木賊不動ダルマ市　　川崎市麻生区(不動院)　1月28日
かなまら祭　　川崎市川崎区(金山神社)　4月第1日曜日
神木登り　　伊勢原市(日向薬師)　4月15日
三之宮春祭り　　伊勢原市(比々多神社)　4月22日
田祭り　　横浜市鶴見区(鶴見神社)　4月29日
横浜みなとまつり　　横浜市　5月3日～7月20日

生麦の蛇も蚊も祭り	横浜市鶴見区(生麦神明社・道念稲荷神社)	6月第1日曜日
お札まき	横浜市戸塚区(八坂神社)	7月14日
久里浜ペリー祭	横須賀市久里浜	7月第2土曜日
祇園舟	横浜市金沢区(富岡八幡宮)	7月中旬の日曜日
三崎の夏祭り	三浦市三崎(海南神社)	7月18・19日
禰宜舞	川崎市宮前区(白幡八幡大神)	7月20日，9月第3日曜日
鮎まつり	厚木市	8月第1土曜日前後3日間
弘法山の百八松明	秦野市弘法山山頂(龍法寺)	8月14・15日
汐祭り	横浜市金沢区(野島橋畔)	9月1日
世計神事	三浦郡葉山町(森山神社)	9月第1土・日曜日
菅の獅子舞	川崎市多摩区(薬師堂)	9月中旬の日曜日
お三宮秋まつり	横浜市南区(日枝神社)	9月14・15日
たばこ祭	秦野市	9月第4土・日曜日
道灌まつり	伊勢原市	10月中旬の日曜日
ふいご祭り	川崎市川崎区(金山神社)	11月1日
ヴェルニー・小栗祭	横須賀市(ヴェルニー公園)	11月
納め大師	川崎市川崎区(平間寺〈川崎大師〉)	12月20・21日

＊開催日は年によって変更されることがあります。くわしくは開催地の観光課にお問い合わせ下さい。

【散歩便利帳】

[神奈川県の観光協会]

(社)神奈川県観光協会　〒231-8521横浜市中区山下町1 シルクセンター1階(JR根岸線関内駅より徒歩15分)　TEL045-681-0007　営業時間9：00～17：30　日曜日・祝日・年末年始休み　http://www.kanagawa-kankou.or.jp/area/info/

[横浜市の観光担当部署など]

横浜市観光コンベンション課　〒231-0017横浜市中区港町1-1　TEL045-671-2596
横浜駅観光案内所　〒220-0011横浜市西区高島2-16-1　TEL045-441-7300
横浜市交通案内所　〒231-0015横浜市中区尾上町3-42 市営地下鉄関内駅B1コンコース　TEL045-671-3192
みなとみらい21総合案内所　〒220-0011横浜市中区桜木町1-1-62　TEL045-211-0111
産貿センター観光案内所　〒231-0023横浜市中区山下町2 横浜観光コンベンション・ビューロー内　TEL045-641-4759

[市町村の観光担当部署など]

川崎市経済局商業観光課　〒210-8577川崎市宮前区宮本町1　TEL044-200-2327
横須賀市観光課　〒238-8550横須賀市小川町11　TEL0468-22-8301
逗子市経済観光課　〒249-8686逗子市逗子5-2-16　TEL046-872-8127
相模原市商業観光課　〒229-8611相模原市中央2-11-5　TEL042-769-8236
三浦市商工観光課　〒238-0298三浦市城山町1-1　TEL0468-82-1111
三浦市観光協会　〒238-0101三浦市南下浦上宮田1450-4　TEL046-888-0588
秦野市商工観光課　〒257-8501秦野市桜町1-3-2　TEL0463-82-5111
厚木市商業観光課　〒243-8511厚木市中町3-17-17　TEL046-225-2820
厚木市観光協会　〒243-0013厚木市泉町1-1　TEL046-228-1131
東丹沢七沢観光案内所　〒243-0121厚木市七沢751-1　TEL046-260-5134
大和市産業振興課　〒242-8601大和市下鶴間1-1-1　TEL046-260-5134
伊勢原市商工観光振興課　〒259-1188伊勢原市田中348　TEL0463-94-4711(内線2136)
海老名市商工課　〒243-0492海老名市勝頼175-1　TEL043-231-2111
座間市産業課　〒228-8566座間市緑ケ丘1-1-1　TEL046-252-7604
綾瀬市商工振興課　〒252-1192綾瀬市早川550　TEL0467-70-5661
津久井まちづくりセンター　〒252-5172相模原市緑区中野633　TEL042-780-1400
津久井湖観光センター　〒252-0152相模原市緑区太井1274-2　TEL042-784-6473
相模湖まちづくりセンター　〒252-0171相模原市緑区与瀬896　TEL042-684-3211
相模湖観光協会　〒252-0171相模原市緑区与瀬1183　TEL042-684-2633
藤野まちづくりセンター　〒252-5152相模原市緑区小渕2000　TEL042-687-5514
〈三浦郡〉
葉山町産業振興課　〒240-0192葉山町堀内2135　TEL0468-76-1111
〈愛甲郡〉
愛川町商工課　〒243-0392愛川町角田251-1　TEL046-285-2111

清川村産業観光課　〒243-0112清川村煤ヶ谷2216　TEL046-288-3864

【参考文献】

[全体]

『神奈川県史』資料編21巻24冊,通史編7巻,各論編5巻,別編3巻　神奈川県県民部県史編集室　神奈川県　1970-80
『大日本地誌大系　新編相模国風土記稿』1-6巻　雄山閣　1972
『大日本地誌大系　新編武蔵風土記稿』1・3・4巻　雄山閣　1972
『神奈川県の歴史』　神奈川県県民部県民総務室　神奈川県　1984
『神奈川県の歴史』　中丸和伯　山川出版社　1974
『神奈川県の歴史』　神崎彰利・大貫英明・福島金治・西川武臣　山川出版社　1996
『神奈川県の歴史百話』　神奈川県高等学校社会科歴史部会　山川出版社　1980
『郷土史事典・神奈川県』　稲葉博編　昌平社　1978
『郷土神奈川の歴史』　村上直編　ぎょうせい　1985
『図説神奈川県の歴史』全2巻　貫達人監修　有隣堂　1986
『神奈川県の百年』　高村直助・上山和雄・小風秀雅・大豆生田稔　山川出版社　1984
『明治・大正・昭和の郷土史・神奈川県』　大畑哲編　昌平社　1982
『神奈川文化財図鑑』　神奈川県教育委員会　神奈川県社会教育課　1971-75
『ふるさとの文化財』　神奈川県教育委員会　神奈川弘済会　1984
『かながわの文化財めぐり』　神奈川県教育庁社会教育部文化財保護課編　神奈川県教育庁社会教育部文化財保護課　1975
『神奈川民俗芸能誌』上・下巻　永田衡吉　錦正社　1965
『神奈川の民俗』　相模民俗学会　有隣堂　1968
『かながわの民俗芸能案内』　神奈川県教育委員会　錦正社　1976
『祭礼事典・神奈川』　神奈川県祭礼研究会　桜楓社　1992
『神奈川の城』上・下巻　朝日新聞社横浜支局　朝日ソノラマ　1972
『相模の古社』　菱沼勇・梅田義彦　学生社　1972
『かながわの寺と社―その成立と縁起』　稲葉博　かもめ文庫　1984
『神奈川歴史散歩50コース』　神奈川県歴史教育者協議会　草土文化　1979
『神奈川県の戦争遺跡』　神奈川県歴史教育者協議会　大月書店　1996

[川崎]

『川崎市史』　川崎市史編集委員会　川崎市　1968
『わが町の歴史川崎』　村上直　文一総合出版　1981
『川崎史話』上・中・下巻　小塚光治　文祥堂　1976-80
『閑話雑記』　川崎市市民局広報部広報課　島崎文教堂　1977
『川崎市文化財読本』　川崎市教育委員会　川崎市文化財団　1991
『川崎市文化財図鑑』　川崎市教育委員会　川崎市文化財団　1992
『川崎市史』通史編・資料編・別編　川崎市編　川崎市　1988-97
『かわさき歴史ウォーク』　前川清治　東京新聞出版局　2002

[横浜]

『横浜市史』全34冊　横浜市教育委員会　横浜市　1958-82
『横浜市史稿』全11冊　横浜市役所　名著出版(復刻)　1973

『横浜市史II』通史編・資料編　横浜市総務局市史編集室編　横浜市　1993-2004
『南区の歴史』　南区の歴史発刊実行委員会編　1976
『神奈川区誌』　神奈川区誌編さん刊行実行委員会編　1977
『鶴見区史』　鶴見区史編集委員会編　鶴見区史刊行委員会　1982
『横浜・中区史』　中区制50周年記念事業実行委員会編　1985
『横浜緑区史』全3冊　緑区史編集委員会編　緑区史刊行委員会　1985-93
『港北区史』　港北区郷土史編さん刊行委員会編　1986
『戸塚区史』　戸塚区史刊行委員会編　1991
『保土ケ谷区史』　保土ケ谷区史編集部会編　横浜市保土ケ谷区制70周年記念事業実行委員会　1997
『図説かなざわの歴史』　金沢区制五十周年記念事業実行委員会編　2001
『横浜近代史総合年表』　松信太助編、石井光太郎・東海林静男監修　有隣堂　1989
『図説横浜キリスト教文化史』　横浜プロテスタント史研究会編　有隣堂　1992
『横浜散歩24コース』　神奈川県高等学校教科研究会社会科部会歴史分科会編　山川出版社　1999
『目でみる「都市横浜」のあゆみ』　横浜ふるさと歴史財団　横浜都市発展記念館　2003
『横浜歴史散歩』　佃実夫　創元社　1975
『ヨコハマ散歩』　森篤男　横浜市観光協会　1973
『横浜どんたく』上・下巻　石井光太郎・東海林静男　有隣堂　1973
『横浜の文化財』　横浜市教育委員会社会教育部文化財課編　横浜市教育委員会社会教育部文化財課　1994
『図説横浜の歴史』　図説横浜の歴史編集委員会編　横浜市　1989
[北相模]
『大和市史』　大和市史編集室　大和市　1978-
『郷土の史料』　児島鉢造　海老名町教育委員会　1970
『相模国分寺志』　中山毎吉・矢後駒吉　名著出版(復刻)　1985
『市内文化財散歩』　座間市教育委員会　座間市　1978
『座間市重要文化財案内』　座間市教育委員会　座間市　1983
『厚木の文化財をたずねて』　厚木市教育委員会　厚木市　1979
『厚木中世・近世・近代史話』　厚木市史編纂委員会　厚木市　1970・72
『厚木郷土史』　鈴村茂　厚木郷土史刊行会(復刻)　1983
『愛川町の野立ち文化財』　愛川町教育委員会　愛川町　1965
『伊勢原町勢誌』　伊勢原町編纂委員会　伊勢原町　1964
『このまちを語る』　安達久雄　伊勢原市教育委員会　1981
『伊勢原史話』第1集　小沢幹　伊勢原市教育委員会　1983
『秦野市史』　秦野市史編纂室　秦野市　1983-
『秦野郷土のあゆみ』　秦野市史編纂室　秦野市　1977
『相模原市史』　相模原市史編纂室　相模原市　1965
『相模原の史跡』　座間美都治(私家版)　1976
『わが町の歴史相模原』　座間美都治・神崎彰利　文一総合出版　1984

『城山町史』　城山町編　1987-
『津久井郡勢誌』　　津久井郡勢誌復刻増補版編纂委員会　津久井郡勢誌復刻増補版刊行委員会　1978
『つくい町の古道』　津久井町文化財保護委員会編　1989
『津久井町史』　津久井町編　2004
『藤野町史』　藤野町編　1990-95
『三太物語』　青木茂　偕成社　1965
[三浦半島]
『横須賀市史』　横須賀市編　1957
『横須賀百年史』　横須賀百年史編さん委員会　横須賀市　1965
『横須賀雑考』　横須賀文化協会　横須賀文化協会　1968
『横須賀の文化財めぐり』　横須賀文化財協会　横須賀文化財協会　1984
『横須賀市史』上・下・別巻　横須賀市編　1988
『横須賀こども風土記』上・中・下巻　横須賀市文化財団編　横須賀市文化財団　1989
『横須賀市教育史』通史編・年表編　横須賀教育研究所　横須賀市　1993
『新横須賀市史』　横須賀市編　2004-
『横須賀・三浦今昔写真帖』　辻井善弥監修　郷土出版社　2003
『目で見る横須賀・三浦の100年』　辻井善弥監修　郷土出版社　1992
『目でみる三浦市史』　三浦市史編集委員会　三浦市　1974
『逗子町誌』(改訂)　逗子町誌刊行会　逗子市　1974
『逗子市史』通史編・史料編・別編　逗子市編　1985-97
『逗子子ども風土記』　逗子教育研究会調査部編　逗子教育研究会　1989
『鎌倉・逗子・葉山今昔写真帖』　伊倉退蔵監修　郷土出版社　2002
『葉山町郷土史』　高梨炳編　葉山町　1975
『御用邸の町　葉山百年の歩み』　葉山町編　葉山町　1994
『葉山手帖』　葉山町観光協会　2001
『三浦郡志』　三浦郡教育会　名著出版(復刻)　1973
『三浦半島の歴史』　田辺悟　横須賀書籍出版　1967
『三浦半島の史跡と伝説』　松浦豊　暁印書館　1985
『三浦半島の古刹めぐり』　松浦豊　昭和書院　1981
『三浦半島の伝説』　田辺悟編　横須賀書籍出版　1971
『古老が語るふるさとの歴史』　横須賀市　横須賀書籍出版　1982-84
『三浦半島の一年』　田辺悟・金子和子　暁印書館　1984

【年表】

時代	西暦	年号	事項
旧石器時代	約2万年前		権田原遺跡(横浜)，矢指谷遺跡(横浜)，月見野遺跡(大和)
縄文時代	約1万年前		土器が出現。花見山遺跡(横浜)，夏島貝塚(横須賀)，三戸遺跡(三浦)，野島貝塚(横浜)
	6000年前		環状・馬蹄形の集落が出現。南堀貝塚(横浜)，称名寺貝塚(横浜)，大芝原遺跡(三浦)，勝坂遺跡(相模原)
	4000年前		五領ヶ台遺跡(平塚)，尾崎遺跡(山北)，金子台遺跡(大井町)
弥生時代	2300年前 紀元		弥生文化が広まる。下原遺跡(川崎)，中野大沢遺跡(津久井)，王子台遺跡(平塚)，大塚・歳勝土遺跡(横浜)，三殿台遺跡(横浜)，朝光寺原遺跡(横浜)
古墳時代	350年ごろ		鶴見川流域に前方後円墳が出現。稲荷前古墳群(横浜)・観音松古墳(横浜)
	450年ごろ		形象埴輪があらわれる。瀬戸ケ谷古墳(横浜)
飛鳥・白鳳時代	534		武蔵国造，橘花・倉巣など四屯倉を大王に献ずる
	593		聖徳太子，摂政となる
	645		大化の改新
	673	天武2	相模などの出挙稲30万束を大安寺に施入
	675	4	相模国高倉(高座)郡の女，三つ子を生む(相模国・郡名の初見)
	701	大宝元	相模・武蔵に国郡里制施行。相模国など蝗害・風損をうける
	703	3	相模に疫病流行
	704	慶雲元	武蔵，飢饉により賑恤が行われる
奈良時代	710	和銅3	平城京遷都
	715	霊亀元	相模国・武蔵国など東国5国，はじめて絁調をおさめる
	716	2	相模国などの高麗人を武蔵に移し，武蔵国高麗郡を設置
	719	養老3	武蔵守多治比県守，相模・上野・下野按察使となる
	735	7	相模8郡の郡名初見(1郡は不明)
	741	13	国分寺・国分尼寺建立の詔が発せられる
	755	天平勝宝7	相模国防人ら難波津において歌進上
平安時代	794	延暦13	平安京遷都
	802	延暦21	富士山大噴火，足柄道が閉鎖され箱根道が官道となる
	818	弘仁9	相模国・武蔵国で大地震，圧死の百姓無数
	855	斉衡2	相模，飢饉により賑恤が行われる
	878	元慶2	関東諸国大地震，相模・武蔵とくに激震，圧死者無数。相模国分寺本尊破損。相模国府が海老名から大住郡に移転説
	899	昌泰2	相模足柄関設置。儆馬の党が街道を荒らす
	909	延喜9	武蔵立野牧を勅旨牧とし，駒索を定める
	941	天慶4	武蔵石河・由比・小川牧で駒索

	1021	寛仁4	前上総介菅原孝標の女, 父とともに相模をとおって帰京
	1057	天喜4	相模の武士, 源頼義にしたがい陸奥安倍氏と戦う
	1063	康平6	源頼義, 由比郷鶴岡に石清水八幡宮を勧請
	1087	寛治元	相模武士三浦為継ら, 後三年の役で奮戦
	1105	長治2	このころ, 平景正, 相模大庭御厨を開発
	1144	天養元	源義朝, 鎌倉相伝領内と称し大庭御厨内の鵠沼郷を侵略する。相模国府を余綾郡に移す
	1150	久安6	僧増仁が相模国分寺を法勝寺に寄進
	1156	保元元	保元の乱。相模住人大庭景義・景親, 山内俊通, 海老名季貞, 波多野義通ら, 源義朝にしたがい京で戦う
	1159	平治元	平治の乱。相模住人波多野義通・山内俊通, 武蔵住人斎藤実盛・熊谷直実・金子家忠ら, 源義朝にしたがい京で戦う
	1180	治承4	源頼朝, 伊豆で挙兵。石橋山の戦い。衣笠合戦。源頼朝, 鎌倉にはいり大倉館・鶴岡八幡宮などを造営
	1182	寿永元	鶴岡社頭より由比浦までの参道を改修する。文覚上人, 藤原秀衡調伏のため江の島に大弁財天を勧請する
鎌倉時代	1185	文治元	平家滅亡。源義経, 腰越状を頼朝に呈す。源頼朝, 諸国に守護・地頭を設置
	1186	2	歌人西行, 陸奥勧進の途中鎌倉に寄り源頼朝に謁す
	1189	5	奥州藤原氏滅亡。仏師運慶, 相模浄楽寺毘沙門天像を造立。北条時政, 伊豆願成就院を上棟。永福寺建立に着手
	1190	建久元	鎌倉大風雨, 大倉山崩れる。相模大雨, 相模川洪水
	1192	3	源頼朝, 征夷大将軍となる　箱根権現別当行実, 縁起を覚明に記載させる。相模内27寺社, 北条政子御産祈のため読経
	1194	5	幕府, 東海道に新駅をまし駅夫員数を定める。満昌寺建立
	1198	9	稲毛重成, 相模川橋供養を行い, 頼朝これに出席し難に遭う
	1199	正保元	源頼朝死去。武蔵大田文が完成
	1200	2	北条政子, 栄西を招き寿福寺建立
	1205	元久2	北条義時ら, 畠山重忠を攻め滅ぼす。三浦義村ら, 稲毛重成を攻め滅ぼす。幕府, 勝長寿院に武蔵久下郷を寄進
	1213	建保元	和田義盛の乱。鎌倉, 近年未曽有の大地震
	1219	承久元	将軍源実朝暗殺。北条泰時, 成就院建立
	1220	2	鎌倉地震・鎌倉大雨, 人家転倒流失多し
	1221	3	承久の乱。藤原範茂自殺。金子の最明寺建立
	1225	嘉禄元	藤原頼経, 鎌倉宇都宮辻子の新御所に移る
	1227	3	星谷寺梵鐘鋳造
	1232	貞永元	鎌倉和賀江嶋築港
	1236	嘉禎2	将軍九条頼経, 若宮大路の御所に移る
	1247	宝治元	宝治合戦, 三浦氏滅亡。常楽寺梵鐘鋳造
	1251	建長3	北条長時, 浄光明寺再興

	1252	建長4	鎌倉大地震。鎌倉大仏鋳造開始
	1253	5	北条時頼・蘭渓道隆,建長寺建立
	1255	7	建長寺梵鐘鋳造
	1259	正元元	北条重時,極楽寺建立
	1262	弘長2	鎌倉五所神社板碑建立
	1264	文永元	鎌倉長谷寺梵鐘鋳造
	1267	4	金沢称名寺建立。このころ金沢文庫創設
	1271	8	日蓮,鎌倉竜の口の法難,ついで佐渡に配流
	1274	11	文永の役
	1276	建治2	称名寺弥勒菩薩像造立
	1281	弘安4	弘安の役。一遍上人,当麻地方巡錫
	1282	5	鎌倉円覚寺建立。平塚要法寺建立
	1285	8	円覚寺舎利殿建立(のちに焼失)。鎌倉東慶寺建立。霜月騒動
	1296	永仁4	鎌倉覚園寺建立
	1300	正安2	このころ,箱根六地蔵など箱根石仏群がつくられる
	1301	3	円覚寺梵鐘鋳造
	1304	嘉元2	湯河原城願寺五重塔建立。当麻山無量光寺建立
	1320	正応2	逗子法性寺建立
	1325	正中2	藤沢清浄光寺(遊行寺)建立
	1327	嘉暦2	鎌倉瑞泉寺中興
	1333	正慶2 元弘3	上野国新田義貞挙兵,武蔵分倍河原,鎌倉極楽寺坂などの合戦に勝利し,鎌倉に攻め入る。鎌倉幕府滅亡
	1335	建武2	北条時行の軍勢鎌倉に迫り,足利直義,護良親王を殺害。時行勢鎌倉乱入(中先代の乱)。足利尊氏,時行勢を箱根で破る
南北朝時代	1336	建武3 延元元	湊川の戦い。足利尊氏,称名寺領・円覚寺領安堵。後醍醐天皇吉野へ
	1340	暦応3 興国元	相模日向霊山寺(日向薬師)の梵鐘鋳造
	1349	貞和5 正平4	足利基氏,鎌倉にはいり鎌倉公方となる
	1352	文和元 正平7	上野新田義興ら南下,足利尊氏らと戦い,新田義興,相模山北河村城に籠り戦う
	1386	至徳3 元中3	室町幕府,京・鎌倉五山の位次を制定。相模糟屋荘の惣社八幡宮の鐘鋳造(高部屋神社)
	1390	明徳元 元中7	川崎能満寺,木造虚空蔵菩薩立像造立
	1392	明徳3 元中9	南北朝合一
室町時代	1393	明徳4	鎌倉公方足利氏満,武蔵国都筑郡石河郷内の地を鎌倉国清寺宝泉庵に寄進

	1394	応永元	相模国宮瀬村の熊野神社鰐口なる。鶴岡八幡宮領の武蔵国矢古宇(矢向)・佐々目郷で強訴がおきる。鎌倉海蔵寺再興。相模国最乗寺建立
	1395	2	相模国早河荘の勝源寺灯籠造立
	1403	10	武蔵国稲毛本莊の春日社銅造鰐口なる
	1416	23	上杉氏憲(禅秀)の乱。鎌倉公方上杉持氏,長沼義秀に武蔵国小机保内の地などを給与
	1418	25	相模国清浄光寺に,禅秀の乱の敵御方供養塔がたつ
	1420	27	大地震。大干魃,大飢饉
	1428	正長元	正長の土一揆。飢饉,人民多く死ぬ
	1436	永享8	鎌倉本覚寺建立
	1438	10	永享の乱おきる。箱根・小田原などで合戦。三浦時高,鎌倉公方足利持氏に背き挙兵。足利持氏降伏して称名寺で出家(翌年自害)
	1445	文安2	相模国小田原総世寺建立
	1450	宝徳2	鎌倉公方足利成氏,長尾景仲・太田資清らと戦う(江の島合戦)
	1457	長禄元	太田道灌,江戸城を築城。足利成氏,円覚寺黄梅院領を安堵
戦国時代	1467	応仁元	応仁・文明の乱おきる
	1471	文明3	室町幕府,関東の諸士に関東平定の尽力を求める
	1478	10	太田道灌,豊島泰経を攻め武蔵国小机城を落とす
	1486	18	上杉定正,太田道灌を相模国糟屋館にて謀殺。江の島の前海が陸地となる(明応年間<1492～1501>にまた海となる)
	1495	明応4	伊勢宗瑞(北条早雲),小田原城を奪取。大地震・津波で,鎌倉大仏殿破壊,200人余が溺死
	1506	永正3	伊勢宗瑞,相模国足柄下郡で検地施行
	1512	9	伊勢宗瑞・氏綱,三浦義同を相模国岡崎台に攻める。宗瑞,相模国玉縄城築城
	1516	13	伊勢宗瑞,三浦義同・義意を相模国三崎に攻め滅ぼす
	1519	16	伊勢宗瑞没
	1521	大永元	伊勢(北条)氏綱,相模国湯本に早雲寺を寄進
	1522	2	相模国小田原玉伝寺建立
	1523	3	武蔵国泉谷寺建立
	1524	4	伊勢氏綱,上杉朝興を破り,武蔵国江戸城を奪取
	1532	天文元	武蔵国小机雲松院建立
	1545	14	連歌師宗牧,東海道を下り,鎌倉・金沢称名寺・神奈川・江戸などを遊歴
	1560	永禄3	桶狭間の戦い。吉良頼康・氏朝,武蔵国泉沢寺など7カ寺に被官らの違乱なきことを約す。長尾藤景・北条高広,鎌倉妙本寺に関越諸軍勢が狼藉することを禁じる
	1561	4	長尾景虎,軍勢を率いて小田原城に迫る。景虎,鎌倉で関東管

時代	西暦	和暦	事項
			領・上杉氏の姓を譲られる(上杉政虎のち上杉輝虎)
安土・桃山時代	1568	永禄11	織田信長, 足利義昭を奉じて入京
	1569	12	武田信玄の軍勢, 小田原に攻め入る。相模国三増峠で武田勢と後北条勢が合戦(三増合戦), 武田勢勝利
	1576	天正4	武蔵国都筑郡茅ヶ崎村杉山神社の鳥居建造
	1582	10	武田氏滅亡。本能寺の変。山崎の合戦(羽柴秀吉勝利)
	1586	14	羽柴秀吉と徳川家康が和睦。羽柴秀吉, 朝廷より豊臣の姓をうける
	1589	17	北条幻庵没。豊臣秀吉, 後北条氏討伐の命を下す
	1590	18	豊臣秀吉勢, 小田原城を包囲。小田原開城(後北条氏降伏)。相模・武蔵は徳川家康の領地となる。相模国海宝院開山
	1591	19	この年から家康, 配下の旗本に知行地宛行を開始。家康配下の代官ら, 相模・武蔵の各地で検地を開始。家康, 相武130社寺領を寄進。小田原城主大久保忠世, 足柄上・下郡で検地を実施
	1594	文禄3	家康, 箱根権現社に社領200石を寄進
	1596	慶長元	関東甲信越地方に大洪水
	1597	2	代官小泉吉次, 二ケ領用水開鑿着工
	1600	5	関ヶ原の戦い。ウィリアム・アダムス乗船のリーフデ号豊後漂着, のちに浦賀入港
	1601	6	家康, 譜代の家臣を関東・東海に配置, 東海道の伝馬制度を整備, 神奈川・保土ヶ谷・藤沢・小田原宿を設置(1604年に戸塚宿, 1616年に箱根宿, 1623年に川崎宿設置)
江戸時代	1603	8	徳川家康, 征夷大将軍となる(江戸幕府開創)
	1608	13	この夏, 関東地方降雨多く洪水, 麦凶作。家康, 大山寺に寺領57石寄進。幕府, 橘樹郡小杉村西明寺に小杉御殿を建設
	1611	慶長16	稲毛・川崎二ケ領用水完工。相模国茅ヶ崎見寺建立
	1614	19	小田原地方地震。小田原藩主大久保忠隣を改易, 小田原城破却。東海道・関東地方大風雨, 江戸大被害。大坂冬の陣
	1615	元和元	大坂夏の陣。豊臣秀頼の娘天秀尼, 家康の命で鎌倉東慶寺に入寺。幕府, 大坂の陣に活躍した旗本らに加増。このころ川崎の戸数150戸
	1616	2	徳川家康没。江戸増上寺で家康の法会を執行, 武蔵一国の諸寺のみ諷経集会が許可される
	1619	5	箱根関所, 現在地に移転。阿部正次, 小田原藩主となる(1623年転封)
	1624	寛永元	幕府, 相模国三浦三崎・走水に番所を設置
	1628	5	幕府, 鷹場法度を下す。武蔵国橘樹郡小杉村と溝之口村が鷹場となる
	1632	9	稲葉正勝小田原入封
	1633	10	幕府, 地方直しを実施し(寛永地方直し)。関東地方に大地震,

		小田原城と城下が潰滅
1634	寛永11	家康の側室英勝院(お勝の局)，寺地を賜い寺院建立を願いでる(1636年完成．英勝寺)．津久井で勝瀬川材木流しの請負場帰属をめぐり争論がおきる
1635	12	小田原藩主稲葉正勝，小田原山角町に菩提寺紹太寺を建立(のち1669年入生田に移転)
1642	19	相模国淘綾郡山西村川勾神社の縁起ができる
1645	正保2	相模国足柄下郡今井村で洪水．小田原で地震
1648	慶安元	六郷橋，風のため破損．相模国三浦郡城ヶ島に烽火台を設置．浦賀平根東海岸に灯明台設置
1649	2	関東大地震，川崎宿で民家倒壊140以上
1650	3	川崎沖大地震，民家倒壊．多摩川大洪水，川筋変動
1655	明暦元	小田原領で大風雨，倒壊家屋112以上。小田原藩，風水害・地震などの心得を申し渡す
1656	2	関東一帯大風雨，小田原領大被害(領内倒壊家屋4000以上)
1660	万治3	大住郡金目川で洪水。酒匂川大洪水．足柄上郡関本村割元名主下田隼人，代表越訴し，死罪となる．幕府，東海道諸宿に助成金を貸与
1667	寛文7	武蔵国久良岐郡横浜村吉田勘兵衛，吉田新田開発着手
1668	8	武蔵国久良岐郡須崎村永島泥亀，泥亀新田開発着手
1670	10	箱根用水完工，幕・藩領あわせて8000石を新田開発
1671	11	大風雨，戸塚の柏尾川氾濫，六郷橋流失
1672	12	東海地方から相武一帯大風雨，小田原藩被害甚大
1686	貞享3	稲葉氏，越後高田へ転封．大久保忠朝，小田原入封
1688	元禄元	多摩川大洪水，六郷橋流失，以後架橋せず．都筑郡新羽村西方寺，生類憐みの令に触れ，閉門
1696	9	米倉昌尹，若年寄となり加増され大名となる．下野国都賀郡皆川に陣所設置
1702	15	幕府，相武両国などで郷帳を作成
1703	16	東海地方で大地震(元禄大地震)，小田原城倒壊，箱根山崩れ，鎌倉津波
1707	宝永4	諸国で大地震(宝永大地震)，小田原・箱根で被害甚大．富士山噴火(宝永噴火)，南関東一帯に多量の降砂(ことに足柄上・下郡の被害甚大)
1708	5	幕府，相武駿三国の富士山砂埋没救済のため，諸国に国役金を命ずる．幕府，小田原藩領を上知し，幕府代官伊奈忠順の管轄となる．酒匂川大洪水．三浦郡大田和村山田惣左衛門，入江新田開発着手
1711	正徳元	関東大風雨．富士噴火の降砂流出し，酒匂川大氾濫．大口土手決壊し，足柄平野大半水没

1716	享保元	幕府，下田奉行を廃し，浦賀奉行をおく
1720	5	足柄上下・淘綾郡・高座郡などが小田原藩領に復帰
1722	7	川崎宿名主田中丘隅，『民間省要』を師成島道筑をつうじて将軍吉宗に献上
1725	10	米倉忠仰，居所を久良岐郡金沢に移す(金沢藩のち六浦藩)
1726	11	酒匂川大洪水。田中丘隅，多摩川治水工事に参画
1732	17	田中丘隅，幕府の命により酒匂川に新堤をつくる(文命堤)
1734	19	洪水から復興ができない酒匂川川東流域9カ村が上知となる。酒匂川氾濫酒匂川大洪水，岩流瀬・大口・下吉田島など決壊
1744	延享元	橘樹郡南綱島村惣百姓，傘連判状により名主の横暴を排斥
1753	宝暦3	橘樹郡大師河原村名主池上幸豊，海辺15町歩の新田開発を許される
1767	明和4	大磯鴫立庵再興　烈風・高波で川崎海岸塩浜・池上新田大破
1773	安永2	富士噴火で離散した足柄上郡夫良野村民，帰村し新屋敷見聞を願いでる
1782	天明2	夏の長雨・冷夏。不作・凶作・飢饉の様相(天明の飢饉はじまる)。小田原大地震，小田原城櫓破損，家屋1000軒以上破壊
1783	3	愛甲郡荻野村に，荻野山中藩陣屋設置。小田原藩領御厨一揆
1786	6	箱根山大地震，二子山崩れ，人畜被害甚大。酒匂川洪水。藤沢宿周辺で大洪水。多摩川・鶴見川洪水
1787	7	幕府や藩，領民に質素倹約を申し渡す。小田原宿で米屋など打ちこわし。津久井県から愛甲郡半原村で土平治騒動おこる
1802	享和2	大風雨，酒匂川岩流瀬決壊，箱根山温泉場流失
1811	文化8	幕府，海防従事のため会津藩に三浦・鎌倉・久良岐郡内に3万石を付与。伊能忠敬，藤沢宿～大山道を測量。相模国城ヶ島・平根山・観音崎に砲台が完成
1816	13	相模の村々，廻村中の伊能忠敬に村明細帳を差出す。津久井県根小屋村名主島崎律直，津久井城跡に「筑井古城記」碑建立
1818	文政元	関東取締出役，橘樹郡村々に芝居・狂言等の興行禁止を厳達。小田原藩主大久保忠真，幕府老中就任。忠真，酒匂川原で藩内村役人を集め訓戒，二宮尊徳ら奇特者を褒賞
1822	5	小田原藩，藩校集成館開校。多摩川氾濫，稲毛領民家被害
1827	10	幕府，藩領をのぞく相武の村々を御改革組合村(寄場組合村)として，関東取締出役のもと広域行政組織を編成
1832	天保3	長雨・冷夏など天候異変，凶作から天保の飢饉はじまる
1833	4	関東・奥羽地方大風雨，神奈川宿風水害
1836	7	長雨・冷夏など凶作，米価高騰，一揆・打ちこわし頻発。大磯宿・橘樹郡芝生村で打ちこわし。橘樹郡木月村で村方騒動
1837	8	大塩平八郎の乱。小田原藩，二宮尊徳に村々の復興を命じる。米国船モリソン号事件。橘樹郡8村，代官に飢人書上提出

	1840	天保11	小田原藩領にも,関東取締出役のもと寄場組合村が組織
	1841	12	幕府・代官・藩,村々に幕政改革をうけ,諸取締・倹約・家業出精などを再三触れる
	1842	13	幕府,川越藩に相模御備場警護役を命じる
	1843	14	江戸・小田原に強震。二宮尊徳,藩領に仕法組合を起立。高座郡小山村前名主原清兵衛,新田開発を申請(清兵衛新田)
	1846	弘化3	米国東印度艦隊司令長官ビッドル,軍艦2隻を率いて浦賀に来航。浦賀奉行,海防弱体を上申し異船対策を仰ぐ
	1847	4	幕府,相模は川越藩・彦根藩,上総・安房は忍藩・会津藩に沿岸防備を命じる。三浦郡千駄崎・猿島に砲台竣工
	1853	嘉永6	関東〜東海地方大地震。小田原城崩壊,小田原宿潰屋2200。米国使節ペリー,浦賀に来航,久里浜に上陸,大統領国書手交。幕府,海防諸大名の持ち場を改め,彦根藩は荏原郡大森・羽田台場,川越藩は一の台,萩藩は三浦郡上宮田陣屋,熊本藩は大津陣屋,鳥取藩は久良岐郡本牧とする
	1854	安政元	米国使節ペリー,再来航,日米和親条約横浜で締結(神奈川条約)。江戸〜箱根大地震・津波,遠駿豆相4国の被害甚大,伊豆下田で津波・火災,ロシア軍艦ディアナ号損傷
	1855	2	安政江戸大地震。小田原藩,藩政改革を実施
	1856	3	東海・東山諸国で大暴風雨。相模一帯各村大被害。物価高騰
	1858	5	日米修好通商条約締結(安政五カ国条約締結)。コレラ流行
	1859	6	横浜開港。幕府,外国人遊歩地域を設定。神奈川運上所設置
	1860	万延元	桜田門外の変。寄場組合村々で見張番小屋設置につき議定
	1862	文久2	生麦事件。米国人宣教師ヘボン,居留地宗興寺に診療所開設。座間の大凧づくりはじまる
	1863	3	江川代官所,幕領村々へ農兵取立覚書を達す
	1864	元治元	天狗党の乱。京都で池田屋事件。鎌倉で英国士官殺害事件
	1865	慶応元	横浜製鉄所完成。横須賀製鉄所起工式。川崎宿で打ちこわし
	1866	2	高座郡羽鳥村で騒動。川崎宿・橘樹郡久本村で打ちこわし。武州世直し一揆で橘樹郡綱島組合村の農兵隊多摩川原に布陣。橘樹郡溝の口村で騒動。藤沢宿で打ちこわし
	1867	3	小田原藩,功績のあった名主の苗字・帯刀を許す。10月より各地で御蔭札が降り,民衆が「ええじゃないか」乱舞。大政奉還。荻野山中藩陣屋焼き討ち事件。王政復古の大号令
明治時代	1868	慶応4 明治元	明治新政府,東征大総督が江戸開城。神奈川裁判所設置(神奈川府・神奈川県と改称)。小田原藩,旧幕府遊撃隊と戦闘(箱根山崎の戦い)。『横浜新報もしほ草』『外国新聞』等発刊
	1869	2	版籍奉還。横浜に灯明台役所設置。横浜伝信局(のち電信局),横浜・東京間電報業務開始
	1870	3	宣教師ミス・キダー,英学塾開設(現,フェリス女学院)。小田

		原城郭破却。『横浜毎日新聞』創刊(初の日刊紙)
1871	明治4	米国女性宣教師ピアソンら、亜米利加婦女教授所開設(のち共立女学園。現、横浜共立学園)。廃藩置県により六浦県・荻野山中県・小田原県設置。11月六浦県廃止、小田原県と韮山県をあわせ足柄県設置
1872	5	日本基督公会、横浜に設立。郵便扱所を上溝・厚木に設置。新橋・横浜間鉄道開業。ペルー国船マリア＝ルース号事件
1873	6	横浜に生糸改会社開業(のちに生糸検査所、1879年廃止)。横浜関内に県下最初の公立小学校開校
1875	8	地租改正事業開始。県、地租改正中演劇等の興行停止を布達
1876	9	第1号県師範学校開校(現、横浜国立大学)。小田原師範講習所を小田原師範学校と改称。足柄県廃止、足柄上下・大住・淘綾・愛甲・津久井6郡は神奈川県管下となる
1878	11	竹橋事件。真土騒動。都筑郡金子馬之助ら共愛社結成。横浜正金銀行設立。ブリテン女学校開校(現、横浜英和女学院)。齋藤忠太郎ら横浜に顕猶社結成。郡区町村編制法施行に伴い、県下は横浜区役所・13郡役所
1880	13	山口左七郎ら大磯で湘南社結成。県下の自由民権運動活発化
1881	14	愛甲郡三田村で自由党大懇親会。生麦事件追悼碑建立
1883	16	海軍省、横浜の東海鎮守府を横須賀に移し、横須賀鎮守府と改称。大住・淘綾の町村代表、地租徴収延期を政府に建白
1884	17	県下の困窮農民が困民党を結成し、負債処分を要求
1885	18	愛甲郡の難波惣平ら、地租軽減を建白。石阪昌孝・佐藤貞幹ら、「国会開設期限短縮」を建白。大阪事件(大矢正夫ら逮捕)
1887	20	東海道線、横浜・国府津間開通。横浜水道工事完工。このころ伊藤博文ら、横浜夏島の別荘で憲法草案づくり
1889	22	大日本帝国憲法公布。市制・町村制施行に伴い、横浜市誕生(県下1市26町294村)。東海道線、新橋・神戸間開通。大船・横須賀間鉄道開通
1893	26	橘樹郡大師河原村で長十郎梨育成。多摩三郡を東京府に移管
1894	27	日清戦争開戦。県下各地で恤兵会・報国会などができる
1896	29	横浜生糸検査所開所。大住・淘綾郡を合わせ中郡とする
1898	31	鎌倉円覚寺舎利殿、国宝となる
1899	32	府県制・郡制改正に伴い、県下1市・11郡
1904	37	日露戦争開戦。県下各地に恤兵会や出征軍人家族保護組織が設立。横浜に労働者同盟会結成。荒畑寒村ら横浜平民社結成。横浜で幸徳秋水ら、社会主義演説会開催
1907	40	横須賀市市制施行。沿岸の住民多摩川改修を県・府に請願
1909	42	県知事、戊申詔書奉読の規定を定める。横浜開港50年祭
1911	44	大逆事件の幸徳秋水・内山愚堂(箱根林泉寺住職)らに死刑判決。

年表　313

			前年より県下各地で農村振興の地方改良会の設立多数
大正時代	1913	大正2	県警察部に高等警察設置。日本鋼管操業開始
	1914	3	第一次世界大戦開戦。宣戦奉告祭が県下各地で行われる
	1915	4	県下各地で天皇即位式典挙行。横浜駅新設、旧横浜駅は桜木町駅と改称。友愛会横浜支部発会。浦賀船渠などで労働争議
	1916	5	横須賀大ドッグ完成
	1917	6	横浜市開港記念会館完成
	1919	8	県、町村制施行30周年記念民力涵養大会開催（地域産業・農村振興を目的に1924年まで延べ1298回開催）
	1920	9	第1回国勢調査実施（県内人口132万3390人）。横浜仲仕同盟会、横浜でメーデー挙行。箱根駅伝開催
	1922	11	横須賀諏訪公園に小栗忠順・ヴェルニーの胸像建立
	1923	12	関東大震災。県下被害甚大（死者2万9000人以上、経済損失1億1237万円以上）。県警察部に特別高等警察課設置
	1924	13	相模地震。川崎市市制施行。県下第1回中学校競技大会開催
	1925	14	治安維持法公布
	1926	15	県下9郡役所廃止。労農党や社会民衆党などの支部設立
昭和時代	1927	昭和2	金融恐慌。横浜市、区制施行（中・磯子・神奈川・保土ヶ谷・鶴見）。小田急電鉄、小田原・新宿間開通
	1930	5	湘南電鉄、横浜・浦賀間開通。川崎で武装メーデー事件。富士瓦斯紡績川崎工場で煙突男事件。県立金沢文庫開設
	1931	6	相模線、厚木・橋本間開通。全国初の交通安全デー。満州事変
	1932	7	大倉精神文化研究所開設。平塚市市制施行。大磯坂田山心中
	1936	11	二・二六事件。決起将校ら湯河原牧野伸顕邸襲撃、未遂
	1937	12	日中戦争。陸軍士官学校高座郡座間に移転
	1939	14	鎌倉市市制施行。国民精神総動員県実行委員会発足
	1940	15	県、贅沢全廃運動。藤沢市・小田原市市制施行。大政翼賛会県支部結成
	1941	16	横浜・川崎・横須賀の県・市議、東京開港反対の協議会設置。県、「銃後五訓」を通達。アジア・太平洋戦争開戦
	1942	17	米軍本土初空襲、川崎・横浜・横須賀など爆撃。大日本婦人会県支部結成。横浜事件（戦時下最大の言論弾圧事件）
	1943	18	県内各地の銅像、金属回収のため撤去。女子勤労挺身隊組織
	1944	19	横浜・川崎・横須賀市で学童集団疎開。米B29空襲はじまる
	1945	20	横浜・川崎など県下各地大空襲をうける（罹災者64万人以上・死者6000人以上）。アジア・太平洋戦争敗戦。連合国軍最高司令官マッカーサー元帥、厚木到着、横浜に司令部設置（連合国の日本占領開始）
	1947	22	日本国憲法施行。地方自治法施行。第1回県知事選挙（内山岩太郎当選）。相模ダム完成（相模湖誕生）。茅ヶ崎市市制施行

	1949	昭和24	横浜で日本貿易博覧会開催。キティ台風(浸水2万戸)
	1950	25	朝鮮戦争。朝鮮戦争の影響で占領軍労務者増加
	1951	26	電力不足で週2日休電日実施。鎌倉に県立近代美術館開館
	1954	29	ビキニ海域で被爆した第13光栄丸が三崎に帰港。原水爆反対運動活発。逗子市・相模原市市制施行
	1955	30	基地反対運動活発。県下で第10回国体秋季大会開催。三浦市・厚木市・秦野市市制施行
	1958	33	川崎臨海工業地帯造成事業の第1工区埋立て完成
	1959	34	大和市市制施行
	1960	35	安保条約改定反対運動さかん。日米新安保条約の調印
	1964	39	オリンピック東京大会開催。東海道新幹線開業
	1965	40	城山ダム完成(津久井湖誕生)
	1967	42	横浜に県立博物館開館
	1968	43	東名高速道路,厚木・東京間開通
	1971	46	伊勢原市・座間市・海老名市市制施行
	1972	47	沖縄県復帰。日中国交正常化共同声明調印。横浜市営地下鉄上大岡・伊勢佐木町間開通。南足柄市市制施行。川崎市5区設置(川崎・幸・中原・高津・多摩)
	1973	48	第1次オイルショックと狂乱物価。根岸線全通
	1978	53	三保ダム完成(丹沢湖誕生)。新神奈川計画策定。横浜市都心臨海部総合整備計画委員会発足(翌年から計画・事業名を「みなとみらい21」)
	1981	56	県と米国メリーランド州が友好提携
	1982	57	環境影響評価制度発足
	1983	58	情報公開制度発足(都道府県では初)。県と中国遼寧省が友好提携
	1984	59	神奈川非核兵器宣言
	1986	61	円高不況
平成時代	1989	平成元	横浜博覧会開催。県とドイツバーデン-ビュルテンベルグ州が友好提携
	1990	2	県と大韓民国京畿道が友好提携。個人情報保護制度発足(都道府県で初)
	1991	3	県の人口800万人を突破
	1993	5	高層ビル横浜ランドマークタワー(高さ296m)がオープン
	1994	6	湘南国際村オープン
	1995	7	阪神・淡路大震災。南関東大地震にそなえ,横浜海上防災基地が横浜市中区新港ふ頭に完成。県立歴史博物館新装開館
	1998	10	かながわ・ゆめ国体開催
	2002	14	日韓共催ワールドカップサッカー開催
	2004	16	みなとみらい線開通

| 2005 | 平成17 | 京都議定書発効，県内でも温暖化防止の取り組み活発化 |

【索引】

―ア―

愛甲季隆……………………………69
青木城跡……………………………75
青木本陣跡…………………………74
青山忠俊の墓………………………155
赤レンガ倉庫……………………94,96
秋葉山古墳群…………………154,155
浅井忠良の墓………………………13
浅野総一郎…………………………73
浅利神社……………………………171
浅利墓所……………………………171
足利氏満……………………………189
足利成氏……………………………65
足利持氏…………………………64,268
足利基氏…………………………175,189
愛宕山公園…………………………252
厚木の渡し…………………………162
吾嬬の墓……………………………179
鐙摺城跡……………………………242
油壺……………………………266-269
阿夫利神社……………………82,173
尼の泣水碑…………………………154
天野政立旧宅………………………165
新井城跡…………………………266,268
安房埼灯台…………………………274
淡島神社……………………………230

―イ―

井伊直弼…………………………72,88,89
飯山観音(長谷寺)…………………167
イギリス館(旧イギリス総領事公邸)…112
池上新田……………………………9,10
池上幸豊……………………………10
池辺富士……………………………59
石井道三旧宅………………………165
石観音堂……………………………8,9
イタリア山庭園……………………118
市ヶ尾横穴墓群……………………61
一行寺………………………………13

一里塚(相模原市新戸)…………190,191
飯縄神社…………………200,201,204
一遍上人………………………193,194
伊藤博文……86,108,141,212,249,272
稲毛重成………………25,38-40,43,68,71
稲毛神社……………………………13,14
稲荷前古墳群………………………62
今泉大岳院…………………………181
入江新田……………………………265
入谷歌舞伎…………………………161
岩井戸・欠の上横穴墓群…………185
岩崎服飾博物館……………………114
岩瀬忠震……………………………75

―ウ―

上杉館跡〔伝〕……………………175,176
歌川(安藤)広重……………11,141,173
内川新田開発記念碑………………247
内田本陣跡…………………………84
馬の博物館…………………………123
ウミウ………………………………274
浦賀道………………………………220
浦賀奉行所跡………………………253
浦島太郎伝説碑……………………74
雲松院………………………………54,66

―エ―

永享の乱………………………64,65,268
永勝寺………………………………84
永昌寺………………………………269
英連邦戦死者墓地…………………79
江川太郎左衛門英龍(坦庵)……198,204
荏田宿………………………………60
『江戸名所図会』………………8,37,40,79
江戸屋半五郎の墓…………………251
榎下城跡……………………………63,64
海老名市温故館…………………153,154
海老名季貞の墓……………………168
エリスマン邸………………………117
円海山…………………………………78,144

円照寺	259
遠藤於菟	100
延命寺	235, 240

—オ—

扇谷上杉氏	40, 65, 175, 268
王禅寺	47
大石神社	63
大浦海蝕洞窟	264
大岡川	93, 103, 105
大川常吉顕彰碑	73
大倉精神文化研究所	54
大倉山記念館	53, 54
大桟橋ふ頭	106, 107
太田道灌	18, 65, 175, 176, 178, 222
大塚・歳勝土遺跡公園	58, 60
大津陣屋	220, 260
大綱金刀比羅神社	76
大橋	83
大山街道(大山道・青山道・矢倉沢往還)	37, 63, 82, 175, 178
大山街道ふるさと館	37
大矢正夫旧宅	165
大山寺	172, 173
大山前不動	82
岡上廃寺跡	48
岡倉天心	103, 123
岡崎義実	179
岡崎城跡	179
岡野氏	63, 197
岡本太郎美術館	42
荻野山中藩陣屋跡	164
小栗忠順	216
尾崎行雄(咢堂)	203, 241
大仏次郎記念館	113
小沢重政	43
小沢城跡	43, 44
小原宿本陣跡	206
お馬流し	125

—カ—

外交官の家	118
開港広場	104-106
戒善寺	165
海蔵院	84
海蔵寺(三浦市)	269
海南神社	269, 271
海宝院	234-236
覚栄寺	259
駕籠塚	69
笠原氏一族の墓	66
笠森(瘡守)稲荷	222
鹿島神社(相模原市)	201
春日神社(川崎市中原区)	24-26
ガス灯	87, 88, 97
加瀬山3号墳	17
加瀬山4号墳(了源寺古墳)	20
帷子川	69, 77
花鳥庵梅勲	9
勝海舟(麟太郎)	74, 90, 93, 252, 256
勝坂遺跡	191
加藤政福旧宅	165
神奈川近代文学館	113
神奈川県戦没者慰霊堂	128
神奈川県庁本庁舎(神奈川運上所跡，キングの塔)	96, 101
神奈川県立音楽堂	89
神奈川県立津久井湖城山公園	203
神奈川県立戸川公園ビジターセンター	188
神奈川県立歴史博物館(旧横浜正金銀行本店)	67, 97, 165
神奈川宿	72, 74, 76, 81, 111
神奈川台の関門跡	76
神奈川台場	74
神奈川の大井戸	74
神奈川奉行所(戸部役所)跡	88
かながわ平和祈念館	129
金沢八景	138, 141, 143
金沢横町道標	78
金山神社	4, 5
金沢往還	78

金沢文庫	136, 138, 139
鎌倉街道・鎌倉道	40, 84, 127, 128, 132
鎌倉七口	233
鎌倉ハム	83
上糟屋(山王)神社	176
上浜田古墳群	156, 157
上浜田中世建築遺構群	158
上宮田陣屋跡	272
亀甲山(横浜市港北区)	65
亀甲山古墳(東京都大田区)	20
掃部山公園	89, 90
茅山貝塚	212
烏山藩陣屋跡	162
軽部五兵衛の墓	19
川崎河港水門	4
川崎山王祭りの宮座式	15
川崎市伝統工芸館	42
川崎市平和館	23, 43
川崎市市民ミュージアム	26, 28
川崎宿	7, 10, 11, 13, 14, 16, 76
川崎市立日本民家園	40, 42
川和富士	59
岩亀楼	99
観護寺	64
神埼正蔵旧宅	165
菅秀塚	130
関帝廟	101, 109, 110
岩殿寺	233, 234
関東管領上杉氏	43, 56, 64, 65, 268
関東大震災	73, 91, 94, 100, 102, 104, 105, 107, 108, 110, 112-119, 121, 122, 178, 219, 257, 258, 263, 274
観音埼灯台	257, 258
観音松古墳	20

—キ—

汽車道	94
北原白秋	48, 270, 273-275
衣笠城址	223, 224
記念艦三笠	216, 217, 219
旧逸見波止場衛門	216
旧英七番館	110
旧横浜海軍航空隊門	133
旧城寺	63
旧清水寺	155
旧天瑞寺の寿塔の覆堂	123
旧東海道歴史の道	77
旧永嶋家の赤門	219, 220
旧平沼駅駅舎	105
旧富士銀行横浜支店	98
旧横須賀鎮守府庁舎	216
旧横浜市外電話局	100
九覧亭旧跡	142
教安寺	16
行基	16, 24, 30, 48, 71, 168, 169, 174, 202, 220, 233, 236, 237, 240, 249
行幸道路	199
玉蔵院	246
吉良氏	23
金龍院	140, 141

—ク・ケ—

久保山墓地	91
熊野神社(横浜市神奈川区)	72
弘明寺	78, 127, 128
くらやみ坂	38
慶運寺(フランス領事館跡)	74
慶珊寺	133
瑩山紹瑾	71
ゲイマーぶどう園	195
ゲーテ座	114
月華殿	124
顕鏡寺	205, 206
顕正寺	256
見桃寺(桃の御所)	269, 270, 275
建徳寺	162, 163
「憲法草創之処」の碑	140

—コ—

小泉次太夫	10, 39
甲州道往還の碑	170
甲州道中	206
光照寺	235

光伝寺	142
光念寺	272
国府祭	177
広福寺	37-40
弘法清水	180,182
弘法大師	6,8,124,166,171,183
弘法山	182,183,185
弘法山の百八松明	184
港北ニュータウン	55,58,60
国分寺(薬師堂)	154
五社神社	152
五所塚	35
小杉御殿	25
五太夫橋	82,83
小机衆	66
小机城跡	65
琴平神社	46,47
護念寺	144
後北条氏	12,22,56,63,64,67,75,78,83,159,173,175,190,197,220,235,236,243,249,256,272
こもれびの森公園	195
五霊神社	176
御霊神社(横須賀市)	224
これさまの歌碑	38
権現台遺跡	36
権現山(秦野市)	183,184
権現山(横浜市神奈川区)	72,74,75
金剛寺(厚木市)	166
金剛寺(秦野市)	187
金蔵院	73
権太坂	79,81
コンドル	68,115

―― サ ――

西徳寺	259
西福寺古墳	33
西方寺	55
最宝寺	249
境木地蔵(良応院)	79
境木立場	79
相模川	25,67,159,160,162,171,191,192,194,196,205
相模国分寺跡	153
相模国分尼寺跡	154
相模原市立博物館	192,196,199,200
坂本龍子の墓	259
佐久間象山	90,256
桜土手古墳公園	184
佐々木高綱	12,14
佐藤貞幹	64
猿島	218,219
猿島洞穴(日蓮洞窟)	219
澤辺本陣跡	84
三溪園	123
三溪記念館	124
三殿台遺跡	126
三殿台考古館	127
三之宮比々多神社	177
三宝寺	75,76

―― シ ――

塩釜神社	9
汐留稲荷	9
慈覚大師(円仁)	6,36,38,236
地蔵王廟	110,120
七石山横穴古墳群	130
地頭山古墳	161
品濃一里塚	80-82
品濃坂	79,81,82
渋谷氏	150,151
子母口貝塚	27,28
下原遺跡	34
下谷戸ストーン・サークル	177
ジャーディン・マセソン商会	106,109
上海横浜友好公園	124
十二所神社	230
寿福寺(川崎市多摩区)	45
春草廬	124
城ヶ島	273-275
城ヶ島灯台	274
上行寺(伊勢原市)	176

上行寺東遺跡	140, 142
正業寺	248
星谷寺	158, 159
常泉院	155
常泉寺	149, 150
定泉寺	85
常福寺	251, 252
成仏寺	74, 111
證菩提寺	130
称名寺(横浜市)	47, 61, 64, 132, 136-139, 144, 154
称名寺貝塚群	139
聖武天皇	24, 30, 172, 236
勝楽寺	171
常楽寺(まんが寺)	24-26
浄楽寺	229, 230
浄滝寺(イギリス領事館跡)	74
白旗神社	265
白髭神社(伊勢原市)	174
白髭神社(三浦市)	269
シルクセンター(英一番館跡)	106
シルク博物館	106
信楽寺	259
甚行寺(フランス公使館跡)	74
真光院	269
新港ふ頭	94
新城神社	9
震生湖	180, 182
新善光寺	246
真福寺(川崎市)	16
真福寺(横浜市)	60
『新編相模国風土記稿』	149, 151, 152, 187, 202, 267
『新編武蔵風土記稿』	14, 20, 35, 48, 56
新見正興	80
神武寺	236-238
神明社	77
陣屋小路	190

―ス―

菅生神社	45
菅寺尾台廃堂跡	45
菅薬師	45
洲崎神社	74
逗子市郷土資料館	239, 242
鈴鹿横穴墓群	160
鈴鹿明神社	159
鈴木三太夫(三左衛門)	157
砂村新左衛門	247, 248

―セ―

清雲寺	225
清源院(厚木市)	166
清源院(横浜市)	84
清兵衛新田	196, 198, 200
関家住宅	56
瀬戸神社	139, 140
浅間神社	164
浅間塚経塚	19
泉谷寺	66, 67
戦車道	199
泉沢寺	23, 25

―ソ―

曹源寺	220, 221
宗興寺	74
宗三寺	10, 12
總持寺	70, 71, 73
宗仲寺	190
象の鼻	106, 107
蔵林寺	188
孫文	110, 134

―タ―

第一海軍燃料廠跡	131
大岳院遺跡	181
大師穴	37
大慈寺	178
大師道	7
大仙寺	78
大善寺	223, 224
大椿寺(椿の御所)	269, 272, 273
当麻東原古墳	192, 193
大丸遺跡	79

大明寺	221
大楽院	23, 24
大林寺	63, 197
第六天古墳	20
高島嘉右衛門	75, 88, 104
高島山公園	75
鷹番塚横穴墓群	160
高部屋神社	178
武山不動(持経寺)	228
橘樹神社(川崎市)	28, 29
橘樹神社(横浜市)	77
たちばなの散歩道	27, 28
田戸遺跡	212
田中丘隅	10, 11, 14, 39
田名向原遺跡	194-196
谷原古墳群	193, 196
多摩川	12, 15, 20, 24, 25, 27, 37, 40, 44
為朝神社	253-255

――― チ ―――

茅ヶ崎城跡	55, 56
智証大師(円珍)	35
チャッキラコ	269, 271
茶湯寺(涅槃寺)	172
中華街	101, 109, 110, 122
中華義荘	109, 120
長延寺・土居跡	72
長者原遺跡	61
聴秋閣	124
長松寺	189
長龍寺	150
千代ヶ崎台場跡	255, 256

――― ツ・テ ―――

津久井氏	204
津久井困民党	201, 203
津久井城跡	203, 205
津久井道	37, 38
都筑郡衙跡	61
都筑民家園	60
津布禰の句碑	167
妻木頼黄	90, 97

劍埼灯台	263, 264
鶴見川	20, 60, 64-66, 73
貞昌寺	260
鉄道発祥記念碑	86
天授閣	124
天照寺	130
天養院	265

――― ト ―――

『東海道五十三次』	11
『東海道中膝栗毛』	11, 77
等覚院	34, 35
東京ガス環境エネルギー館	73
東慶寺仏殿	123
東光院	48
東郷平八郎	152, 217
洞昌院	175, 176
東昌寺	236, 238
東漸寺(横須賀市)	227
東漸寺(横浜市磯子区)	132
東漸寺(横浜市鶴見区)	73
塔ノ岳	188
東福寺	71
燈明寺の三重塔	123
灯明堂跡	254, 255
東林寺	256
徳川家光	47, 124, 151, 155, 191
徳川家康	25, 37, 39, 63, 66, 71, 82, 84, 123, 143, 151, 190, 191, 205, 214, 229, 234, 237, 244
徳川秀忠	25, 46, 151, 214
徳田屋跡	256
徳冨蘆花	241, 242
徳本上人	16, 251
徳本鼻	17
戸塚宿	77, 81, 83, 84
ドックヤードガーデン(旧横浜船渠会社第二号ドック)	92
土平治の墓	207, 208
冨塚八幡宮	85
朝盛塚	266

| 虎踊り……………………………253,255
| トラス橋……………………………94,96

―ナ―

内藤清成……………………………190
直木三十五の文学碑…………………134
長柄・桜山第1・2号墳………………239
長尾鯉坂遺跡……………………………34
長尾神社…………………………………36
中島三郎助……………………252,256
長津田宿…………………………………63
長浜検疫所……………………135,136
長浜野口記念公園………………135,136
中原往還………………………………24,25
中原平和公園……………………………23
永谷天満宮……………………………129
中山毎吉頌徳碑………………………156
投込塚……………………………………79
名越(お猿畠)の切岸………………232,233
名越切通…………………………232,233
梨の木坂横穴墓群……………………160
夏島貝塚………………………………212
夏島砲台………………………………212
七つ塚(七人塚)………………………176
生麦事件参考館…………………………71
生麦事件の碑……………………………71
浪子不動(高養寺)………………………241
難波惣平旧宅…………………………165

―ニ―

二ケ領用水………………23,25,38,39
西叶神社………………………………250
西川伊織……………………………13,14
西谷浄水場………………………………67,68
日米和親条約調印の地の碑……………104
日蓮………124,163,218,221,231,232
日東倉庫………………………………100
日本大通り………………99,100,102,104
日本基督教団横須賀上町教会・付属めぐみ
　幼稚園……………………………218
日本新聞博物館(ニュースパーク)………100
日本丸メモリアルパーク………………92-94

日本郵船歴史博物館(横浜郵船ビル)……96

―ネ・ノ―

根岸外国人墓地………………………122
根岸競馬場……………………121-123
根岸森林公園……………………122,123
能見堂跡………………………………141
能満寺(川崎市)………………………29,30
能満寺(横須賀市)……………………259
野口英世……………………………135,136
野毛山公園………………………………90

―ハ―

パーマー……………………………67,68,91
白山古墳跡……………………………19,20
白山神社………………………………261
馬車道……………………………………97
走水神社………………………………258
長谷川長綱………221,234,235,252,261
バターフィールド＆スワイヤ商会………110
畠山重忠…………………39,68,69,225
旗立の松………………………………170
旗立山(軍見山)………………………242,243
波多野氏……………………12,186,188
波多野城址……………………………186
八幡神社…………………………………45
八幡台遺跡……………………………180
八聖殿…………………………………124
浜田三塚公園…………………………157
浜田歴史公園…………………………158
早川城跡……………………………151,152
早淵川……………………………………56,60
葉山御用邸……………………………244,245
葉山しおさい公園……………………245
バラ，ジョン…………………104,105,111
原善三郎………………………90,92,123
原富太郎(三溪)………………………123
ハリス……………………………………75,89

―ヒ―

日枝神社……………………………22,24
日影茶屋………………………………243
東叶神社………………………………256

索引　323

東高根森林公園	33, 34
氷川神社	198
氷川丸	107, 108
日限地蔵	130
鬚僧の滝	186
瓢簞塚古墳	156
びしゃ祭り	22
毘沙門洞窟	264
日向薬師(霊山寺)	174
日吉台遺跡	53
日吉台地下壕跡	52, 53
平坂貝塚	212
平作陸軍墓地(旧横須賀陸軍墓地)	222
披露山公園	241

―フ―

深見神社	148, 149
福寿寺	263
福徳院	130
豊顕寺	76
普済寺	179
富士講	13, 16, 44, 59
藤沢宿	81
富士見台古墳	28, 29
武相困民党	201
二子塚古墳	184, 185
淵辺義博居館跡	197
府中街道	38, 41, 43
仏導寺	149
普門院	105
普門寺(津久井郡城山町)	200, 201
普門寺(イギリス人士官宿舎跡, 横浜市神奈川区)	74
ブラウン, S・R	74, 105, 111
ブラフ18番館	118
ブラフ80番メモリアルテラス	116
フランス波止場(東波止場)	107, 108
フランス山公園	112
ブラントン	94, 99, 103
文庫ケ谷	139

―ヘ―

米軍相模総合補給廠	199
平間寺(川崎大師)	6-8, 73
ベーリックホール	117
ヘボン	73, 74, 111, 119, 134
ペリー	90, 102, 104, 114, 218, 248, 249, 252, 256
ペリー上陸記念碑	248
ベルツ	244
ヴェルニー公園	215, 216
ヴェルニー, フランソワ・レオンス	215, 216, 257, 259

―ホ―

報恩寺	150
法界寺	165
望欣台の碑	75, 76
宝樹院	143
北条氏綱	12, 43, 65, 67
北条氏照	159, 170, 205
北条氏康	44, 170
北条実時	137, 138
宝生寺	125
法昌寺	261
法勝寺	236
北条早雲	12, 40, 54, 65, 74, 76, 159, 176, 180, 204, 222, 229, 235, 268
北条時政	68, 230
北条政子	39, 40, 140, 175, 229, 230, 234, 267
北条義時	69, 131, 267
宝萊山古墳	20
宝蓮寺	186
北天院	81
法性寺	231-233
ホテルニューグランド	107, 113
保土ケ谷宿	76-78, 81
本覚寺(アメリカ領事館跡)	72, 74-76
本瑞寺(桜の御所)	271, 272
本間重連館跡	163
本牧神社	125

マ

- 前島密の墓 ……………………230
- 前田夕暮の句碑 ………………183
- 馬絹古墳 ……………………32,33
- 間口洞窟 ………………………264
- 枡形道 …………………………38
- 枡形山城跡 …………………38,41
- 松尾芭蕉句碑 ……………8,31,227
- マッカーサー ……………96,107
- 間宮信盛 ………………………12
- 馬門山海軍墓地 ………………260
- マリタイムミュージアム ………93
- 丸山城跡 ………………………178
- 丸山塚 …………………………274
- 満願寺 …………………………226
- 満昌寺 ……………………224,225
- 曼荼羅堂跡 ……………………233
- 万年屋跡の碑 …………………162

ミ

- 三浦按針 ……………………212,214
- 三浦胤義 ………………………243
- 三浦為継 …………………223,224,226
- 三浦道香 ………………………240
- 三浦道寸(義同) ……180,222,229,235,240,243,261,268,269
- 三浦義明 ………224-226,242,262,267
- 三浦義澄 …………………224,225,242
- 三浦義継 …………………179,224-226
- 三浦義村 …………………243,261-263,267
- 三崎城跡 ………………………272
- 三井物産横浜ビル …………99,100
- 三ツ沢貝塚 ……………………77
- 三ツ沢公園 ……………………77
- 三戸のお精霊流し ……………266
- 港崎遊郭 …………………………99,103
- 港の見える丘公園 …………112-114
- みなとみらい21 ………………92,94
- 南加瀬貝塚 ……………………19
- 南谷の大わらじ ………………84
- 源実朝 ……131,139,175,187,188,229,234,236,243,267
- 源義朝 …………………186,229,236
- 源頼朝 ………10,14,36,39,68,74,125,128,130,139,140,155,174,179,186,187,224,225,229,230,234,236,242-244,246,249,250,267,271,272
- 源頼義 …………………………186,224
- 峰の灸 …………………………144
- 峰の薬師(東慶寺薬師堂) ……201,202
- 蓑毛大日堂 ……………………185,186
- 三増合戦古戦場 ………………170
- 宮久保遺跡 ……………………152
- 宮ノ前横穴古墳 ………………130
- 妙遠寺 …………………………39
- 妙光寺 …………………………11
- 妙純寺 …………………………162,163
- 明長寺 …………………………5,6
- 妙楽寺 …………………………36,37

ム・メ

- 無空上人 ………………………47
- 六ツ塚 …………………………69
- 六浦道 …………………………142
- 六浦津 …………………………139,142
- 六浦(金沢)藩 …………………142,143,188
- 無量院 …………………………20,21
- 無量光寺 ………………………193,194
- 無量寺 …………………………179
- 明治憲法起草遺跡記念碑 ……212

モ

- モーガン ……………………107,115,118
- 茂木惣兵衛 ……………………90
- 持田遺跡 ………………………239
- 元町公園 ……………………115-117
- 物部国光 ……………………132,138,154
- 森甚太郎旧宅 …………………165
- モリソン商会 ………………105,106
- 森戸神社 ………………………243
- 森山神社 ………………………245,246
- モレル,エドモンド ……………86,115
- 文覚上人 ……………………236,242,250,256

索引 325

ヤ・ユ

矢上川 …………………………………20, 32
焼餅坂(牡丹餅坂) ……………………80
薬王寺 …………………………………68, 69
八坂神社 ………………………………85
八菅経塚群 ……………………………169
八菅神社 …………………………168, 169
柳田富三旧宅 …………………………165
矢箆原家住宅 …………………………123
山口家住宅 ……………………………176
山下公園 …………………107, 108, 110
山田富士 ………………………………59
山手111番館 …………113, 118, 121
山手234番館 …………………………117
山手カトリック教会 …………118, 120
山手公園 ………………………99, 118, 120
山手資料館 ……………………………117
山手聖公会 ………………………115, 117
日本武尊 ………………29, 152, 258, 259
山中城跡 ………………………………164
山内上杉氏 ………………………40, 65, 175
游行寺坂 ………………………………81
夢見ヶ崎古墳群 ……………………17, 18

ヨ

影向寺 …………………………28, 30, 31
横須賀市自然・人文博物館 ……212, 218
横浜海岸教会 ……………………105, 106
横浜開港資料館 …………………104, 105
横浜外国人墓地資料館 ………………115
横浜公園 ……………………………99, 113
横浜国立大学附属横浜中学校校舎 ……128
横浜市慰霊塔 …………………………77
横浜市開港記念会館(ジャックの塔) ……102
横浜商工会議所発祥の地の碑 …102, 103
横浜商品取引所 ………………………106
横浜情報文化センター(旧横浜商工奨励館)
　………………………………………100
横浜市歴史博物館 ………………58, 60, 62
横浜指路教会 …………………………111
横浜水道記念館 ……………………67, 68
横浜税関(クイーンの塔) ……96, 102, 113
横浜大空襲 …………105, 110, 113, 115, 129
横浜第二合同庁舎 ……………………98, 101
横浜地方裁判所 ………………………100, 105
横浜人形の家博物館 …………………112
横浜能楽堂 ……………………………90
横浜山手外国人墓地 …72, 86, 114-116, 121
吉井貝塚 ………………………………212
吉川英治 ………………………………92, 113
吉田勘兵衛 ……………………………92, 103
吉田新田 ………………………………103, 247
吉田橋 …………………………………97, 103
米倉氏 ……………………………143, 188
米倉陣屋 ………………………………143
世計神事 ………………………………245

ラ・リ

来福寺 …………………………………264
陸軍登戸研究所跡 ……………………42
リチャードソン ……………………72, 115
龍華寺 …………………………………140
龍松院 …………………………………54
龍像寺 …………………………………197
龍法寺 …………………………………183
龍峰寺 …………………………155, 156
龍本寺 …………………………………218
了源寺 …………………………………19
臨春閣 …………………………………123

レ・ロ

レーモンド, アントニン ……103, 117
蓮光寺 …………………………………151
良弁 ………………………………173, 245
六郷川 ………………………………7, 11
六代御前の墓 …………………………242

ワ

若宮八幡宮 ……………………………4
和田城址 ………………………………266
渡辺崋山来遊碑 ………………………162
和田義盛 ………179, 224, 225, 229, 230, 262, 264, 265, 267, 272

【執筆者】(五十音順)

編集・執筆委員

岩﨑孝和 いわさきたかかず(元県立元石川高校)
風間洋 かざまひろし(鎌倉学園高校)
川島敏郎 かわしまとしろう(県立公文書館)
木村芳幸 きむらよしゆき(県立氷取沢高校)
坂井久能 さかいひさよし(神奈川大学)
佐藤雅信 さとうまさのぶ(県立横須賀大津高校)
白川重敏 しらかわしげとし(県立生田高校)
三橋景子 みつはしけいこ(高木学園女子高校)
矢野慎一 やのしんいち(県立柏陽高校)

執筆委員

新谷桂 あらやけい(県立湘南高校)
伊東光弘 いとうみつひろ(公文国際高校)
上本進二 うえもとしんじ(県立保土ヶ谷高校)
香川芳文 かがわよしふみ(県立小田原高校)
鍵和田武彦 かぎわだたけひこ(県立上鶴間高校)
城川隆生 きがわたかお(元県立海老名高校)
児玉祥一 こだましょういち(県立上鶴間高校)
後藤正吉 ごとうまさよし(元鎌倉学園高校)
小宮まゆみ こみやまゆみ(横浜英和女学院高校)
根田信隆 こんだのぶたか(元県立相模原高校)
瀬戸達也 せとたつや(元県立秦野高校)
高橋正一郎 たかはししょういちろう(元県立相模原高校〈故人〉)
武井勝 たけいまさる(県立総合教育センター)
中里行雄 なかざとゆきお(県立横須賀高校)
西澤均 にしざわひとし(県立港北高校)
長谷川俊介 はせがわしゅんすけ(緑ヶ丘女子高校)
林三郎 はやしさぶろう(元県立茅ヶ崎高校)
安川一平 やすかわいっぺい(元東海大学附属相模高校)
山口清隆 やまぐちきよたか(元県立旭高校)
吉水仁 よしみずひとし(県立鎌倉養護学校)

編集協力

玉林美男 たまばやしよしお(鎌倉市教育委員会)

【写真所蔵・提供者】(五十音順, 敬称略)

飯山観音長谷寺	川崎市教育委員会文化財課	宝生寺
伊勢原市教育委員会	慶應義塾	満昌寺
稲城市教育委員会	西方寺	三浦市教育委員会
大山寺	相模原市商業観光課	三浦市商工観光課
神奈川県教育委員会	JAXA宇宙科学研究所	明長寺
神奈川県公園協会東高根森	三溪園	影向寺
林公園管理事務所	三太旅館	横須賀市
神奈川県津久井地域県政総	真福寺	横須賀市教育委員会
合センター	菅獅子舞保存会	横須賀市自然・人文博物館
神奈川県立歴史博物館	東光院	横浜市歴史博物館
かながわ考古学財団	東漸寺	龍峰寺
川崎市岡本太郎美術館	東林寺	若宮八幡宮

本書に掲載した地図の作成にあたっては, 国土地理院長の承認を得て, 同院発行の50万分の1地方図, 20万分の1地勢図, 5万分の1地形図, 数値地図25000(空間データ基盤), 数値地図2500(空間データ基盤)を使用したものである(平15総使, 第46-3046号)(平15総使, 第47-3046号)(平15総使, 第48-3046号)(平15総使, 第108-3046号)(平15総使, 第184-3046号)。

歴史散歩⑭

神奈川県の歴史散歩 上　川崎・横浜・北相模・三浦半島

2005年5月25日　1版1刷発行　　2011年12月25日　1版2刷発行

編者―――神奈川県高等学校教科研究会社会科部会歴史分科会
発行者――野澤伸平
発行所――株式会社山川出版社
　　　　〒101-0047　東京都千代田区内神田1-13-13
　　　　電話　03(3293)8131(営業)　　03(3293)8134(編集)
　　　　http://www.yamakawa.co.jp/　　振替　00120-9-43993
印刷所――図書印刷株式会社
製本所――株式会社手塚製本所
装幀―――菊地信義
装画―――岸並千珠子
地図―――東京地図出版株式会社　　　　　　　　　　　　　　＊

© 2005　Printed in Japan　　　　　　　ISBN 978-4-634-24614-0
・造本には十分注意しておりますが, 万一, 落丁・乱丁などがございましたら, 小社営業部宛にお送りください。送料小社負担にてお取り替えいたします。
・定価は表紙に表示してあります。

神奈川県全図
都道府県界
市郡界
町村界
JR線
高速道路
有料道路
国道
県庁
1:400,000
0
4
8km
N
檜原村
八王子市
圏央道
468
八王子Jct
20
たかお
京王高尾線
中央自動車道
中央本線
桂川
20
大月市
山梨県
上野原市
相模原市
緑区
都留市
愛川町
413
大室山
1588
412
道志村
御正体山
愛甲郡
清川村
丹沢山
1567
138
忍野村
蛭ヶ岳山
1379
神奈川
厚木市
大山
1252
山中湖村
山中湖
伊勢原市
不老山
928
足柄上郡
山北町
秦野市
富士吉田市
松田町
小田急線
246
小山町
246
開成町
大井町
中井町
小田原厚木道路
271
だいゆうざん
御殿場市
南足柄市
255
ごてんば
伊豆箱根鉄道
大磯町
中郡
1
金時山
1213
138
東名高速道路
こうづ
二宮町
御殿場線
西湘バイパス
469
小田原市
おだわら
ごうら
箱根町
箱根登山鉄道
1438
静岡県
箱根山
裾野市
芦ノ湖
1
足柄下郡
湯河原町
長泉町
真鶴町
三島市
みしま
ぬまづ
東海道新幹線
熱海市
清水町
東海道本線
沼津市
あたみ
函南町
駿河湾
414
135